Arbitragem Comercial e Controle de Constitucionalidade

Arbitragem Comercial e Controle de Constitucionalidade

2022

Gustavo Favero Vaughn

ALMEDINA

ARBITRAGEM COMERCIAL E CONTROLE DE CONSTITUCIONALIDADE

AUTOR: Gustavo Favero Vaughn

DIRETOR ALMEDINA BRASIL: Rodrigo Mentz
EDITORA JURÍDICA: Manuella Santos de Castro
EDITOR DE DESENVOLVIMENTO: Aurélio Cesar Nogueira
ASSISTENTES EDITORIAIS: Isabela Leite e Larissa Nogueira

DIAGRAMAÇÃO: Almedina
DESIGN DE CAPA: Roberta Bassanetto

ISBN: 9786556274485
Fevereiro, 2022

Dados Internacionais de Catalogação na Publicação (CIP)
(Câmara Brasileira do Livro, SP, Brasil)

Vaughn, Gustavo Favero
Arbitragem comercial e controle de
constitucionalidade / Gustavo Favero Vaughn. --
São Paulo : Almedina, 2022.

Bibliografia.
ISBN 978-65-5627-448-5

1. Arbitragem comercial 2. Arbitragem
internacional 3. Comércio internacional
4. Controle de constitucionalidade I. Título.

21-92091 CDU-347.918:340.131.5

Índices para catálogo sistemático:

1. Arbitragem comercial e controle de constitucionalidade : Direito 347.918:340.131.5

Cibele Maria Dias - Bibliotecária - CRB-8/9427

Este livro segue as regras do novo Acordo Ortográfico da Língua Portuguesa (1990).

EDITORA: Almedina Brasil
Rua José Maria Lisboa, 860, Conj.131 e 132, Jardim Paulista | 01423-001 São Paulo | Brasil
editora@almedina.com.br
www.almedina.com.br

dissabor
de prazer
eu prazo

dessaber
de passar
acaso

certeza
sorte
aqui
me
jazo

Paulo Leminski, **Toda poesia**

À Cássia e ao Melford, meus queridos, amados e carinhosos pais, meus melhores e verdadeiros amigos: muito obrigado por tudo, absolutamente tudo que fizeram, fazem e ainda farão por mim e pela nossa Gabi – artista talentosa e única, especial por ser autêntica –, em qualquer esfera da vida que se possa imaginar.

AGRADECIMENTOS

Estudar na Faculdade de Direito da Universidade de São Paulo sempre foi meu sonho. Devo a possibilidade de realizá-lo a um dos maiores juristas e advogados do país: José Rogério Cruz e Tucci. Muito obrigado, professor Tucci, verdadeiro Mestre de todos nós, por ter me acolhido tão bem na São Francisco, a "Escola Paulista de Direito", onde o senhor há anos ilumina, incentiva e inspira incontáveis estudantes, sendo eu um deles.

Registro meu agradecimento também aos professores Carlos Alberto Carmona, Bruno Dantas e Fábio Peixinho, cujas arguições, por ocasião da minha banca de defesa, foram fundamentais para o aprimoramento do trabalho que ora submeto ao escrutínio do público. Aos professores Elival Ramos e Rafael Alves, agradeço pelos toques que me deram na banca de qualificação, momento a partir do qual pude dar outro rumo à dissertação.

Aos amigos do Cesar Asfor Rocha Advogados, onde aprendi a ser advogado: obrigado, Ministro Cesar e Caio, por terem acreditado em mim e por ajudarem-me nessa importante etapa da minha vida acadêmica; obrigado, Tiago, Eduardo, Tercília e Leonardo, pela parceria e por terem tanto me ensinado desde 2015, ano em que ingressei no escritório ainda como estagiário.

Este trabalho não teria sido concretizado sem a particular ajuda de outros profissionais brilhantes, que a seguir menciono, em ordem alfabética, por todos: Fernando Maluf, Georges Abboud, Giovani Ravagnani, João Paulo Hecker, Maria Lúcia Pizzotti, Paulo Lucon, Ricardo Aprigliano, Rodrigo Vaz Sampaio e Thiago Marinho Nunes.

À Natália Veiga, um agradecimento especial por sempre me colocar para cima, por sempre me dizer coisas bonitas nas horas certas, por revisar meus textos, além de me dar apoio incondicional a todo momento para seguir firme na minha caminhada.

Aos queridos amigos e às queridas amigas de Americana, minha cidade natal, e de São Paulo, meu lar desde 2011: obrigado pelos momentos de descontração, felicidade e amor.

Um agradecimento mais do que especial ao IBMEC e à Editora Almedina pela oportunidade ímpar e inesquecível de publicar meu primeiro livro.

Nova Iorque, 1º de outubro de 2021, diretamente da Arthur W. Diamond Law Library, Columbia Law School.

APRESENTAÇÃO

Gustavo Favero Vaughn convidou-me há alguns meses para apresentar sua dissertação de mestrado, defendida com galhardia na Faculdade de Direito da Universidade de São Paulo, que agora vem a público por obra e graça da Editora Almedina (que, diga-se logo, tem feito um trabalho digno de nota na divulgação de excelentes teses e dissertações sobre a arbitragem).

Terminada a defesa da dissertação perante severa banca convocada pelo orientador (meu querido amigo e colega José Rogério Cruz e Tucci que, coincidentemente, participou há mais de 30 anos, da banca que julgou minha própria tese de doutoramento!), não hesitei em propor que o trabalho fosse publicado, de modo que a comunidade arbitral pudesse tirar proveito do excelente estudo desenvolvido pelo então candidato (agora mestre) Gustavo Favero Vaughn.

É claro que deixei para redigir estas linhas na última hora (a Editora, com razão, pressiona o autor para que este, por sua vez, pressione o professor responsável pela tardia apresentação – no caso, eu). E por mais uma dessas coincidências, começo a redigir esta apresentação exatamente no dia 23 de setembro, data altamente significativa para mim, pois foi exatamente neste dia, no já distante ano de 1996, que a Lei de Arbitragem foi promulgada.

Pensando exatamente nesta longa caminhada, que agora completa 25 anos, não tenho como não manifestar meu entusiasmo e minha felicidade ao olhar para trás e ver quanto foi construído em matéria de arbitragem neste quartel de século. Quando a Lei de Arbitragem foi editada, os brasileiros tinham apenas conhecimentos genéricos e teóricos sobre o tema. Não havia história sobre a prática da arbitragem no Brasil: apesar de o tema estar presente em nossas leis desde a Constituição do Império, tudo não passava de papel e tinta, já que a experiência arbitral era efetivamente incipiente. Só com a edição da Lei é que a roda começou a se movimentar, primeiro com alguma lentidão, aparecendo um caso ali e outro acolá; depois com a organização de câmaras e centros arbitrais; em seguida, com a divulgação cada vez mais intensa do instituto (e mormente depois do *leading case* julgado pelo Supremo Tribunal Federal, que chancelou a constitucionalidade da Lei, em 2001) o fluxo de arbitragens passou a atingir um nível crescente e constante, a ponto de nosso país figurar hoje em posição de destaque em diversas instituições arbitrais internacionais.

Em sede acadêmica o movimento foi idêntico: nos anos 1990 publicaram-se alguns trabalhos científicos que pretendiam dar à arbitragem uma veste mais consentânea com o progresso do Direito em geral (e do Direito Processual em particular); depois da edição da Lei, começaram a aparecer os necessários manuais, seguidos de comentários (cada vez mais sofisticados) do texto legal; em seguida, tal qual uma "terceira onda" (para fazer um paralelo com o progresso da ciência que é objeto de meus estudos e esforços) surgiram as pesquisas mais refinadas e cuidadosas. É exatamente nesta "terceira onda" que se insere o trabalho de Gustavo Favero Vaughn.

Com efeito, o objetivo do livro que agora chega às mãos dos estudiosos da arbitragem, é um recorte bem feito de um tema de direito constitucional e de direito processual, aplicado ao processo arbitral. A indagação do autor versa sobre a possibilidade, a forma e a limitação do controle de constitucionalidade das leis a ser realizado em sede de arbitragem. E mais: quis o autor avançar em sua análise procurando identificar qual seria a melhor forma de o árbitro lidar com os provimentos judiciais vinculantes, tema que desde sempre assombra quem se dedica ao estudo deste método adequado de solução de controvérsias.

Concordar ou não com as conclusões de Gustavo Favero Vaughn não é importante. Explico: relevante é perceber que os argumentos que esmiuçou para defender seus pontos de vista são extremamente argutos e bem concatenados. E é exatamente isto o que torna um trabalho científico relevante: expor um ponto de vista de forma completa, considerando prós e contras, para depois tomar partido.

Em suma, estou certo de que o leitor – estudante, profissional ou acadêmico – encontrará no livro que ora tenho o prazer de apresentar à comunidade arbitral brasileira uma visão moderna, panorâmica e tridimensional da atuação do *árbitro* como *juiz constitucional*!

São Paulo, 23 de setembro de 2021.

CARLOS ALBERTO CARMONA
Professor Doutor do Departamento de Direito Processual da Faculdade de Direito da Universidade de São Paulo.

PREFÁCIO

O primordial estímulo à carreira docente advém certamente do sucesso obtido, ao longo do tempo, pelos antigos alunos, nas diversas vertentes jurídicas propiciadas pelo curso de direito.

Na órbita do diálogo acadêmico, a defesa da dissertação ou da tese revela-se o momento crucial para que o postulante ao mestrado ou doutorado demonstre, *coram populo*, o domínio do tema desenvolvido e possa assim dar o primeiro passo da árdua carreira no magistério público.

O Dr. Gustavo Favero Vaughn não foi meu aluno no bacharelado, mas se destacou no programa de pós-graduação da Faculdade de Direito do Largo de São Francisco, sob minha orientação.

Acompanhei com entusiasmo a evolução do projeto de dissertação de mestrado do Dr. Gustavo, que a cada dia suscitava importantes questões atinentes ao tema escolhido. O interesse com que, de perto e, às vezes, de longe, vinha seguindo a sistematização do material e a elaboração do trabalho foi, para mim, motivo de enorme satisfação.

Aproximando-se o tempo regimental, depositou ele a dissertação escrita sob o instigante título *Arbitragem comercial e controle de constitucionalidade*.

Finalmente, chegara o momento da defesa pública da monografia.

Com o orgulho de orientador, pude verificar o talento do examinando, firme nas respostas e consistente no debate então travado com os membros da banca examinadora. Obteve ele aprovação com reconhecido brilho.

Foi, portanto, com muita alegria que aceitei o convite formulado pelo Dr. Gustavo Favero Vaughn para prefaciar a excelente dissertação, com a qual obteve ele o título de Mestre em Direito Processual Civil na Faculdade de Direito da Universidade de São Paulo.

O desenvolvimento do importante tema, que se descortina realmente seminal, encontra-se seccionado, além da introdução e da conclusão, em cinco capítulos muito bem estruturados, que examinam a fundo praticamente toda a problemática emergente do controle judicial da sentença arbitral que decide questão constitucional.

Merece destaque especial o problema, enfrentado na dissertação, do controle *incidenter tantum* da constitucionalidade, decidido na motivação da sentença, e a coisa julgada arbitral. Ademais, também se destaca a intrincada e polêmica questão atinente à tensão entre a convicção dos árbitros, o controle difuso por estes efetivado e as decisões sobre constitucionalidade proferidas pelo Supremo Tribunal Federal.

Por não me cativar o exemplo daqueles que a pretexto de apresentação escrevem verdadeiros comentários ou paráfrases, limito-me a reiterar o quanto afirmei, na condição de presidente da banca examinadora, ao ensejo da conclusão da respectiva sessão pública: congratulo-me com o Autor pela profunda monografia que escreveu, inédita na literatura do direito arbitral brasileiro!

Com a continuação de sua trajetória acadêmica, ao mesmo tempo em que brinda os cultores da ciência processual com a edição desse magnífico estudo, o Dr. Gustavo impôs-se o desafio de, em futuro não muito distante, suplantá-lo com a mesma proficiência...

São Paulo, 21 de setembro de 2021.

JOSÉ ROGÉRIO CRUZ E TUCCI
Professor Titular Sênior regente da disciplina Direito Processual Civil no Curso de Pós-Graduação da Faculdade de Direito da Universidade de São Paulo.

SUMÁRIO

1
INTRODUÇÃO

1.1. Apresentação e delimitação do objeto

Os dois grandes modelos de controle de constitucionalidade desenvolvidos mundo afora, em especial nos Estados Unidos da América (*judicial review*, simbolizado pelo famoso caso Marbury v. Madison[1]) e na Áustria

[1] Marbury v. Madison é um precedente judicial fundamental para a correta compreensão da formação do controle difuso de constitucionalidade, mormente porque à época o texto constitucional norte-americano não previa expressamente tal possibilidade. (Cf. Bermudes, Sergio. **A reforma do Judiciário pela Emenda Constitucional nº 45**. Rio de Janeiro: Forense, 2005, p. 2). O referido julgado pode ser resumido da seguinte forma: "Marshall era Secretário de Estado do Presidente Adams, ambos do Partido Federalista, derrotado por Jefferson nas eleições presidenciais. No interregno entre o resultado do pleito e a posse dos novos governantes, Adams levou a efeito o seu 'testamento político', nomeando para o Judiciário seus correligionários políticos. Um dos beneficiários foi o próprio Marshall, nomeado para Presidente da Suprema Corte (*Chief Justice*) e empossado no cargo após a aprovação de seu nome pelo Senado, sem, contudo, abandonar o cargo de Secretário de Estado até o término do governo Adams. Marshall ficou incumbido de entregar os títulos de nomeação aos demais beneficiários, embora não tenha conseguido completar sua missão. Um dos títulos não entregues nomeava William Marbury para o cargo de Juiz de Paz no Condado de Washington, Distrito de Columbia. Empossado o novo governo, o Presidente Jefferson determinou a James Madison, seu Secretário de Estado, que não entregasse o título a Marbury, por considerar que a nomeação só se perfazia, justamente, com a tradição do título ao nomeado. Assim foi que Marbury, após notificar Madison – que permaneceu silente – para que este apresentasse as razões pelas quais se negava a dar-lhe posse, impetrou um *writ of mandamus* perante a Suprema Corte postulando o reconhecimento de seu direito. Após dois anos de demora para o julgamento do caso, debaixo de pressões políticas fortíssimas e críticas contundentes da imprensa, o Tribunal proferiu seu veredito. (...) Passando ao largo do que hoje seria uma hipótese evidente de parcialidade do juiz, Marshall principiou o julgamento pelo mérito,

(controle concentrado, idealizado por Hans Kelsen[2]), têm origem no Poder Judiciário. O exercício da jurisdição constitucional mediante o controle de constitucionalidade é naturalmente atrelado à atividade do juiz togado, vinculado ao aparato estatal. De fato, o Estado-juiz tem plena legitimidade para exercer a fiscalização da constitucionalidade de leis e atos normativos *infraconstitucionais*, a fim de zelar pela primazia da Constituição Federal, lei fundamental do sistema que dá suporte de validade e prevalece sobre as leis hierarquicamente inferiores.

Essa afirmação aplica-se ao cenário brasileiro, assim como à grande maioria dos ordenamentos jurídicos estrangeiros, salvo raras exceções, que podem advir de nações que não preveem a fiscalização judicial de constitucionalidade. Alternam-se as formas de controle de constitucionalidade exercido pelo Poder Judiciário, mas não se nega a legitimidade deste para assim proceder. Basta observar que o Brasil, ao contrário do que se vê em outros países, quanto ao aspecto modal, isto é, no que diz respeito ao órgão judicial fiscalizador, adota um modelo de controle de constitucionalidade *misto*, englobando tanto o incidental quanto o abstrato.

O controle de constitucionalidade é inerente à atividade jurisdicional, por isso não se atém às fronteiras do juízo estatal. Partindo-se de tal premissa e, considerando-se a natureza jurisdicional da arbitragem, que é a teoria majoritária adotada nas doutrinas nacional e estrangeira e chancelada pelos Tribunais brasileiros, três indagações iniciais vêm à mente: seria cabível o controle de constitucionalidade também no processo arbitral, em se tratando de arbitragem comercial? Em caso positivo, quais seriam as especificidades e os limites da fiscalização constitucional operada pelos

proclamando o direito de Marbury à posse do cargo para o qual fora nomeado. Assim, ficava consignada perante a opinião pública a posição da Suprema Corte acerca da ilegalidade da conduta do Presidente Jefferson e seu Secretário de Estado. Nada obstante, a ordem era denegada por força de uma preliminar de incompetência da Corte, com o que se afastava o risco de uma crise entre Poderes. Para o reconhecimento da preliminar, entretanto, foi necessário declarar inconstitucional a lei que atribuía competência à Suprema Corte para julgar casos como aquele em exame. O argumento utilizado foi o de que as competências da Suprema Corte estavam taxativamente elencadas na Constituição, sendo insuscetíveis de ampliação por lei". (BINENBOJM, Gustavo. **A nova jurisdição constitucional brasileira**: legitimidade democrática e instrumentos de realização. 2ª ed. Rio de Janeiro: Renovar, 2004, p. 29-31; itálico no original).

[2] Diz-se "concentrado" porque o controle de constitucionalidade, nessa hipótese, efetivamente concentra-se em um único órgão judiciário (ou a um número limitado deles).

árbitros na arbitragem comercial? O controle de constitucionalidade pelos árbitros poderia ser revisto judicialmente? Esses questionamentos e seus desdobramentos serão respondidos primeiramente nesta dissertação.

Além disso, o trabalho cuidará dos efeitos das decisões e enunciados de súmulas do Supremo Tribunal Federal sobre questões constitucionais na arbitragem. O que se esmiuçará, nesse particular, é o modo pelo qual os árbitros se comportarão diante de situações em que já há interpretação do Supremo acerca de determinada questão constitucional submetida ao crivo do juízo arbitral, sobretudo nas situações em que há pronunciamento de inconstitucionalidade e súmula vinculante. O que compete aos árbitros fazer quando as partes convencionarem a aplicação de uma determinada lei à arbitragem que era plenamente vigente à época da celebração da cláusula compromissória e do contrato a ela relativo, mas que veio a ser declarada inconstitucional em controle abstrato após a instauração do litígio? Os árbitros estão sujeitos ao que a Suprema Corte decide sobre matéria constitucional? Esses são mais dois questionamentos que serão igualmente enfrentados ao longo da dissertação, ao lado de outros elementos pertinentes à arbitragem comercial e à interpretação do Supremo Tribunal Federal sobre a Constituição Federal.

Esclareça-se que não será analisada a eventual necessidade de os árbitros respeitarem os ditos "precedentes judiciais vinculantes" do artigo 927 do Código de Processo Civil. O estudo se restringirá à relação da arbitragem com os pronunciamentos decisórios do Supremo sobre questões constitucionais a partir do panorama da Constituição como norma fundamental, suprema e dotada de força normativa. Buscar-se-á, em síntese, avaliar a repercussão das decisões do Supremo Tribunal Federal sobre questões constitucionais na arbitragem.

A problemática em torno do tema objeto de estudo – arbitragem comercial e controle de constitucionalidade – tem sua relevância para o momento atual, em que se expande a busca pela jurisdição arbitral no direito brasileiro, embora aparente ter cariz apenas teórico[3], considerando

[3] Ao tratar da autoridade dos árbitros para rejeitar leis ilegais – e também inconstitucionais – no capítulo oitavo de sua obra *The idea of arbitration* (*"Arbitral authority to reject unlawful laws"*), que é de consulta obrigatória para os estudantes da arbitragem (nacional e internacional), Jan Paulsson assim escreve: "*This chapter is an excursion into what most readers will view as pure theory. The issue is fundamental, yet seldom considered by scholars – let alone judges or practitioners*". (PAULSSON, Jan. **The idea of arbitration**. Oxford: Oxford University Press, 2013, p. 231).

que os conflitos submetidos à arbitragem envolvem matérias eminentemente fáticas e técnicas, que dificilmente trazem em seu bojo controvérsia constitucional.

Certamente surgirão situações em que será necessário aos árbitros interpretar e aplicar a Constituição Federal, e a resolução da questão constitucional na arbitragem poderá ser colocada em xeque no Poder Judiciário, ou mesmo ser submetida para cumprimento perante o juízo estatal. Não é de menor importância examinar como deve ser digerida pelos árbitros a interpretação do Supremo Tribunal Federal sobre as normas constitucionais porventura invocadas no processo arbitral.

Quatro observações devem ser feitas desde logo, para fins de maior clareza na delimitação do objeto deste trabalho. Primeiro, a dissertação analisará apenas o controle *jurisdicional* de constitucionalidade na arbitragem *comercial*[4]. Segundo, é pressuposto inexorável deste trabalho que as considerações a seguir levarão em conta apenas a aplicação da *lei brasileira* à resolução da disputa na via arbitral, isto é, o direito brasileiro aplicável à convenção de arbitragem, ao contrato e à arbitragem em si, de modo que não serão objeto de investigação eventuais conflitos normativos entre a legislação brasileira e a legislação estrangeira[5]; portanto, a afronta consti-

As ideias contidas na citada obra foram inicialmente apresentadas em Genebra, na Suíça, por ocasião da "2009 Lalive Lecture", e publicadas como: Unlawful laws and the authority of international tribunals, 23, **ICSID Review – Foreign Investment Law Journal**, 215, 2008.

[4] O trabalho não examinará, portanto, as arbitragens de investimento, que têm como principais atores investidores estrangeiros e Estados receptores de investimentos. O termo "arbitragem comercial" deve ser lido de maneira ampla, como indica um comentário feito ao artigo 1º da Lei Modelo da UNCITRAL sobre arbitragem comercial internacional: *"The term 'commercial' should be given a wide interpretation so as to cover matters arising from all relationships of a commercial nature, whether contractual or not. Relationships of a commercial nature include, but are not limited to, the following transactions: any trade transaction for the supply or exchange of goods or services; distribution agreement; commercial representation or agency; factoring; leasing; construction of works; consulting; engineering; licensing; investment; financing; banking; insurance; exploitation agreement or concession; joint venture and other forms of industrial or business cooperation; carriage of goods or passengers by air, sea, rail or road".* Vale registrar que desinteressa o estudo da arbitragem de investimento, para fins deste trabalho, porque o Brasil não é signatário da Convenção de Washington de 1965, tampouco de algum acordo bilateral de investimento que contenha cláusula compromissória. O Brasil optou, como se vê, por não participar de arbitragens entre investidor e Estado.

[5] Para uma análise do controle de constitucionalidade na arbitragem à luz do direito estrangeiro, ver: MALUF, Fernando Del Picchia. **O controle de constitucionalidade na arbitragem**: um estudo à luz da experiência no direito estrangeiro. Dissertação (Mestrado

tucional que será considerada em exemplos ao longo da dissertação pressupõe só, e somente só, o conflito hierárquico entre leis e atos normativos que integram o ordenamento jurídico brasileiro[6]. Terceiro, quando forem tecidos comentários sobre tutelas provisórias pré-arbitrais, cumprimento e anulação de sentença arbitral, igualmente se terá como pressuposto que a sede da arbitragem hipotética será alguma cidade do Brasil, pelo que o direito brasileiro regerá a disputa arbitral a ser judicializada. Quarto, para facilitar a exposição, algumas referências a seguir à lei, norma e ato normativo poderão ser lidas como sinônimas.

1.2. Estrutura do estudo e metodologia utilizada

A dissertação foi dividida em seis partes principais: (I) introdução; (II) premissas estruturais; (III) árbitros e a inconstitucionalidade no caso concreto; (IV) árbitros e a questão constitucional decidida e sumulada pelo Supremo Tribunal Federal; (V) controle judicial sobre a decisão arbitral que decide questão constitucional; e (VI) conclusão.

A primeira parte tem por finalidade apresentar a relação entre a arbitragem comercial e o controle de constitucionalidade como sendo o objeto de estudo, sem deixar de lado a necessária delimitação desse objeto. No tópico de que ora se ocupa, são identificadas a estrutura do trabalho e a metodologia utilizada. No mais, também são expostos os motivos que levaram o autor a escrever sobre arbitragem e controle de constitucionalidade, bem como a relevância de se investigar essa problemática, inclusive para fins monográficos.

em Direito das Relações Econômicas Internacionais) – Faculdade de Direito, Pontifícia Universidade Católica de São Paulo, São Paulo, 2020. Para uma análise específica do controle de constitucionalidade de leis estrangeiras, ver: MONACO, Gustavo Ferraz de Campos. **Controle de constitucionalidade da lei estrangeira**. São Paulo: Quartier Latin, 2013.

[6] O conflito de leis no espaço quando da aplicação de direito estrangeiro é matéria mais propensa ao estudo dos internacionalistas. Nesta dissertação, a preocupação limita-se ao direito brasileiro. A análise será feita sob o enfoque da arbitragem comercial *doméstica*, ainda que algumas das conclusões deste trabalho possam ser utilizadas para a arbitragem comercial internacional que aplique a lei brasileira e tenha sede no Brasil. Vale destacar que a Lei de Arbitragem brasileira não define o que é arbitragem internacional e o que é arbitragem doméstica, distinguindo apenas a sentença arbitral nacional da estrangeira, que é aquela proferida fora do território brasileiro, nos termos do artigo 34 da lei de regência. Não nos ocuparemos aqui de adotar uma vertente específica sobre o que seria arbitragem internacional, daí a preferência de fazer a abordagem sob o enfoque da arbitragem doméstica.

Na segunda parte, são estabelecidas as premissas fundamentais da dissertação. Por definição, o substantivo feminino "premissa" significa ponto ou ideia de que se parte para elaborar um raciocínio. Daí a necessidade de lapidar as premissas que formam a base teórica do trabalho e que invariavelmente serão lembradas no seu decorrer. Há uma mescla de direito constitucional, direito processual civil e arbitragem, áreas da ciência jurídica que se comunicam na dissertação em sua integralidade.

Inicia-se o capítulo 2 pela definição da Constituição Federal como norma suprema e dotada de força normativa. Em seguida delimita-se o objeto da jurisdição constitucional que se está a falar na dissertação para, na sequência, se fazer breves apontamentos sobre os aspectos subjetivo e modal do controle de constitucionalidade. Trabalha-se com a ideia de que a atividade do árbitro tem natureza jurisdicional, sendo correto falar na existência de um autêntico processo arbitral, que deve observar o modelo constitucional de processo usualmente relacionado ao processo estatal. Como última premissa estrutural, enquadra-se a temática do estudo no conceito de direito processual constitucional.

A terceira parte volta-se ao controle de constitucionalidade a ser exercido pelos árbitros incidentalmente na arbitragem. Fala-se na possibilidade ou não de tal controle ocorrer, e de que forma se daria a alegação de inconstitucionalidade no processo arbitral. Releva indicar qual seria o momento cabível para os árbitros fiscalizarem a constitucionalidade de uma lei aplicável à arbitragem e se o controle poderia ser feito de ofício, aí incidindo o aforismo *iura novit curia*. São averiguados também: a necessidade de respeitar a cláusula constitucional de reserva de plenário; o alcance da decisão dos árbitros sobre inconstitucionalidade; a coisa julgada eventualmente formada sobre a questão constitucional prejudicial; se podem as partes da arbitragem afastarem, por convenção, o poder-dever de os árbitros realizarem o controle por via incidental e, ao final, explica-se por qual motivo aqui se defende que o julgamento arbitral por equidade não dá margem para decisões contrárias à Constituição.

A quarta parte complementa a terceira e explora a relação entre o processo arbitral e os provimentos vinculantes do Supremo Tribunal Federal sobre questões constitucionais – em controle incidental, em controle abstrato, por meio de enunciados sumulares (persuasivos e vinculantes) ou em sede de suspensão cautelar. A problemática que se coloca é o eventual dever de os árbitros seguirem os provimentos judiciais do Supremo

Tribunal Federal sobre a exegese e a aplicação da Constituição Federal, já que a referida Corte funciona como último intérprete das normas constitucionais. Busca-se investigar quais as consequências para a arbitragem na hipótese de os árbitros não respeitarem, por exemplo, um acórdão do Supremo em controle abstrato ou uma súmula vinculante.

A quinta parte dedica-se ao controle judicial das decisões arbitrais que decidem (ou deixam de decidir) questão constitucional. O papel do Poder Judiciário enquanto órgão de revisão excepcional dos pronunciamentos dos árbitros será examinado sob um duplo viés: de um lado, as decisões arbitrais que interpretam a Constituição Federal em sede de controle difuso, isto é, que declaram ou não a inconstitucionalidade incidentalmente na arbitragem; de outro lado, as decisões dos árbitros que aplicam ou ignoram, com ou sem motivação, a orientação do Supremo Tribunal Federal sobre as normas constitucionais. Nesse capítulo, serão analisados os seguintes meios de impugnação, todos com foco no controle da sentença arbitral: ação anulatória do artigo 33 da Lei nº 9.307/1996, ação rescisória, ação declaratória de inexistência jurídica, impugnação ao cumprimento de sentença, recurso extraordinário e reclamação.

Por fim, na sexta e última parte serão apresentadas pontualmente as conclusões desta dissertação.

1.3. Importância e justificativa da escolha do tema

O tema *arbitragem comercial e controle de constitucionalidade*, conquanto ainda pouco explorado com profundidade pela doutrina brasileira, sobretudo em monografias, tem substancial importância para o sistema arbitral. O mero fato de ocupar-se da relação entre a arbitragem e a Constituição Federal é suficiente para justificar a sua relevância. Afinal, a Constituição é a lei que baliza todo o ordenamento jurídico e não há escusas para deixar de observá-la[7].

[7] Para que se tenha uma ideia acerca da presença da jurisdição constitucional no cotidiano forense brasileiro, veja-se que, ao longo de 2017, oito em cada dez leis ou atos normativos julgados no mérito pelo Supremo Tribunal Federal foram declarados inconstitucionais, no todo ou parcialmente. A inconstitucionalidade formal é a que reina dentre as inconstitucionalidades que foram cometidas no referido ano. O Estado do Rio de Janeiro liderou o *ranking* em questão, com a declaração de contrariedade ao texto constitucional de oito leis e um decreto, segundo levantamento feito pelo "Anuário da Justiça Brasil 2018", com matéria publicada no Consultor Jurídico. Disponível em: https://www.conjur.com.br/2018-mai-02/oito-cada-dez-leis-foram-julgadas-inconstitucionais-stf. Acesso em: 9/4/2019.

Muito se fala a respeito da constitucionalização do processo civil, mas quase nada se vê sobre a constitucionalização da arbitragem, que também é processo. As referências sobre a arbitragem e o direito constitucional costumam se limitar à referência ao famoso julgamento da Sentença Estrangeira nº 5.206, em que o Supremo Tribunal Federal, nos idos de 2001, declarou a constitucionalidade de certos dispositivos da Lei de Arbitragem, com o que impulsionou o desenvolvimento do instituto em território nacional. Destrinchar as minúcias desse elo, trazendo a jurisdição constitucional para a arbitragem, é o propósito desta dissertação.

O controle jurisdicional de constitucionalidade das leis é instrumento crucial para a efetivação das normas constitucionais e para a manutenção do Estado Democrático de Direito, que não pode conviver com (ou ao menos deve ter a opção de combater) normas e decisões contrárias à Constituição. A declaração de inconstitucionalidade é medida deveras grave, carecendo do estudo em conjunto com a arbitragem.

Sendo o controle de constitucionalidade uma atividade inerente ao exercício da jurisdição e o árbitro sendo juiz de fato e de direito, na forma da Lei de Arbitragem, é crível defender que o juízo arbitral possa exercer tal controle. Afora o *ius imperium*, característico apenas do juízo estatal, que detém coercitividade, os poderes do árbitro são equivalentes aos do juiz togado. Se o julgador do Poder Judiciário pode controlar a constitucionalidade das leis e dos atos normativos, igual poder tem o árbitro, julgador da esfera privada. Até mesmo porque não seria correto supor que o árbitro, investido de poderes para aplicar o ordenamento jurídico brasileiro, não pudesse solucionar impasse normativo acerca de conflito hierárquico de normas.

Negar a fiscalização de constitucionalidade ao árbitro é o mesmo que admitir e, por que não, incentivar, a aplicação de normas inconstitucionais no âmbito da arbitragem, tão somente por ser ela um método de solução extrajudicial de disputa, em que a autonomia privada teria papel de destaque. Isso é de todo indesejável, principalmente porque daria margem para o abuso da arbitragem, em prejuízo do progresso do instituto e da própria jurisdição constitucional, que deve guiar também os conflitos submetidos ao julgamento dos árbitros. A Constituição Federal a todos vincula, pouco importando a esfera em que se resolve a lide, se estatal ou privada.

Não é todo modelo de controle de constitucionalidade que se aproveita à arbitragem. Há países cujos sistemas jurídicos adotam somente o controle concentrado, que fica reservado, no mais das vezes, a uma Corte Constitucional ligada ao Poder Judiciário (*v. g.* Alemanha e Espanha). Ordenamentos jurídicos que só contemplam o modelo concentrado têm dificuldades em aceitar a viabilidade do controle de constitucionalidade no bojo da arbitragem, o que não causa qualquer espanto, dado que o árbitro não pertence ao aparato judicial do Estado.

Some-se a isso que distintos modelos de controle de constitucionalidade acarretam a produção de efeitos diversos à decisão que declara a inconstitucionalidade de uma norma. Como a teoria do controle de constitucionalidade está amparada na organicidade do Poder Judiciário, cumpre averiguar se a eficácia do controle realizado pelo árbitro é a mesma daquela exercida pelo juiz togado.

Para que se possa fazer uma abordagem mais completa do assunto, a verificação das nuances da declaração de inconstitucionalidade pelos árbitros atrai para a pesquisa a relação entre a arbitragem e as decisões e súmulas do Supremo Tribunal Federal. Qual a influência, se é que há alguma, da interpretação do Supremo sobre questões constitucionais na arbitragem?

O interesse nesse exame nada tem que ver com os provimentos judiciais que parcela da doutrina de direito processual civil, desde 2015, considera vincular os juízes e tribunais do Poder Judiciário; o que interessa é analisar as repercussões na arbitragem das decisões proferidas pelo Supremo Tribunal Federal em sede de controle abstrato de constitucionalidade. Também é de todo interesse perquirir se os árbitros devem respeitar uma súmula vinculante (ou persuasiva), o posicionamento adotado pelo Supremo em julgamento de recurso extraordinário com repercussão geral reconhecida (ou repetitivo) e a suspensão cautelar de constitucionalidade.

O estudo do direito constitucional, do processo civil e da arbitragem deve ser feito em conjunto[8]. Sob o viés prático, a dissertação busca con-

[8] Sobre a necessidade de um estudo interdisciplinar do direito, não se pode deixar de registrar a seguinte lição de Ada Pellegrini Grinover: "Ao processualista incumbe hoje uma nova tarefa, cabendo-lhe participar ativamente da construção do direito, para a qual deve contribuir através de sua cosmovisão. A intensificação das relações sociais, as exigências de uma sociedade em incessante transformação, o impacto da tecnologia, os novos instrumentos de pressão política despertam o jurista em geral para a necessidade de estudos interdisciplinares que o tornem apto a participar efetivamente da realidade social, globalmente entendida, desempenhando seu papel na formação do direito como operador do sistema jurídico, à guisa de verdadeiro 'engenheiro social'. Por isto é que, hoje mais do que nunca, se reconhece a unidade fundamental de todo o direito; derrubam-se visões e barreiras, eliminam-se

tribuir para que a jurisdição constitucional seja vista como uma realidade não tão distante nas arbitragens. Pela perspectiva acadêmica, entende-se ser produtivo aprofundar certos temas, mormente quando pouco explorados pela doutrina, tal como se buscou fazer neste trabalho, no afã de oferecer aos estudiosos do direito novas ideias acerca de um tema ainda incipiente no Brasil.

departamentos estanques e se reconhece às diversas disciplinas jurídicas autonomia mais didática do que propriamente científica". (GRINOVER, Ada Pellegrini. **O processo em sua unidade**. São Paulo: Saraiva, 1978, p. 3).

2
PREMISSAS ESTRUTURAIS

Dedica-se o presente tópico a traçar as premissas estruturais da dissertação que ora se apresenta, que serão a todo momento referenciadas ao longo do trabalho, ainda que indiretamente. Em suma, tomam-se como premissas que dão sustentáculo a este estudo os conceitos de supremacia e de força normativa da Constituição Federal, o significado da jurisdição constitucional, o esclarecimento sobre os aspectos subjetivo e modal do controle de constitucionalidade brasileiro, a natureza jurisdicional da arbitragem, o necessário enquadramento da arbitragem no modelo constitucional de processo e a separação metodológica do tema em voga no campo do direito processual constitucional.

2.1. Supremacia e força normativa da Constituição Federal

Quanto à sua estabilidade, a Constituição Federal brasileira é *rígida*, do que decorre uma maior dificuldade para sua alteração se comparada com a modificação das demais leis existentes no ordenamento jurídico[9]-[10].

[9] A Constituição Federal pode ser alterada por meio de emendas, que poderão ser propostas por um terço, no mínimo, dos membros da Câmara dos Deputados ou do Senado Federal; pelo Presidente da República; ou por mais da metade das Assembleias Legislativas das unidades da Federação, manifestando-se, cada uma delas, pela maioria relativa de seus membros (artigo 60, incisos I, II e III). A proposta de emenda deverá ser discutida e votada em cada Casa do Congresso Nacional, em dois turnos, considerando-se aprovada se obtiver, em ambos os turnos, três quintos dos votos dos respectivos membros, cabendo a promulgação da emenda à Constituição às Mesas da Câmara dos Deputados e do Senado Federal (artigo 60, §§ 2º e 3º). Não pode ser objeto de emenda à Constituição a proposta que se propuser a abolir a forma

A rigidez da Constituição tem reflexos não apenas no processo legislativo, que requer solenidades específicas, mas também na interpretação e aplicação do direito, porque da rigidez emana, "como primordial consequência, o *princípio da supremacia da constituição*"[11], que coloca a Constituição no topo hierárquico do sistema jurídico[12].

federativa do Estado; o voto direto, secreto, universal e periódico; a separação dos Poderes; e os direitos e garantias individuais (artigo 60, § 4º). A iniciativa de leis complementares e ordinárias, por exemplo, é significativamente mais ampla, cabendo a qualquer membro ou Comissão da Câmara dos Deputados, do Senado Federal ou do Congresso Nacional; ao Presidente da República; ao Supremo Tribunal Federal; aos Tribunais Superiores; ao Procurador-Geral da República e aos cidadãos, de acordo com as regras constitucionais (artigo 61). Além disso, a aprovação de leis complementares dá-se por maioria absoluta (artigo 69), quórum menor do que aquele exigido às emendas constitucionais.

[10] Há quem diga que, por ser a Constituição Federal de 1988 extremamente analítica, isso possa "colocar em xeque a própria rigidez do sistema constitucional, acarretando a necessidade de edição de inúmeras emendas e acabando por tornar corriqueira a utilização do controle de constitucionalidade – quadro que resulta, inexoravelmente, no enfraquecimento do texto constitucional, em prejuízo da segurança jurídica, da governabilidade e da confiança popular na Constituição, ou sejam em prejuízo de todo o país". (DELLORE, Luiz. **Estudos sobre a coisa julgada e controle de constitucionalidade**. Rio de Janeiro: Forense, 2013, p. 221-222).

[11] SILVA, José Afonso da. **Curso de direito constitucional positivo**. 33ª ed. São Paulo: Malheiros, 2010, p. 45; itálico no original. No mesmo sentido ver: RAMOS, Elival da Silva. **A inconstitucionalidade das leis**: vício e sanção. São Paulo: Saraiva, 1994, p. 55; NOBRE JÚNIOR, Edilson Pereira. Controle de constitucionalidade: modelos brasileiro e italiano (breve análise comparativa). **Revista de Direito Administrativo**, vol. 222, 2000, p. 147. Anote-se que o princípio da supremacia da Constituição foi consagrado pelo ordenamento jurídico brasileiro de forma implícita, isto é, a interpretação de diversas normas constitucionais em conjunto autoriza defender a supremacia da Constituição. (Cf. FERREIRA, Olavo Augusto Vianna Alves. **Controle de constitucionalidade e seus efeitos**. 4ª ed. Salvador: JusPodivm, 2018, p. 22-25).

[12] O artigo 1º do Código de Processo Civil encampa a supremacia da Constituição, dispondo que o processo civil "será ordenado, disciplinado e interpretado conforme os valores e as normas fundamentais estabelecidos na Constituição da República Federativa do Brasil". Esse dispositivo, embora salutar em seu conteúdo, era de todo desnecessário, pois é evidente que o processo civil deve sempre observar as normas constitucionais. Quer parecer que o legislador sentiu a necessidade de impor a observância da Constituição no processo civil porque essa obrigação intrínseca ao sistema jurídico brasileiro – ao menos desde 1988 – estava "vacilante nas consciências", conforme feliz expressão extraída da seguinte obra: CALAMANDREI, Piero. **Processo e democracia**: conferências realizadas na Faculdade de Direito da Universidade Nacional Autônoma do México. 2ª ed. Trad. Mauro Fonseca Andrade. Porto Alegre: Livraria do Advogado, 2018, p. 92).

Situada no vértice do arcabouço legal, a Constituição Federal é o parâmetro de validade de todas as leis[13] e, bem por isso, "nenhum ato jurídico pode subsistir validamente se for com ela incompatível"[14], seja no quesito formal (*v. g.* tramitação legislativa de criação de uma lei), seja no quesito material (*v. g.* conformidade da lei ordinária com dispositivo constitucional)[15].

A Constituição é a norma fundamental do direito brasileiro, que confere, em última análise, "o significado normativo de todas as situações de fato constituídas pelo ordenamento jurídico"[16]. A inobservância de disposições constitucionais acarreta inconstitucionalidade, vício deveras grave, para não dizer o mais grave de todos no direito.

Da supremacia da Constituição advém a sua *força normativa*[17], que ganhou corpo no constitucionalismo contemporâneo após a Segunda

[13] GUERRA FILHO, Willis Santiago. **Teoria processual da Constituição**. São Paulo: Celso Bastos Editor, 2000, p. 30.

[14] BARROSO, Luís Roberto. **Curso de direito constitucional contemporâneo**: os conceitos fundamentais e a construção do novo. São Paulo: Saraiva, 2009, p. 84.

[15] "Essa *supremacia* é que fundamenta a validade das normas infraconstitucionais e requer que todas as situações jurídicas se conformem com os princípios e preceitos da Constituição. Essa conformidade com os ditames constitucionais, agora, não se satisfaz apenas com a atuação positiva de acordo com eles. Exige mais, pois omitir providências necessárias à aplicação de normas constitucionais constitui também conduta desconforme com o princípio da supremacia". (SILVA, José Afonso da. **O constitucionalismo brasileiro**: evolução institucional. São Paulo: Malheiros, 2011, p. 124; itálico no original).

[16] KELSEN, Hans. **Teoria pura do direito**. 3ª ed. Trad. J. Cretella Jr. e Agnes Cretella. São Paulo: Editora Revista dos Tribunais, 2003, p. 98.

[17] "Ainda que não de forma absoluta, a Constituição jurídica tem significado próprio. Sua pretensão de eficácia apresenta-se como elemento autônomo no campo de forças do qual resulta a realidade do Estado. A Constituição adquire força normativa na medida em que logra realizar essa pretensão de eficácia. Essa constatação leva a uma outra indagação, concernente às *possibilidades* e aos *limites* de sua realização no contexto amplo de interdependência no qual esta pretensão de eficácia encontra-se inserida". (HESSE, Konrad. **A força normativa da constituição**. Trad. Gilmar Ferreira Mendes. Porto Alegre: Sergio Antonio Fabris Editor, 1991, p. 15-16; itálico no original). Ferdinand Lassale, por sua vez, fala em *força ativa* da Constituição: "Se a Constituição é, pois, a *lei fundamental* de uma nação, será – e aqui começamos já a sair das trevas – qualquer coisa que já podemos definir e esclarecer ou, como provisoriamente vimos, uma *força activa* que faz, pela exigência de uma *necessidade*, com que todas as demais leis e instituições jurídicas vigentes no país *sejam o que realmente são*, de tal modo que, a partir desse instante, *não possam* promulgar-se nesse país, *outras quaisquer*, mesmo que se quisesse". (LASSALE, Ferdinand. **O que é uma Constituição**? Trad. Inês Espada Vieira. Lisboa: Escolar Editora, 2013, p. 75; itálico no original). Vale ainda citar o ensinamento de Joan Picó I Junoy:

Guerra Mundial[18]. Norma fundamental, a Constituição é de observância obrigatória e inescusável, impondo-se, com caráter normativo, como legitimadora da forma e do conteúdo das leis hierarquicamente inferiores a ela[19].

Pelo princípio da força normativa, "deve dar-se prevalência aos pontos de vista que, tendo em conta os pressupostos da constituição (normativa), contribuem para uma eficácia óptima da lei fundamental"[20]. Como consequência, "deve dar-se primazia às soluções hermenêuticas que, compreendendo a historicidade das estruturas constitucionais, possibilitem a 'actualização' normativa, garantindo, do mesmo pé, a sua eficácia e permanência"[21].

Essas colocações podem ser resumidas em três breves itens, adotando-se como ponto de partida a superioridade hierárquico-normativa da Constituição Federal: (I) as normas constitucionais, que abrangem tanto as regras quanto os princípios[22], constituem uma *lex superior* que contém em

"El carácter normativo de la Constitución, unánimemente admitido en nuestros días, comporta que los derechos fundamentales vinculan a todos los poderes públicos; requiriendo un adecuado sistema de garantías constitucionales dentro de las cuales se halla la exigencia dirigida a los jueces de aplicar, de modo directo e inmediato, las normas constitucionales". (Picó i Junoy, Joan. **Las garantías constitucionales del proceso**. Barcelona: Bosch, 2012, p. 37).

18 Abboud, Georges. **Processo constitucional brasileiro**. 4ª ed. São Paulo: Thomson Reuters Brasil, 2020, p. 429.

19 Tucci, Rogério Lauria; Tucci, José Rogério Cruz e. **Constituição de 1988 e processo**: regramentos e garantias constitucionais do processo. São Paulo: Saraiva, 1989, p. 100. Na doutrina estrangeira, vale destacar a seguinte lição: *"Not only are constitutional norms today accepted as being 'fundamental law', but this fundamental law is now conceived as a category of positive law, and the judiciary have asserted their authority to act as ultimate interpreters of its meaning. The modern constitution is now widely accepted as providing the foundation of legal order, not only by establishing the authoritative law-making institutions of the state but also in laying down the basic norms that guide law-making. The constitution is now perceived as providing the basis of the legitimacy of legality".* (Loughlin, Martin. What is constitutionalisation? In: Dobner, Petra; Loughlin, Martin. **The twilight of constitutionalism**. Oxford: Oxford University Press, 2010, p. 50).

20 Canotilho, José Joaquim Gomes. **Direito constitucional e teoria da Constituição**. 7ª ed., 19ª reimp. Coimbra: Almedina, 1941, p. 1.226.

21 Canotilho, José Joaquim Gomes. **Direito constitucional e teoria da Constituição**. 7ª ed., 19ª reimp. Coimbra: Almedina, 1941, p. 1.226.

22 Neste trabalho, a expressão "normas constitucionais" (ou até mesmo a palavra "norma") abrange tanto as regras quanto os princípios constitucionais. Isso porque se entende que a norma é gênero do qual são espécies as regras e os princípios. Nesse sentido ver: Silva, Virgílio Afonso da. Princípios e regras: mitos e equívocos acerca de uma distinção. **Revista Latino-Americana de Estudos Constitucionais**, nº 1, 2003, p. 607-630; Vaughn, Gustavo

si própria o seu fundamento de validade (*autoprimazia normativa*); (II) as normas constitucionais são *normas de normas*, isto é, são fonte de produção jurídica de outras leis em sentido lato; e (III) a superioridade normativa das normas constitucionais faz com que todos os atos do Poder Público sejam realizados em conformidade com a Constituição Federal, sob pena de nulidade[23].

A imperiosa harmonização entre as leis e a Constituição Federal leva ao enfrentamento de outra questão: qual seria o *parâmetro constitucional* para controlar a harmonia das leis com as normas constitucionais?

Duas possibilidades exsurgem desse questionamento. A primeira vertente doutrinária defende que o parâmetro constitucional equivale à Constituição escrita ou às leis com valor constitucional. Por sua vez, a segunda corrente, mais ampla, considera a *ordem constitucional global* como parâmetro constitucional, que aqui se entende como a necessidade de as leis estarem em conformidade não só com as normas constitucionais e de conteúdo constitucional, mas também com aquelas normas que podem ser inferidas pela análise completa da ordem constitucional, ainda que não haja previsão expressa[24].

A referida segunda hipótese agasalha a ideia de *bloco de constitucionalidade*[25]. Parece mais correto sustentar que a verificação da conformidade da lei com a Constituição Federal deve ser feita levando-se em conta um bloco de constitucionalidade e não apenas o que consta na literalidade do

Favero; VEIGA, Natália Salvador. Reflexões sobre a técnica da ponderação no novo Código de Processo Civil. **Revista dos Tribunais**, vol. 971, 2016, p. 248-250.

23 CANOTILHO, José Joaquim Gomes. **Direito constitucional e teoria da Constituição**. 7ª ed. 19ª reimp. Coimbra: Almedina, 1941, p. 1.147.

24 CANOTILHO, José Joaquim Gomes. **Direito constitucional e teoria da Constituição**. 7ª ed. 19ª reimp. Coimbra: Almedina, 1941, p. 919.

25 A ideia de "bloco de constitucionalidade" é importada do direito francês, em que a expressão *bloc de constitutionnalité* é utilizada para designar o conjunto de normas que o Conselho Constitucional aplica no controle prévio de constitucionalidades das leis e dos regulamentos parlamentares (LLORENTE, Francisco Rubio. El bloque de constitucionalidad. **Revista Española de Derecho Constitucional**, ano 9, nº 27, 1989, p. 15). Destacando a importância desse conceito, assim já se pronunciou o Supremo Tribunal Federal: "A definição do significado de bloco de constitucionalidade – independentemente da abrangência material que se lhe reconheça – reveste-se de fundamental importância no processo de fiscalização normativa abstrata, pois a exata qualificação conceitual dessa categoria jurídica projeta-se como fator determinante do caráter constitucional, ou não, dos atos estatais contestados em face da Carta Política". (ADI nº 595-ES, rel. min. Celso de Mello, julgado em 18/2/2002).

enunciado do Poder Legislativo[26]. A Constituição Federal, frise-se, não se resume ao seu texto.

Adota-se como premissa, portanto, que a fiscalização constitucional é mais abrangente do que a mera verificação da possibilidade de convivência entre uma lei e o puro e simples texto constitucional, englobando a aferição da sua conformidade com a ordem constitucional por completo.

2.2. Jurisdição constitucional

A jurisdição constitucional envolve toda a atividade jurisdicional que tenha por objeto a interpretação e a aplicação da Constituição Federal[27], sendo sua tarefa "decidir, com autoridade, os casos de violação ao texto constitucional", o que se dá tanto pelo controle dos poderes estatais quanto pela concretização e evolução do direito constitucional[28]. Essa atividade não se

[26] Adota-se, como referencial, o seguinte parâmetro de controle de constitucionalidade: "1) dispositivos constitucionais introduzidos pelo Poder Constituinte Originário; 2) emendas constitucionais; 3) emendas constitucionais de revisão (resultantes do art. 3º do Ato das Disposições Constitucionais Transitórias – ADCT); 4) dispositivos do ADCT (exceto aqueles que já tiveram exaurida sua eficácia); 5) tratados internacionais de direitos humanos internalizados pelo rito exigido para emenda constitucional; 6) princípios constitucionais implícitos". (Leal, Saul Tourinho. **Controle de constitucionalidade moderno**. 3ª ed. Niterói: Impetus, 2014, p. 71). Ressalte-se que o preâmbulo da Constituição já foi recusado pelo Supremo como parâmetro para aferição de constitucionalidade de leis: "CONSTITUCIONAL. CONSTITUIÇÃO: PREÂMBULO. NORMAS CENTRAIS. Constituição do Acre. (...) II. – Preâmbulo da Constituição: não constitui norma central. Invocação da proteção de Deus: não se trata de norma de reprodução obrigatória na Constituição estadual, não tendo força normativa (...)". (ADI nº 2.076, rel. min. Carlos Velloso, Tribunal Pleno, julgado em 15/8/2002, DJ 8/8/2003).

[27] Em Portugal, fala-se na "justiça constitucional", cujo surgimento se deu precisamente para fornecer uma garantia efetiva da Constituição. Para essa garantia efetiva "concorrem não apenas os sistemas de fiscalização da constitucionalidade, cujos contornos são definidos por cada um dos ordenamentos jurídicos-constitucionais, mas também o regime jurídico da desvalorização das condutas inconstitucionais, espelhado na inaptidão das mesmas para produzirem cabalmente os exatos efeitos jurídicos que, em termos normais, lhes corresponderiam". (Correia, Fernando Alves. **Justiça constitucional**. 2ª ed. Coimbra: Almedina, 2019, p. 110).

[28] Abboud, Georges. **Processo constitucional brasileiro**. 2ª ed. São Paulo: Thomson Reuters Brasil, 2018, p. 359. Indo além, Georges Abboud elenca quatro funções que considera primordiais a serem realizadas pela jurisdição constitucional, a saber: limitar o poder público; garantir a existência das minorias e assegurar a proteção dos direitos fundamentais previstos na Constituição Federal e nos tratados internacionais de que é signatário o Brasil; corrigir os equívocos e as omissões do poder público; e conferir coerência e garantir a preservação da

limita ao controle de constitucionalidade das leis[29], tampouco é exercida com exclusividade pelo Supremo Tribunal Federal. Ao revés, a jurisdição constitucional "congrega todos os órgãos do Poder Judiciário e compreende o conjunto das atribuições jurisdicionais que digam respeito à salvaguarda e à efetividade das normas constitucionais"[30].

Nada obstante seja possível vislumbrar um escopo mais amplo, a jurisdição constitucional será aqui examinada a partir de seu sentido estrito, que se cinge ao controle jurisdicional de constitucionalidade das leis. O controle de constitucionalidade é, ao fim e ao cabo, o principal escopo da jurisdição constitucional, verdadeiro instrumento para extirpar do sistema jurídico leis incompatíveis com as normas constitucionais.

2.3. Breves notas sobre os aspectos subjetivo e modal do controle de constitucionalidade

Do ponto de vista subjetivo, o Brasil encampa apenas o modelo difuso de constitucionalidade; porém, é possível notar elementos do controle concentrado em nossa jurisdição constitucional[31]. São esclarecedoras, a propósito, as palavras de Luiz Guilherme Marinoni: "O sistema brasileiro não é de controle concentrado, pois admite que qualquer juiz de primeiro grau deixe de aplicar a lei que reputa inconstitucional diante de qualquer ação. O controle de constitucionalidade brasileiro é difuso, mas, além de poder ocorrer na forma incidental no caso concreto, pode ser realizado via ação direta proposta no Supremo Tribunal Federal"[32]-[33].

autonomia do direito, com destaque à Constituição Federal, pela jurisprudência formada da jurisdição constitucional, desde que devidamente fundamentada a decisão.

29 "A jurisdição constitucional compreende, por sua vez, o controle judiciário da constitucionalidade das leis e dos atos da administração, bem como a denominada jurisdição constitucional das liberdades, com o uso dos remédios constitucionais-processuais: o 'habeas-corpus', o 'mandado de segurança' e a 'ação popular'." (Grinover, Ada Pellegrini. **Os princípios constitucionais e o Código de Processo Civil**. São Paulo: Bushatsky, 1975, p. 7).

30 Zavascki, Teori Albino. **Eficácia das sentenças na jurisdição constitucional**. 4ª ed. São Paulo: Editora Revista dos Tribunais, 2017, p. 19-20.

31 Ramos, Elival da Silva. **Ativismo judicial**: parâmetros dogmáticos. 2ª ed. São Paulo: Saraiva, 2015, p. 213, nota de rodapé nº 564.

32 Marinoni, Luiz Guilherme. **A zona de penumbra entre o STJ e o STF**: a função das Cortes Supremas e a delimitação do objeto dos recursos especial e extraordinário. São Paulo: Thomson Reuters Brasil, 2019, p. 27.

33 Esse ponto merece mais uma referência, tendo em conta o grau de confusão que se faz no Brasil a esse respeito: "(...) Quando o poder de controlar a constitucionalidade é distribuído

O controle difuso, inspirado na *judicial review* do direito norte-americano, pode ser exercido por todos os órgãos do Poder Judiciário brasileiro[34], inferiores ou superiores, municipais, estaduais ou federais, por ocasião do julgamento das causas de suas respectivas competências. Nesse caso, "a inconstitucionalidade não é declarada em tese e, sim, em processo regularmente instaurado, ao ser decidida uma pretensão"[35].

Em primeiro grau de jurisdição, o controle difuso é realizado com maior liberdade pelo juiz: simplesmente declara-se por sentença, aqui compreendida como decisão terminativa ou definitiva, que determinada lei é ou não é constitucional[36], sendo tal declaração passível de reforma pela via recursal, inclusive e sobretudo pelo Supremo Tribunal Federal.

O pronunciamento de inconstitucionalidade em grau superior – recurso ou ação originária – deve respeitar o procedimento previsto nos artigos 948 a 950 do Código de Processo Civil acerca do incidente de arguição

aos órgãos do Poder Judiciário diante de todo e qualquer caso, o controle de constitucionalidade pode e deve ser feito por todos os órgãos judiciais, mas nas formas incidental e concreta. Contudo, nada impede que se outorgue à Suprema Corte, no mesmo sistema em que se dá competência para o controle judicial da constitucionalidade em face de qualquer caso, competência para realizar o controle de constitucionalidade na forma principal, mediante ações diretas a ela endereçadas. Bem vistas as coisas, portanto, os sistemas difuso e concentrado constituem abstrações que apenas podem ser separadas, e assim ter validade conceitual, quando se apresentam autonomamente. Se o controle de constitucionalidade é deferido aos juízes em face de todo e qualquer caso, inexistindo previsão de via direta, o controle é difuso, porém, note-se bem, *incidental*. De outra parte, se o controle é conservado nas mãos da Corte Constitucional, como no sistema austríaco pré-1929, o controle é concentrado, mas, sublinhe-se, exercido na forma *principal*. Isso quer dizer que, nos sistemas em que os juízes exercem o controle de constitucionalidade diante de qualquer caso, e, ao lado disso, este controle também é deferido à Suprema Corte mediante a via direta, há, na realidade, controle difuso decorrente das formas incidental e principal. Misturam-se, portanto, os modelos incidental e principal, não o controle difuso com o concentrado. Se existe sistema misto, esse é constituído pelo modelo incidental somado ao principal, os quais, por sua vez, permitem o controle concreto e o controle abstrato, ainda que, como já demonstrado, a via principal possa, excepcionalmente, também levar ao controle concreto". (SARLET, Ingo Wolfgang; MARINONI, Luiz Guilherme; MITIDIERO, Daniel. **Curso de direito constitucional**. 8ª ed. São Paulo: Saraiva, 2019, p. 1.020-1.021).

34 TUCCI, José Rogério Cruz e. **Processo civil, realidade e justiça**: 20 anos de vigência do CPC. São Paulo: Saraiva, 1994, p. 88.

35 MARQUES, José Frederico. **Instituições de direito processual civil**, vol. 1. 2ª ed. Rio de Janeiro: Forense, 1962, p. 308.

36 CALAMANDREI, Piero. **Estudios sobre el proceso civil – derecho procesal civil III**. Trad. Santiago Sentís Melendo. Buenos Aires: Ediciones Juridicas Europa-America, 1973, p. 62.

de inconstitucionalidade[37], e a regra de *reserva de plenário* (*full bench*[38]) disposta no artigo 97 da Constituição, segundo a qual apenas pelo "voto da maioria absoluta de seus membros ou dos membros do respectivo órgão especial poderão os tribunais declarar a inconstitucionalidade de lei ou ato normativo do Poder Público"[39].

Por sua vez, o controle concentrado, que não é propriamente adotado pelo direito brasileiro quanto ao aspecto subjetivo, como já se disse, segue o modelo europeu, cuja gênese se atribui a Hans Kelsen, precursor da ideia do Tribunal Constitucional como legislador negativo[40]. Nessa espécie, o controle de constitucionalidade é conservado nas mãos de uma Corte Constitucional, que ficará responsável por dizer o significado das normas constitucionais, tal qual ocorria no sistema austríaco[41].

[37] Por não ser objeto de estudo, não serão feitas maiores referências ao incidente de arguição de inconstitucionalidade do Código de Processo Civil.

[38] "(...) a previsão da CF 97 incorpora ao direito brasileiro, a histórica exigência norte-americana do *full bench*, surgida durante o século XIX, como expressão da prudência reticente com a qual os Tribunais de então enfrentavam questões constitucionais. Esse mecanismo de autocontrole foi se afirmando, de julgado em julgado, entre outros motivos, graças à dupla dificuldade por ele imposta tanto à revisão como à formação de um *stare decisis* em matéria de direito constitucional". (ABBOUD, Georges. **Processo constitucional brasileiro**. 4ª ed. São Paulo: Thomson Reuters Brasil, 2020, p. 979; itálico no original).

[39] O Supremo Tribunal Federal já sumulou entendimento, de forma vinculante, acerca de hipótese de descumprimento da reserva de plenário. Trata-se da súmula vinculante nº 10: "Viola a cláusula de reserva de plenário (CF, artigo 97) a decisão de órgão fracionário de tribunal que, embora não declare expressamente a inconstitucionalidade de lei ou ato normativo do Poder Público, afasta sua incidência, no todo ou em parte".

[40] ABBOUD, Georges. **Processo constitucional brasileiro**. 4ª ed. São Paulo: Thomson Reuters Brasil, 2020, p. 466; SARLET, Ingo Wolfgang; MARINONI, Luiz Guilherme; MITIDIERO, Daniel. **Curso de direito constitucional**. 8ª ed. São Paulo: Saraiva, 2019, p. 981. Ver também: KELSEN, Hans. **Jurisdição constitucional**. 3ª ed. Trad. do alemão por Alexandre Krug. São Paulo: Martins Fontes, 2013.

[41] Destacando a diferença entre os modelos estadunidense e europeu: "O modelo europeu é muito diferente. O contencioso constitucional, que distinguimos do contencioso ordinário, é da competência exclusiva de um Tribunal especialmente constituído para esse fim e que pode estabelecer preceitos, sem que possamos falar propriamente de litígios, por meio da provocação desse Tribunal pelas autoridades políticas ou jurisdicionais e até mesmo por particulares, com decisões que têm efeito absoluto de coisa julgada". (FAVOREU, Louis. **As cortes constitucionais**. Trad. Dunia Marinho Silva. São Paulo: Landy Editora, 2004, p. 17-18).

No que toca à forma ou ao modo, o modelo brasileiro de controle de constitucionalidade pode ser considerado *misto* (ou *híbrido*), na medida em que prevê os controles por via incidental e por via principal[42].

O controle incidental é desempenhado por juízes em geral no julgamento de casos concretos. A declaração incidental de inconstitucionalidade dá-se no exercício normal da função jurisdicional. Trata-se do controle "exercido quando o pronunciamento acerca da constitucionalidade ou não de uma norma faz parte do itinerário lógico do raciocínio jurídico a ser desenvolvido"[43].

Não é incomum encontrar o controle incidental sendo referido como controle por *via de exceção*, vislumbrando-se a inconstitucionalidade como argumento da parte requerida, matéria de defesa apenas. Essa terminologia não é precisa nem consentânea com a realidade, pois a inconstitucionalidade pode ser arguida por qualquer das partes[44].

À primeira vista, os conceitos de controle difuso e controle por via incidental podem ser confundidos; mas são coisas distintas: o controle difuso é exercível por qualquer juiz ou tribunal ao decidir lides (aspecto subjetivo), ao passo que o controle por via incidental é realizado na apreciação de casos concretos (aspecto modal). A ressalva tem razão de ser, haja vista que no Brasil tais conceitos "se superpõem, sendo que desde o início da República o controle incidente é exercido de modo difuso"[45].

O controle por via principal, que se associa ao controle concentrado, porém com ele também não se confunde, é de competência exclusiva do Supremo Tribunal Federal em sede de julgamento das ações constitucionais, cujo resultado se dá em abstrato, com eficácia vinculante e *erga omnes*. O controle principal não se refere a uma disputa concreta entre dois polos

[42] Registre-se que somente com o advento da Emenda Constitucional nº 16/1965 é que foi estabelecido o controle objetivo de constitucionalidade no direito brasileiro.

[43] Barroso, Luís Roberto. **O controle de constitucionalidade no direito brasileiro.** 8ª ed. São Paulo: Saraiva, 2019, p. 72.

[44] Barroso, Luís Roberto. **O controle de constitucionalidade no direito brasileiro.** 8ª ed. São Paulo: Saraiva, 2019, p. 132. Limitando a arguição de inconstitucionalidade, em controle difuso, à defesa do réu: Silva, José Afonso da. **O constitucionalismo brasileiro**: evolução institucional. São Paulo: Malheiros, 2011, p. 135.

[45] Barroso, Luís Roberto. **O controle de constitucionalidade no direito brasileiro.** 8ª ed. São Paulo: Saraiva, 2019, p. 72. Apenas com o advento da Lei nº 9.982/1999, que criou a arguição de descumprimento de preceito fundamental, passou-se a aceitar o controle por via incidental em ação característica do controle concentrado.

litigantes; diz respeito a um processo objetivo sem caráter contencioso, ao menos tecnicamente. Dito de outro modo, não visa a tutelar direitos subjetivos, mas preservar a harmonia do sistema jurídico[46]. Discute-se, pura e essencialmente, a compatibilidade de uma norma infraconstitucional com a Constituição Federal.

A despeito de todo e qualquer juiz togado ter competência para realizar o controle difuso de constitucionalidade, em caráter incidental, na prática a última palavra sobre questão constitucional cabe sempre ao Supremo Tribunal Federal, que é o órgão do Poder Judiciário responsável por dizer, em última mão, qual interpretação deve ser atribuída às normas constitucionais e quais leis são ou não com elas compatíveis[47]-[48].

2.4. Natureza jurisdicional da arbitragem

A definição de *jurisdição*, segundo o entendimento generalizado na doutrina processual clássica, está associada à atividade jurisdicional de um órgão do Estado, a despeito de diferenças nos conceitos apresentados por renomados juristas ao longo dos tempos. Isso deu azo à sedimentação da ideia de que a jurisdição seria um monopólio estatal, exercível apenas por juízes togados[49]-[50].

[46] Barroso, Luís Roberto. **O controle de constitucionalidade no direito brasileiro**. 8ª ed. São Paulo: Saraiva, 2019, p. 72.

[47] Cappelletti, Mauro. **O controle judicial de constitucionalidade das leis no direito comparado**. Trad. Aroldo Plínio Gonçalves. Porto Alegre: Sergio Antonio Fabris Editor, 1984, p. 85. Em Portugal, a doutrina faz a mesma observação: Correia, Fernando Alves. **Justiça constitucional**. 2ª ed. Coimbra: Almedina, 2019, p. 133.

[48] "Hoje não resta a menor dúvida de que, não obstante a permanência jurídica do *controle difuso* em nosso ordenamento jurídico, o *controle abstrato* ou *concentrado* de constitucionalidade, em sua variada e ampla gama de ações e possibilidades abrange, domina e procura solucionar a maior parte dos problemas e questões ligadas à inconstitucionalidade, resolvendo-as naquela via. A variedade de ações colocadas à disposição dos jurisdicionadas não deixa dúvidas que o Supremo Tribunal Federal domina hoje a cena do controle de constitucionalidade no Brasil". (Figueiredo, Marcelo. **O controle de constitucionalidade e de convencionalidade no Brasil**. São Paulo: Malheiros, 2016, p. 14; itálico no original).

[49] Ver, entre outros: Liebman, Enrico Tullio. **Manual de direito processual civil**. 3ª ed., vol. 1. Trad. Cândido Rangel Dinamarco. São Paulo: Malheiros, 2005, p. 19-24; Carnelutti, Francesco. **Teoria geral do direito**. Trad. Antônio Carlos Ferreira. São Paulo: Lejus, 1999, p. 147; Henrechson, Francisco Hoyos. **Temas fundamentais de derecho procesal**. Santiago de Chile: Editorial Juridica de Chile, 1987, p. 5; ROSAS, Roberto. **Direito processual constitucional**: princípios constitucionais do processo civil. 3ª ed. São Paulo: Editora Revista

À definição clássica de jurisdição usualmente se atribui uma conceituação tríplice, considerando-a ao mesmo tempo um *poder*, uma *função* e uma *atividade*[51]. Na atribuição de poder, a jurisdição pode ser vista como o próprio poder estatal enquanto exercido com os objetivos do sistema processual; a função é caracterizada pelos escopos do processo que o Estado-juiz busca concretizar ao se valer da jurisdição (jurídico, social e político)[52]; e a atividade consiste nos atos realizados pelo magistrado no processo, segundo as regras procedimentais pertinentes[53].

A necessidade de ter à disposição novos mecanismos de resolução de disputas, por vezes não judiciais, levou os estudiosos do direito a repensarem o conceito de jurisdição, nada obstante se reconheça a importância de tudo o que se estudou até hoje sobre esse instituto fundamental

dos Tribunais, 1999, p. 15; SILVA, Ovídio A. Baptista da; GOMES, Fábio. **Teoria geral do processo civil**. 3ª ed. São Paulo: Editora Revista dos Tribunais, 2002, p. 73-74; TUCCI, Rogério Lauria. Jurisdição, ação e processo civil (subsídios para a teoria geral do processo civil). **Revista de Processo**, vol. 52, 1998, p. 7-40. Versão eletrônica, p. 1-3; ALSINA, Hugo. **Tratado teorico practico de derecho procesal civil y comercial**, vol. 2: organizacion judicial, jurisdiccion y competencia. 2ª ed. Buenos Aires: Ediar Soc. Anon. Editores, 1957, p. 413-416; ROSENBERG, Leo. **Tratado de derecho procesal civil**, t. 1. Trad. Angela Romera Vera. Buenos Aires: Ediciones Juridicas Europa-America, 1955, p. 45-46.

50 Eduardo Coutore confirma essa constatação ao definir jurisdição como sendo "*función pública, realizada por órganos competentes del Estado, con las formas requeridas por la ley, en virtud de la cual, por acto de juicio, se determina el derecho de las partes, con el objeto de dirimir sus conflictos y controversias de relevancia jurídica, mediante decisiones con autoridad de cosa juzgada, eventualmente factibles de ejecución*". (COUTORE, Eduardo. **Fundamentos del derecho procesal civil**. 4ª ed. Montevideo: Editorial B de F, 2018, p. 34; itálico no original).

51 NEVES, Celso. **Estrutura fundamental do processo civil**: tutela jurídica processual, ação, processo e procedimento. Rio de Janeiro: Forense, 1997, p. 28.

52 Sobre os escopos do processo, José Roberto Bedaque observa o seguinte: "No escopo jurídico da atuação da vontade concreta da lei estão compreendidos os escopos social e político, que parecem muito mais ligados ao próprio direito material a ser atuado pelo juiz. Deve ele servir como canal de comunicação entre a regra e a sociedade, a fim de adequá-la à realidade e às necessidades de seu tempo. Esse escopo social, todavia, configura fenômeno muito mais próximo do direito material. Resulta da interpretação a ser dada pelo juiz. Em última análise, o escopo do processo é jurídico, não obstante deva atuar a vontade concreta da norma de direito material de modo a adequá-la à realidade social, atingindo, assim, o escopo social do processo". (BEDAQUE, José Roberto dos Santos. **Direito e processo**: influência do direito material sobre o processo. 6ª ed. São Paulo: Malheiros, 2011, p. 74).

53 DINAMARCO, Cândido Rangel. **Instituições de direito processual civil**, vol. 1. 9ª ed. São Paulo: Malheiros, 2017, p. 440.

do direito processual[54]. Não é exagero afirmar que a evolução do ordenamento jurídico brasileiro colocou em crise o que há muitos anos se entendia por jurisdição[55].

Pode-se dizer que a arbitragem, considerada uma *justiça privada*, foi o método de resolução extrajudicial de controvérsia mais impactado com o dogma da jurisdição como monopólio do Estado-juiz. Embora tenha havido resistência para reconhecer na atuação dos árbitros a natureza jurisdicional[56], não se nega que atualmente a doutrina, em sua esmagadora maioria, defende que a arbitragem é dotada de jurisdição. O advento da Lei de Arbitragem e a sua declaração de constitucionalidade pelo Supremo

[54] É digno de nota o conceito de jurisdição apresentado por Ada Grinover em sua última obra em vida. A saudosa professora, de maneira corajosa e elegante, lançou ao público um novo conceito de jurisdição, com especial análise da justiça consensual, em que o conflito é dirimido exclusivamente pelas partes interessadas. Em suas palavras, a jurisdição, que inclui a arbitragem, "na atualidade, não é mais poder, mas apenas função, atividade e garantia. Seu principal indicador é o acesso à Justiça, estatal ou não, e seu objetivo, o de pacificar com justiça. Este conceito de jurisdição abrange a justiça estatal, a justiça arbitral e a justiça conciliativa". (GRINOVER, Ada Pellegrini. **Ensaio sobre a processualidade**: fundamentos para uma nova teoria geral do processo. Brasília: Gazeta Jurídica, 2016, p. 30).

[55] A propósito: "Entenda-se que a *formação da jurisdição* não é apenas um processo linear de organização dos aparatos institucional e humano a serem envolvidos nessa tarefa, embora sejam prioridade evidente, *mas, é sobretudo, uma mudança mental ou do mundo de percepção das coisas e do mundo e suas relações, implicando uma alteração extensa do pensamento anterior, substituído por um padrão civilizado de comportamento, para encontrar as soluções dos conflitos; essa mudança de mentalidade é, certamente, a mais notável força resultante da formação do poder jurisdicional*". (ROCHA, Cesar Asfor. **A luta pela efetividade da jurisdição**. São Paulo: Editora Revista dos Tribunais, 2007, p. 32; itálico no original). Para exemplos concretos de crise do conceito de jurisdição ver: SICA, Heitor Vitor Mendonça. Velhos e novos institutos fundamentais do direito processual civil. In: ZUFELATO, Camilo; YARSHELL, Flávio Luiz (org.). **40 anos da teoria geral do processo no Brasil**: passado, presente e futuro. São Paulo: Malheiros, 2013, p. 433-439.

[56] Em sentido contrário à natureza jurisdicional da arbitragem ver: SATTA, Salvatore. **Direito processual civil**, vol. 2. Trad. Luiz Autuori. Rio de Janeiro: Editor Borsoi, 1973, p. 772-775; MARINONI, Luiz Guilherme; ARENHART, Sérgio Cruz; MITIDIERO, Daniel. **Novo curso de processo civil**: teoria geral do processo, vol. 1. 3ª ed. São Paulo: Editora Revista dos Tribunais, 2017, p. 178-184; BUENO, Cassio Scarpinella. **Manual de direito processual civil**. São Paulo: Saraiva, 2015, p. 63; CÂMARA, Alexandre Freitas. **Arbitragem**: Lei nº 9.307/96. 3ª ed. Rio de Janeiro: Editora Lumen Juris, 2002, p. 14; BARBI FILHO, Celso Agrícola. Cumprimento judicial de cláusula compromissória na Lei 9.307/96 e outras intervenções do Judiciário na arbitragem privada. **Revista dos Tribunais**, vol. 749, 1998, p. 118. Também há quem sustente que a arbitragem é um "equivalente jurisdicional": RODRIGUES, Horácio Wanderlei; LAMY, Eduardo. **Teoria geral do processo**. 5ª ed. São Paulo: Atlas, 2018, p. 5.

Tribunal Federal contribuíram para dar sustentáculo à natureza jurisdicional da arbitragem[57].

Defende-se, aqui, que a jurisdição não é instituto estranho à arbitragem. Os árbitros têm poder jurisdicional e essa assertiva é confirmada especialmente pela vontade do legislador, que se encontra bem representada na Lei de Arbitragem. Uma das evidências da harmonia entre a jurisdição e a arbitragem está no artigo 18 da mencionada lei, que prevê ser o árbitro juiz de fato e direito, ao mesmo tempo em que dispensa a homologação da sentença arbitral pelo Poder Judiciário e obsta a interposição de recurso perante o juízo arbitral[58].

Em complemento à desnecessidade de homologação da sentença arbitral – que foi um entrave para o desenvolvimento da arbitragem antes da entrada em vigor da lei de regência –, o artigo 31 da Lei de Arbitragem equipara, para as partes litigantes e seus sucessores, os efeitos da sentença arbitral aos da sentença proferida pelo Poder Judiciário, considerando-a título executivo judicial, o que foi encampado pelo artigo 515, inciso VII, do Código de Processo Civil. Registre-se, ademais, que ao árbitro é dado decidir sobre sua própria jurisdição (e não competência)[59]-[60], com prioridade e antecedência ao juiz estatal (*princípio da competência-competência*)[61].

[57] A contribuição do Supremo de que se fala advém do julgamento da conhecida e já mencionada Sentença Estrangeira nº 5.206 AgR, rel. min. Sepúlveda Pertence, Tribunal Pleno, julgado em 12/12/2001, DJ 30/4/2004.

[58] Admite-se recurso na arbitragem quando as partes assim convencionarem. Há regulamentos de câmaras arbitrais que contemplam essa possibilidade, a exemplo do *Optional Appellate Arbitration Rules* da *American Arbitration Association*.

[59] A distinção entre "jurisdição" e "competência" é importante, ao menos no âmbito da arbitragem no direito brasileiro, pois tais conceitos são distintos, sendo esta considerada uma medida daquela, representando a distribuição do exercício da jurisdição nos órgãos judiciais: "Objetivamente examinada, a competência é o âmbito de atuação de cada órgão jurisdicional. Do ponto de vista do órgão, a competência é a porção do poder de julgar que esse órgão detém. A competência não mede apenas a jurisdição, mas define a órbita do exercício da função de qualquer órgão ou pessoa". (BERMUDES, Sergio. **Introdução ao processo civil**. 6ª ed. Rio de Janeiro: Forense, 2019, p. 52). Em igual sentido ver: YARSHELL, Flávio Luiz. **Tutela jurisdicional**. São Paulo: Atlas, 1999, p. 135.

[60] Ainda sobre os conceitos de "jurisdição" e "competência", endossamos o seguinte ensinamento: "Ao discutir o princípio da competência-competência na arbitragem brasileira, a doutrina e a jurisprudência tratam os termos 'competência' e 'jurisdição' de maneira indistinta. Este capítulo prefere o termo jurisdição, ao discorrer sobre o poder do tribunal arbitral para decidir quaisquer questões relacionadas à higidez e à aplicação da convenção de arbitragem. Afinal, a convenção de arbitragem, ao ser gênese do poder de um terceiro de dizer o direito

A leitura dos dispositivos da Lei de Arbitragem denota que o legislador atribuiu à arbitragem a natureza de atividade jurisdicional, ainda que promovida por terceiros escolhidos livremente pelas partes, em um âmbito privado e mais flexível que o Poder Judiciário[62].

À semelhança dos juízes togados, os árbitros: (I) são provocados por partes que buscam uma solução concreta para um determinado conflito de direito material (patrimonial e disponível, no caso da arbitragem); (II) efetivamente decidem a causa submetida a seu crivo, com cognição plena, observando os princípios do contraditório, ampla defesa e devido processo legal, bem como assegurando às partes o direito à produção de provas[63]; (III) ao dirimir a crise de direito material, redigem sentença arbitral que será definitiva e substitutiva da vontade das partes, podendo ser executada no juízo estatal com força de título executivo, na forma da legislação processual civil; (IV) proferem sentenças arbitrais sujeitas aos mesmos

e proferir uma decisão final, definitiva e vinculante às partes, não emana uma competência, mas uma *jurisdictio*". (Sperandio, Felipe Vollbrecht. Convenção de arbitragem. In: Levy, Daniel; Pereira, Guilherme Setoguti J. (coord.). **Curso de arbitragem**. São Paulo: Thomson Reuters Brasil, 2018, p. 63-64; itálico no original). Rafael Alves, por sua vez, trata desses dois termos como indistintos exclusivamente para discorrer sobre o princípio da competência-competência, levando em consideração que, primeiro, as definições do processo civil não poderiam ser diretamente transportadas para a arbitragem e, segundo, por uma questão de ordem prática, as distinções rígidas entre os termos poderia criar obstáculos desnecessários para a compreensão do objeto principal do debate, sobretudo em atenção ao direito estrangeiro (Alves, Rafael Francisco. **A inadmissibilidade das medidas antiarbitragem no direito brasileiro**. São Paulo: Atlas, 2009, p. 60).

[61] Lei de Arbitragem: "Art. 8º A cláusula compromissória é autônoma em relação ao contrato em que estiver inserta, de tal sorte que a nulidade deste não implica, necessariamente, a nulidade da cláusula compromissória. Parágrafo único. Caberá ao árbitro decidir de ofício, ou por provocação das partes, as questões acerca da existência, validade e eficácia da convenção de arbitragem e do contrato que contenha a cláusula compromissória".

[62] Acredita-se que o Código de Processo Civil de 2015 aderiu à tese da arbitragem como atividade jurisdicional ao prever, em seu artigo 3º, § 1º, que não se excluirá da *apreciação jurisdicional* ameaça ou lesão a direito, admitindo-se a arbitragem, na forma da lei. Também é de se destacar o artigo 42: "As causas cíveis serão processadas e decididas pelo juiz nos limites de sua competência, ressalvado às partes o direito de instituir juízo arbitral, na forma da lei".

[63] Lei de Arbitragem: "Art. 21. A arbitragem obedecerá ao procedimento estabelecido pelas partes na convenção de arbitragem, que poderá reportar-se às regras de um órgão arbitral institucional ou entidade especializada, facultando-se, ainda, às partes delegar ao próprio árbitro, ou ao tribunal arbitral, regular o procedimento. (...) § 2º Serão, sempre, respeitados no procedimento arbitral os princípios do contraditório, da igualdade das partes, da imparcialidade do árbitro e de seu livre convencimento".

requisitos das sentenças judiciais[64], além de serem alcançadas pela coisa julgada material, tornando-se imutáveis e indiscutíveis, sendo vedado ao juízo estatal examinar a justeza do que os árbitros decidirem, a não ser que se trate de *error in procedendo*; e (V) atuam de maneira imparcial e independente, cabendo-lhes o dever de revelação[65].

Objetivamente, os árbitros têm poder jurisdicional porque decidem, com caráter vinculante e definitivo aos litigantes, a controvérsia que lhes foi posta mediante a atuação concreta do direito positivo, fazendo-o em

[64] Lei de Arbitragem: "Art. 26. São requisitos obrigatórios da sentença arbitral: I – o relatório, que conterá os nomes das partes e um resumo do litígio; II – os fundamentos da decisão, onde serão analisadas as questões de fato e de direito, mencionando-se, expressamente, se os árbitros julgaram por eqüidade; III – o dispositivo, em que os árbitros resolverão as questões que lhes forem submetidas e estabelecerão o prazo para o cumprimento da decisão, se for o caso; e IV – a data e o lugar em que foi proferida. Parágrafo único. A sentença arbitral será assinada pelo árbitro ou por todos os árbitros. Caberá ao presidente do tribunal arbitral, na hipótese de um ou alguns dos árbitros não poder ou não querer assinar a sentença, certificar tal fato". No que diz respeito à sentença judicial, o artigo 489 assim dispõe: "Art. 489. São elementos essenciais da sentença: I – o relatório, que conterá os nomes das partes, a identificação do caso, com a suma do pedido e da contestação, e o registro das principais ocorrências havidas no andamento do processo; II – os fundamentos, em que o juiz analisará as questões de fato e de direito; III – o dispositivo, em que o juiz resolverá as questões principais que as partes lhe submeterem." Não se está aqui a dizer, pois isso não foi objeto de análise, que as hipóteses do § 1º do referido artigo 489 se apliquem indistintamente à arbitragem.

[65] Carlos Alberto Carmona resume com maestria a natureza jurisdicional da arbitragem: "Nunca me convenci a respeito da restrição imposta ao conceito de jurisdição, e temo afirmar que as idéias de Chiovenda e de Carnelutti, que tanto impressionaram nossos autores mais ilustres, envelheceram e paulatinamente deixaram de refletir o real significado de *iuris dicere*. Tanto o árbitro como o Juiz togado dizem autoritativamente o direito, concretizando a vontade da lei; tanto o árbitro como o Juiz exercem função, atividade e poder que caracterizam a jurisdição; tanto o árbitro como o Juiz proferem decisões vinculativas para as partes; tanto o árbitro como o Juiz julgam! Assim sendo, no momento em que o árbitro aceita o encargo, recebe das partes o poder de decidir um dado litígio, impondo em caráter obrigatório e vinculativo a solução para o caso concreto, caracterizando-se a substituição da vontade das partes pela do árbitro, que expressa e sintetiza a vontade da lei. A função do árbitro, como se vê, não é diferente daquela do Juiz. Quanto à atividade do árbitro, não difere ela substancialmente daquela desempenhada pelo Juiz togado: tanto um como outro conhecem as questões de fato e de direito deduzidas pelas partes, analisando-as e valorando-as para formar seu convencimento, propiciando as bases para a decisão da pretensão que lhes foi submetida (esta, aliás, a característica básica da atividade cognitiva). Por derradeiro, árbitro e Juiz ostentam poder: a decisão que proferem um e outro é obrigatória e vinculante para os contendentes". (CARMONA, Carlos Alberto. Das boas relações entre os juízes e os árbitros. **Revista de Processo**, vol. 87, 1991, p. 81-89. Versão eletrônica, p. 2-3; itálico no original).

consonância com os escopos do processo e em respeito às garantias constitucionais[66]-[67]. O julgamento dos árbitros atinge a mesma finalidade da

[66] Em favor do caráter jurisdicional na arbitragem, citem-se, no Brasil, por todos: TUCCI, José Rogério Cruz e. **O advogado, a jurisprudência e outros temas de processo civil**. São Paulo: Quartier Latin, 2010, p. 273; CARMONA, Carlos Alberto. Arbitragem e jurisdição. **Revista de Processo**, vol. 58, 1990, p. 33-40; DINAMARCO, Cândido Rangel. **A arbitragem na teoria geral do processo**. São Paulo: Malheiros, 2013, p. 41; SALLES, Carlos Alberto de. **Arbitragem em contratos administrativos**. São Paulo: Método, 2011, p. 90; WALD, Arnoldo. O espírito da arbitragem. **Revista do Instituto dos Advogados de São Paulo**, vol. 23, 2009, p. 27; ROCHA, Caio Cesar Vieira. **Limites do controle judicial sobre a jurisdição arbitral no Brasil**. Tese (Doutorado em Processo Civil) – Faculdade de Direito, Universidade de São Paulo, São Paulo, 2012, p. 27-28; ABBOUD, Georges. **Processo constitucional brasileiro**. 2ª ed. São Paulo: Thomson Reuters Brasil, 2018, p. 1.033-1.035; NUNES, Thiago Marinho. **Arbitragem e prescrição**. São Paulo: Atlas, 2014, p. 22-24; ARRUDA ALVIM, José Manoel de. **Novo contencioso cível no CPC/2015**. São Paulo: Editora Revista dos Tribunais, 2016, p. 52-54; CORRÊA, Fábio Peixinho Gomes. Limites objetivos da demanda na arbitragem. **Revista Brasileira de Arbitragem**, vol. 10, nº 40, 2013, p. 55-56; THEODORO JÚNIOR, Humberto. Arbitragem e terceiros – litisconsórcio fora do pacto arbitral – outras intervenções de terceiros. **Revista de Direito Bancário e do Mercado de Capitais**, vol. 14, 2001, p. 375; CAHALI, Francisco José. **Curso de arbitragem**. São Paulo: Editora Revista dos Tribunais, 2015, p. 128; GIUSTI, Gilberto. O árbitro e o juiz: da função jurisdicional do árbitro e do juiz. **Revista Brasileira de Arbitragem**, vol. 2, nº 5, 2005, p. 11-13; FICHTNER, José Antonio; MANNHEIMER, Sergio Nelson; MONTEIRO, André Luís. **Teoria geral da arbitragem**. Rio de Janeiro: Forense, 2019, p. 45-47; LIMA, Alcides de Mendonça. **Direito processual civil**. São Paulo: José Bushatsky Editor, 1977, p. 279; APRIGLIANO, Ricardo de Carvalho. Jurisdição e arbitragem no novo Código de Processo Civil. In: MELO, Leonardo de Campos; BENEDUZI, Renato Resende (coord.). **A reforma da arbitragem**. Rio de Janeiro: Forense, 2016, p. 247; MEDINA, José Miguel Garcia. **Direito processual civil moderno**. 2ª ed. São Paulo: Editora Revista dos Tribunais, 2016, p. 158; GAIA JÚNIOR, Antônio Pereira. **Instituições de direito processual civil**. 3ª ed. Salvador: JusPodivm, 2017, p. 80; NERY, Ana Luiza. **Arbitragem coletiva**. São Paulo: Editora Revista dos Tribunais, 2016, p. 58-61; FERREIRA, Olavo Augusto Vianna Alves; ROCHA, Matheus Lins; FERREIRA, Débora Cristina Fernandes Ananias Alves. **Lei de arbitragem comentada artigo por artigo**. Salvador: JusPodivm, 2019, p. 43; STRENGER, Irineu. **Arbitragem comercial internacional**. São Paulo: LTr, 1996, p. 143; FARIA, Marcela Kohlbach de. **Ação anulatória da sentença arbitral**: aspectos e limites. Brasília: Gazeta Jurídica, 2014, p. 28-30; FIGUEIRA JR., Joel Dias. **Manual da arbitragem**. São Paulo: Editora Revista dos Tribunais, 1997, p. 96. No mesmo sentido, na literatura estrangeira, ver: BARROCAS, Manuel Pereira. **Manual de arbitragem**. Coimbra: Almedina, 2010, p. 32-33; MAYER, Pierre. La liberté de l'arbitre. **Revue de l'Arbitrage**, nº 2, 2013, p. 346; PALLARES, Eduardo. **Derecho procesal civil**. 3ª ed. México: Editorial Porrua, 1968, p. 582; ETCHEVERRY, Raúl Aníbal. Naturaleza del acuerdo arbitral, el nuevo acuerdo arbitral del Mercosur y los contratos internacionales. **Revista de Arbitragem e Mediação**, vol. 37, 2013, p. 425-454. Versão eletrônica, p. 19; DÍAZ-CANDIA, Hernando. El rol jurisdiccional de los árbitros y

sentença judicial: forma coisa julgada, constitui título executivo e é proferido por terceiro alheio aos interesses em jogo no processo. A diferença reside no fato de que o juiz togado é funcionário público, concursado, que detém permanentemente a função jurisdicional, ao passo que o árbitro, escolhido pelas partes em razão de uma convenção arbitral, tem jurisdição apenas para decidir um dado caso, sendo que, após a prolação da sentença arbitral, não mais subsiste a sua jurisdição.

A análise que ora se faz sobre a natureza jurídica da arbitragem não marginaliza as teorias desenvolvidas a esse respeito na doutrina[68]. O que se sustenta é que, partindo da *ótica funcional* – examinando-se, portanto,

su constructiva evolución: deberes y responsabilidad. **Spain Arbitration Review**, nº 16, 2013, p. 82; Ramírez, Fernando Vidal. Jurisdiccionalidad del arbitraje. **Revista Peruana de Arbitraje**, nº 3, 2006, p. 58; Salerno, Marcelo Urbano; Salerno, Javier. Sobre el régimen jurídico del arbitraje en la Argentina. **Revista de Arbitragem e Mediação**, vol. 50, 2016, p. 561-567. Versão eletrônica, p. 2; Sierra, Humberto Briseño. **Derecho procesal**, vol. II. México: Editora Cárdenas, 1969, p. 244.

[67] O Superior Tribunal de Justiça, entusiasta da arbitragem, também chancela a natureza jurisdicional desse mecanismo de solução de litígios, como se verifica pelos trechos de ementas a seguir transcritos: "De acordo com o atual posicionamento sufragado pela Segunda Seção desta Corte de Justiça, compete ao Superior Tribunal de Justiça dirimir conflito de competência entre Juízo arbitral e órgão jurisdicional estatal, partindo-se, naturalmente, do pressuposto de que a atividade desenvolvida no âmbito da arbitragem possui natureza jurisdicional". (CC nº 150.830-PA, rel. min. Marco Aurélio Bellizze, Segunda Seção, julgado em 10/10/2018, DJe 16/10/2018); "As jurisdições estatal e arbitral não se excluem mutuamente, sendo absolutamente possível sua convivência harmônica, exigindo-se, para tanto, que sejam respeitadas suas esferas de competência, que ostentam natureza absoluta" (CC nº 157.099-RJ, rel. min. Marco Buzzi, rel. p/ acórdão min. Nancy Andrighi, Segunda Seção, julgado em 10/10/2018, DJe 30/10/2018); "A jurisdição arbitral precede a jurisdição estatal, incumbindo àquela deliberar sobre os limites de suas atribuições, previamente a qualquer outro órgão julgador (princípio da competência-competência), bem como sobre as questões relativas à existência, à validade e à eficácia da convenção de arbitragem e do contrato que contenha a cláusula compromissória (arts. 8º e 20, da Lei n. 9.307/96, com a redação dada pela Lei n. 13.129/15)". (CC nº 139.519-RJ, rel. min. Napoleão Nunes Maia Filho, rel. p/ acórdão min. Regina Helena Costa, Primeira Seção, julgado em 11/10/2017, DJe 10/11/2017).

[68] Fala-se, em síntese, na existência das teorias jurisdicional, contratual, mista (ou híbrida) e autonomista da arbitragem. Para uma análise aprofundada sobre as teorias que estudam a natureza jurídica da arbitragem, ver, na doutrina nacional: Fichtner, José Antonio; Mannheimer, Sergio Nelson; Monteiro, André Luís. **Teoria geral da arbitragem**. Rio de Janeiro: Forense, 2019, p. 34-45. Já na doutrina internacional, ver: Lew, Julian D. M.; Mistelis, Loukas A.; Kröll, Stefan M. **Comparative international commercial arbitration**. The Hague: Kluwer Law International, 2003, p. 71-97.

a função de julgador –, o árbitro exerce jurisdição ao dirimir conflitos mediante a aplicação do direito escolhido pelas partes.

Não se pode negar que a arbitragem detém origem contratual, justamente por ser ela pactuada por partes capazes mediante uma convenção (cláusula compromissória ou compromisso arbitral)[69], que nos parece ser um negócio jurídico processual[70]. Sucede que o cariz contratual guarda relação com a contratação desse método adjudicatório extrajudicial e com a investidura do árbitro, não influenciando a atuação do árbitro propriamente dita[71].

O viés contratual da arbitragem, cuja existência é evidente, apresenta-se em estágio preambular, antes da instituição da arbitragem, que se dá com a aceitação da nomeação pelo árbitro (ou árbitros)[72]. É por meio de um

[69] *"El arbitraje ya no puede reducirse a un puro fenómeno contractual, como lo reclaman los apasionados discursos críticos de Merlin: su naturaleza jurisdiccional hoy no es puesta en duda, aunque su origen siga siendo contractual; el arbitraje es una justicia, privada, es certo, pero una justicia al fin y al cabo: ésta proviene de la voluntad de las partes de confiar a un tercero el poder de juzgar: el árbitro se ve investido de la* jurisdictio *en toda su plenitud, con la flexibilidad que autoriza el marco dentro del que es ejercida; este marco procesal se parece cada vez más al de los tribunales estatales, en virtud de un proceso habitual a toda institución: desde el instante en que el arbitraje afirma oferecer a las partes las garantías inherentes a toda justicia, encuentra él mismo, en virtud de una evolución natural (y no solamente en el arbitraje institucional), así sea en formas adaptadas a sus proprias exigencias, los imperativos de organización y de funcionamiento que imponen a toda jurisdicción, cualquiera que ésta sea".* (OPPETIT, Bruno. **Teoría del arbitraje**. Trad. Eduardo Silva Romero, Fabricio Mantilla Espinoza, José Joaquín Caicedo Demoulin. Bogotá: Legis, 2006, p. 57-58). Em sentido semelhante ver: GOLDSCHMIDT, James. **Direito processual civil**. Trad. Ricardo Rodrigues Gama. Curitiba: Juruá, 2003, p. 410.

[70] BELLOCCHI, Márcio. **Precedentes vinculantes e a aplicação do direito brasileiro na convenção de arbitragem**. São Paulo: Editora Revista dos Tribunais, 2017, p. 97.

[71] "O fato que ninguém nega é que a arbitragem, embora tenha origem contratual, desenvolve-se com a garantia do devido processo e termina com ato que tende a assumir a mesma função da sentença judicial. Sirva, pois, esta evidência para mostrar que a escolha do legislador brasileiro certamente foi além das previsões de muitos ordenamentos estrangeiros mais evoluídos que o nosso no trato do tema, trazendo como resultado final o desejável robustecimento da arbitragem". (CARMONA, Carlos Alberto. **Arbitragem e processo:** um comentário à Lei nº 9.307/96. 2ª ed. São Paulo: Atlas, 2007, p. 46).

[72] "Ressalte-se, ainda, que, quando se analisa a natureza jurídica da arbitragem, o foco de análise deve ser o processo arbitral. Afinal, só existe arbitragem a partir de sua instituição, na forma do art. 19 da Lei de Arbitragem. Em outras palavras, o que se quer dizer é que *não parece adequado incluir no debate a respeito da natureza jurídica da arbitragem o exame da convenção arbitral (cláusula compromissória e compromisso arbitral), pois essa é ato com outra natureza, anterior e exterior ao processo arbitral.* Essa mistura de institutos, com o devido respeito, pode ser o equívoco da teoria mista da arbitragem, que dá muito destaque à origem contratual da convenção arbitral

contrato que as partes optam pela via arbitral e, por conseguinte, outorgam ao juízo arbitral a jurisdição necessária para resolver uma disputa de maneira definitiva e vinculante[73]. A constatação da natureza jurisdicional da arbitragem nasce, por assim dizer, após a instituição da arbitragem, com o início do processo arbitral.

Nem se diga que a inviabilidade de execução da sentença arbitral no bojo da arbitragem seja fator impeditivo ao reconhecimento da feição jurisdicional do processo arbitral[74]. A coerção, que se origina em virtude do poder de império, não é o requisito caracterizador da arbitragem, sendo irrelevante para definir sua natureza jurídica a possibilidade de os árbitros utilizarem meios coercitivos para garantir o cumprimento da sentença arbitral[75]-[76]. O principal fator que liga a jurisdição à arbitragem é o poder de os árbitros decidirem juridicamente lides.

para explicar a natureza jurídica da arbitragem". (FICHTNER, José Antonio; MANNHEIMER, Sergio Nelson; MONTEIRO, André Luís. **Teoria geral da arbitragem**. Rio de Janeiro: Forense, 2019, p. 47; itálico no original).

[73] Sobre a relação contratual e jurisdicional da arbitragem, vale transcrever a elucidação feita por Mariana França Gouveia: "Como se vem tornando habitual dizer, a arbitragem voluntária é contratual na sua origem, privada na sua natureza e jurisdicional na sua função. A qualidade contratual advém da fonte dos poderes jurisdicionais, o caráter jurisdicional resulta do conteúdo dos poderes atribuídos pelo contrato". (GOUVEIA, Mariana França. **Curso de resolução alternativa de litígios**. 3ª ed. Lisboa: Almedina, 2014, p. 120).

[74] Há quem diga que a principal crítica à teoria jurisdicional da arbitragem seria "a falta de *imperium* no poder dos árbitros", porquanto a jurisdição, entendem alguns, levaria implícita a força coercitiva emanada do Estado-juiz (BASILIO, Ana Tereza; FONTES, André. A teoria autonomista da arbitragem. **Revista de Arbitragem e Mediação**, vol. 17, 2008, p. 49-53. Versão eletrônica, p. 4).

[75] ABBOUD, Georges. **Processo constitucional brasileiro**. 2ª ed. São Paulo: Thomson Reuters Brasil, 2018, p. 1.035; SILVA, João Paulo Hecker da. Execução e cumprimento de sentença arbitral. In: LEVY, Daniel; PEREIRA, Guilherme Setoguti J. (coord.). **Curso de arbitragem**. São Paulo: Thomson Reuters Brasil, 2018, p. 347. No direito argentino, encontra-se a mesma opinião: *"No cabe duda que los árbitros ejercen una función essencialmente jurisdicional. Aun cuando carecen de* imperium, *lo que define la esencia de la jurisdicción es la atribuición cognoscitiva y decisória, y el efecto que esta decisión tiene, independientemente de si el órgano que la dictó puede ejecutarla forzadamente por sí mismo o si debe recurrirse al auxilio de outro (...)"*. (CAIVANO, Roque. Planteos de inconstitucionalidad en el arbitraje. **Revista Peruana de Arbitraje**, nº 2, 2006, p. 115).

[76] Sobre o *imperium* e a arbitragem, confira-se: "Ademais, erra quem afirma que o árbitro não detém *imperium*. O árbitro o detém, na modalidade *imperium mixtum*, mas não possui o *imperium merum*; significa que pode ordenar atos de execução indireta, mas não os de execução direta". (LEVY, Daniel; LEE, João Bosco. O árbitro, o juiz e a distribuição da tutela de urgência. In: MELO, Leonardo de Campos; BENEDUZI, Renato Resende (coord.). **A reforma**

Em razão do que se disse sobre a supremacia e a força normativa da Constituição Federal, parece correto afirmar que a *jurisdição arbitral*, reflexo da combinação entre a jurisdição e a arbitragem, submete-se à jurisdição constitucional e, por decorrência lógica, deve toda e qualquer arbitragem que tramite sob a égide do direito brasileiro respeitar a ordem constitucional vigente.

2.5. Processo arbitral e modelo constitucional

Assim como sói ocorrer na jurisdição estatal, também se identifica na arbitragem a existência de um *processo*. Os processos estatal e arbitral são equivalentes, mormente após ter se verificado que a natureza jurídica da arbitragem é jurisdicional[77]-[78]. Os árbitros exercem a jurisdição exatamente pela via processual, garantindo às partes o acesso à justiça e a prestação jurisdicional almejada.

Como já visto, mas convém reiterar, os árbitros são juízes de fato e de direito, tendo poderes para aplicar o ordenamento jurídico e resolver a crise de direito patrimonial disponível submetida ao juízo arbitral por partes plenamente capazes, na busca de concretizar os escopos jurídico, social e político do processo[79].

As fases do processo arbitral são em muito similares às fases do processo judicial, havendo significativa diferença no que diz respeito à flexibilidade

da arbitragem. Rio de Janeiro: Forense, 2016, p. 651; itálico no original). Ainda sobre o tema ver: Costa, Nilton César Antunes da. **Poderes do árbitro**: de acordo com a Lei 9.307/96. São Paulo: Editora Revista dos Tribunais, 2002, p. 94-96.

[77] Carmona, Carlos Alberto. O processo arbitral. **Revista de Arbitragem e Mediação**, vol. 1, 2004, p. 21-31. Versão eletrônica, p. 1; Bonato, Giovanni. La reforma brasiliana dell'arbitrato. **Rivista dell'arbitrato**, ano XXVII, 2017, p. 46. Há quem defenda, inclusive, um novo ramo do direito processual: o *direito processual arbitral* (Cf. Arruda Alvim, Eduardo; Dantas, André Ribeiro. Direito processual arbitral: natureza processual da relação jurídica arbitral e incidência do Direito Constitucional Processual. **Revista de Processo**, vol. 234, 2014, p. 365-388). Fala-se, nessa toada, em um *devido processo arbitral* (Cf. Lessa Neto, João Luiz. **Arbitragem e Poder Judiciário**: a definição da competência do árbitro. Salvador: JusPodivm, 2016, p. 37).

[78] Ver o processo arbitral como equivalente do processo judicial não significa aceitar a aplicação das regras do Código de Processo Civil à arbitragem. O que se aproveita da lei processual civil na arbitragem são alguns princípios condizentes com a sistemática arbitral e os casos de impedimento ou suspeição de juízes, por expressa previsão do artigo 14 da Lei de Arbitragem.

[79] Parente, Eduardo de Albuquerque. **O processo arbitral como sistema**. São Paulo: Atlas, 2012, p. 91.

procedimental típica da arbitragem, fruto de um dos seus pilares, a autonomia da vontade[80], que, em apertada síntese, permite às partes modularem as regras do jogo de acordo com as especificidades da disputa[81].

A fase postulatória na arbitragem desenvolve-se usualmente mediante a apresentação de alegações iniciais, defesa e contra-ataque (pedido contraposto), e, se for o caso, réplica e tréplica. A fase instrutória abrange a produção de todos os meios de prova em direito admitidos, com destaque para a prova técnica pericial e a oitiva de testemunhas em audiência. A fase decisória é aquela que encerrará o litígio na esfera arbitral, colocando fim à função dos árbitros no caso concreto. Tais fases deverão observar minimamente os princípios do contraditório, da ampla defesa e do devido processo legal[82].

Na arbitragem, a relação jurídico-processual envolve três sujeitos processuais, tal como no processo judicial: o terceiro imparcial que decidirá o caso (um ou mais árbitros, a depender da escolha das partes); a parte requerente, que postulou a instauração da arbitragem; e a parte requerida, contra quem o requerimento foi endereçado.

O processo arbitral, enquanto instrumento do exercício da jurisdição dos árbitros, consiste em uma relação jurídica complexa e dinâmica, cujos diversos atos coordenados são praticados pelos sujeitos processuais ao longo da arbitragem com o intento de se chegar à sentença arbitral, que é final e definitiva – portanto, vinculante aos litigantes[83]. Há direitos,

[80] *"Es así, la voluntad de las partes, la que hace nacer y morir al árbitro y al arbitraje"*. (Guillén, Víctor Fairén. **Teoría general del derecho procesal**. México: Universidad Nacional Autónoma de México, 1992, p. 19).

[81] Destacando a autonomia da vontade na arbitragem ver, entre outros: Gajardoni, Fernando da Fonseca. Aspectos fundamentais de processo arbitral e pontos de contato com a jurisdição estatal. **Revista de Processo**, vol. 106, 2002, p. 189-216. Versão eletrônica, p. 2-3; Assis, Araken de. **Processo civil brasileiro**, vol. 1: Parte geral. 2ª ed. São Paulo: Editora Revista dos Tribunais, 2016, p. 128-129. É preciso registrar, no entanto, que os artigos 190 e 191 do Código de Processo Civil preveem as figuras do negócio processual atípico (ou convenção processual atípica e do calendário processual, que são dois importantes institutos para tornar o processo judicial mais flexível.

[82] Diz-se "minimamente" porque, como se verá no decorrer do trabalho, defende-se que o rol principiológico da Lei de Arbitragem comporta interpretação extensiva, de modo que outros princípios, como o da vedação à prova ilícita, deverão ser também observados no processo arbitral.

[83] Montoro, Marcos André Franco. **Flexibilidade do procedimento arbitral**. Tese (Doutorado em Processo Civil) – Faculdade de Direito, Universidade de São Paulo, São Paulo, 2010, p. 24.

faculdades, deveres, poderes, ônus e obrigações que circundam os sujeitos do processo arbitral. Também na arbitragem o contraditório se realiza mediante o contraste dialético entre esses três sujeitos processuais, materializando a dinâmica do processo arbitral[84].

Por ser processo jurisdicional, não há dúvidas de que "a arbitragem está sujeita aos superiores ditames do *direito processual constitucional*, sem cuja observância nenhuma decisão arbitral seria legítima"[85]. Apesar de ser um sistema distinto do processo estatal, a arbitragem sujeita-se integralmente à ordem constitucional, pelo que cumpre sempre respeitar no processo arbitral o que está previsto na Constituição Federal, ainda que assim não queiram as partes. O processo arbitral deve ser visto, nesse sentir, como "instrumento de atuação de certas fórmulas constitucionais, operando a transformação do *mero derecho declarado* em *derecho garantizado*"[86].

O *modelo constitucional do processo* aplicável à arbitragem impõe a obediência dos sujeitos do processo arbitral às normas constitucionais[87], devendo

[84] Nesse sentido, embora falando sobre o processo judicial, ver: CALAMANDREI, Piero. **Processo e democracia**: conferências realizadas na Faculdade de Direito da Universidade Nacional Autônoma do México. 2ª ed. Trad. Mauro Fonseca Andrade. Porto Alegre: Livraria do Advogado, 2018, p. 97. De relevo também destacar o que diz José Rogério Cruz e Tucci sobre o assunto: "O processo judicial, arbitral ou administrativo, como instituição eminentemente dialética, em qualquer de suas vertentes, encontra-se sob a égide do princípio do contraditório. Não se faz possível conceber um processo unilateral, no qual atue somente uma parte, visando à obtenção de vantagem em detrimento do adversário, sem que se lhe conceda a oportunidade para apresentar as suas razões. Se não deduzi-las, a despeito de ter sido convocado, sofrerá os ônus da inatividade, situação que lhe poderá ser prejudicial. O contraditório, ademais, deve igualmente ser observado no desenvolvimento do processo, para que ambos os protagonistas, em franca colaboração com o juiz, possam efetivamente participar e influir no provimento final". (TUCCI, José Rogério Cruz e. As garantias constitucionais do processo civil no aniversário dos 30 anos da Constituição Federal. In: LUCON, Paulo Henrique dos Santos; FARIA, Juliana Cordeiro de; MARX NETO, Edgard Audomar; REZENDE, Ester Camila Gomes Norato (org.). **Processo civil contemporâneo**: homenagem aos 80 anos do professor Humberto Theodoro Júnior. Rio de Janeiro: Forense, 2018, p. 194).

[85] DINAMARCO, Cândido Rangel; LOPES, Bruno Vasconcelos Carrilho. **Teoria geral do novo processo civil**. 3ª ed. São Paulo: Malheiros, 2018, p. 151; itálico no original.

[86] GRINOVER, Ada Pellegrini. **As garantias constitucionais do direito de ação**. São Paulo: Editora Revista dos Tribunais, 1973, p. 15; itálico no original.

[87] Sobre o modelo constitucional de processo, importa trazer a definição de Cassio Scarpinella Bueno, que se dedica há anos ao estudo desse tema muito relevante: "A análise do nosso 'modelo constitucional' revela que todos os 'temas fundamentais do direito processual civil' só podem ser construídos a partir da Constituição. E diria, até mesmo: devem ser construídos a partir da Constituição. Sem nenhum exagero, é impensável falar-se em uma 'teoria geral

os árbitros valerem-se das disposições da Constituição para formar convencimento e decidir, bem como as partes respeitarem as previsões constitucionais para firmar contratos e estabelecer as regras procedimentais da arbitragem. Mesmo pertencendo a uma justiça privada, desvinculado da estrutura do Poder Judiciário, o juízo arbitral deve observar o regramento constitucional[88].

É comum ler e ouvir referências a *procedimento arbitral*, a despeito da existência de um autêntico processo arbitral. Processo e procedimento são fenômenos diferentes[89], mas que se comunicam tanto na jurisdição estatal quanto na jurisdição arbitral[90]. Não à toa que se compreende o processo

do direito processual civil' que não parta da Constituição Federal, que não seja diretamente vinculada e extraída dela, convidando, assim, a uma verdadeira inversão do raciocínio useiro no estudo das letras processuais civis. O primeiro contato com o direito processual civil se dá no plano constitucional e não no do Código de Processo Civil que, nessa perspectiva, deve se amoldar, necessariamente, às diretrizes constitucionais". (BUENO, Cassio Scarpinella. O "modelo constitucional do direito processual civil": um paradigma necessário de estudo do direito processual civil e algumas de suas aplicações. **Revista de Processo**, vol. 161, 2008, p. 261-270. Versão eletrônica, p. 2).

[88] "Diante do fato de que a norma do art. 21, § 2º, da Lei 9.307/1996 não é suficiente para limitar o poder das partes e dos árbitros na disposição do procedimento, é fora de dúvida que não se pode admitir um procedimento, ainda que calcado em regras de 'órgãos arbitrais institucionais ou entidades especializadas', que afronte os princípios constitucionais e fundamentais do processo e os princípios legitimadores da própria arbitragem". (MARINONI, Luiz Guilherme. Ação de nulidade de sentença arbitral. **Soluções Práticas – Marinoni**, vol. 2, 2011, p. 507-567. Versão eletrônica, p. 7).

[89] "Daí a diferença entre *processo* e *procedimento*: enquanto aquele corresponde ao movimento no seu aspecto intrínseco, este é o mesmo movimento, visualizado, porém, na sua forma extrínseca, 'tal como se exerce pelos nossos órgãos corporais e se revela aos nossos sentidos'. Essencialmente de índole *finalística*, ou *teleológica*, é o *processo* instrumento técnico e público em que vivifica a *ação judiciária*, vale dizer, a atuação dos órgãos do Poder Judiciário – juízes e tribunais – em prol da realização do Direito; instrumento que se materializa no *procedimento*, esquema formal assumido pelos atos que o constituem, na ordem e sucessão de sua efetivação". (TUCCI, Rogério Lauria. **Do julgamento conforme o estado do processo**. 3ª ed. São Paulo: Saraiva, 1988, p. 51; itálico no original). Em sentido semelhante ver: CUENCA, Humberto. **Derecho procesal civil**, t. 1. 2ª ed. Caracas: Ediciones de la Biblioteca, 1969, p. 200.

[90] Sobre essa aventada comunicação: "Mais correto é conciliarem-se os conceitos de processo e procedimento, sem desprezar a existência inegável da relação jurídica e do fim último do processo que é a sentença. Por isso, não há como negar ser o processo o próprio procedimento animado pela relação jurídica processual". (CARMONA, Carlos Alberto. Considerações sobre a evolução conceitual do processo. **Revista de Processo**, vol. 57, 1990, p. 39-54. Versão eletrônica, p. 14).

como "um procedimento em contraditório enfeixado em uma relação jurídica autônoma (de natureza processual)"[91].

O procedimento arbitral é composto pelos atos processuais materializados e concatenados pelos sujeitos do processo, daí por que é visto, em síntese, como o meio pelo qual o processo se exterioriza[92]. Em outros termos, é "*o conjunto ordenado dos atos mediante os quais, no processo, o árbitro exerce a jurisdição e as partes a defesa de seus direitos*"[93].

2.6. Direito processual constitucional

Para fins didáticos, é possível dividir o estudo do processo sob a ótica constitucional em duas vertentes[94]. A primeira, denominada *direito consti-*

[91] LUCON, Paulo Henrique dos Santos. **Relação entre demandas.** 2ª ed. Brasília: Gazeta Jurídica, 2018, p. 47.

[92] PEREIRA, Guilherme Setoguti J. Procedimento I. In: LEVY, Daniel; PEREIRA, Guilherme Setoguti J. (coord.). **Curso de arbitragem.** São Paulo: Thomson Reuters Brasil, 2018, p. 165; COSTA, Alfredo de Araújo Lopes da. **Manual elementar de direito processual civil.** Rio de Janeiro: Forense, 1956, p. 46; CARREIRA ALVIM, José Eduardo. **Direito arbitral.** Rio de Janeiro: Forense, 2004, p. 146. Adotando – a nosso ver de forma equivocada – posição de equivalência entre "processo arbitral" e "procedimento arbitral", por entender que "ambos se referem à sequência de atos que constituem o ponto central do desenvolvimento de uma arbitragem, desde sua instituição até a preparação para prolação da sentença, que se encontram materializados no conjunto de documentos que constituem os autos arbitrais", ver: MAIA NETO, Francisco. O processo arbitral. **Revista de Arbitragem e Mediação**, vol. 33, 2012, p. 289-297. Versão eletrônica, p. 2.

[93] DINAMARCO, Cândido Rangel. **A arbitragem na teoria geral do processo.** São Paulo: Malheiros, 2013, p. 51; itálico no original. No mesmo sentido, tratando com maestria das diferenças entre processo arbitral e procedimento arbitral: "É de ter-se presente, destarte, que as atividades do árbitro e das partes nos domínios do processo arbitral efetivam-se e se concatenam em um procedimento, no qual cada um desses atores dispõe de poderes, deveres, faculdades e ônus, todos exercidos em cooperação e em contraditório, numa autêntica relação jurídica processual. Conclui-se, assim, que o *processo* arbitral se desenvolve por meio de um *procedimento* lógico e dinâmico, regido pelos princípios constitucionais da imparcialidade, do contraditório e da isonomia, e por normas procedimentais próprias, estabelecidas pela lei e pela vontade das partes". (TUCCI, José Rogério Cruz e. **A linguagem jurídica exige precisão técnica**: processo ou procedimento arbitral? Disponível em: https://www.conjur.com.br/2021-jan-05/paradoxo-corte-linguagem-juridica-exige-precisao-tecnica. Acesso em: 6/1/2021; itálico no original).

[94] "A visão analítica das relações entre processo e Constituição revela ao estudioso *dois sentidos vetoriais* em que elas se desenvolvem, a saber: a) no sentido Constituição-processo, tem-se *tutela constitucional* deste e dos princípios que devem regê-lo, alçados ao plano constitucional; b) no sentido processo-Constituição, a chamada *jurisdição constitucional*, voltada ao controle

tucional processual, dedica-se ao estudo dos princípios constitucionais processuais; a segunda, conhecida por *direito processual constitucional*, cuida de matéria propriamente processual, tal como a jurisdição constitucional[95]. É essa segunda vertente que interessa para o estudo em tela, já que os processos de inconstitucionalidade de leis encontram-se, como lembra Jorge Miranda, no cerne do direito processual constitucional[96].

Essa classificação bipartite é uma colocação científica por meio da qual se pode examinar o processo em suas relações com a Constituição Federal, sem embargo de o direito processual constitucional não ser considerado um ramo autônomo da ciência processual[97]-[98].

de constitucionalidade das leis e atos normativos e à preservação de garantias oferecidas pela Constituição (*jurisdição constitucional das liberdades*), mas toda a idéia de instrumentalidade processual em si mesma, que apresenta o processo como sistema estabelecido para a realização da ordem jurídica, constitucional inclusive". (DINAMARCO, Cândido Rangel. **A instrumentalidade do processo**. 14ª ed. São Paulo: Malheiros, 2009, p. 26-27; itálico no original). A expressão *direito processual constitucional* também é reconhecida pela doutrina processual estrangeira (Cf. BELAUNDE, Domingo García. Encuentros y desencuentros en torno al derecho procesal constitucional. **Boletín Mexicano de Derecho Comparado**, jan. 2008, p. 345-369; MANILI, Pablo Luis (coord.). **Derecho procesal constitucional**. Buenos Aires: Universidad, 2005).

95 ZANETI JÚNIOR, Hermes. **A constitucionalização do processo**: o modelo constitucional da justiça brasileira e as relações entre processo e Constituição. 2ª ed. São Paulo: Atlas, 2014, p. 163; TAVARES, André Ramos. **Curso de direito constitucional**. 2ª ed. São Paulo: Saraiva, 2003, p. 214-215.

96 MIRANDA Jorge. **Manual de direito constitucional**: inconstitucionalidade e garantia da Constituição, tomo VI. 3ª ed. Coimbra: Coimbra Editora, 2008, p. 63.

97 CINTRA, Antonio Carlos de Araújo; GRINOVER, Ada Pellegrini; DINAMARCO, Cândido Rangel. **Teoria geral do processo**. 27ª ed. São Paulo: Malheiros, 2011, p. 85; MARQUES, José Frederico. **Ensaio sobre a jurisdição voluntária**. Campinas: Millennium, 2000, p. 12; LEONEL, Ricardo de Barros. Garantismo e direito processual constitucional. In: BEDAQUE, José Roberto dos Santos; CINTRA, Lia Carolina Batista; EID, Elie Pierre (coord.). **Garantismo processual**: garantias constitucionais aplicadas ao processo. Brasília: Gazeta Jurídica, 2016, p. 120-121; NERY JUNIOR, Nelson. **Princípios do processo na Constituição Federal**. 12ª ed. São Paulo: Editora Revista dos Tribunais, 2016, p. 54.

98 Marcelo Cattoni faz um alerta no sentido de que tal distinção não pode ser levada tão a sério, embora reconheça a sua existência, que teria surgido em virtude da constitucionalização de princípios processuais. Para ele, no Brasil "qualquer processo é constitucional, quer em razão de sua estrutura e de seus fundamentos, quer pelo fato de garantir as condições institucionais para a problematização e para a solução de questões constitucionais subjacentes às situações concretas de aplicação do Direito Penal, Civil, Comercial, Administrativo, Tributário, etc.". (CATTONI, Marcelo. Jurisdição constitucional: poder constituinte permanente? In: SAMPAIO, José Adércio Leite; CRUZ, Álvaro Ricardo de Souza (coord.). **Hermenêutica e jurisdição**

Como o controle de constitucionalidade é matéria afeita à jurisdição constitucional, ainda que não seja seu único componente, toda a dissertação será direcionada ao exame do direito processual constitucional, que abrange a arbitragem. Sob o viés puramente didático, o trabalho não se debruçará sobre o direito constitucional processual, mas apenas sobre o direito processual constitucional, conforme definido acima.

constitucional. Belo Horizonte: Del Rey, 2001, p. 76). A colocação é correta, já que a Constituição Federal, sendo a lei maior do ordenamento jurídico e dotada de força normativa, irradia efeitos sobre todas as áreas do direito, não havendo exceção para o direito processual como um todo. Aliás, a Constituição traz em seu bojo princípios de grande importância para a ciência processual (contraditório, devido processo legal, vedação de prova ilícita, entre outros), independentemente de se tratar de processo civil, penal ou qualquer outro.

3
ÁRBITROS E A INCONSTITUCIONALIDADE NO CASO CONCRETO

O controle difuso pelos árbitros no processo arbitral é sobre o que se tratará neste terceiro tópico. A ideia central é demonstrar que os árbitros podem e devem exercer o controle de constitucionalidade na arbitragem, desde que o façam em caráter incidental, com eficácia *inter partes*. Há, porém, aspectos processuais e procedimentais que carecem de análise detida, a exemplo: do momento adequado para alegar a inconstitucionalidade no processo arbitral; se uma declaração dessa magnitude poderia ser feita de ofício pelos árbitros; da aplicabilidade ou não da cláusula de reserva de plenário; quais tipos de inconstitucionalidade poderiam ser proclamados pelo juízo arbitral; como ficariam as questões da coisa julgada arbitral e do julgamento por equidade na hipótese de inconstitucionalidade; e qual seria a ingerência das partes sobre o controle difuso no caso concreto.

3.1. Alegação de inconstitucionalidade no processo arbitral

Como primeiro passo para examinar as particularidades relativas ao controle de constitucionalidade pelos árbitros, é necessário estabelecer de que forma e em qual momento do processo arbitral as partes podem suscitar o vício de inconstitucionalidade.

No tocante à forma, a "inconstitucionalidade sempre surgirá como questão de direito controvertida"[99]. A inconstitucionalidade será examinada como uma *questão prejudicial*, pois sua resolução antecede a resolução

[99] PARENTE, Eduardo de Albuquerque. **Processo arbitral e sistema**. São Paulo: Atlas, 2012, p. 282.

do pedido principal deduzido na arbitragem, apresentando-se incidentalmente no processo arbitral. Na sua acepção processual mais pura, "*questão prejudicial* – a forma pela qual mais freqüentemente se exibe a figura prejudicial – é a dúvida sobre o ponto prejudicial verificada no curso do processo, que deverá ser apreciada incidentalmente pelo juiz"[100]-[101].

No controle difuso especificamente, a questão constitucional é uma *prejudicial lógica*, pois não se admite que o objeto do processo arbitral seja a constitucionalidade em si[102]. A declaração de inconstitucionalidade de uma norma não será o objeto da demanda arbitral; o que se pedirá ao juízo arbitral é o reconhecimento do direito da parte, o qual, todavia, é afetado pela norma cuja constitucionalidade se coloca em xeque[103]. Mais precisamente, para decidir o direito em debate, os árbitros terão que "formar um juízo acerca da constitucionalidade ou não da norma". Daí por que "se diz que a questão constitucional é uma *questão prejudicial*: porque ela precisa ser decidida previamente, como pressuposto lógico e necessário da solução do problema principal"[104].

Imagine-se, por pura hipótese, que o requerente da arbitragem, na condição de herdeiro, almeja a condenação do requerido ao pagamento

[100] LEITE, Clarisse Frechiani Lara. **Prejudicialidade no processo civil**. São Paulo: Saraiva, 2008, p. 101.

[101] Sobre a questão prejudicial, é forçoso citar a lição de Francesco Menestrina: *"Unico scopo della questione pregiudiziale è di fissare entro la cerchia del pendente processo un punto pregiudiciale, su cui le parti sono discordi; essa pressupone dunque la contestazione d'un punto pregiudiciale che è stato proposto da una parte al ragionamento del giudice. Da ciò deriva che la questione non può sorgere che posteriormente al sorgere del processo (donde l'appellativo di incidentale) e che di essa non possiamo trovar traccia in quei processi contenziosi, i quali per loro natura, nonostante il nome veramente ingannatore, non mostrano mai un vero contendere avanti al giudice, ma solo l'unilaterale asserzione della parte"*. (MENESTRINA, Francesco. **La pregiudiciale nel processo civile**. Milano: Giuffrè, 1963, p. 123).

[102] ROSSONI, Igor Bimkowski. **Coisa julgada e controle de constitucionalidade**. Dissertação (Mestrado em Direito Processual) – Faculdade de Direito, Universidade de São Paulo, São Paulo, 2013, p. 134.

[103] Sustentando que a questão de inconstitucionalidade é prejudicial em relação ao mérito, por todos: MOREIRA, José Carlos Barbosa. **Comentários ao Código de Processo Civil**, vol. V. Rio de Janeiro: Forense, 1998, p. 29; TUCCI, José Rogério Cruz e. **Processo civil, realidade e justiça**: 20 anos de vigência do CPC. São Paulo: Saraiva, 1994, p. 89; ARRUDA ALVIM, Teresa; CONCEIÇÃO, Maria Lúcia Lins; RIBEIRO, Leonardo Ferres da Silva; MELLO, Rogerio Licastro Torres de. **Primeiros comentários ao novo Código de Processo Civil**: artigo por artigo. 2ª ed. São Paulo: Editora Revista dos Tribunais, 2016, p. 1.493.

[104] BARROSO, Luís Roberto. **O controle de constitucionalidade no direito brasileiro.** 8ª ed. São Paulo: Saraiva, 2019, p. 135; itálico no original.

de indenização por ato ilícito. Em resposta, o requerido levanta, como questão prejudicial, a inconstitucionalidade do artigo 943 do Código Civil ("O direito de exigir reparação e a obrigação de prestá-la transmitem-se com a herança"), que embasa o pedido indenizatório do requerente, considerando tal dispositivo afrontoso à igualdade, além de impugnar o mérito das razões iniciais sustentando a ausência de ilicitude. Antes de definir se a pretensão autoral de responsabilizar civilmente o requerido pode ser acolhida, devem os árbitros enfrentar a questão constitucional, rejeitando-a ou acolhendo-a, mas a inconstitucionalidade não poderia constituir o objeto único da arbitragem.

Nada impede que a inconstitucionalidade seja reconhecida em favor do requerido, conforme o exemplo acima dado, mas o pedido de responsabilidade civil deduzido pelo requerente seja acolhido para condenar a parte beneficiada pela inconstitucionalidade ao pagamento de indenização[105]. É possível, portanto, que os árbitros declarem a inconstitucionalidade de um dispositivo legal, acolhendo pedido incidental do requerido, por exemplo, mas resolvam a disputa em favor daquele contra quem o reconhecimento do vício constitucional se operou, o requerido[106]. O reconhecimento da inconstitucionalidade não significa ganho de causa à parte que se favoreceu disso.

Pode ser que a inconstitucionalidade surja como questão prejudicial em medida cautelar ou de urgência postulada aos árbitros, inclusive ao árbitro de emergência, na forma do artigo 22-B, parágrafo único, da Lei de Arbitragem. Admite-se a apreciação da alegação de inconstitucionalidade em tais situações quando a matéria constitucional for relevante para decidir o pedido de tutela provisória, embora a cognição dos árbitros seja, em regra, mais restrita ao examinar medidas cautelares ou de urgência, dado

105 PARENTE, Eduardo de Albuquerque. **Processo arbitral e sistema**. São Paulo: Atlas, 2012, p. 282.

106 "É bem verdade que o grau de predeterminação pode variar. Às vêzes, a solução dada à prejudicial *em certo sentido* não basta para que se possa predizer com segurança o modo como será resolvida a prejudicada. Ter-se-á uma condição *necessária*, mas não *suficiente*. Se o juiz acolhe a alegação de nulidade da obrigação principal, *ipso facto* está adstrito a rejeitar a demanda contra o fiador; mas se não a acolhe, a influência da solução dessa questão não será tão decisiva, porque o réu pode ter outras defesas bastantes, por si sós, para infirmar a pretensão do autor". (MOREIRA, José Carlos Barbosa. Questões prejudiciais e coisa julgada. **Revista de Direito da Procuradoria Geral do Estado da Guanabara**, vol. 16, 1967, p. 171-172; itálico no original).

o escopo de pleitos dessa natureza. A inconstitucionalidade pode atuar, nessa senda, como reforço argumentativo da verossimilhança do direito alegado pela parte que postula a concessão da tutela provisória.

Pouco importa se à inconstitucionalidade se impute ou não o atributo de direito disponível, na medida em que a questão prejudicial deve ser decidida pelos árbitros *incidenter tantum*. O artigo 1º da Lei nº 9.307/1996 impõe que o objeto do processo arbitral, e somente ele, verse sobre direito patrimonial disponível, sendo a lei silente quanto às questões prejudiciais. Assim, ainda que alguma parte avente a indisponibilidade da questão prejudicial referente à inconstitucionalidade, os árbitros deverão se pronunciar sobre ela, por ser prejudicial, decidindo-a de maneira incidental ao processo arbitral[107].

Sobre o momento adequado, a inconstitucionalidade pode ser alegada pela parte interessada a qualquer tempo no curso da arbitragem, tendo em conta que a interpretação e a aplicação da Constituição Federal são elementos intrínsecos à jurisdição arbitral e, dessa forma, são cognoscíveis até mesmo de ofício pelos árbitros, dada a imperatividade da norma constitucional, soberana a todas as demais normas do ordenamento jurídico nacional[108].

Apesar disso, idealmente a questão constitucional deverá ser apresentada na primeira oportunidade que a parte tiver para deduzir suas alegações e pedidos, evitando-se atrasos desnecessários no *iter* procedimental,

[107] "Embora o árbitro não possa proferir decisão com autoridade de coisa julgada sobre direitos indisponíveis, nada deveria impedir a possibilidade de decisão *incidenter tantum*: cada juiz tem o poder de resolver *incidenter tantum* qualquer questão prejudicial, inclusive as que ele não pode decidir com autoridade de coisa julgada". (Ricci, Edoardo Flavio. **Lei de Arbitragem brasileira**: oito anos de reflexão, questões polêmicas. São Paulo: Editora Revista dos Tribunais, 2004, p. 33; itálico no original). Ainda segundo Edoardo Ricci, em comentário ao revogado artigo 25 da Lei de Arbitragem brasileira, haveria problemas de competência (ou, melhor dizendo, de jurisdição) se a questão prejudicial, a ser solucionada *incidenter tantum*, se tornasse lide autônoma a ser decidida com autoridade de coisa julgada, hipótese em que não poderiam os árbitros sobre ela decidir (p. 175).

[108] Defendendo o controle difuso de ofício ver: Zavascki, Teori Albino. **Eficácia das sentenças na jurisdição constitucional**. 4ª ed. São Paulo: Editora Revista dos Tribunais, 2017, p. 26; Mendes, Gilmar Ferreira. O controle incidental de normas no direito brasileiro. **Revista de Direito Constitucional e Internacional**, vol. 23, 1998, p. 30-58. Versão eletrônica, p. 5. Em sentido contrário, defendendo a necessidade de provocação para tanto, ver: Arruda Alvim, Eduardo; Thamay, Rennan Faria Kruger; Granado, Daniel Willian. **Processo constitucional**. São Paulo: Editora Revista dos Tribunais, 2014, p. 85.

em benefício da economia processual e da celeridade do processo arbitral. Essa "primeira oportunidade", no entanto, pode variar a depender das circunstâncias do caso concreto.

Pode ser que a parte interessada, requerente, postule já no requerimento de instauração de arbitragem a inconstitucionalidade de um dispositivo legal específico. Também pode acontecer de a parte requerida indicar a pretensão de obter a declaração de inconstitucionalidade, seja pela via da exceção, isto é, como meio de defesa à pretensão autoral, seja pela via do contra-ataque, em sede de pedido contraposto formulado em resposta ao requerimento de instauração de arbitragem. Ou pode ser que tanto requerente quanto requerido suscitem a inconstitucionalidade, cada qual em seu tempo.

Ainda que a parte interessada não tenha indicado no requerimento de arbitragem ou na resposta a esse requerimento a intenção de ver declarada a inconstitucionalidade de lei, nada a impede de proceder desse modo no momento da assinatura do termo de arbitragem[109]. Não seria um problema que a parte interessada – requerente ou requerido – alegasse a inconstitucionalidade, pela primeira vez, apenas no termo de arbitragem, na medida em que é praxe – muitas vezes por estratégia – a postulação de instauração de arbitragem mediante alegações genéricas, sem a completa identificação das alegações, das causas de pedir e dos pedidos.

Saliente-se, ademais, que é na celebração do termo de arbitragem, quando já instituído o processo arbitral, que as partes têm a oportunidade de detalhar o contexto fático, as causas de pedir e os pedidos. É, por sinal, esse o marco temporal de estabilização da demanda no processo arbitral, em que há a delimitação do objeto da arbitragem[110], com o esclarecimento da precípua missão dos árbitros[111].

[109] Para todos os efeitos, considera-se que o termo de arbitragem seja assinado antes da fase postulatória, tão logo tenha sido constituído o tribunal arbitral.

[110] "(...) o termo de arbitragem pressupõe o juízo regularmente instalado, delimitando-se a controvérsia e a missão dos árbitros". (STJ, REsp nº 1.389.763-PR, rel. min. Nancy Andrighi, Terceira Turma, julgado em 12/11/2013, DJe 20/11/2013).

[111] Tucci, José Rogério Cruz e. **Questões polêmicas do processo arbitral**. São Paulo: Quartier Latin, 2019, p. 28. No mesmo sentido: "Realmente, o TDA tem na delimitação do objeto do litígio e do pedido das partes seus pontos mais importantes, que representam a estabilização da demanda. Ademais, apesar de ser a Convenção de Arbitragem o instrumento originário e vinculante da arbitragem, não se pode deixar de considerar que o TDA tem o condão de reiterar os termos da Convenção de Arbitragem, delimitar a controvérsia e ressaltar

Dizer que a demanda arbitral estabiliza em um dado momento não significa dizer que as partes estão desautorizadas a complementar suas alegações, a aditar as causas de pedir e os pedidos no decorrer da arbitragem[112]. É aceitável, embora em alguns casos possa não ser desejável, que as partes complementem suas alegações e aditem as causas de pedir e os pedidos após a celebração do termo de arbitragem, considerando-se que o regime de preclusões na arbitragem normalmente não é aplicado de forma tão rigorosa como no processo estatal[113] – daí se falar, entre outros motivos, em flexibilidade procedimental.

Suponha-se que a parte requerente, por qualquer motivo, não tenha suscitado a inconstitucionalidade de uma lei aplicável à resolução da disputa quando do requerimento de instauração ou da assinatura do termo de arbitragem. Todavia, em dado momento durante a fase postulatória ou probatória do processo arbitral, o requerente toma conhecimento de que o Supremo Tribunal Federal declarou, em controle abstrato, a inconstitucionalidade de dispositivo legal que fulminaria, sob o seu ponto de vista, o pedido contraposto do requerido. Ciente dessa decisão, o requerente alega a inconstitucionalidade do tal dispositivo, rogando aos árbitros que seja aplicada a decisão do Supremo no mesmo sentido, particularmente em razão de sua eficácia vinculante e *erga omnes*, na forma do artigo 102, § 2º, da Constituição Federal.

a missão do árbitro, que deverá ater-se às suas disposições, para não gerar motivos que ensejem a anulação da sentença arbitral". (Lemes, Selma Ferreira. Convenção de arbitragem e termo de arbitragem. Características, efeitos e funções. **Revista do Advogado**, AASP, edição 87, set./2006, p. 99).

112 Em arbitragens institucionais, deve-se atentar para o disposto no regulamento de arbitragem da respectiva instituição. Há regulamentos que limitam a alteração da causa de pedir e pedido. A título de exemplo, o item 4.21 do Regulamento de Arbitragem do Centro de Arbitragem e Mediação da Câmara de Comércio Brasil-Canadá ("CAM-CCBC") dispõe que as "Partes poderão alterar, modificar ou aditar os pedidos e causa de pedir até a data de assinatura do Termo de Arbitragem". Por sua vez, o Regulamento de Arbitragem da Câmara de Comércio Internacional ("CCI"), em seu artigo 23, (4), assim prevê: "Após a assinatura da Ata de Missão ou a sua aprovação pela Corte, nenhuma das partes poderá formular novas demandas fora dos limites da Ata de Missão, a não ser que seja autorizada a fazê-lo pelo tribunal arbitral, o qual deverá considerar a natureza de tais demandas, o estado atual da arbitragem e quaisquer outras circunstâncias relevantes".

113 Parente, Eduardo de Albuquerque. A estabilização da demanda arbitral. In: Baptista, Luiz Olavo; Visconte, Debora; Alves, Mariana Cattel Gomes (coord.). **Estudo de direito**: uma homenagem ao Prof. Dr. José Carlos de Magalhães. São Paulo: Atelier Jurídico, 2018, p. 848.

Nessa situação hipotética, a parte requerente tem o direito de endereçar a questão constitucional aos árbitros, mormente porque a inconstitucionalidade que lhe interessa foi decretada em data posterior à celebração do termo de arbitragem. Mesmo que não fosse posterior, deveriam os árbitros aceitar a alegação de inconstitucionalidade, que é por eles cognoscível de ofício, desde que a questão constitucional tivesse pertinência temática com o objeto do processo arbitral e que a parte adversa, em tese desfavorecida pela inconstitucionalidade, pudesse exercer amplamente o contraditório sobre o argumento novo[114].

Dado o seu caráter de imperatividade e diante da flexibilidade do procedimento arbitral, a inconstitucionalidade deverá ser apreciada e decidida a qualquer momento até que se finde a jurisdição arbitral[115]. A pertinência da alegação de inconstitucionalidade será avaliada caso a caso pelos árbitros, em atenção à ordem constitucional vigente, a qual leva em consideração os pronunciamentos do Supremo Tribunal Federal acerca da Constituição.

Em última análise, é imprescindível que seja assegurado o contraditório, de modo que o outro litigante tenha a oportunidade de se manifestar sobre a alegação de inconstitucionalidade, ainda que a inconstitucionalidade seja arguida após o encerramento da fase de instrução probatória[116].

A flexibilidade do procedimento arbitral torna menos complexa a verificação do momento processual apropriado para suscitar a inconstitucionalidade, afastando-se a rigidez do processo estatal quanto ao regime de preclusões. Nada obsta que ao longo da arbitragem exsurja o debate sobre a questão constitucional, buscando-se a realização do controle difuso de

[114] DINAMARCO, Cândido Rangel. **A arbitragem na teoria geral do processo**. São Paulo: Malheiros, 2013, p. 146.

[115] Neste trabalho, defende-se que a inconstitucionalidade pode ser alegada pelas partes inclusive após a prolação da sentença arbitral, em sede de pedido de esclarecimentos ou até mesmo por petição avulsa.

[116] "Todavia, as partes não podem criar ou adaptar regras, relacionadas com a estabilização da demanda, de forma a prejudicar ou dificultar a completa e correta aplicação do princípio do contraditório e da ampla defesa no caso concreto. No processo civil estatal as rígidas regras da estabilização da demanda têm como um de seus objetivos proteger o contraditório, pois se fosse permitido alterar o pedido a qualquer tempo, o contraditório poderia ser afetado. Essa ideia também se aplica na arbitragem: qualquer mitigação da estabilização da demanda deve ser feita sem prejuízo da completa e correta aplicação do princípio do contraditório e da ampla defesa". (MONTORO, Marcos André Franco. **Flexibilidade do procedimento arbitral**. Tese (Doutorado em Processo Civil) – Faculdade de Direito, Universidade de São Paulo, São Paulo, 2010, p. 286).

constitucionalidade pelos árbitros, embora se incentive que a inconstitucionalidade seja alegada na primeira oportunidade que a parte interessada tenha. É que "não há como se pensar em preclusão em relação à inconstitucionalidade da lei"[117].

3.2. Cognição de ofício sobre a inconstitucionalidade

A inconstitucionalidade no processo arbitral também pode ser arguida pelos árbitros, na medida em que se trata, como já antecipado, de matéria cognoscível de ofício, dispensando a provocação das partes a esse respeito. É atribuição dos árbitros declarar incidentalmente a inconstitucionalidade sem que as partes tenham formulado tal pedido.

A cognição de ofício dos árbitros sobre a inconstitucionalidade não dispensa a análise do aforismo *iura novit curia*[118], o qual preconiza, em linhas gerais, que o julgador não está adstrito à fundamentação jurídica dada aos fatos pelas partes, à norma invocada como aplicável ao caso concreto e tampouco ao *nomen iuris* atribuído à demanda, este que é irrelevante na prática[119]. O julgador vincula-se aos fatos alegados e aos pedidos formulados pelos litigantes, mas tem liberdade para dar-lhes a configuração legal e jurídica que entender adequada[120].

[117] SARLET, Ingo Wolfgang; MARINONI, Luiz Guilherme; MITIDIERO, Daniel. **Curso de direito constitucional**. 8ª ed. São Paulo: Saraiva, 2019, p. 1.064.

[118] O significado gramatical do aforismo pode ser assim resumido: "Em sua formulação latina, analisada sintaticamente, tem-se que *curia* desempenha a função de sujeito, correspondendo atualmente no vernáculo a juiz, juízo, tribunal ou, genericamente, órgão judicial. *Novit* é o núcleo do predicado verbal, que constitui a terceira pessoa do singular do pretérito perfeito de *nosco, noscis, noscere, novit, notum*, e, vertido ao português no infinitivo impessoal, significa conhecer/saber. *Iura*, por sua vez, traduz-se mais exatamente por direitos, sendo o plural do termo *ius*, direito, e ocupa na oração a posição de núcleo do objeto direto". (LIMA, Thadeu Augimeri de Goes. *Iura novit curia* no processo civil brasileiro: dos primórdios ao novo CPC. **Revista de Processo**, vol. 251, jan. 2016, p. 127-158. Versão eletrônica, p. 2; itálico no original).

[119] José Rogério Cruz e Tucci, em obra clássica, destaca que, embora "o *nomen iuris* e/ou o fundamento legal porventura invocado pelo autor possa influenciar o raciocínio do julgador, nada obsta, dada a incidência do aforismo *iura novit curia*, a que este requalifique juridicamente a demanda, emoldurando-a em outro dispositivo de lei". Isso porque, como bem lembra o festejado jurista, "goza o juiz de ampla liberdade na aplicação do direito, desde que observada a moldura fática estabelecida pelas partes no processo". (TUCCI, José Rogério Cruz e. **A causa petendi no processo civil**. São Paulo: Editora Revista dos Tribunais, 1993, p. 132-133; itálico no original).

[120] Embora falando sobre a perspectiva do juiz togado, Mário Guimarães escreve, com precisão, que o "primeiro trabalho do julgador será procurar a lei que haja de regular a

O *iura novit curia* tem sua gênese na ideia, já ultrapassada, de que o monopólio da aplicação do direito seria do Poder Judiciário[121]. Contudo, não há empeço à incidência desse aforismo no campo da arbitragem comercial, como já decidido pelo Superior Tribunal[122], cabendo apenas

espécie". E prossegue aduzindo que: "Não encontrará o magistrado, como em relação aos fatos, entraves limitadores à sua atividade, pois que nas investigações de ordem jurídica não se levantam barreiras. O preceito legal, ajustável ao caso, poderá ser trazido sem que o tenham indicado os litigantes. *Da mihi factum, dabo tibi ius*". (GUIMARÃES, Mário. **O juiz e a função jurisdicional**. Rio de Janeiro: Forense, 1958, p. 326; itálico no original).

[121] Fritz Baur afirma que o *iura novit curia* foi desde logo interpretado como significativo de que a aplicação do direito seria monopólio do juiz, sendo dispensada às partes a subsunção dos fatos às normas jurídicas, já que estas seriam de conhecimento obrigatório do julgador (BAUR, Fritz. Da importância da dicção "iura novit curia." **Revista de Processo**, vol. 3, 1976, p. 169-177. Versão eletrônica, p. 4-8).

[122] "RECURSO ESPECIAL. PROCESSUAL CIVIL. AÇÃO DE IMPUGNAÇÃO DE SENTENÇA ARBITRAL. VÍCIOS FORMAIS. AUSÊNCIA. 1. Demanda na qual se questiona a validade de sentença arbitral por ofensa aos princípios da motivação e do contraditório, além de outros vícios formais. 2. Na ação de invalidação de sentença arbitral, o controle judicial, exercido somente após a sua prolação, está circunscrito a aspectos de ordem formal, a exemplo dos vícios previamente elencados pelo legislador (art. 32 da Lei nº 9.307/1996), em especial aqueles que dizem respeito às garantias constitucionais aplicáveis a todos os processos, que não podem ser afastados pela vontade das partes. 3. Hipótese em que a sentença arbitral não está fundada em meras suposições, mas, sobretudo, na ausência de cláusula penal para a hipótese de resolução antecipada do contrato e na vedação ao enriquecimento sem causa. 4. Aplica-se à arbitragem, à semelhança do processo judicial, a teoria da substanciação, segundo a qual apenas os fatos vinculam o julgador, que poderá atribuir-lhes a qualificação jurídica que entender adequada ao acolhimento ou à rejeição do pedido, não se podendo afirmar, no caso em exame, que a solução apresentada desbordou das postulações inicialmente propostas. 5. No procedimento arbitral, é plenamente admitida a prorrogação dos prazos legalmente previstos por livre disposição entre as partes e respectivos árbitros, sobretudo em virtude da maior flexibilidade desse meio alternativo de solução de conflitos, no qual deve prevalecer, em regra, a autonomia da vontade. 6. Se a anulação da sentença proferida fora do prazo está condicionada à prévia notificação do árbitro ou do presidente do tribunal arbitral, concedendo-lhe um prazo suplementar de dez dias (art. 32, VII, da Lei de Arbitragem), não há motivo razoável para não aplicar a mesma disciplina ao pedido de esclarecimentos, que, em última análise, visa tão somente aclarar eventuais dúvidas, omissões, obscuridades ou contradições, ou corrigir possíveis erros materiais. 7. Sentença arbitral pautada em princípios basilares do direito civil, não importando se houve ou não referência expressa aos dispositivos legais que lhes conferem sustentação, não havendo como afirmar que houve julgamento por equidade, em desrespeito às condições estabelecidas no compromisso arbitral. 8. O mero inconformismo quanto ao conteúdo meritório da sentença arbitral não pode ser apreciado pelo Poder Judiciário. Precedentes. 9. Recursos especiais não providos." Trecho da fundamentação do voto do relator: "Daí não resulta nenhuma restrição quanto aos fundamentos jurídicos que

uma leitura adequada do aforismo tendo em conta as peculiaridades da jurisdição arbitral[123].

O *iura novit curia* aparece de maneira peculiar na arbitragem, pois os árbitros estão vinculados ao direito eleito pelas partes para a resolução do conflito; não por outra razão, devem proferir decisões segundo o que foi definido na convenção de arbitragem[124]. Se as partes estabelecerem que a arbitragem será dirimida em conformidade com as normas do ordenamento jurídico brasileiro, será aplicável o *iura novit curia* ao processo arbitral (*iura novit arbiter*, na expressão criada por Gabrielle Kaufmann-Kohler[125]). Assim é por "consequência lógica da eleição do direito aplicável pelas partes e do encargo assumido pelo tribunal arbitral"[126].

serão adotados na decisão, aplicando-se à arbitragem, à semelhança do processo judicial, a teoria da substanciação, segundo a qual apenas os fatos vinculam o julgador, que poderá lhes atribuir a qualificação jurídica que entender adequada ao acolhimento ou à rejeição do pedido (...)". (STJ, REsp nº 1.636.102-SP, rel. min. Ricardo Villas Bôas Cueva, Terceira Turma, julgado em 13/6/2017, DJe 1/8/2017).

[123] Nesse sentido, apesar de referir-se à arbitragem internacional, veja-se o seguinte esclarecimento sobre a impropriedade de se transferir automaticamente a aplicação do *iura novit curia* em processo judicial para a arbitragem: "Não se revela, de fato, minimamente adequado transpor à Arbitragem Internacional a aplicação do princípio *iura novit curia* nas cortes dos Estados nacionais. Já se cunhou, inclusive, a expressão *iura novit arbiter* como uma variação a designar especificamente a aplicação da presunção de conhecimento da lei pelo árbitro (*artbiter*), distinguindo-a da sua forma original que denota a presunção de conhecimento pelo juiz (*curia*)". (Baraldi, Eliana Buonocore. ***Iura novit curia* em arbitragem internacional**. Dissertação (Mestrado em Direito) – Faculdade de Direito, Universidade de São Paulo, São Paulo, 2016, p. 32; itálico no original).

[124] "Quanto mais *específicos forem os limites da convenção de arbitragem* com relação ao julgamento do mérito, *menos liberdade* o árbitro terá para aplicar o direito". (Alves, Rafael Francisco. **Árbitro e direito**: o julgamento do mérito na arbitragem. São Paulo: Almedina, 2018, p. 120; itálico no original).

[125] "Iura novit arbiter *ou, dans les termes du Tribunal fédéral, le principe* iura novit curia, *qui est applicable le droit d'office*". (Kaufmann-Kohler, Gabrielle. Iura novit arbiter – Est-ce bien raisonnable? In: Lachat, A. Héritier (ed.). **De lege ferenda** – Réflexions sur le droit désirable en l'honneur du Professeur Alain Hirsch, Geneva, 2004, p. 71).

[126] Lucca, Rodrigo Ramina de. *Iura novit curia* nas arbitragens. **Revista Brasileira de Arbitragem**, nº 50, 2016, p. 67. Em igual sentido, pela aplicação do *iura novit curia* ao processo arbitral, ver: Barros, Vera Cecília Monteiro de. Anulação de sentença arbitral: vinculação de parte não signatária à cláusula compromissória e aplicação do princípio *iura novit curia* à arbitragem. Comentários à sentença 583.00.2010.214068-4 da 8ª Vara Cível do Foro Central da Comarca de São Paulo. **Revista de Arbitragem e Mediação**, vol. 32, 2012, p. 309-328.

O *iura novit curia* é observado pelos árbitros em razão de sua vinculação ao ordenamento jurídico eleito na convenção de arbitragem, de modo que conhecer e aplicar o direito escolhido pelas partes é um verdadeiro encargo[127]. Traduz-se na obrigação tomada para si pelos árbitros perante as partes de "proferir sentença fundada em um dado sistema jurídico, pois as partes têm a legítima expectativa de que o tribunal arbitral proferirá uma sentença formal e materialmente *correta*, observados os limites e as condições estabelecidos na convenção de arbitragem"[128]. Eleita a lei brasileira como regente da arbitragem, "a conclusão inexorável é que há, sim, um *iura novit arbiter*, simplesmente porque o árbitro tem o dever de proferir sentença de acordo com a convenção de arbitragem"[129].

Os árbitros devem aplicar irrestritamente o direito brasileiro ao caso concreto quando as partes assim estabelecerem, a não ser que tenha havido ressalva a respeito disso na convenção de arbitragem, a exemplo do julgamento por equidade[130]. Sem ressalvas, cumpre aos árbitros "fazer valer a norma, independentemente de as partes terem mencionado o fundamento legal que, na convicção do árbitro, incida no caso concreto"[131]. A aplicação irrestrita do direito de que ora se fala engloba o controle difuso de constitucionalidade pelos árbitros.

Uma das ressalvas acima mencionadas pode ser a opção das partes em afastar o *iura novit curia*. É possível, embora não recomendável, por restringir o poder decisório do julgador, que se pretenda obstar os árbitros, na convenção ou no termo de arbitragem, de valerem-se do *iura novit curia* para proferir decisões (inclusive sentenças parcial e final) no curso do processo arbitral. Se as partes vedarem expressamente o *iura novit curia*, os árbitros deverão julgar a controvérsia a partir da qualificação legal e jurídica dos

[127] FICHTNER, José Antonio. A atualidade do princípio *iura novit curia* no CPC e na arbitragem. **Revista de Arbitragem e Mediação**, vol. 53, 2017, p. 249-262. Versão eletrônica, p. 6.

[128] LUCCA, Rodrigo Ramina de. *Iura novit curia* nas arbitragens. **Revista Brasileira de Arbitragem**, nº 50, 2016, p. 66; itálico no original.

[129] FICHTNER, José Antonio. A atualidade do princípio *iura novit curia* no CPC e na arbitragem. **Revista de Arbitragem e Mediação**, vol. 53, 2017, p. 249-262. Versão eletrônica, p. 6; itálico no original.

[130] VAUGHN, Gustavo Favero. Reflexões a propósito da aplicação do aforismo *iura novit curia* ao processo arbitral. **Revista de Arbitragem e Mediação**, vol. 67, 2020, p. 169.

[131] NEVES, José Roberto de Castro. O árbitro conhece o direito – *jura novit curia*. **Revista Direito ao Ponto**, 2011. Disponível em: http://direitoaoponto.com.br/o-arbitro-conhece-o-direito-jura-novit-curia/. Acesso em: 21/7/2020.

fatos feita pelas partes, respeitando a autonomia da vontade – ainda que se entenda que a argumentação seja equivocada –, sob pena de decidirem fora da convenção arbitral, incorrendo em vício passível de nulidade[132].

Ainda que as partes combinem que o *iura novit curia* não possa ser invocado pelos árbitros como razão de decidir, essa convenção não surte efeitos quanto à declaração incidental de inconstitucionalidade na arbitragem. Não se pode afastar dos árbitros, por simples manifestação de vontade, o poder-dever de interpretar e aplicar a Constituição Federal ao caso concreto. Isso é corolário dos princípios da força normativa e da supremacia das normas constitucionais, os quais são irrenunciáveis e insuscetíveis de transação inclusive na esfera privada.

De outra banda, as partes podem estipular expressamente que os árbitros poderão invocar o *iura novit curia* no momento da aplicação do direito, desde que haja espaço para tanto, levando-se em conta os pormenores de cada causa[133]. Se as partes atribuírem aos fatos as qualificações legais e/ou jurídicas que os árbitros consideram corretas e necessárias para dirimir o conflito, incluindo aqui a arguição de inconstitucionalidade, a ser reconhecida via controle difuso, não haverá que se falar em *iura novit curia*, de modo que, em tal hipótese, a não aplicação desse aforismo pelos árbitros não poderá servir de embasamento para questionar a sentença arbitral no Poder Judiciário[134].

O *iura novit curia* é mesmo aplicável à arbitragem, não estando os árbitros, *a priori*, adstritos à qualificação jurídica dos fatos atribuída pelas partes, às normas por elas suscitadas (qualificação legal), nem mesmo

[132] "(...) se as partes estabeleceram *limites claros e expressos* à aplicação do direito na convenção de arbitragem, o árbitro deve evitar a aplicação *ex officio* de novos fundamentos jurídicos se estes ultrapassarem os *limites* estabelecidos pelas partes, sob pena de possibilitar a anulação da sentença arbitral pelo artigo 32, inciso IV, da lei 9.307/96". (ALVES, Rafael Francisco. **Árbitro e direito**: o julgamento do mérito na arbitragem. São Paulo: Almedina, 2018, p. 124; itálico no original).

[133] Sob o prisma do contraditório, também "poderão as partes dispor, na convenção ou no termo de arbitragem que os árbitros terão que consultar-lhes antes de proferir sentença com base em fundamento cujas partes não tiveram a oportunidade de se manifestar". (VISCONTE, Debora. *Iura novit curia* e o contraditório. In: CARMONA, Carlos Alberto; LEMES, Selma Ferreira; MARTINS, Pedro Batista (coord.). **20 anos da lei de arbitragem**: homenagem a Petrônio R. Muniz. São Paulo: Atlas, 2017, p. 56).

[134] VAUGHN, Gustavo Favero. Reflexões a propósito da aplicação do aforismo *iura novit curia* ao processo arbitral. **Revista de Arbitragem e Mediação**, vol. 67, 2020, p. 170.

à denominação que se deu à pretensão processual[135]. Os árbitros têm ampla liberdade para aplicar as regras de direito escolhidas pelas partes e, sem alterar os fatos expostos, dizer qual a motivação legal e jurídica que melhor se encaixa em um dado conflito, até mesmo corrigindo falhas argumentativas[136].

A declaração incidental de inconstitucionalidade na arbitragem, à míngua de alegação nesse particular, nada mais é do que requalificar juridicamente os fatos postos pelos contendentes, vislumbrando-se o vício de contrariedade à Constituição Federal em contexto não antevisto pelas partes. O requerido pode, à guisa de exemplo, dizer que determinado dispositivo de lei citado pelo requerente para dar suporte aos seus argumentos não deve ser aplicado ao caso concreto porque os fatos da causa a ele não se subsomem. Apesar de não ter dito que o dispositivo seria inaplicável porque inconstitucional, os árbitros estão aptos a alcançar essa conclusão de ofício, requalificando juridicamente os argumentos das partes para decidirem pela inconstitucionalidade.

Contudo, a atuação *ex officio* dos árbitros comporta limites, sendo fora de cogitação que a declaração de inconstitucionalidade surpreenda as partes. O princípio do contraditório apresenta-se como barreira à decisão de ofício dos árbitros[137], mesmo que se esteja diante de *flagrante* inconstitucionalidade.

Para garantir o pleno contraditório, os árbitros precisam conferir às partes a oportunidade de participarem do processo. Como diz Cândido Ran-

[135] VAUGHN, Gustavo Favero. Reflexões a propósito da aplicação do aforismo *iura novit curia* ao processo arbitral. **Revista de Arbitragem e Mediação**, vol. 67, 2020, p. 170.

[136] "Conclui-se, destarte, que, baseando-se no mesmo cenário fático, nada obsta a que o árbitro altere o *fundamento legal*, o dispositivo da lei (de resto, *irrelevante*), ou ainda o *fundamento jurídico*, vale dizer, a tipificação jurígena que advém do fato ou dos fatos narrados. A qualificação da demanda, emergente do conjunto fático-jurídico constante dos autos, pode perfeitamente ser alterada pelo árbitro. Trata-se de 'requalificação jurídica' de natureza oficiosa. (...) Será suficiente conceber por 'requalificação jurídica' o poder-dever que todo o julgador tem de emprestar aos fatos narradas definição, categoria ou tipificação da relação jurídica diversa daquela eleita pelo autor e pelo réu, na fase postulatória da demanda". (TUCCI, José Rogério Cruz e. **Questões polêmicas do processo arbitral**. São Paulo: Quartier Latin, 2019, p. 33; itálico no original).

[137] ALVES, Rafael Francisco. *Jura novit arbiter* under brazilian law. In: FERRARI, Franco; CORDERO-MOSS, Giuditta (org.). ***Iura novit curia* in international arbitration**. Huntington NY: Juris Publishing, 2018, p. 62.

gel Dinamarco, *"participar pedindo, participar provando, participar alegando"*[138]. Na feição moderna do contraditório[139], não podem os árbitros tomar decisões "acerca de pontos fundamentais do litígio sem provocar debate a respeito, pois somente assim será assegurada às partes a efetiva possibilidade de influir no resultado do julgamento"[140].

Isso significa dizer que o *iura novit curia* não autoriza os árbitros a exercerem o controle difuso de constitucionalidade de ofício, sem que as partes tenham tido a oportunidade de se manifestar sobre tal fundamento[141]. As partes devem participar do ato decisório por completo, com ampla pos-

[138] DINAMARCO, Cândido Rangel. **A arbitragem na teoria geral do processo**. São Paulo: Malheiros, 2013, p. 26; itálico no original.

[139] Por "feição moderna" do princípio do contraditório, cite-se a seguinte lição doutrinária: "É lógico que o contraditório, no processo civil do Estado Constitucional, tem significado completamente diverso daquele que lhe era atribuído à época do direito liberal. Contraditório significa hoje conhecer e reagir, mas não só. *Significa participar do processo e influir nos seus rumos*. Isso é: *direito de influência*. Com essa nova dimensão, o direito ao contraditório deixou de ser algo cujos destinatários são tão somente as partes e começou a *gravar igualmente o juiz*. Daí a razão pela qual eloquentemente se observa que o juiz tem o dever não só de velar pelo contraditório entre as partes, *mas fundamentalmente a ele também se submeter*. O juiz encontra-se igualmente sujeito ao contraditório". (MARINONI, Luiz Guilherme; ARENHART, Sérgio Cruz; MITIDIERO, Daniel. **Curso de processo civil** – teoria do processo civil, vol. 1. 3ª ed. São Paulo: Editora Revista dos Tribunais, 2017, p. 508; itálico no original). As referências a "juiz" podem ser substituídas, sem prejuízo do significado do excerto, por "árbitro", de modo que o juízo arbitral também integra o contraditório no direito processual civil contemporâneo.

[140] CARMONA, Carlos Alberto. **Arbitragem e processo**: um comentário à Lei nº 9.307/96. 2ª ed. São Paulo: Atlas, 2006, p. 253. No mesmo sentido: APRIGLIANO, Ricardo de Carvalho. **Ordem pública e processo**: o tratamento das questões de ordem pública no direito processual civil. São Paulo: Atlas, 2011, p. 72.

[141] "É indispensável, em outras palavras, estabelecer uma sadia convivência entre o princípio *jura novit curia* e a ética do processo, representada nessa situação pela efetividade do contraditório". (DINAMARCO, Cândido Rangel. **A arbitragem na teoria geral do processo**. São Paulo: Malheiros, 2013, p. 45-46; itálico no original). Em sentido semelhante: "(...) não se pode negar que as partes têm o direito de se pronunciar sobre a valoração jurídica da causa previamente à decisão, tendo o juiz o dever de submeter ao diálogo a sua visão jurídica das questões de fato postas em juízo, com vista a evitar decisões-surpresa". (DOMIT, Otávio Augusto Dal Molin. ***Iura novit curia* e causa de pedir**: o juiz e a qualificação jurídica dos fatos no processo civil brasileiro. São Paulo: Editora Revista dos Tribunais, 2016, p. 223). Ainda a propósito do respeito ao contraditório ver: CORRÊA, Fábio Peixinho Gomes. Limites objetivos da demanda na arbitragem. **Revista Brasileira de Arbitragem**, vol. X, nº 40, 2013, p. 59; RANGEL, Marco Aurélio Scampini Siqueira. *Iura novit curia* e a vedação à decisão-surpresa. **Revista de Processo**, vol. 288, 2019, p. 155-178.

sibilidade de influenciar o julgamento dos árbitros com argumentos, seja em favor, seja contra a declaração de inconstitucionalidade[142].

É imperioso que também na arbitragem se respeite o princípio da vedação à decisão surpresa; não por transposição automática dos artigos 9º e 10 do Código de Processo Civil ao processo arbitral[143], mas porque o princípio da vedação à decisão surpresa está inserido no próprio contexto da arbitragem a partir de uma leitura atual e sistemática, com o texto constitucional, do artigo 21, § 2º, da Lei nº 9.307/1996. O princípio em comento é uma consequência inexorável da garantia do contraditório e do modelo constitucional de processo[144].

Carlos Alberto Carmona corrobora essa afirmação há pelo menos uma década, quando teve a oportunidade de escrever, com acerto inegável, que o princípio do contraditório exige que o árbitro "não tome decisões acerca de pontos fundamentais do litígio sem provocar debate a respeito, pois somente assim será assegurada às partes a efetiva possibilidade de influir no resultado do julgamento"[145].

142 ABBOUD, Georges. **Processo constitucional brasileiro**. 2ª ed. São Paulo: Editora Revista dos Tribunais, 2018, p. 1.039.

143 Sobre os artigos 9º e 10 do Código de Processo Civil, vale citar a seguinte passagem de recente obra de José Rogério Cruz e Tucci: "Fácil é verificar que estas regras estão definitivamente afinadas com a moderna ótica da ciência processual, que não admite, em hipótese alguma, a surpresa aos litigantes, decorrente de decisão escudada em ponto jurídico fundamental por eles não alvitrado. O tribunal deve, portanto, dar conhecimento prévio de em qual direção o direito subjetivo encontra-se vulnerável, aproveitando apenas os fatos sobre os quais as partes tenham tomado posição. Dessa forma, é evidente que os litigantes terão oportunidade de defender o seu direito e, sobretudo, influir na decisão judicial. É certo que a liberdade outorgada ao tribunal, no que se refere à eleição da norma a ser aplicada, independentemente de ser ela invocada pelos litigantes, decorrente do aforismo *iura novit curia*, não dispensa a prévia manifestação das partes acerca da questão alvitrada pelo juiz, em inafastável homenagem ao princípio do contraditório. Assevere-se, com prestigiosa doutrina, que este cuidado do legislador não concerne apenas ao interesse das partes, mas se encontra também voltado ao próprio interesse público, na medida em que a qualquer surpresa, qualquer ocorrência inesperada, torna-se mais distante a credibilidade da sociedade na administração da justiça". (TUCCI, José Rogério Cruz e. **Processo civil e ideologia**: subsídios estratégicos ao advogado do contencioso. São Paulo: Marcial Pons, 2019, p. 74-75).

144 SESTER, Peter Christian. **Comentários à Lei de Arbitragem e legislação extravagante**. São Paulo: Quartier Latin, 2020, p. 238.

145 CARMONA, Carlos Alberto. **Arbitragem e processo**: um comentário à Lei nº 9.307/96. 2ª ed. São Paulo: Atlas, 2007, p. 253.

Inconcebível, portanto, que as partes sejam surpreendidas com decisão arbitral que proclame a inconstitucionalidade de uma lei, sem que tenham elas tido a oportunidade de dizer a respeito desse tema no curso do processo[146]. Se fizer uso do aforismo *iura novit curia*, *"l'arbitre donne aux parties l'ocassion de s'exprimir"*[147].

3.3. Controle de constitucionalidade pelos árbitros: dever ou faculdade?

3.3.1. Posição doutrinária

Ao depararem-se com uma alegação de inconstitucionalidade no processo arbitral, de que forma os árbitros podem ou devem agir? O julgamento da questão constitucional é obrigação ou faculdade dos árbitros? A doutrina – brasileira e estrangeira – já se debruçou sobre tais questionamentos.

Eduardo Parente defende que os árbitros, atuando como juízes de fato e de direito, devem apreciar a alegação de vício inconstitucional, sendo que o exame sobre o tema estará voltado à ocorrência ou não, pela via incidental, da mazela quanto ao direito material atacado[148]. Ao exercer o controle difuso de constitucionalidade, destaca que os árbitros se portarão como qualquer juiz togado diante de uma arguição de inconstitucionalidade. Eduardo Parente então faz uma importante observação, no sentido de que a "atividade de verificação da ordem constitucional de maneira difusa é inerente à atividade jurisdicional, da qual o árbitro não escapa"[149].

José Rogério Cruz e Tucci, ao abordar os poderes dos árbitros, afirma não haver dúvida de que, no Brasil, "o tribunal arbitral, a exemplo do juiz

[146] A regra da não surpresa "encerra, ademais, verdadeiro *dever de consulta* do árbitro, impondo ao tribunal, em regime de franca cooperação, conceder às partes a oportunidade de manifestação sobre qualquer questão de fato ou de direito. O árbitro, antes de se pronunciar sobre determinada matéria não debatida, ainda que seja de conhecimento oficioso (decadência, por exemplo), deve abrir prazo para discussão pelas partes, evitando, desse modo, seja proferida decisão calcada em 'fundamento-surpresa', circunstância que acarreta a nulidade da sentença arbitral por violação à garantia do contraditório (art. 32, VIII, c.c. art. 21, § 2º, da Lei 9.307/96)". (TUCCI, José Rogério Cruz e. **Questões polêmicas do processo arbitral**. São Paulo: Quartier Latin, 2019, p. 35; itálico no original).

[147] KAUFMANN-KOHLER, Gabrielle. Iura novit arbiter – Est-ce bien raisonnable? In: LACHAT, A. Héritier (ed.). **De lege ferenda** – Réflexions sur le droit désirable en l'honneur du Professeur Alain Hirsch, Geneva, 2004, p. 78.

[148] PARENTE, Eduardo de Albuquerque. **Processo arbitral e sistema**. São Paulo: Atlas, 2012, p. 281.

[149] PARENTE, Eduardo de Albuquerque. **Processo arbitral e sistema**. São Paulo: Atlas, 2012, p. 281.

estatal, nos termos do art. 948 do Código de Processo Civil, tem a faculdade de exercer o controle difuso de constitucionalidade da norma legal invocada por uma das partes"[150].

Nelson Nery Junior e Rosa Maria Nery reconhecem a possibilidade de os árbitros exercerem o controle de constitucionalidade das leis pela via difusa, valendo a decisão apenas para o caso concreto. Nos seus comentários à Constituição Federal, asseveram que, "se a arbitragem se desenvolve sob a égide de um sistema constitucional que admite o controle difuso de constitucionalidade, seria contraditório afirmar que a arbitragem deve desenvolver-se em atendimento ao devido processo legal, e, ao mesmo tempo, impedir que o árbitro aplique diretamente a Constituição Federal, que é a lei fundamental de todo o ordenamento nacional"[151].

O dever de o árbitro exercer o controle difuso de constitucionalidade quando a ocasião durante a arbitragem assim autorizar é igualmente defendido por Georges Abboud. Para ele, se não fosse permitido ao árbitro declarar a inconstitucionalidade, ter-se-ia situação teratológica em que o ordenamento jurídico brasileiro admitiria a formação de coisa julgada material sobre decisão afrontosa à Constituição, que poderia ser objeto de cumprimento de sentença perante o Poder Judiciário[152]. Além disso, registra que "perante qualquer situação de inconstitucionalidade, o árbitro deveria pronunciar-se de ofício sobre a questão, tendo em vista a natureza de ordem pública que as questões constitucionais possuem"[153].

Em texto específico sobre o controle de constitucionalidade na arbitragem, Gustavo Fernandes leciona que, em razão da isonomia de poderes com o juiz togado, "não apenas pode, mas *deve* o árbitro decidir, sem limitações de qualquer natureza, acerca do direito aplicável ao caso", sob pena de inquinar a sentença arbitral de nulidade quanto à fundamentação adequada na eventualidade de não ser enfrentado o argumento constitucional[154].

[150] TUCCI, José Rogério Cruz e. **Questões polêmicas do processo arbitral**. São Paulo: Quartier Latin, 2019, p. 25-26.

[151] NERY JUNIOR, Nelson; NERY, Rosa Maria de Andrade. **Constituição Federal comentada e legislação constitucional**. 5ª ed. São Paulo: Editora Revista dos Tribunais, 2014, p. 638.

[152] ABBOUD, Georges. **Processo constitucional brasileiro**. 2ª ed. São Paulo: Editora Revista dos Tribunais, 2018, p. 1.038.

[153] ABBOUD, Georges. **Processo constitucional brasileiro**. 2ª ed. São Paulo Thomson Reuters Brasil, 2018, p. 1.037.

[154] ANDRADE, Gustavo Fernandes de. Arbitragem e controle de constitucionalidade: algumas reflexões. In: CARMONA, Carlos Alberto; LEMES, Selma Ferreira; MARTINS, Pedro Batista

Ao exercer a jurisdição em sua plenitude, Gustavo Fernandes afirma que se impõe ao árbitro, como verdadeiro dever, "decidir qual norma incide sobre a relação jurídica controvertida, o que, logicamente, inclui o dever de afastar a norma repugnante à Constituição"[155]. Não se afigura compreensível, nessa senda, afastar da jurisdição dos árbitros o julgamento de conflito hierárquico de normas quando podem eles julgar, é claro que consoante a vontade das partes, por equidade, de acordo com usos, costumes e regras internacionais de comércio.

De fato, não podem os árbitros pretender aplicar o direito ao caso concreto de forma seletiva, escusando-se de julgar a questão constitucional por pura liberalidade[156]. Embora seja evidente, é oportuno realçar a observação de Gustavo Fernandes no sentido de que o conflito hierárquico entre norma infraconstitucional e norma constitucional se resolve sempre, e necessariamente, com o respeito à Constituição[157].

Ensina ainda o referido advogado que, tendo a Constituição Federal a qualidade de lei suprema, devem os árbitros decidir o incidente de inconstitucionalidade, ainda que *ex officio*. Sem embargo, sustenta que não podem os árbitros interpretar a questão constitucional como bem entenderem, sendo de rigor que contemplem o entendimento dominante da jurisprudência e da doutrina, "não lhes sendo lícito substituir o entendimento jurisprudencial consolidado, obsequioso da segurança jurídica, pelas suas próprias concepções individuais acerca da constitucionalidade da norma"[158].

(coord.). **20 anos da lei de arbitragem**: homenagem a Petrônio R. Muniz. São Paulo: Atlas, 2017, p. 755; itálico no original.

155 ANDRADE, Gustavo Fernandes de. Arbitragem e controle de constitucionalidade: algumas reflexões. In: CARMONA, Carlos Alberto; LEMES, Selma Ferreira; MARTINS, Pedro Batista (coord.). **20 anos da lei de arbitragem**: homenagem a Petrônio R. Muniz. São Paulo: Atlas, 2017, p. 755.

156 ANDRADE, Gustavo Fernandes de. Arbitragem e controle de constitucionalidade: algumas reflexões. In: CARMONA, Carlos Alberto; LEMES, Selma Ferreira; MARTINS, Pedro Batista (coord.). **20 anos da lei de arbitragem**: homenagem a Petrônio R. Muniz. São Paulo: Atlas, 2017, p. 756.

157 ANDRADE, Gustavo Fernandes de. Arbitragem e controle de constitucionalidade: algumas reflexões. In: CARMONA, Carlos Alberto; LEMES, Selma Ferreira; MARTINS, Pedro Batista (coord.). **20 anos da lei de arbitragem**: homenagem a Petrônio R. Muniz. São Paulo: Atlas, 2017, p. 759.

158 ANDRADE, Gustavo Fernandes de. Arbitragem e controle de constitucionalidade: algumas reflexões. In: CARMONA, Carlos Alberto; LEMES, Selma Ferreira; MARTINS, Pedro Batista

Rodrigo Garcia da Fonseca aponta uma série de dificuldades para se tirar conclusões no sentido de admitir ou não o controle difuso na arbitragem. Reconhece que, sendo obrigação dos árbitros aplicar o direito, outra solução não poderia ser tomada que não declarar a inconstitucionalidade de uma lei se esta, sob a perspectiva dos árbitros, vilipendiar norma constitucional[159]. A mesma solução não poderia ser tomada, segundo o citado autor, se a questão de constitucionalidade disser respeito a direitos indisponíveis, hipótese que poderia atrair a inteligência do artigo 25 da Lei de Arbitragem[160], o qual foi revogado pela Lei nº 13.129/2015, responsável por reformas pontuais na Lei nº 9.307/1996[161].

Marcelo Bonizzi e Olavo Ferreira deixam claro que os árbitros não só podem, como devem declarar a inconstitucionalidade de leis, a exemplo do que faria um juiz togado no controle difuso[162]. Entendem que seria afrontoso ao Estado Democrático de Direito e um manifesto prejuízo à segurança jurídica admitir que a supremacia da Constituição Federal pudesse ser desconsiderada por quem detém o poder de aplicar o direito, tal como os árbitros[163].

(coord.). **20 anos da lei de arbitragem**: homenagem a Petrônio R. Muniz. São Paulo: Atlas, 2017, p. 759.

[159] FONSECA, Rodrigo Garcia da. Reflexões sobre a sentença arbitral. **Revista de Arbitragem e Mediação**, vol. 6, 2005, p. 40-74. Versão eletrônica, p. 9.

[160] A despeito de estar revogado, transcreve-se a seguir, para melhor compreensão do texto citado, o artigo 25 da Lei de Arbitragem: "Art. 25. Sobrevindo no curso da arbitragem controvérsia acerca de direitos indisponíveis e verificando-se que de sua existência, ou não, dependerá o julgamento, o árbitro ou o tribunal arbitral remeterá as partes à autoridade competente do Poder Judiciário, suspendendo o procedimento arbitral.
Parágrafo único. Resolvida a questão prejudicial e juntada aos autos a sentença ou acórdão transitados em julgado, terá normal seguimento a arbitragem".

[161] Na medida em que o artigo 25 não mais subsiste no ordenamento jurídico brasileiro, entendemos que a discussão acerca de sua aplicação para fins de controle de constitucionalidade na arbitragem é atualmente obsoleta. À época em que foi escrito o texto em referência, contudo, o assunto era palpitante, daí a importância da abordagem feita por Rodrigo Garcia da Fonseca há mais de uma década.

[162] BONIZZI, Marcelo José Magalhães; FERREIRA, Olavo Augusto Vianna Alves. Declaração de inconstitucionalidade pelo árbitro: vedação ou dever? In: MUNIZ, Joaquim de Paiva; BONIZZI, Marcelo José Magalhães; FERREIRA, Olavo Augusto Vianna Alves. **Arbitragem e administração pública**: temas polêmicos. Ribeirão Preto: Migalhas, 2018, p. 400.

[163] BONIZZI, Marcelo José Magalhães; FERREIRA, Olavo Augusto Vianna Alves. Declaração de inconstitucionalidade pelo árbitro: vedação ou dever? In: MUNIZ, Joaquim de Paiva; BONIZZI, Marcelo José Magalhães; FERREIRA, Olavo Augusto Vianna Alves. **Arbitragem e administração pública**: temas polêmicos. Ribeirão Preto: Migalhas, 2018, p. 400.

O controle de constitucionalidade difuso na arbitragem é concebido por Rômulo Mariani, para quem isso se daria de forma análoga ao controle difuso que seria exercido no âmbito judicial por juízes togados. A fiscalização constitucional pelos árbitros nada mais seria do que a aplicação do "Direito ao caso, o que inclui a sua visão da Constituição Federal, mesmo que em sentido contrário ao das Cortes estaduais, incluindo o Supremo Tribunal Federal"[164].

Dispondo de jurisdição, sendo juiz de fato e de direito, na dicção do artigo 18 da Lei de Arbitragem, e podendo decidir de acordo com o direito ou a equidade, José Eduardo Carreira Alvim concorda que os árbitros "podem afastar a aplicação de lei eventualmente inconstitucional, fazendo-o através do controle difuso, exercitando um poder que detém todo aquele que exerce poder jurisdicional, independentemente de ser um juízo estatal ou juízo arbitral"[165]. Agindo de tal forma, o árbitro nada mais faria do "que negar eficácia (ou deixar de aplicar) à lei tida por inconstitucional, com o que aplica preceito de mais elevada hierarquia, como são os contidos na Constituição"[166].

Em recente monografia sobre o controle de constitucionalidade na arbitragem à luz do direito estrangeiro, Fernando Maluf diz claramente que não há óbices aos árbitros a realizarem tal controle. Inicia sua argumentação lembrando de algo muito importante, mas que por vezes é esquecido: o fundamento da jurisdição arbitral é a Constituição Federal, de modo que os árbitros só podem decidir determinada controvérsia porque, direta ou indiretamente, uma Constituição assim admite que ocorra[167]. Isso significa dizer, em suas palavras, que "em toda e qualquer democracia contemporânea que admita a arbitragem como mecanismo de solução de disputas, o fundamento de validade da jurisdição arbitral é a própria Constituição", sendo tal conclusão o resultado prático da aplicação de um conjunto de fatores, quais sejam, os princípios da força normativa, supremacia e rigidez constitucionais[168].

[164] MARIANI, Rômulo Greff. **Precedentes na arbitragem**. Belo Horizonte: Fórum, 2018, p. 147.
[165] ALVIM, José Eduardo Carreira. **Direito arbitral**. 2ª ed. Rio de Janeiro: Forense, 2004, p. 31.
[166] ALVIM, José Eduardo Carreira. **Direito arbitral**. 2ª ed. Rio de Janeiro: Forense, 2004, p. 32.
[167] MALUF, Fernando Del Picchia. **O controle de constitucionalidade na arbitragem**: um estudo à luz da experiência no direito estrangeiro. Dissertação (Mestrado em Direito das Relações Econômicas Internacionais) – Faculdade de Direito, Pontifícia Universidade Católica de São Paulo, São Paulo, 2020, p. 108.
[168] MALUF, Fernando Del Picchia. **O controle de constitucionalidade na arbitragem**: um estudo à luz da experiência no direito estrangeiro. Dissertação (Mestrado em Direito

Por via de consequência, seria incoerente subtrair a fiscalização constitucional dos árbitros em um sistema constitucional que admite o controle de constitucionalidade pelo Poder Judiciário. E essa incoerência seria explícita porque, para Fernando Maluf, "na prática, inadmitir o controle de constitucionalidade na arbitragem seria o equivalente a dizer que qualquer norma, inconstitucional, deveria ser rigorosamente aplicada em um procedimento arbitral"[169]. Por isso é que a missão dos árbitros contemplaria o controle de constitucionalidade.

Carmen Tiburcio apresenta critérios distintos para aceitar ou rejeitar a possibilidade de controle de constitucionalidade na arbitragem a partir de concepções do direito interno e do direito extravagante. Para fins desta dissertação, como dito, importa apenas o direito pátrio, portanto a arbitragem doméstica com aplicação das leis substantiva e processual brasileiras. Nesse cenário, a citada internacionalista reconhece que os árbitros, por serem juízes de fato e de direito, podem exercer o controle incidental na arbitragem, sendo imprescindível o exame da constitucionalidade da lei aplicável ao caso[170].

A fiscalização difusa de constitucionalidade na arbitragem foi tratada em obra monográfica por Ana Carolina Weber, que cuidou do controle no seio de litígio decorrente de contrato de concessão firmado entre a Agência Nacional de Petróleo e agentes privados. Concluiu sua dissertação dizendo que os árbitros podem exercer o controle de constitucionalidade na análise do caso concreto, não lhes sendo autorizado, porém, o controle concentrado, papel restrito ao Supremo Tribunal Federal[171].

das Relações Econômicas Internacionais) – Faculdade de Direito, Pontifícia Universidade Católica de São Paulo, São Paulo, 2020, p. 108.

[169] MALUF, Fernando Del Picchia. **O controle de constitucionalidade na arbitragem**: um estudo à luz da experiência no direito estrangeiro. Dissertação (Mestrado em Direito das Relações Econômicas Internacionais) – Faculdade de Direito, Pontifícia Universidade Católica de São Paulo, São Paulo, 2020, p. 110.

[170] TIBURCIO, Carmen. Controle de constitucionalidade das leis pelo árbitro: notas de direito internacional privado e arbitragem. **Revista de Direito Administrativo**, vol. 266, 2014, p. 184.

[171] WEBER, Ana Carolina. **O controle de constitucionalidade exercido pelo árbitro**: um exame à luz dos contratos de concessão de petróleo. Dissertação (Mestrado em Direito Internacional e Integração Econômica) – Faculdade de Direito, UERJ, Rio de Janeiro, 2008, p. 119. Mesma ideia reproduzida no seguinte texto: WEBER, Ana Carolina. O controle de constitucionalidade no procedimento arbitral. **Revista Jurídica da Faculdade de Direito**, vol. I, nº 4, ano III, p. 21.

A conclusão advém de uma relevante premissa: os árbitros devem aplicar o ordenamento jurídico brasileiro – quando assim for combinado pelas partes – em sua inteireza[172].

Em se tratando de referências doutrinárias no direito estrangeiro relativas ao estudo do controle de constitucionalidade na arbitragem, deve-se dar especial destaque aos países de língua latino-americana, que têm a literatura mais extensa sobre o assunto[173]. Antes de prosseguir, é preciso registar, desde logo, que a autoridade encarregada de verificar a legitimidade constitucional de leis e suas modalidades varia de acordo com cada país[174], havendo semelhanças e distinções a serem destacadas.

Na Argentina, país que adota o sistema difuso puro de controle de constitucionalidade[175], Roque Caivano defende que cabe aos árbitros o controle incidental, competindo-lhes, na aplicação do direito ao caso concreto, selecionar a norma que tenha prioridade constitucional, sob pena de má aplicação do direito[176]. Afirma, nessa esteira, que, ao "*descartar la norma que reputan inconstitucional, los árbitros no hacen otra cosa que afirmar la supremacía de aquella, que – como ha dicho la Corte – constituye la esencia de nuestro sistema jurídico*", pois a obrigação que se impõe aos juízes estatais de efetuar o controle de constitucionalidade das normas é igualmente exigida dos árbitros[177].

[172] Weber, Ana Carolina. **O controle de constitucionalidade exercido pelo árbitro**: um exame à luz dos contratos de concessão de petróleo. Dissertação (Mestrado em Direito Internacional e Integração Econômica) – Faculdade de Direito, UERJ. Rio de Janeiro, 2008, p. 119. Mesma ideia reproduzida no seguinte texto: Weber, Ana Carolina. O controle de constitucionalidade no procedimento arbitral. **Revista Jurídica da Faculdade de Direito**, vol. I, nº 4, ano III, p. 21.

[173] Esse destaque advém de uma opinião pessoal deste autor, a partir da pesquisa realizada especificamente para esta dissertação, por meio da qual foram encontrados mais trabalhos na América Latina do que em outros continentes.

[174] David, René. **Os grandes sistemas do direito contemporâneo**. 3ª ed. Trad. Hermínio A. Carvalho. São Paulo: Martins Fontes, 1996, p. 94.

[175] Salgado, José María. Jurisdicción constitucional. Relatório Nacional (Argentina). **Civil Procedure Review**, vol. 4, 2013, p. 196; Silva, José Afonso da. **Um pouco de direito constitucional comparado**. São Paulo: Malheiros, 2009, p. 129-133.

[176] Admite-se o controle de constitucionalidade pelos assim chamados *árbitros de derecho* (árbitros de direito, portanto).

[177] Caivano, Roque. Planteos de inconstitucionalidad en el arbitraje. **Revista Peruana de Arbitraje** nº 2, 2006, p. 140.

Para Jorge Rojas, em uma arbitragem doméstica, em que as partes, os árbitros e a resolução da disputa em si estão submetidos a um mesmo ordenamento jurídico, no qual se adota o controle difuso, seria *"una contradicción pretender que se desarrolle un debido proceso legal, omitiendo que el árbitro aplique la primera y fundamental ley del país que no es otra que su propia constitución, circunstancia que exime cualquier otro comentario, dado que el control de constitucionalidad implica la observancia del principio de razonabilidad de la ley en el caso concreto"*[178]. Havendo atividade jurisdicional, como reconhece haver na arbitragem, afirma ser impositivo o controle de constitucionalidade, pois *"[l]o contrario implicaría exponer a los árbitros a aplicar – aún contra su voluntad – una norma de rango inferior por sobre un precepto constitucional, lo que resultaría inadmisible"*[179].

O juiz federal argentino Enrique Lavié Pico também compartilha das opiniões de seus compatriotas. Conquanto não pertençam ao Poder Judiciário, o aludido magistrado entende que os tribunais arbitrais são tribunais de justiça que têm competência para dizer o direito e, consequentemente, têm o dever de examinar nos casos concretos, ainda que sem provocação das partes, a compatibilidade das normas infraconstitucionais com a Constituição. Caso assim não se proceda, isto é, se o controle não for realizado pelos árbitros corre-se o risco de se ter uma decisão que desrespeita a força normativa da Constituição e convalida uma transgressão à legalidade normativa[180].

Ainda na Argentina, Estela Sacristán admite a fiscalização constitucional pelos árbitros, pois estes teriam funções equivalentes às funções dos juízes togados, o que os habilitaria, especialmente em arbitragens de direito, a confrontar a validade constitucional de uma norma em determinada causa específica[181].

[178] ROJAS, Jorge A. **El control de constitucionalidad y de convencionalidad en el arbitraje.** Disponível em: http://jorgearojas.com.ar/wp-content/uploads/2010/06/El_control_de_constitucionalidad_y_de_convencionalidad.pdf. Acesso em: 23/11/2020, p. 13.

[179] ROJAS, Jorge A. **El control de constitucionalidad y de convencionalidad en el arbitraje.** Disponível em: http://jorgearojas.com.ar/wp-content/uploads/2010/06/El_control_de_constitucionalidad_y_de_convencionalidad.pdf. Acesso em: 23/11/2020, p. 16.

[180] PICO, Enrique Lavié. Control judicial de los laudos arbitrales. In: ROSATTI, Horacio et. al. **El control de la actividad estatal**. Buenos Aires: Asociación de Docentes de la Facultad de Derecho y Ciencias Sociales de la Universidad de Buenos Aires, 2016, p. 436.

[181] SACRISTÁN, Estela. Control de constitucionalidad en el arbitraje. **Revista Brasileira de Infraestrutura**, ano 1, nº 1, 2012, p. 52.

No Peru, país que adota o sistema misto de controle de constitucionalidade quanto ao aspecto modal[182], Ricardo Luque Gamero tutela a possibilidade de os árbitros exercerem controle difuso de constitucionalidade, nada obstante a Constituição peruana atribua literalmente tal múnus somente aos juízes estatais. Para chegar a essa conclusão, tal jurista afasta a interpretação gramatical do texto e invoca o espírito da norma constitucional aliado ao fato de a função julgadora dos juízes e árbitros ser a mesma[183].

Considerando juízes e árbitros como dotados de jurisdição, Ricardo Luque Gamero entende que não haveria argumento válido para limitar ao Estado-juiz o controle difuso quando tanto os árbitros quanto os magistrados devem declarar o direito aplicável à espécie[184]. Desse jeito, se os árbitros, no exercício da função jurisdicional, concluírem que uma norma resulta inaplicável por ser inconstitucional, devem declarar a inconstitucionalidade incidentalmente no processo arbitral. Do contrário estariam os árbitros descumprindo um mandamento constitucional, ao mesmo tempo em que estariam negando seu mister de julgador privado[185].

Indo mais adiante, atesta que não pode o Estado aceitar a arbitragem como uma forma de resolução de controvérsia na qual cabe aos árbitros dizer o direito aplicável sem aceitar que eles exerçam o controle difuso, pois isso implicaria a limitação indevida da atuação dos árbitros em prejuízo da arbitragem. Segundo Ricardo Luque Gamero, obstar os árbitros de exercerem controle difuso *"convertiría al arbitraje en una jurisdicción disminuida y los laudos en unas sentencias de segunda categoría ya que en estos no podría dictarse sino un derecho condicionado o limitado"*[186].

Jorge Santistevan de Noriega, outro jurista de nacionalidade peruana, também admite que os árbitros possam exercer, pela via difusa, o controle de constitucionalidade. Considera que a evolução recente da interpretação constitucional levaria ao reconhecimento de tal poder aos árbitros, embora

[182] LANDA, César. La jurisdicción constitucional en el Perú, parte I. **Revista do Curso de Direito,** UFMA, ano IV, nº 7, 2014, p. 27.

[183] GAMERO, Ricardo Luque. El arbitraje y el control de la constitucionalidad. **Revista Peruana de Arbitraje**, nº 5, 2007, p. 131.

[184] GAMERO, Ricardo Luque. El arbitraje y el control de la constitucionalidad. **Revista Peruana de Arbitraje**, nº 5, 2007, p. 132-133.

[185] GAMERO, Ricardo Luque. El arbitraje y el control de la constitucionalidad. **Revista Peruana de Arbitraje**, nº 5, 2007, p. 133-134.

[186] GAMERO, Ricardo Luque. El arbitraje y el control de la constitucionalidad. **Revista Peruana de Arbitraje**, nº 5, 2007, p. 135.

entenda que a arbitragem não trate muitas vezes de questões constitucionais, por versar sobre direito disponível e buscar uma justiça célere[187].

Ao tratar do direito mexicano[188], sob o viés internacional, Leonel Pérez Nieto Castro observa a existência do que ele mesmo chama de *control difuso internacional*, dado que o controle de constitucionalidade pelos árbitros seria mais amplo do que aquele exercido pelo magistrado togado a nível nacional[189]. Isso, na concepção do referido doutrinador, justificar-se-ia pelo fato de os tribunais arbitrais não exercerem o controle de outras questões, além do controle incidental da lei nacional aplicável à resolução do conflito arbitral, tais como das disposições de ordem pública e os princípios internacionais, entre os quais menciona, a título exemplificativo, os princípios do devido processo legal, da boa-fé e da transparência[190].

Na Colômbia, cujo sistema de constitucionalidade é híbrido[191], há precedente do Pleno do Tribunal Constitucional que, entre outros temas, tratou da possibilidade de os árbitros realizarem a fiscalização difusa de constitucionalidade na arbitragem[192]. O Tribunal Constitucional colombiano, nessa oportunidade, enfatizou que, sendo a arbitragem uma jurisdição independente, a garantia do controle difuso de constitucionalidade prevista no artigo 138 da Constituição da Colômbia seria uma *consequência*

[187] NORIEGA, Jorge Santistevan de. Tribunal Constitucional y arbitraje: improcedencia del amparo contra resoluciones y laudos arbitrales, el control difuso en sede arbitral y el tratamiento de la recusación del tribunal arbitral "*in toto*". **Revista Peruana de Arbitraje**, nº 4, 2007, p. 42.

[188] O México adota, em tese, o sistema misto de controle de constitucionalidade quanto ao aspecto modal. No entanto, há divergências quanto a atual aplicabilidade do controle difuso, uma vez que o controle concentrado assumiu protagonismo expressivo no direito mexicano: SÁNCHEZ GIL, Rubén. El control difuso de la constitucionalidad en México. Reflexiones en torno a la tesis P./J. 38/2002. **Cuestiones Constitucionales Revista Mexicana de Derecho Constitucional**, jan. 2004.

[189] CASTRO, Leonel Pérez Nieto. El control difuso por tribunales arbitrales. **Revista de Derecho Privado**, jan. 2014, p. 195.

[190] CASTRO, Leonel Pérez Nieto. El control difuso por tribunales arbitrales. **Revista de Derecho Privado**, jan. 2014, p. 195.

[191] SINISTERRA, Cindy Charlotte Reyes; GÓMEZ, Christian Camilo Gómez. Control de constitucionalidad por los tribunales arbitrales en Colombia. **Revista de Derecho Privado**, nº 56, 2016, p. 17.

[192] A doutrina estrangeira vale-se dessa decisão para tratar do controle de constitucionalidade na arbitragem pela ótica colombiana: Cf. SINISTERRA, Cindy Charlotte Reyes; GÓMEZ, Christian Camilo Gómez. Control de constitucionalidad por los tribunales arbitrales en Colombia. **Revista de Derecho Privado**, nº 56, 2016, p. 11-12.

necessária[193]. Assim decidiu de maneira a interpretar o dito artigo de forma extensiva, negando a interpretação restritiva e literal de que o controle seria exclusivo da jurisdição estatal.

Nada obstante, ressalvou-se, no precedente acima mencionado, de que o exercício do controle difuso de constitucionalidade na jurisdição arbitral deva ser objeto de modulação pelo Tribunal Constitucional colombiano, com o propósito de dar cumprimento à finalidade de garantidor da primazia da Constituição e evitar, com isso, abusos e desvios no controle de constitucionalidade[194].

Interessante notar que, ao final de seu voto, o juiz Urviola Hani faz um alerta aos árbitros, no sentido de que eles seriam, de certa forma, *juízes constitucionais*, assim como são considerados os julgadores estatais. Outro alerta feito ao final da decisão vale aqui trazer à tona: a opção de exercer o controle difuso de constitucionalidade na arbitragem deve ser feita com especial prudência, a fim de não desnaturalizar o fundamento da arbitragem, que é a autonomia da vontade. Foi dito que, tal como o excesso de judicialização da arbitragem poderia colocar em xeque a celeridade do processo arbitral, uma desvinculação absoluta dos direitos fundamentais seria desarrazoada no atual Estado constitucional democrático colombiano.

Juan Carlos Araúz Ramos, fincado no direito panamenho, que se filia ao sistema híbrido de controle[195], reconhece a obrigação de os árbitros fiscalizarem a constitucionalidade de leis no curso da arbitragem, sob pena de intervenção da justiça constitucional no controle judicial da sentença arbitral[196]. Adverte, porém, que a declaração de inconstitucionalidade pelos

[193] Exp. n.º 00142-2011-PA/TC, Sociedad Minera de Responsabilidad Ltda., decisão proferida em 21/9/2011.

[194] Nesse sentido, instituiu-se no referido paradigma colombiano a seguinte regra: *"El control difuso de la jurisdicción arbitral se rige por las disposiciones del artículo VI del Título Preliminar del Código Procesal Constitucional y la jurisprudencia vinculante dictada por este Tribunal Constitucional sobre el control difuso. Sólo podrá ejercerse el control difuso de constitucionalidad sobre una norma aplicable al caso de la que dependa la validez del laudo arbitral, siempre que no sea posible obtener de ella una interpretación conforme a la Constitución y además, se verifique la existencia de un perjuicio claro y directo respecto al derecho de alguna de las partes".*

[195] Hoyos, Arturo. **La justicia constitucional en Panamá**: una apretada síntesis. Biblioteca Jurídica Virtual, UNAM, p. 591. Disponível em: https://archivos.juridicas.unam.mx/www/bjv/libros/6/2894/23.pdf. Acesso em: 11/6/2019.

[196] Ramos, Juan Carlos Araúz. **Constitucionalización y justicia constitucional en el arbitraje comercial panameño**. Tese (Doutorado em Direito Internacional Privado) – Faculdade de Direito, Universidade Complutense de Madri, Madri, 2013, p. 306 e 308.

árbitros é medida excepcional e restrita, devendo ser exercido o controle somente nos casos em que não for possível exarar uma decisão arbitral apta a ser cumprida pelas partes sem inquinar de inconstitucional determinada lei[197].

Já no que toca ao direito italiano, Giovanni Iudica enfrenta o problema do controle de constitucionalidade a partir de uma sentença da Corte Constitucional da Itália (sentença nº 376, de 2011). Na referida decisão, os julgadores reconheceram a legitimidade de um tribunal arbitral para determinar diretamente "a transmissão das peças ao Palácio da Consulta, na hipótese de o próprio painel considerar relevante e não manifestamente infundada a questão da constitucionalidade" de uma norma cuja aplicação foi requerida em sede de arbitragem[198].

Note-se que, diferentemente do que se viu até o momento, a decisão acima não autoriza os árbitros a decidirem a questão da inconstitucionalidade *incidenter tantum* no processo arbitral, o que seria factível em um sistema de controle puramente difuso ou híbrido. Acontece que, como a Itália adota o sistema concentrado de fiscalização constitucional, a análise de eventual inconstitucionalidade não poderia ser feita em primeira mão pelos árbitros (na qualidade de "juízes privados"), mas, sim, pela Corte Constitucional, que é o órgão incumbido de tal dever[199].

[197] RAMOS, Juan Carlos Araúz. **Constitucionalización y justicia constitucional en el arbitraje comercial panameño**. Tese (Doutorado em Direito Internacional Privado) – Faculdade de Direito, Universidade Complutense de Madri. Madri, 2013, p. 305.

[198] IUDICA, Giovanni. Arbitragem e questões relativas à constitucionalidade. **Revista de Arbitragem e Mediação**, vol. 1, 2004, p. 79-87. Versão eletrônica, p. 1-2.

[199] A Itália adota o sistema concentrado de constitucionalidade, atribuindo tal poder à Corte Constitucional (*La Corte costituzionale*), conforme se vê pelo teor do artigo 134 da Constituição da República italiana. Nesse sentido, ver: CICCONETTI, Stefano Maria; TEIXEIRA, Anderson Vichinkeski. **Jurisdição constitucional comparada**. 2ª ed. Belo Horizonte: Fórum, 2018, p. 147. Interessante notar que a Constituição da Itália faz alusão à "legitimidade constitucional" das leis (*legittimità costituzionale delle leggi e degli atti*, conforme expresso no artigo 134 da Constituição italiana), não se valendo propriamente do termo "controle de constitucionalidade". Ambas as expressões estão corretas e são equivalentes, sendo inclusive reconhecidas pela doutrina italiana sem maiores percalços. É de se ressaltar que, tal como os juízes estatais, poderiam também os árbitros, ao invés de remeter os autos à Corte Constitucional por vislumbrar uma possível inconstitucionalidade normativa, decidir diretamente que a prejudicial de legitimidade constitucional seria "manifestamente infundada", ocasião em que a arbitragem seguiria seu curso natural. (Cf. ROMBOLI, Roberto. El control de constitucionalidad de las leyes en Italia. UNED. **Teoría y Realidad Constitucional**,

De acordo com o precedente italiano supracitado, os árbitros têm legitimidade para suscitar questão relevante que diga respeito à constitucionalidade de uma norma, cabendo a eles transmitir as peças dos autos, ainda que sejam confidenciais, à Corte Constitucional, independentemente de intermediação do juízo estatal ordinário. Essa possibilidade, no entanto, segundo o jurista italiano, "não significa, absolutamente, afirmar a plena e completa equiparação do juiz leigo ao togado"[200].

Em Portugal, Paula Costa e Silva cuidou do assunto sob dupla perspectiva: de um lado, a competência dos árbitros para desaplicarem norma que consideram inconstitucional e, de outro lado, a competência dos árbitros para aplicarem norma que uma das partes diz ser inconstitucional. Para a professora lusitana, a grande discussão está em determinar se e em que medida os tribunais arbitrais, "sendo qualificados pela Constituição como verdadeiros tribunais e porque substancialmente exercem a função jurisdicional"[201], "vêem a sua actuação e o seu estatuto informados pelo princípio constitucional da constitucionalidade"[202]-[203].

nº 4, 2º semestre 1999, p. 187). Como não há recurso na arbitragem, ao menos não em regra, parece-nos mais prudente que, diante de uma alegação de inconstitucionalidade, os árbitros regidos sob o direito italiano remetam os autos para deliberação da Corte Constitucional. Acredita-se que, no período entre a remessa dos autos e a decisão da Corte sobre a questão constitucional, o processo arbitral deverá ficar suspenso, a exemplo do que sucede com o processo estatal no regime italiano. (Cf. CALAMANDREI, Piero. **Estudios sobre el proceso civil – derecho procesal civil III**. Trad. Santiago Sentís Melendo. Buenos Aires: Ediciones Juridicas Europa-America, 1973, p. 67).

[200] IUDICA, Giovanni. Arbitragem e questões relativas à constitucionalidade. **Revista de Arbitragem e Mediação**, vol. 1, 2004, p. 79-87. Versão eletrônica, p. 6.

[201] Ao tratar da categoria de tribunais que integram a organização judiciária, o artigo 209º, (2), da Constituição da República Portuguesa assim dispõe: "Podem existir tribunais marítimos, tribunais arbitrais e julgados de paz."

[202] COSTA E SILVA, Paula. **A nova face da justiça**: os meios extrajudiciais de resolução de controvérsias. Coimbra: Coimbra Editora, 2009, p. 127.

[203] Jorge Bacelar Gouveia afirma que o princípio constitucional da constitucionalidade, citado por Paula Costa e Silva, advém da aplicação do princípio da juridicidade ao contexto do direito constitucional. Vale dizer, o princípio da constitucionalidade, ao menos no direito português, é um subprincípio do princípio da juridicidade, "realçando uma peculiar relação entre a Constituição e a restante Ordem Jurídica", conforme Jorge Bacelar Gouveia. Segundo o citado constitucionalista lusitano, o princípio da constitucionalidade, como terceiro aspecto do princípio da juridicidade, "frisa que, em face da ordenação diferenciada do sistema jurídico, são correspondentemente diversas as relações inter-normativas que se estabelecem, delas sobressaindo as relações de constitucionalidade ou inconstitucionalidade, tal implicando a

A propósito da submissão dos tribunais arbitrais ao princípio constitucional da constitucionalidade, Paula Costa e Silva escreve que, no plano formal, os tribunais arbitrais são tribunais na acepção técnica do termo e, sendo assim, têm as competências que a lei atribui a tais órgãos[204]. Essa equiparação entre os tribunais arbitrais e os tribunais judiciais, segundo a jurista lusitana, determina que os tribunais arbitrais terão competência tanto para deixar de aplicar uma norma que considerem afrontosa à Constituição quanto para aplicar norma a respeito da qual uma das partes alegou ser inconstitucional[205]. Já no plano substancial, eleva o controle de constitucionalidade ao patamar de garantia das partes diante de tribunais arbitrais – enquanto órgãos dotados de jurisdição –, daí por que conclui não haver razão para excluir tal garantia da arbitragem[206].

Pelas lentes da arbitragem internacional, mas considerando a aplicação de lei nacional, Jan Paulsson refletiu sobre a autoridade de os árbitros rejeitarem leis contrárias ao direito vigente (*the arbitrators authority to reject unlawful laws*), iniciando sua abordagem com a seguinte provocação: *"Arbitrators too, if they simply bow to formal enactments without examining their lawfulness under more fundamental principles, may become soldiers in sectarian conflicts. How might they preserve the higher norms?"*[207]

Em sua instigante obra, o indigitado autor afirma que, embora tribunais internacionais não tenham *lex fori*, mesmo assim costumam ser chamados a conhecer, interpretar e aplicar normas de direito doméstico[208]. Partindo dessa premissa, Jan Paulsson defende que um tribunal internacional (leia-se árbitros em uma arbitragem internacional) poderia rejeitar lei nacional que, por exemplo, desrespeite a proibição de retroatividade contida em uma Constituição hipotética, ou mesmo uma pretensa modi-

superioridade da Constituição por referência a outros níveis normativos". (Gouveia, Jorge Bacelar. **Manual de direito constitucional**: II – Direito constitucional português. 6ª ed. Coimbra: Almedina, 2016, p. 798).

204 Costa e Silva, Paula. **A nova face da justiça**: os meios extrajudiciais de resolução de controvérsias. Coimbra: Coimbra Editora, 2009, p. 128.

205 Costa e Silva, Paula. **A nova face da justiça**: os meios extrajudiciais de resolução de controvérsias. Coimbra: Coimbra Editora, 2009, p. 128-129.

206 Costa e Silva, Paula. **A nova face da justiça**: os meios extrajudiciais de resolução de controvérsias. Coimbra: Coimbra Editora, 2009, p. 129.

207 Paulsson, Jan. **The idea of arbitration**. Oxford: Oxford University Press, 2013, p. 2.320.

208 Paulsson, Jan. **The idea of arbitration**. Oxford: Oxford University Press, 2013, p. 239.

ficação de texto constitucional que vilipendie as próprias regras da respectiva Constituição sobre o processo de emenda[209].

À vista disso, parece lícito asseverar que Jan Paulsson, ainda que tratando mais especificamente do que no Brasil se pode chamar de controle da legalidade das leis, admite o controle difuso de constitucionalidade pelos árbitros, exortando o rechaço de leis afrontosas às normas constitucionais, seja por vício formal, seja por vício material, mediante a adoção do critério hierárquico de resolução de antinomias jurídicas[210]. A licitude da assertiva é corroborada por uma das dez observações finais do autor a propósito do tema: *"There should be nothing outlandish about the proposition that international tribunals empowered to apply national law make plenary determinations about constitutionality"*[211].

Também versando sobre a arbitragem internacional, Horacio Grigera Naón dedica um texto praticamente inteiro para comentar o caso nº 6.320, de 1992, administrado pela Câmara de Comércio Internacional – CCI, palco de disputa envolvendo litigantes brasileiros e norte-americanos, em que o contrato celebrado entre as partes era regido pelo direito brasileiro e tinha a cidade de Paris, na França, como sede da arbitragem.

Na dita arbitragem, em síntese apertada, a parte brasileira alegou que seu adversário teria violado a *US Racketeering Influence and Corrupt Organization Act* – RICO, o que lhe daria o direito de pleitear a condenação da empresa norte-americana ao pagamento de indenização. Argumentou que a RICO seria uma *loi de police*, é dizer, uma regra obrigatória internacional aplicável à disputa, embora a lei brasileira fosse a lei apropriada. Entre outras questões, a parte norte-americana suscitou a inconstitucionalidade da RICO[212].

[209] No original: *"An international tribunal may reject a discriminatory law because it contravenes (...) a statute which disregards a prohibition of retroactivity contained in the Constitution, or indeed a purported modification of the Constitution which violated its own rules pertaining to the process of amendment"*. (PAULSSON, Jan. **The idea of arbitration**. Oxford: Oxford University Press, 2013, p. 239).

[210] *"Jan Paulsson contends that the arbitral tribunal not only holds the authority but also bears an obligation to invoke constitutional norms and standards of the relevant national laws when necessary"*. (OLAS, Andrzej. May international arbitral tribunals declare laws unconstitutional? An international and Polish perspective of the issue of dealing with unlawful laws. **Journal of International Arbitration**, vol. 34, nº 2, 2017, p. 173).

[211] PAULSSON, Jan. **The idea of arbitration**. Oxford: Oxford University Press, 2013, p. 254.

[212] NAÓN, Horacio A. Grigera. Can arbitrators deal with hierarchical conflicts of laws (e. g. between a law and the Constitution?). In: BORTOLOTTI, Fabio; MAYER, Pierre (org.). **The**

Em uma das decisões proferidas em tal arbitragem, os árbitros deixaram claro que não apreciariam a alegação de inconstitucionalidade apresentada pelo requerido por dois motivos centrais. De mais importante, os árbitros ponderaram que decidir pela inconstitucionalidade de estatuto promulgado por estado soberano e se recusar a aplicá-lo por tal fundamento significaria rejeitar a validade e os efeitos de um elemento da lei desse estado, que estaria em vigor dentro de seu território e não teria sido, na hipótese que ora se cogita, declarado inconstitucional pelos tribunais judiciais competentes dos Estados Unidos da América[213].

Do que foi decidido no caso acima referenciado extrai-se que a declaração de inconstitucionalidade seria reservada, com exclusividade, à jurisdição do estado que promulgou a lei que se pretende declarar inconstitucional, assim supostamente preservando o princípio da separação dos poderes ao afastar dos árbitros o exercício do controle de constitucionalidade. Levando-se em conta que a lei atacada foi editada pelos Estados Unidos da América, não poderiam os árbitros declará-la inconstitucional sem pronunciamento prévio da *Supreme Court* a esse respeito. Haveria, nesse sentido e de acordo com nossa compreensão, uma relação de submissão dos árbitros ao Poder Judiciário no tocante a questões constitucionais.

Horacio Grigera Naón observa, contudo, que nem todos os países adotariam essa mesma orientação. Cita o exemplo da Argentina, que, como já indicado neste trabalho, tende a adotar a vertente que admite a fiscalização de constitucionalidade pelos árbitros em casos concretos, ao menos quando se aplica o direito argentino em arbitragem sediada na Argentina. As reflexões de Horacio Grigera Naón denotam a natureza multifacetada

application of substantive law by international arbitrators. Dossiers of the ICC Institute of World Business Law, vol. 11, 2014, p. 97.

[213] No original: *"As an initial matter, the Tribunal will not decide on Defendant's contention of the alleged unconstitutionality of the RICO statute and the amendments intended to be made to it. As to the unconstitutionality of a national statute, an international arbitral Tribunal might first doubt whether it is empowered to decide upon it, notwithstanding the jurisdiction it has to decide upon the application of the statute. Indeed, to decide that a statute enacted in a sovereign state is unconstitutional, and to refuse to apply it for that reason, would mean that a Tribunal rejects the validity and effects of an element of the law of such state, which is in force inside the territory of such state, and has not been declared unconstitutional by its competent courts"*. (NAÓN, Horacio A. Grigera. Can arbitrators deal with hierarchical conflicts of laws (*e.g.* between a law and the Constitution?). In: BORTOLOTTI, Fabio; MAYER, Pierre (org.). **The application of substantive law by international arbitrators**. Dossiers of the ICC Institute of World Business Law, vol. 11, 2014, p. 97).

do controle de constitucionalidade na arbitragem, principalmente diante de arbitragens internacionais, em que muitas vezes não há coincidência entre as nacionalidades das partes, dos árbitros e da legislação aplicável.

Na Polônia, onde a Constituição da República de 1997 é considerada a lei suprema do ordenamento jurídico, com aplicação direta e mandatória, há quem dê suporte ao controle de constitucionalidade na arbitragem.

Com a ressalva de que compete apenas ao Tribunal Constitucional polonês declarar a inconstitucionalidade de leis, nada obstante o controle difuso seja por vezes realizado por juízes de instâncias ordinárias, Andrzej Olas conclui estudo sobre o tema dizendo que não há argumentos satisfatoriamente convincentes que poderiam justificar o impedimento de árbitros internacionais aplicarem o direito polonês em sua integralidade, inclusive recusando a aplicação de disposições legais afrontosas à Constituição[214].

O citado autor vislumbra o controle de constitucionalidade como dever dos árbitros mais do que como poder discricionário, esclarecendo que isso não prejudica a autoridade do Tribunal Constitucional de dar a última palavra sobre matéria constitucional com eficácia geral[215].

3.3.2. Posição adotada: controle difuso como poder-dever dos árbitros

É predominante a vertente doutrinária que advoga a tese da possibilidade (para alguns, como aqui se defende, um efetivo *dever* jurisdicional) de os árbitros realizarem o controle de constitucionalidade, deixando de aplicar lei tida por inconstitucional em um dado caso concreto – controle difuso e por via incidental, portanto. Falando-se em arbitragem doméstica regida pela lei brasileira, a doutrina parece não vacilar em reconhecer a autoridade dos árbitros exercerem o controle de constitucionalidade. Vale ressaltar, a propósito, que a fiscalização constitucional no processo arbitral é usualmente aceita ou não a depender do direito aplicável[216].

[214] OLAS, Andrzej. May international arbitral tribunals declare laws unconstitutional? An international and Polish perspective of the issue of dealing with unlawful laws. **Journal of International Arbitration**, vol. 34, nº 2, 2017, p. 206.

[215] OLAS, Andrzej. May international arbitral tribunals declare laws unconstitutional? An international and Polish perspective of the issue of dealing with unlawful laws. **Journal of International Arbitration**, vol. 34, nº 2, 2017, p. 207.

[216] Para fins desta dissertação, repita-se que o foco reside no direito brasileiro, embora haja referências ao direito estrangeiro como forma de aprimorar a pesquisa e permitir uma reflexão crítica mais ampla sobre o objeto de estudo. Arbitragens internacionais regidas por leis distintas apresentam complicações sensíveis a respeito do tema, sobretudo por

Não há dúvidas de que os árbitros *devem* realizar o controle difuso de constitucionalidade na arbitragem comercial, uma vez que a atividade dos árbitros tem natureza jurisdicional e a arbitragem é processo, que se submete inequivocamente aos ditames constitucionais[217]. É preciso ter em mente que aos árbitros compete somente o controle difuso de constitucionalidade, por via incidental, sendo terminantemente vedado a eles exercer o controle de natureza abstrata, que, consoante o ordenamento jurídico brasileiro, é de competência exclusiva e soberana do Supremo Tribunal Federal, nas circunstâncias estabelecidas pela Constituição.

A equiparação dos árbitros a juízes de fato e de direito chancela essa afirmação, porque, tal como acontece com os juízes togados, devem os árbitros declarar a inconstitucionalidade de uma lei quando assim entenderem cabível e pertinente. Os poderes-deveres que os árbitros têm para resolver determinada disputa aplicando o direito à espécie estão inexoravelmente ligados aos parâmetros constitucionais, de modo que não há brecha para os árbitros se escusarem de sobrepor as normas constitucionais a qualquer outra quando do julgamento de uma controvérsia.

A força normativa e a supremacia da Constituição Federal são imperativos indissociáveis do processo arbitral e não estão ao dispor das partes, tampouco dos árbitros, mesmo que a arbitragem seja um mecanismo privado de solução de conflitos. O dever de os árbitros harmonizarem o direito aplicável com a Constituição advém de uma lógica sistemática do direito brasileiro, que é inescapável aos *players* da arbitragem, ainda que o processo arbitral tenha suas idiossincrasias e tenha um fechamento operacional diverso do processo estatal.

Reconhecer e aceitar a autoridade dos árbitros para controlarem, por via incidental, a constitucionalidade de leis aplicáveis à arbitragem é a interpretação mais consentânea – e arrisca-se dizer que a única, sob pena de se amesquinhar a arbitragem – com a ordem constitucional que impera no direito brasileiro. Inexiste justificativa crível para afastar dos árbitros

envolver conflito hierárquico entre normas de ordenamentos jurídicos diferentes. Mas essa problemática não está inserida no corte metodológico desta dissertação, que se volta às arbitragens nacionais regidas pela lei brasileira.

[217] Corroborando o *dever* de se realizar controle difuso de constitucionalidade ver: CAPPELLETTI, Mauro. **O controle judicial de constitucionalidade das leis no direito comparado**. Trad. Aroldo Plínio Gonçalves. Porto Alegre: Sergio Antonio Fabris Editor, 1984, p. 76.

o controle difuso de constitucionalidade se a Constituição Federal é a lei suprema do país, devendo todas as demais leis obediência incondicional a ela, sob pena de serem reputadas nulas, inclusive estando os três poderes constituídos do Brasil sujeitos à Constituição.

Os árbitros devem aplicar o direito eleito pelas partes e, sendo esse o direito brasileiro, a Constituição Federal revela-se como o parâmetro último de validade, diretriz maior dos intérpretes, restando inevitável a interpretação das leis à luz da Constituição. Inegável, nessa senda, que os árbitros têm a obrigação de afastar as leis incompatíveis com as normas constitucionais.

Por essa lógica, e para manter a coerência do argumento, é igualmente dever dos árbitros indeferir pedido de declaração de inconstitucionalidade quando entenderem que a lei acusada de ser inconstitucional não o é. Da mesma forma que os árbitros devem afastar a lei inconstitucional, também devem aplicar a lei que entendam ser constitucional. O controle difuso de constitucionalidade funciona para os dois lados da moeda, mas há um peso maior para a declaração de inconstitucionalidade, mormente porque as leis têm presunção de constitucionalidade[218].

Concordar que os árbitros têm a obrigação de fiscalizar a constitucionalidade por via incidental – seja para rechaçar a lei inconstitucional, seja para aplicar a lei constitucional, indeferindo a arguição de inconstitucionalidade –, como ora se faz, insere-se na concepção de *multiplicidade de intérpretes da Constituição*, que se impõe no atual estágio do constitucionalismo brasileiro.

Essa concepção foi idealizada por Peter Häberle, para quem o juiz constitucional não mais interpreta isoladamente no processo constitucional,

[218] "Os atos normativos editados pelo Poder Público são detentores de uma presunção de constitucionalidade. Trata-se de uma forma de fortalecimento primordialmente do Poder Legislativo, fazendo com que seus atos normativos, bem como os dos demais poderes, presumam-se válidos até decisão em contrário. Trata-se de uma presunção que gera, de acordo com a doutrina, duas regras tradicionais da hermenêutica: i) na dúvida, deve se decidir pela constitucionalidade, ou seja, apenas deve ser decretada a inconstitucionalidade quando esta seja manifesta e ii) deve-se adotar a interpretação que torne a lei compatível com a Constituição. (...) A principal função dessa presunção de constitucionalidade parece ser de cunho pragmático, permitindo que as leis não tenham a sua eficácia dependente de prévia apreciação do Poder Judiciário, garantindo-lhes a possibilidade da sua aplicabilidade, salvo decisão que reconheça sua inconstitucionalidade". (PEIXOTO, Ravi. O incidente de arguição de constitucionalidade e o CPC/2015. **Revista de Processo**, vol. 287, 2019, p. 23-44. Versão eletrônica, p. 2).

pois são muitos os participantes do processo. Observa o citado autor que "todas as forças pluralistas públicas são, potencialmente, intérpretes da Constituição", com antecedência à "interpretação constitucional 'jurídica' dos juízes"[219].

Nesse contexto, o árbitro é mais um intérprete da Constituição, competindo-lhe zelar e dar concretude à força normativa e à supremacia constitucional. Do contrário, novamente aqui invocando a lição de Peter Häberle, "significaria um empobrecimento ou um autoengodo" restringir a hermenêutica constitucional "aos intérpretes 'corporativos' ou autorizados jurídica ou funcionalmente pelo Estado", excluindo os árbitros de tal mister[220].

A decisão arbitral que declarar a constitucionalidade ou inconstitucionalidade de lei – sobretudo nessa segunda hipótese, tendo em conta a presunção de constitucionalidade das normas – deverá ser devidamente motivada, explicando o que levou os árbitros a concluírem de uma ou de outra maneira[221].

A motivação constitui solenidade substancial dos "pronunciamentos que encerram a prestação jurisdicional"[222] e, sendo a arbitragem um mecanismo jurisdicional de solução de controvérsias, os árbitros não podem se furtar da motivação acerca da questão constitucional. Senão, como bem expõe José Rogério Cruz e Tucci, "a atuação jurisdicional sentencial perderia a expressiva conotação definidora da relação jurídica tornada litigiosa,

[219] HÄBERLE, Peter. **Hermenêutica constitucional. A sociedade aberta dos intérpretes da Constituição**: contribuição para a interpretação pluralista e "procedimental" da Constituição. Trad. Gilmar Ferreira Mendes. Porto Alegre: Sergio Antonio Fabris Editor, 2002, p. 41.

[220] HÄBERLE, Peter. **Hermenêutica constitucional. A sociedade aberta dos intérpretes da Constituição**: contribuição para a interpretação pluralista e "procedimental" da Constituição. Trad. Gilmar Ferreira Mendes. Porto Alegre: Sergio Antonio Fabris Editor, 2002, p. 34.

[221] "Como existe a presunção de constitucionalidade das leis e atos normativos, impõe-se aos juízes e tribunais um ônus argumentativo em demonstrar que a sua respectiva aplicação ao caso concreto viola a Constituição. Se não o faz, a decisão é passível de nulidade por violar a obrigatoriedade de fundamentação. Mais que isso, é necessário que o órgão jurisdicional explicite qual é a *técnica de jurisdição constitucional* aplicada ao caso concreto, permitindo, assim, o controle das partes e das instâncias superiores (endoprocessual), bem como de toda a sociedade civil (extraprocessual), da incompatibilidade verificada entre a lei e a Constituição". (PEREIRA, Carlos Frederico Bastos. **Fundamentação das decisões judiciais**: o controle da interpretação dos fatos e do direito no processo civil. São Paulo: Thomson Reuters Brasil, 2019, p. 159-160; itálico no original).

[222] TUCCI, José Rogério Cruz e. **A motivação da sentença no processo civil**. São Paulo: Saraiva, 1987, p. 107.

para transformar-se em inaceitável e insólito pronunciamento autoritário" dos árbitros[223].

O dever de motivação do juízo arbitral está previsto no artigo 93, inciso IX, da Constituição Federal, com a redação dada pela Emenda Constitucional nº 45/2004, e no artigo 26, inciso II, da Lei de Arbitragem[224]. Embora o citado dispositivo constitucional faça referência às decisões dos "órgãos do Poder Judiciário", é certo que tal dever igualmente se estende aos árbitros, pois dotados de jurisdição e submetidos aos mandamentos da Carta Política[225]-[226]. Tamanha a sua relevância, a obrigação de motivação submete o árbitro a um possível controle posterior do Poder Judiciário[227].

[223] Tucci, José Rogério Cruz e. **A motivação da sentença no processo civil**. São Paulo: Saraiva, 1987, p. 108. Registre-se que a passagem transcrita faz referência ao Poder Judiciário; porém, consideramos cabível também para a arbitragem, daí por que se completou a frase falando dos árbitros.

[224] Constituição Federal: "Art. 93. Lei complementar, de iniciativa do Supremo Tribunal Federal, disporá sobre o Estatuto da Magistratura, observados os seguintes princípios: (...) IX todos os julgamentos dos órgãos do Poder Judiciário serão públicos, e fundamentadas todas as decisões, sob pena de nulidade, podendo a lei limitar a presença, em determinados atos, às próprias partes e a seus advogados, ou somente a estes, em casos nos quais a preservação do direito à intimidade do interessado no sigilo não prejudique o interesse público à informação". Lei de Arbitragem: "Art. 26. São requisitos obrigatórios da sentença arbitral: (...) II – os fundamentos da decisão, onde serão analisadas as questões de fato e de direito, mencionando-se, expressamente, se os árbitros julgaram por equidade".

[225] Tucci, José Rogério Cruz e. **Processo civil e ideologia**: subsídios estratégicos ao advogado do contencioso. São Paulo: Marcial Pons, 2019, p. 277.

[226] Sobre a relevância da fundamentação das decisões arbitrais, vejam-se as seguintes elucidativas palavras: "As partes contratam a arbitragem porque esperam uma decisão de *qualidade*, bem fundamentada. Claro que, com uma fundamentação mínima, ainda que concisa, o requisito do artigo 26 está cumprido. Mas as partes não esperam 'esse mínimo', esperam ser *efetivamente convencidas* da decisão do árbitro, sobretudo a parte que teve seus pedidos rejeitados. As partes contratam a arbitragem para ter o *máximo*, não o mínimo, em termos de *qualidade* do julgamento de mérito. Para tanto, é fundamental que o árbitro tenha, acima de tudo, *tempo e disponibilidade* para se dedicar com afinco à arbitragem, ler as manifestações e documentos apresentados pelas partes, ponderar seus argumentos, debater suas teses e, enfim, *fundamentar* sua sentença de modo a efetivamente *convencer* as partes sobre o julgamento do mérito. Esse é o *comprometimento* que se espera do árbitro. É por essa razão que a própria Lei de Arbitragem indica a *competência* e a *diligência* como atributos do árbitro no § 6º de seu artigo 13, ainda que a falta de competência e a falta de diligência no julgamento do mérito não sejam sancionadas, *por si sós*, com a anulação, por se tratar de *error in judicando* não contemplado no rol do artigo 32, anteriormente referido". (Alves, Rafael Francisco. Sentença arbitral. In: Levy, Daniel; Pereira, Guilherme Setoguti J. (coord.). **Curso de arbitragem**. São Paulo: Thomson Reuters Brasil, 2018, p. 265; itálico no original).

O controle difuso de constitucionalidade será exercido pelos árbitros a qualquer momento no curso da arbitragem, o que nem mesmo poderia ser diferente, uma vez que se defende neste trabalho que a inconstitucionalidade pode ser alegada a qualquer tempo na arbitragem. A interpretação da conformidade das leis com a Constituição Federal, justamente por ter como escopo precípuo assegurar a primazia e a força normativa das normas constitucionais, é uma atividade imperativa, mandatória dos árbitros, que não se limita a uma fase específica do processo arbitral, sendo insuscetível de preclusão, além de cognoscível de ofício, como dito.

Por uma questão de efetividade e eficiência do processo arbitral, é recomendável que o controle de constitucionalidade seja realizado, quando for o caso, quando da prolação da sentença (parcial ou final), em que se resolverá a prejudicial na motivação do ato decisório juntamente com as demais matérias submetidas ao crivo dos árbitros. Evitar-se-ia, nesse sentido, a decisão de inconstitucionalidade em sede de ordens processuais, por exemplo. Nada obstante, admite-se que a inconstitucionalidade seja declarada também em arbitragens de emergência e no julgamento de tutelas provisórias, cautelar ou de urgência, pelo tribunal arbitral ou árbitro único, a depender do que as partes escolherem.

3.4. Espécies e tipologia de inconstitucionalidades na arbitragem

Quatro outras observações são propícias de serem feitas quando se trata do poder-dever de os árbitros realizarem o controle difuso de constitucionalidade.

A primeira delas diz respeito ao parâmetro normativo que os árbitros deverão levar em conta para apreciarem a alegação de inconstitucionalidade. Refere-se aqui ao já mencionado *bloco de constitucionalidade*, pelo qual a verificação de constitucionalidade na arbitragem deve considerar não apenas o texto constitucional em si, mas também um bloco de atos que balizam a interpretação constitucional. De mais relevante para esta dissertação, não podem os árbitros, por ocasião da decisão sobre questão constitucional, deixar de examinar os princípios constitucionais explícitos e implícitos, esses últimos porque decerto a Constituição não se reduz ao que está nela expressamente escrito.

[227] GUASTINI, Riccardo. **Das fontes às normas**. Trad. Edson Bini. São Paulo: Quartier Latin, 2005, p. 222.

A segunda refere-se às normas que podem ser objeto de controle incidental pelos árbitros. Aplicando-se o direito brasileiro à arbitragem, os árbitros estão aptos a exercerem o controle incidental de constitucionalidade em relação "a normas emanadas dos três níveis de poder, de qualquer hierarquia, inclusive as anteriores à Constituição", de modo que deverão deixar de aplicar, se aventarem incompatibilidade com a Constituição Federal, "lei federal, estadual ou municipal, bem como quaisquer atos normativos, ainda que secundários, como o regulamento, a resolução ou a portaria"[228].

A terceira versa sobre os tipos de inconstitucionalidade que podem ser reconhecidos no bojo do processo arbitral. Não há grandes complicações em atestar que os árbitros podem declarar a inconstitucionalidade em razão de *vício formal*, aquele derivado de defeito na formação do ato normativo, ou de *vício material*, quando o conteúdo da lei, a sua substância, estiver em desconformidade com as normas constitucionais.

Todavia, os árbitros não têm jurisdição para declarar a inconstitucionalidade por *omissão*, mas apenas por *ação* estatal. A inconstitucionalidade por inércia governamental é combatida por instrumentos processuais próprios, que são o mandado de injunção e a ação direta de inconstitucionalidade por omissão, ambos de competência exclusiva do Supremo Tribunal Federal, em controle abstrato.

A quarta cuida da tipologia das decisões de inconstitucionalidade, que tem como pressuposto a distinção entre texto e norma para a sua melhor compreensão[229], uma vez que "diversas modalidades de decisões não incidem sobre o texto da lei em si, mas sim acerca de uma ou mais de uma variante interpretativa"[230]. Adiante-se que "o árbitro pode praticar as mes-

[228] BARROSO, Luís Roberto. **O controle de constitucionalidade no direito brasileiro**. 8ª ed. São Paulo: Saraiva, 2019, p. 134.

[229] Em breves palavras, texto é o que está literalmente escrito na lei, enquanto a norma é o produto da interpretação que se faz acerca do texto normativo; "a norma jurídica é sempre mais que seu próprio texto". (Cf. ABBOUD, Georges. **Discricionariedade administrativa e judicial**: o ato administrativo e a decisão judicial. São Paulo: Editora Revista dos Tribunais, 2014, p. 65). Entender a tipologia das decisões de inconstitucionalidade na jurisdição constitucional é importante para, mais adiante na dissertação, tratar a respeito da eventual vinculação dos árbitros às decisões sobre questões constitucionais pronunciadas tanto pelo Supremo Tribunal Federal, quanto por qualquer outro juiz togado – no caso do magistrado de primeiro ou segundo grau ordinário, há algumas exceções que serão explicadas oportunamente.

[230] NERY JUNIOR, Nelson; ABBOUD, Georges. **Direito constitucional brasileiro**: curso completo. São Paulo: Editora Revista dos Tribunais, 2017, p. 680. A expressão "tipologia das decisões de inconstitucionalidade" foi extraída da mesma obra aqui citada.

mas decisões de inconstitucionalidade que podem ser realizadas pelo juiz estatal, por meio do controle difuso de constitucionalidade"[231].

As decisões de controle, ditas *manipulativas em sentido amplo*, podem ser divididas em duas subclasses: as *sentenças interpretativas* e as *sentenças manipulativas em sentido estrito*[232].

A subclasse das sentenças interpretativas parte da ideia de que existem alternativas exegéticas diversas – conforme ou não conforme a Constituição – para se alcançar o significado de um determinado enunciado normativo. O que se almeja em tal situação é a harmonia entre o texto legal a ser examinado e os ditames constitucionais ou, quando muito, a exclusão do significado afrontoso à Constituição Federal[233]. Ou seja: busca-se preservar o texto da lei cuja constitucionalidade se colocou em dúvida e, por decorrência disso, afasta-se a interpretação destoante.

Há, nesse diapasão, sentenças interpretativas de improcedência ou de procedência da questão constitucional suscitada. As primeiras – sentenças interpretativas de improcedência –, também conhecidas por *interpretação conforme a Constituição*[234], implicam a rejeição da exceção de inconstitucionalidade com base em uma interpretação do dispositivo legal atribuída pelo juiz ou árbitro, desde que, é claro, a interpretação escolhida torne a lei e a

[231] ABBOUD, Georges. **Processo constitucional brasileiro**. 2ª ed. São Paulo: Editora Revista dos Tribunais, 2018, p. 1.038.

[232] RAMOS, Elival da Silva. **Ativismo judicial**: parâmetros dogmáticos. 2ª ed. São Paulo: Saraiva, 2015, p. 215. Tal classificação, segundo Elival da Silva Ramos, seria a consagrada pela doutrina italiana. Por "sentença" deve-se entender as decisões proferidas em sede de controle de constitucionalidade. Não se trata propriamente da sentença que juga extinta uma ação judicial com ou sem resolução de mérito.

[233] RAMOS, Elival da Silva. **Ativismo judicial**: parâmetros dogmáticos. 2ª ed. São Paulo: Saraiva, 2015, p. 215.

[234] "A ideia que está por detrás da interpretação conforme, nessa perspectiva, é a de que só há razão para declarar a inconstitucionalidade da lei quando esta não abre oportunidade para interpretação constitucional." Mesmo reconhecendo que a interpretação conforme pode ser levada a cabo por qualquer juiz, explica Luiz Guilherme Marinoni que a popularização dessa ideia "se deve à sua utilização no controle concentrado, por Tribunais Constitucionais conscientes de que só devem excluir o dispositivo da ordem jurídica quando impossível dele extrair uma interpretação nos termos da Constituição. Claramente, a técnica de 'interpretação conforme' surgiu e se desenvolveu no direito constitucional dos países de Tribunal Constitucional para dogmaticamente, com base na separação entre texto e norma, responder aos reclamos contra a inconstitucionalidade das leis". (MARINONI, Luiz Guilherme. **A zona de penumbra entre o STJ e o STF**: a função das Cortes Supremas e a delimitação do objeto dos recursos especial e extraordinário. São Paulo: Thomson Reuters Brasil, 2019, p. 23, 25 e 26).

Constituição compatíveis. As segundas – sentenças interpretativas de procedência – são aquelas que "sancionam com inconstitucionalidade parcial qualitativa o ato legislativo controlado, restringindo a sanção de invalidade não a alguns de seus dispositivos", o que se pode chamar de *inconstitucionalidade parcial quantitativa*, "mas a determinadas variantes interpretativas associadas a um ou a mais de um de seus enunciados normativos"[235].

Já as sentenças manipulativas em sentido estrito podem configurar *sentenças aditivas* e *sentenças substitutivas*. As sentenças aditivas são decisões de acolhimento, por meio das quais há declaração de inconstitucionalidade de norma, sem a redução do texto do enunciado normativo[236]; adiciona-se um sentido adequado constitucionalmente, que não foi contemplado pelo texto legal. Nas sentenças substitutivas, como o próprio nome sugere, procede-se à substituição da norma inconstitucional pelo que foi decidido; as sentenças substitutivas são aquelas nas quais se opera "uma substituição da determinação contida no texto da lei, pela decisão formada pelo Tribunal, a partir do texto constitucional"[237].

3.5. Incompatibilidade da previsão constitucional de reserva de plenário

Ao estabelecerem-se as premissas fundamentais desta dissertação, foi dito que a declaração incidental de inconstitucionalidade em segunda instância pelo Poder Judiciário deve observar a cláusula de reserva de plenário. É unicamente pelo voto da maioria absoluta dos membros do tribunal ou dos membros do respectivo órgão especial que o Poder Judiciário, em segundo grau de jurisdição, declarará a inconstitucionalidade de lei do poder público, tal como disposto no artigo 97 da Constituição Federal.

A regra constitucional da reserva de plenário aplica-se exclusivamente aos magistrados de segunda instância, pois aos julgadores de primeiro grau nenhuma formalidade procedimental há para que se declare a inconstitucionalidade. Essa é uma lógica adotada pelo sistema constitucional brasileiro, à luz da organicidade do Poder Judiciário, da qual se extrai que a declaração de inconstitucionalidade perante órgãos judiciais colegiados

[235] RAMOS, Elival da Silva. **Ativismo judicial**: parâmetros dogmáticos. 2ª ed. São Paulo: Saraiva, 2015, p. 218.
[236] RAMOS, Elival da Silva. **Ativismo judicial**: parâmetros dogmáticos. 2ª ed. São Paulo: Saraiva, 2015, p. 221.
[237] NERY JUNIOR, Nelson; ABBOUD, Georges. **Direito constitucional brasileiro**: curso completo. São Paulo: Editora Revista dos Tribunais, 2017, p. 680.

deve observar um quórum qualificado. A reserva de plenário e sobretudo o enunciado nº 10 da súmula vinculante, alhures já mencionado, têm a finalidade de inibir o órgão judicial fracionário de imediatamente julgar o recurso ou a ação originária, sem antes sobrestar o processo e remeter a questão constitucional à decisão do plenário do órgão especial, a depender do que for aplicável à hipótese[238].

Quando se trata de arbitragem, a regra constitucional da reserva de plenário é inaplicável, mesmo que o processo arbitral seja julgado por um colegiado de árbitros, como geralmente ocorre. Não se exige no processo arbitral qualquer formalidade *referente ao número de julgadores* para que seja declarada incidentalmente no processo a inconstitucionalidade de lei[239]. Pouco importa se a arbitragem será decidida por árbitro único ou por um painel de árbitros[240].

Na arbitragem o colegiado de árbitros não se organiza sob a forma de plenário. Isso torna impossível, na prática, a formação da maioria absoluta reclamada pelo artigo 97 da Constituição Federal, como bem lembra Georges Abboud ao tratar da inaplicabilidade, pelo mesmo motivo, de tal dispositivo aos juizados especiais pertencentes ao organograma do Poder Judiciário brasileiro[241].

Não há espaço para se cogitar da aplicação da regra constitucional de reserva de plenário à declaração de inconstitucionalidade a ser praticada pelos árbitros, ou por um só árbitro, na medida em que na arbitragem não há duplo grau de jurisdição, tampouco competências funcionais específicas entre distintos órgãos colegiados, existindo apenas um tribunal arbi-

[238] SARLET, Ingo Wolfgang; MARINONI, Luiz Guilherme; MITIDIERO, Daniel. **Curso de direito constitucional**. 8ª ed. São Paulo: Saraiva, 2019, p. 1.065.

[239] Veja-se que se tomou o cuidado de dizer que não se exigirá "qualquer formalidade *referente ao número de julgadores*", pois a decisão sobre questão constitucional deve estar devidamente fundamentada, sob pena de afronta à própria Constituição Federal.

[240] Sobre arbitragens com árbitro único, veja-se como já se posicionou a doutrina: "Nesse sentido, existem arbitragens com árbitro único, situação em que não há qualquer dificuldade em concluir pela inaplicabilidade do artigo 97 da Constituição Federal, já que não é órgão colegiado". (FERREIRA, Olavo Augusto Vianna Alves; MONTES NETTO, Carlos Eduardo; CASTRO, Luiz Guilherme. Aplicação do artigo 97 da Constituição Federal na arbitragem. In: FERREIRA, Olavo Augusto Vianna Alves; LUCON, Paulo Henrique dos Santos (coord.). **Arbitragem**: 5 anos da Lei nº 13.129, de 26 de maio de 2015. Ribeirão Preto: Migalhas, 2020, ePUB).

[241] ABBOUD, Georges. **Processo constitucional brasileiro**. 4ª ed. São Paulo: Thomson Reuters Brasil, 2020, p. 980.

tral – quando não se optar por árbitro único – com jurisdição plena para aplicar o direito ao caso concreto[242]. Nesse tocante, guardadas as devidas proporções entre os dois sistemas, a arbitragem equipara-se à jurisdição estatal de primeira instância, em que, como já dito, o juiz togado não segue formalidades específicas no que diz respeito ao *quórum* para declarar a inconstitucionalidade.

Concernente às deliberações colegiadas dos árbitros, a Lei de Arbitragem apenas menciona, no § 1º do artigo 24, que a decisão deverá ser tomada *por maioria* e, não havendo acordo majoritário, sempre prevalecerá o voto do presidente do tribunal arbitral, o assim conhecido *voto de minerva*.

O voto divergente dos árbitros não tem, ao menos em tese, qualquer efeito prático para os fins específicos da resolução do conflito submetido à arbitragem (pode ter alguma relevância para uma das partes), ao contrário do que se vê no processo estatal, em que a divergência pode modificar a técnica de julgamento, dando ensejo à ampliação do colegiado, na forma do artigo 942 da lei processual civil.

Imagine-se, pois, que um tribunal arbitral composto por três árbitros divirja acerca da declaração de inconstitucionalidade de uma lei aplicável à disputa. Se houver entendimento majoritário, valerá o que a maioria decidir, seja pela inconstitucionalidade, seja pela constitucionalidade. Noutro giro, se cada árbitro tiver um posicionamento, a palavra final caberá, toda vez, ao presidente do tribunal arbitral, independentemente de qual posicionamento for esse.

Quer-se demonstrar, com isso, que a própria Lei de Arbitragem brasileira também é avessa à aplicação da cláusula de reserva de plenário às arbitragens resolvidas por uma composição múltipla de árbitros (em número ímpar). Afinal, qual o sentido de se exigir uma deliberação numericamente qualificada se sempre prevalecerá o voto da maioria a respeito de qualquer tema controvertido ou, ao cabo, a orientação do presidente do painel arbitral? Definitivamente, não se afigura lógica essa interpretação[243].

[242] ABBOUD, Georges. **Processo constitucional brasileiro.** 4ª ed. São Paulo: Thomson Reuters Brasil, 2020, p. 980.

[243] Em sentido contrário: "Portanto, considerando a inafastabilidade do controle de constitucionalidade pelos árbitros nas arbitragens colegiadas e que a sentença arbitral será sempre proferida pela maioria absoluta e, em caso de empate, a decisão caberá ao Presidente, alcançando a maioria absoluta, já que o número de árbitros é sempre ímpar (artigo 13, parágrafo 1º da Lei de Arbitragem), aplica-se a cláusula de reserva de plenário, sob pena de

3.6. Alcance do controle difuso de constitucionalidade exercido pelos árbitros

No processo arbitral, a decisão de inconstitucionalidade tem eficácia restrita às partes litigantes (*inter partes*), aqui entendidas como aquelas pessoas, físicas ou jurídicas, que estão abrangidas, vinculadas pela convenção de arbitragem, e aos sucessores dessas partes, por aplicação analógica do disposto no artigo 31 da Lei de Arbitragem[244]. Os efeitos da decisão de inconstitucionalidade dos árbitros alcançam apenas quem participou da arbitragem como parte e os respectivos sucessores, por expressa dicção legal, ainda que o processo arbitral tenha corrido à revelia, dado que esse fenômeno processual não é impeditivo para que os árbitros profiram decisões, tanto é que o artigo 22, § 3º, da Lei de Arbitragem preconiza que a "revelia da parte não impedirá que seja proferida a sentença arbitral".

Por conseguinte, os árbitros não têm jurisdição para decidir em abstrato sobre a constitucionalidade de lei porque, em tal hipótese, a decisão teria eficácia *erga omnes*, indevidamente ultrapassando os limites subjetivos da convenção arbitral[245]. No Brasil, como dito, o exercício do controle abstrato, cuja eficácia é vinculante e *erga omnes*, compete apenas ao Supremo Tribunal Federal, sendo vedado aos árbitros atribuir à decisão de inconstitucionalidade eficácia que transcenda os aspectos subjetivos do processo arbitral.

nulidade da decisão colegiada e possibilidade de controle judicial (via ação declaratória de nulidade ou impugnação ao cumprimento de sentença)". (FERREIRA, Olavo Augusto Vianna Alves; MONTES NETTO, Carlos Eduardo; CASTRO, Luiz Guilherme. Aplicação do artigo 97 da Constituição Federal na arbitragem. In: FERREIRA, Olavo Augusto Vianna Alves; LUCON, Paulo Henrique dos Santos. **Arbitragem**: 5 anos da Lei nº 13.129, de 26 de maio de 2015. Ribeirão Preto: Migalhas, 2020, ePUB).

244 Cite-se, entre inúmeros outros defendendo o efeito *inter partes* advindo do controle difuso: PIMENTA, Paulo Roberto Lyrio. **O controle difuso de constitucionalidade das leis no ordenamento brasileiro**: aspectos constitucionais e processuais. São Paulo: Malheiros, 2010, p. 102.

245 NERY JUNIOR, Nelson. **Princípios do processo na Constituição Federal**. 12ª ed. São Paulo: Editora Revista dos Tribunais, 2016, p. 195. No mesmo sentido, embora tratando do juiz togado: "Em fiscalização difusa, nenhum tribunal pode declarar a inconstitucionalidade com força obrigatória geral, ao contrário do que acontece em fiscalização concentrada. Em fiscalização difusa a não aplicação do acto (ou da norma) pressupõe a não conformação pelo acto (ou pela norma) da relação material *sub judice*, ao passo que em fiscalização concentrada mostra-se possível tanto a declaração com eficácia *ex tunc* (retroactiva) quanto a declaração com eficácia *ex nunc*". (MIRANDA, Jorge. **Teoria do Estado e da Constituição**. Rio de Janeiro: Forense, 2005, p. 517-518; itálico no original).

Nessa linha de ideias, pela sistemática do controle difuso, realizado incidentalmente, a declaração de inconstitucionalidade "tem por finalidade subtrair alguém dos efeitos de uma lei inconstitucional, tornando-se, portanto, um instrumento de garantia dos direitos subjetivos do indivíduo"[246]. Em outros termos, a declaração de inconstitucionalidade *incidenter tantum* na arbitragem não acarreta, e nem mesmo poderia acarretar, a extinção da lei inconstitucional da ordem jurídica, "mas tão-somente à sua não-aplicação ao caso particular, objeto da demanda"[247].

Segundo a corrente majoritária no direito brasileiro, que se adota neste trabalho, a inconstitucionalidade da lei situa-se no campo da nulidade, e não da anulabilidade. Extrai-se dessa premissa, como consequência natural e necessária, "que a decisão que reconhece a inconstitucionalidade é de natureza declaratória, limitando-se a reconhecer um vício preexistente"; por isso sua eficácia é retroativa (*ex tunc*), evitando-se que uma norma inconstitucional atue no tempo para gerar direitos e obrigações que não seriam legitimamente exigíveis[248].

Lei inconstitucional é nula desde o seu nascedouro. Logo, se a sentença arbitral que declarar a inconstitucionalidade de um dispositivo legal for proferida pelos árbitros no dia 9 de julho de 2020, por exemplo, não será a partir dessa data que a inconstitucionalidade valerá para o caso concreto, mas, sim, a partir da data da entrada em vigor do artigo de lei que foi inquinado de inconstitucionalidade.

A exceção à regra da retroatividade da eficácia temporal da decisão de inconstitucionalidade reside na possibilidade de o julgador modular os efeitos desse provimento jurisdicional, com o intento de preservar a segurança jurídica e o interesse social. Não se crê, todavia, que a técnica de modulação seja *apropriada* ao processo arbitral[249].

[246] FERRARI, Regina Maria Macedo Nery. **Efeitos da declaração de inconstitucionalidade**. São Paulo: Editora Revista dos Tribunais, 1987, p. 34.

[247] BONAVIDES, Paulo. **Curso de direito constitucional**. 26ª ed. São Paulo: Malheiros, 2011, p. 302.

[248] BARROSO, Luís Roberto. **O controle de constitucionalidade no direito brasileiro**. 8ª ed. São Paulo: Saraiva, 2019, p. 177.

[249] É certo que, se vingar no país a resolução de disputas tributárias por arbitragem, aí então haverá maior espaço para os árbitros, atentos à segurança jurídica e ao interesse social, realizando uma ponderação principiológica, modularem efeitos de decisões de inconstitucionalidade. Isso, contudo, demandaria reflexões mais aprofundadas. Trata-se, aqui, de uma mera suposição futurística, considerando que as modulações de efeito pelo

Citem-se, sem pretender esgotar o assunto, dois exemplos para sustentar essa tese. Primeiro, porque não há lei que preveja especificamente a modulação de efeitos em controle difuso, único possível de ser realizado pelos árbitros; tem-se apenas a Lei nº 9.868/1999, que, em seu artigo 27, prevê a modulação para os julgamentos de ação direta de inconstitucionalidade e de ação declaratória de constitucionalidade perante o Supremo Tribunal Federal, portanto controle objetivo[250]. Segundo – considerando-se que seja superado o primeiro óbice, por se entender aplicável, de forma analógica, o citado artigo 27 ao controle difuso –, porque há certa dificuldade em se vislumbrar, em termos práticos, uma situação tão excepcional a ponto de os árbitros, em controle difuso e incidental, entenderem ser hipótese de modulação, até mesmo porque a eficácia da declaração de inconstitucionalidade não pode ser banalizada, a ponto de ser utilizada como regra, e não exceção.

Parece mais consentâneo com a ordem constitucional reservar apenas ao Supremo Tribunal Federal a modulação de efeitos em controle difuso. Aliás, o Supremo tem admitido essa possibilidade em situações excepcionais, especialmente em casos nos quais a decisão acerca de questão constitucional redundou na alteração da jurisprudência dominante[251]-[252].

Supremo costumam ser feitas em processos que envolvem discussões tributárias. Tramitam no Senado Federal, ao que consta, dois projetos sobre arbitragem tributária: o Projeto de Lei nº 4.257/2019, de autoria do Senador Antonio Anastasia, e o Projeto de Lei nº 4.468/2020, de autoria da Senadora Daniella Ribeiro.

[250] Há quem admita a possibilidade de modulação de efeitos em controle difuso pelo Supremo Tribunal Federal, por duas razões fundamentais: (I) o Código de Processo Civil em vigor quase equipararia o controle concentrado ao controle difuso, sendo que este, quando exercido pelo Supremo, geraria "precedente vinculante"; e (II) as decisões judiciais teriam carga normativa, a qual seria especialmente marcante quando se trata de decisões de Tribunais Superiores, ainda mais do Supremo. (Arruda Alvim, Teresa. **Modulação**: na alteração da jurisprudência firme ou de precedentes vinculantes. São Paulo: Thomson Reuters Brasil, 2019, p. 30).

[251] Cite-se, por todos: "RECURSO EXTRAORDINÁRIO. MUNICÍPIOS. CÂMARA DE VEREADORES. COMPOSIÇÃO. AUTONOMIA MUNICIPAL. LIMITES CONSTITUCIONAIS. NÚMERO DE VEREADORES PROPORCIONAL À POPULAÇÃO. CF, ARTIGO 29, IV. APLICAÇÃO DE CRITÉRIO ARITMÉTICO RÍGIDO. INVOCAÇÃO DOS PRINCÍPIOS DA ISONOMIA E DA RAZOABILIDADE. INCOMPATIBILIDADE ENTRE A POPULAÇÃO E O NÚMERO DE VEREADORES. INCONSTITUCIONALIDADE, *INCIDENTER TANTUM*, DA NORMA MUNICIPAL. EFEITOS PARA O FUTURO. SITUAÇÃO EXCEPCIONAL. (...) 7. Inconstitucionalidade, *incidenter tantun*, da lei local que fixou em 11 (onze) o número de Vereadores, dado que sua população de pouco mais de 2600 habitantes somente comporta 09 representantes. 8. Efeitos. Princípio da segurança jurídica. Situação

3.7. Coisa julgada arbitral e questão constitucional

Viu-se, no subtópico anterior, que a eficácia da decisão de inconstitucionalidade dos árbitros está adstrita às partes do processo arbitral e aos seus sucessores, sendo inviável modular os efeitos da decisão de inconstitucionalidade no bojo de uma arbitragem. Passa-se agora a analisar se tal decisão, por se debruçar sobre uma questão prejudicial, é acobertada pelo manto da coisa julgada material.

Os árbitros exercem o controle difuso de constitucionalidade no desempenho regular de sua função jurisdicional, ainda que situados na esfera privada. O processo arbitral é tipicamente de conhecimento, dele resultando a prolação de sentença de mérito em que os árbitros acolherão ou rechaçarão, parcial ou integralmente, o pedido formulado pelo requerente ou também pelo requerido, se houver pleito contraposto.

Nos termos do artigo 31 da Lei de Arbitragem, a "sentença arbitral produz, entre as partes e seus sucessores, os mesmos efeitos da sentença proferida pelos órgãos do Poder Judiciário e, sendo condenatória, constitui título executivo". O citado dispositivo, nada obstante faça alusão a *efeitos*, está a tratar da formação da *coisa julgada arbitral*, cuja peculiaridade, se comparada à coisa julgada estatal[253], "está no fato de que não cabe rea-

excepcional em que a declaração de nulidade, com seus normais efeitos *ex tunc*, resultaria grave ameaça a todo o sistema legislativo vigente. Prevalência do interesse público para assegurar, em caráter de exceção, efeitos *pro futuro* à declaração incidental de inconstitucionalidade. Recurso extraordinário conhecido e em parte provido". (RE nº 197.917, rel. min. Maurício Corrêa, Tribunal Pleno, julgado em 6/6/2002, DJ 7/5/2004).

[252] Nesse sentido, dispõe o § 3º do artigo 927 do Código de Processo Civil: "Na hipótese de alteração de jurisprudência dominante do Supremo Tribunal Federal e dos tribunais superiores ou daquela oriunda de julgamento de casos repetitivos, pode haver modulação dos efeitos da alteração no interesse social e no da segurança jurídica".

[253] "Lido com olhos obcecadamente técnicos, tal dispositivo poderia ser interpretado como mera alusão aos *efeitos substanciais* da sentença arbitral, como o declaratório, o constitutivo e o condenatório, sem nada dispor sobre a *auctoritas* que os resguarda – e tal é a notória e maciçamente aceita distinção proposta por Liebman mediante a formulação do binômio 'eficácia e autoridade da sentença', título e tema de formosa monografia. Renunciemos porém a essa visão puramente técnica ou exegética do art. 31. Em uma *interpretação teleológica* veremos que a *mens* do legislador, conquanto expressa em palavras menos adequadas, consiste na afirmação de que a sentença arbitral é apta a produzir no mundo exterior ao processo os mesmos *resultados* que a estatal. Produz os mesmos efeitos declaratórios, constitutivos ou condenatórios que esta, e esses efeitos, tanto quanto se dá em relação aos da sentença dos juízes togados, são aptos a adquirir a definitividade e a intangibilidade caracterizadoras da coisa julgada material. Em outras palavras, o laudo arbitral tem a plena capacidade de proporcionar de modo

preciação do mérito da decisão por outro órgão, arbitral ou estatal, e que estará exposta a um prazo mais exíguo do que a sentença estatal para conquistar a imutabilidade, a depender da eventual demanda anulatória"[254].

A decisão dos árbitros *sobre o mérito* faz coisa julgada material, embora com propriedades distintas da coisa julgada formada em processos da alçada do Poder Judiciário[255]. Com relação à eficácia subjetiva, a coisa julgada arbitral, assim como o alcance do controle difuso, é oponível apenas às partes e aos seus sucessores, não sendo apta a prejudicar terceiros[256]. Já a eficácia objetiva da coisa julgada arbitral é restrita ao que foi pedido e decidido; a decisão dos árbitros, tal como se dá no processo estatal, por decorrência do artigo 503, *caput*, do Código de Processo Civil, tem força de lei nos limites da questão principal expressamente decidida.

Mas e a resolução da questão constitucional pelos árbitros: ela está ou não, enquanto prejudicial, envolta pela coisa julgada material? Vale-se a seguir de um exemplo hipotético para concluir em sentido negativo.

Imagine-se que uma lei federal superveniente a uma relação locatícia altere o critério de cálculo de aluguéis, majorando-o substancialmente, com aplicação imediata, inclusive sobre os contratos já em curso[257]. O locatário, prejudicado pela alteração legislativa inesperada, recusa-se a pagar

integral a pacificação dos litigantes mediante a eliminação de conflitos". (Dinamarco, Cândido Rangel. **A arbitragem na teoria geral do processo**. São Paulo: Malheiros, 2013, p. 203; itálico no original).

[254] Parente, Eduardo de Albuquerque. **O processo arbitral como sistema**. São Paulo: Atlas, 2012, p. 305.

[255] Por ser abrangido pela coisa julgada, o mérito da sentença arbitral é imutável e indiscutível. A consequência da imutabilidade "consiste exatamente na proibição de propor uma ação idêntica a outra já decidida por sentença revestida da autoridade da coisa julgada". De outra sorte, a indiscutibilidade se opera de modo diverso: "Ao contrário da imutabilidade, a indiscutibilidade pressupõe que sejam distintas as ações que são objeto de cada um dos processos. O juiz do segundo processo fica obrigado a tomar como *premissa* de sua decisão a *conclusão* a que se chegou no processo anterior". (Mesquita, José Ignacio Botelho de. **A coisa julgada**. Rio de Janeiro: Forense, 2004, p. 11-12).

[256] "O terceiro que tenha sucedido a parte *após* a prolação de sentença arbitral (em processo de que essa última participou) está sujeito aos efeitos do provimento e vinculado pela coisa julgada". (Costa, Guilherme Recena; Cardoso, Marcel Carvalho Engholm. Limites subjetivos da sentença arbitral e legitimidade do terceiro para ajuizar ação anulatória. In: Melo, Leonardo de Campos; Beneduzi, Renato Resende (coord.). **A reforma da arbitragem**. Rio de Janeiro: Forense, 2016, p. 606; itálico no original).

[257] Exemplo extraído, com modificações, de Barroso, Luís Roberto. **O controle de constitucionalidade no direito brasileiro**. 8ª ed. São Paulo: Saraiva, 2019, p. 136.

a majoração. O locador, proprietário do imóvel, não está interessado em negociar e de imediato requer a instauração de arbitragem, tendo em vista que o contrato de locação tem cláusula compromissória, pugnando pela condenação do locatário ao pagamento do valor integral do aluguel, com fulcro na lei vigente. Em sua defesa, entre outras matérias, o requerido, locatário, alega a inconstitucionalidade da lei que impôs a majoração do critério de cálculo de aluguéis, argumentando que seria ela afrontosa ao ato jurídico perfeito, que tem guarida no artigo 5º, inciso XXXVI, da Constituição Federal.

No exemplo acima, não podem os árbitros resolver a disputa entre locador e locatário, acolhendo ou rejeitando o pedido condenatório, sem antes se pronunciarem, de forma incidental, sobre a constitucionalidade da lei questionada pelo locatário. A inconstitucionalidade, no caso, seria uma questão prejudicial; somente após dirimi-la é que poderão os árbitros decidir sobre o objeto do processo.

Os árbitros então julgam inconstitucional a tal lei que aumentou o critério de cálculo de aluguéis, acolhendo o argumento do requerido, e, no mérito, rejeitam o pedido do requerente, locador, por ausência de lastro contratual para a condenação do locatário. A declaração de inconstitucionalidade, nessa hipótese, seria incidental ao processo arbitral, sendo sua resolução uma premissa lógica para o julgamento do litígio. Não haveria que se falar, assim, em coisa julgada sobre a questão constitucional (prejudicial) decidida pelos árbitros[258].

A declaração de inconstitucionalidade nesse exemplo não era alvo de pedidos propriamente ditos, mas apenas a razão de decidir para se chegar à análise do objeto da arbitragem. Entre as condições da atual sistemática processual civil brasileira, para que uma questão prejudicial seja atingida pela coisa julgada está a exigência de que o julgador, no caso os árbitros, seja competente, em função da matéria (*ratione materiae*) e da

[258] "Não temos dúvida em afirmar que os limites objetivos da coisa julgada arbitral são exatamente os mesmos da coisa julgada formada com a sentença judicial de mérito, ao menos quando se tratar de arbitragem doméstica, sujeita ao direito processual brasileiro. Em outras palavras, a coisa julgada arbitral alcança apenas e tão somente o dispositivo da sentença arbitral de mérito, não se estendendo às questões prejudiciais enfrentadas na fundamentação da decisão". (Fichtner, José Antonio; Mannheimer, Sergio Nelson; Monteiro, André Luís. Notas sobre a coisa julgada na arbitragem doméstica. In: Aurelli, Arlete Inês et al. (coord.). **O direito de estar em juízo e a coisa julgada**: estudos em homenagem a Thereza Alvim. São Paulo: Editora Revista dos Tribunais, 2014, p. 798).

pessoa (*ratione personae*), para decidir o assunto como questão principal[259]. Isso não se afigura possível no dito exemplo, pois, no controle difuso, cabe somente ao Supremo Tribunal Federal decidir sobre a constitucionalidade como questão *principaliter*[260].

O locatário não poderia, porque ausente a jurisdição dos árbitros para julgar um pedido desses, demandar no juízo arbitral contra o locador pugnando exclusivamente pela declaração de inconstitucionalidade da lei que lhe prejudicou financeiramente, fazendo de tal matéria o cerne da disputa[261]. Não há dúvidas "de que a questão subordinante só tem sentido no âmbito de determinado processo, não se admitindo que possa constituir objeto de apreciação judicial autônoma, em outro processo"[262].

O raciocínio pode ser sintetizado da seguinte forma: a alegação de inconstitucionalidade, enquanto questão prejudicial lógica, é apreciada pelos árbitros ao longo da motivação da sentença arbitral; uma vez formado seu convencimento sobre a inconstitucionalidade, os árbitros terão condições de concluir o julgamento da arbitragem, aplicando o direito à espécie, sendo essa conclusão que formará o dispositivo a ser acobertado pela autoridade da coisa julgada arbitral; não é o convencimento, manifestado e justificado na motivação da decisão dos árbitros, que se tornará imutável pela *res iudicata*[263].

[259] Código de Processo Civil: "Art. 503. A decisão que julgar total ou parcialmente o mérito tem força de lei nos limites da questão principal expressamente decidida. § 1º O disposto no caput aplica-se à resolução de questão prejudicial, decidida expressa e incidentemente no processo, se: I – dessa resolução depender o julgamento do mérito; II – a seu respeito tiver havido contraditório prévio e efetivo, não se aplicando no caso de revelia; III – o juízo tiver competência em razão da matéria e da pessoa para resolvê-la como questão principal".

[260] Barroso, Luís Roberto. **O controle de constitucionalidade no direito brasileiro.** 8ª ed. São Paulo: Saraiva, 2019, p. 176.

[261] "Ainda que a questão constitucional possa ser incluída dentro do conceito de objeto do processo, no sentido que engloba todas as questões que o juiz é chamado a decidir para a resolução da lide, ela não é o objeto do processo". (Rossoni, Igor Bimkowski. **Coisa julgada e controle de constitucionalidade**. Dissertação (Mestrado em Direito Processual) – Faculdade de Direito, Universidade de São Paulo, São Paulo, 2013, p. 137).

[262] Tucci, José Rogério Cruz e. **Processo civil e ideologia**: subsídios estratégicos ao advogado do contencioso. São Paulo: Marcial Pons, 2019, p. 238.

[263] "Vê-se que o julgador resolve questões tanto na motivação quanto no dispositivo; mas obviamente não as mesmas. A distinção é de capital importância, v.g., para a delimitação do âmbito objetivo da coisa julgada: nele só se compreenderá a solução das questões finais, não a das questões instrumentais. A afirmação, mutatis mutandis, não é menos válida para

Assim, não constaria do dispositivo da sentença arbitral que o pedido de determinada parte foi acolhido para declarar a inconstitucionalidade de uma lei, pois esse não teria sido realmente um pedido, em sentido técnico, a ser aceito ou negado pelos árbitros, cuja jurisdição está amarrada ao controle difuso.

Na medida em que a questão constitucional será solucionada na motivação da decisão dos árbitros, e não no dispositivo[264], "a anulabilidade e/ou nulidade da avença poderá ser, posteriormente, rediscutida em outro processo judicial ou mesmo em outra arbitragem, já que não recai sobre ela a autoridade da coisa julgada"[265]. Afinal, a decisão que declara a inconstitucionalidade em um caso concreto "faz coisa julgada só em relação ao caso julgado, não em relação à lei (ou outro ato) declarada inconstitucional"[266].

3.8. Convenção das partes para afastar o controle difuso na arbitragem

Sendo o consentimento *the foundation of arbitration*[267], seria admissível, em princípio, que as partes convencionassem que os árbitros não têm jurisdição para exercer o controle difuso.

Tal afirmação, contudo, é incorreta. O exercício da jurisdição constitucional pelos árbitros não está à disposição das partes para convencionar, ainda que a autonomia da vontade tenha importância inegável para o ins-

a arbitragem do que para o processo judicial". (Moreira, José Carlos Barbosa. Estrutura da sentença arbitral. **Revista de Processo**, vol. 107, 2002, p. 9-17. Versão eletrônica, p. 4).

264 A propósito da dificuldade em se distinguir a *motivação* do *dispositivo*: "O juiz desenvolve, assim, uma atividade *lógica* ou *teórica*, enquanto decide sobre as razões das partes, e uma atividade *prática*, enquanto acolhe ou rejeita a pretensão do autor. A decisão que o juiz pronuncia, enquanto aprecia as razões das partes, designa-se comumente por *motivação* da sentença. A esta motivação segue-se a decisão da lide, que, por dever atuar fora do processo, é designada por *dispositivo*". (Mesquita, José Ignacio Botelho de. **Teses, estudos e pareceres de processo civil**, vol. 2: Jurisdição e competência, sentença e coisa julgada, recursos e processos de competência originária dos tribunais. São Paulo: Editora Revista dos Tribunais, 2005, p. 127; itálico no original). As referências a seguir à palavra "juiz" podem muito bem serem substituídas, sem alteração de sentido, pela palavra "árbitro".

265 Fichtner, José Antonio; Mannheimer, Sergio Nelson; Monteiro, André Luís. Notas sobre a coisa julgada na arbitragem doméstica. In: Aurelli, Arlete Inês *et al.* (coord.). **O direito de estar em juízo e a coisa julgada**: estudos em homenagem a Thereza Alvim. São Paulo: Editora Revista dos Tribunais, 2014, p. 799.

266 Silva, José Afonso da. **O constitucionalismo brasileiro**: evolução institucional. São Paulo: Malheiros, 2011, p. 137.

267 Hanotiau, Bernard. **Complex arbitrations**: multiparty, multicontract, multi-issue and class actions. International Arbitration Law Library, vol. 14, 2006, p. 32.

tituto da arbitragem, como de fato tem. O desejo das partes encontra obstáculos insuperáveis na força normativa e na supremacia da Constituição, sendo impraticável, porque inconstitucional, que as partes estabeleçam na cláusula compromissória, por exemplo, que os árbitros não poderão fiscalizar a constitucionalidade de leis, como que limitando esse poder-dever, em um exercício de futurologia, para evitar um provável movimento do tribunal arbitral nesse sentido.

A jurisdição constitucional, de que decorre o poder-dever de os árbitros interpretarem e aplicarem a Constituição Federal, atua como fonte legítima de limitação da vontade das partes. Nesse aspecto, naturalmente a autonomia da vontade das partes cede para a importância da harmonia entre as leis e a Constituição, evitando-se indesejáveis conflitos entre normas de hierarquia diversas.

Ricardo Gamero Luque bem observou que as próprias partes estão impedidas de estabelecer na convenção arbitral *"la imposibilidad o prohibición de que los árbitros puedan conocer de los planteamientos de inconstitucionalidad de las normas, ya que ello implicaría contradecir el deber de cumplir y defender la Constitución que la norma constitucional les impone"*[268]-[269].

Suponha-se, no entanto, que as partes, ignorando tais obstáculos, convencionem na cláusula compromissória que os árbitros não estariam autorizados a exercer o controle difuso de constitucionalidade. O que poderiam os árbitros do caso fazer diante dessa evidente *convenção arbitral inconstitucional*? Vislumbram-se ao menos três respostas.

Em primeiro lugar, no momento da celebração do termo de arbitragem, o tribunal arbitral poderia alertar as partes acerca da inviabilidade, sob as lentes da Constituição Federal, de se pactuar uma convenção com tal conteúdo. O termo de arbitragem, então, alteraria a cláusula compromissória, retirando expressamente essa previsão inconstitucional.

[268] GAMERO, Ricardo Luque. El arbitraje y el control de la constitucionalidad. **Revista Peruana de Arbitraje**, nº 5, 2007, p. 133.

[269] Em sentido semelhante, embora não mencionando propriamente a inconstitucionalidade, Gary Born reconhece que o tribunal arbitral pode se recusar a aplicar regras procedimentais eleitas pelas partes quando tais regras afrontarem normas cogentes, por exemplo: *"Only where such procedures would violate applicable mandatory law, by requiring fundamentally unfair or unequal procedures, or because they are otherwise unlawful, may a tribunal properly refuse to give them effect"*. (BORN, Gary B. **International commercial arbitration**. 2ª ed. Kluwer Law International, 2014, p. 2.001). Se uma ilegalidade poderia afastar a aplicação da convenção das partes pelos árbitros, por muito mais razão poderia uma inconstitucionalidade, como aqui se defende.

Em segundo lugar, se as partes rejeitassem a exclusão da previsão inconstitucional, como sugerido acima, poderiam os árbitros simplesmente declinar da investidura para atuar na arbitragem, consignando no processo, por escrito, que sua retirada teria sido motivada em virtude de tentativa indevida e ilegítima das partes, porque *contra constitutionem*, de restringir o poder-dever de os árbitros fiscalizarem a constitucionalidade de leis.

Em terceiro lugar, tendo em vista que por ocasião da celebração do termo de arbitragem já se considera instituída a arbitragem, poderiam os árbitros advertir as partes sobre a inconstitucionalidade da limitação de seus poderes-deveres relativos à jurisdição constitucional. Havendo resistência quanto a isso, poderiam prosseguir com o feito, ainda que para desconsiderar, no futuro e se fosse o caso, a tal convenção, declarando a inconstitucionalidade caso entendessem necessário. No ponto, cabe registrar que a responsabilidade dos árbitros para com as partes não é abrangida por inconstitucionalidades.

Essa situação de os árbitros ignorarem o pacto limitador das partes poderia gerar questionamentos judiciais – inclusive de ambos os polos do processo – acerca da validade de eventual decisão arbitral que declare a inconstitucionalidade. Contudo, o questionamento não teria maiores chances de êxito no Poder Judiciário, haja vista que a jurisdição constitucional almeja um objetivo maior, ínsito ao Estado Constitucional de Direito, que é a harmonia entre as leis e a Constituição, pelo que não fica ao alvedrio das partes limitá-la.

3.9. Controle difuso e julgamento por equidade na arbitragem

À exceção das arbitragens com entes da administração pública, as partes podem escolher que a arbitragem seja de direito ou de equidade (*ex aequo et bono*)[270]-[271]. A equidade consistirá em uma forma de julgamento na arbi-

[270] Lei de Arbitragem: "Art. 2º A arbitragem poderá ser de direito ou de eqüidade, a critério das partes. (...) § 3º A arbitragem que envolva a administração pública será sempre de direito e respeitará o princípio da publicidade". Há previsão de julgamento por equidade também no Código de Processo Civil, no parágrafo único do artigo 140, que autoriza o juiz a decidir de tal forma somente nos casos previstos em lei. Portanto, diferentemente do que se vê na arbitragem, em que reina a autonomia das partes, no processo civil o juízo de equidade se dá quando a lei assim permitir. Não há previsão de julgamento por equidade na Constituição Federal.

[271] Sobre o julgamento por equidade, concorda-se com a observação de Gilbert Guillaume, no sentido de que raramente assim decidem os tribunais judiciais e arbitrais: *"The primary*

tragem apenas se houver anuência explícita das partes a esse respeito, sob pena de, não havendo autorização para tanto, a sentença arbitral ser inquinada de vício de nulidade, por terem os árbitros decidido fora dos lindes estabelecidos na convenção de arbitragem[272].

No julgamento *por* equidade[273], os árbitros estão aptos a decidir a controvérsia "reduzindo, ampliando, aplicando ou criando a regra que melhor assegure o equilíbrio entre os contendentes"[274]. Ao julgar por equidade, os árbitros são livres para dirimir um dado conflito de acordo com o seu *senso de justiça* para o caso concreto[275], ainda que a decisão a ser tomada não esteja abrangida pelo ordenamento jurídico e ainda que o resultado mais justo, sob a perspectiva subjetiva dos árbitros, seja aquele em sentido oposto à lei infraconstitucional[276]-[277].

function of the national judge or arbitrator, like the international judge or arbitrator, is to adjudicate disputes. He rarely rules ex aequo et bono, *and most often decides on the basis of the applicable law. In so doing, he interprets the legal rule he selects. However, the judge and the arbitrator are not machines that distribute judgments and awards. They enjoy a certain freedom in the exercise of their duties".* (Guillaume, Gilbert. The use of precedent by international judges and arbitrators. **Journal of International Dispute Settlement**, vol. 2, nº 1, 2011, p. 5).

[272] Aplica-se, nesse caso, o artigo 32, inciso IV, da Lei de Arbitragem.

[273] O julgamento *por* equidade distingue-se do julgamento *com* equidade: "No julgamento *com* equidade, o julgador não está autorizado a se afastar do direito positivo, porém dele mesmo extrai o poder de julgar equitativamente (vide, por exemplo, art. 928, parágrafo único, do Código Civil). No julgamento *por* equidade, o julgador está autorizado a se afastar do direito positivo para decidir com base no *senso de justiça*". (Amaral, Guilherme Rizzo. Arbitragem e precedentes. In: Levy, Daniel; Pereira, Guilherme Setoguti J. (coord.). **Curso de arbitragem**. São Paulo: Thomson Reuters Brasil, 2018, p. 286, nota de rodapé nº 29; itálico no original).

[274] Carmona, Carlos Alberto. Julgamento por equidade em arbitragem. **Revista de Arbitragem e Mediação**, vol. 30, 2011, p. 237. Para uma análise mais aprofundada do julgamento por equidade, inclusive com exame de legislações estrangeiras, ver: Valle, Martim Della. **Da decisão por equidade na arbitragem comercial internacional**. Tese (Doutorado em Direito Internacional) – Faculdade de Direito, Universidade de São Paulo, São Paulo, 2009.

[275] Ruiz, Manuel Olivencia. El laudo: naturaleza, clases y contenido. **Revista de Arbitraje Comercial y Inversiones**, vol. 2, 2009, p. 666; Caso, Gino Rivas. La motivación de laudos en España. Análisis crítico de la regulación. **Revista de Arbitraje Comercial y Inversiones**, vol. 9, 2016, p. 735.

[276] Amaral, Guilherme Rizzo. Arbitragem e precedentes. In: Levy, Daniel; Pereira, Guilherme Setoguti J. (coord.). **Curso de arbitragem**. São Paulo: Thomson Reuters Brasil, 2018, p. 286.

[277] Nada obstante seja possível, no julgamento por equidade, uma decisão *contra legem*, a doutrina abalizada registra que hodiernamente as partes em uma arbitragem esperam que os

Ao revés do que pode parecer em princípio, decidir por equidade não implica necessariamente adotar solução *contra legem*. É aceitável que as partes optem pelo julgamento por equidade e que os árbitros entendam, em uma dada situação, que a decisão mais justa seria aplicar o direito eleito pelos litigantes[278]. Isso porque o juízo de equidade não confronta o juízo legal; ambos pertencem ao mesmo sistema de tutela jurisdicional, daí se concluindo que o julgamento por equidade "é uma técnica que faculta ao julgador que se afaste do direito positivo quando, no caso particular, este for injusto"[279].

A despeito dessas considerações, o julgamento por equidade comporta limites[280]. Não se pode tolerar que esse mesmo julgamento ofenda a Constituição (*contra constitutionem*)[281], sobretudo o seu *núcleo duro*, que versa

árbitros decidam de acordo com a lei, sendo, inclusive, raras as hipóteses concretas de opção pela equidade. Em regra, tem-se visto que as partes optam pela aplicação do direito em vigor e expressamente afastam a possibilidade de julgamento por equidade. (MOSES, Margaret L. **The principles and practice of international commercial arbitration**. Cambridge: Cambridge University Press, 2008, p. 78-79).

[278] "Pelo que se viu, pode o árbitro, autorizado a julgar por eqüidade, decidir em sentido contrário àquele indicado pela lei posta, o que não quer dizer que deva ele necessariamente julgar afastando o direito positivo. Em outros termos, se a aplicação da norma levar a uma solução justa do conflito, o árbitro a aplicará, sem que isto possa ensejar qualquer vício no julgamento. Ao conceder poderes para julgar por eqüidade, não podem as partes que obrigatoriamente o árbitro afaste o direito positivo, o que configura uma mera faculdade, como se percebe claramente: nesse caso, porém, será sempre interessante que o árbitro explique que, apesar da autorização para julgar por eqüidade, está aplicando o direito posto por considerar adequada a solução dada pela lei ao caso concreto". (CARMONA, Carlos Alberto. **Arbitragem e processo**: um comentário à Lei nº 9.307/96. 2ª ed. São Paulo: Atlas, 2007, p. 77).

[279] CARMONA, Carlos Alberto. Julgamento por equidade em arbitragem. **Revista de Arbitragem e Mediação**, vol. 30, 2011, p. 237. No mesmo sentido ver: FICHTNER, José Antonio; MANNHEIMER, Sergio Nelson; MONTEIRO, André Luís. **Teoria geral da arbitragem**. Rio de Janeiro: Forense, 2019, p. 80.

[280] Diz-se que o julgamento por equidade não é um salvo-conduto para que o árbitro decida de forma arbitrária, sendo necessário, por exemplo, a motivação do ato decisório, sob pena de anulação da sentença arbitral (PARENTE, Eduardo de Albuquerque. **O processo arbitral como sistema**. São Paulo: Atlas, 2012, p. 288). Ademais, a própria Lei de Arbitragem parece estabelecer limites ao julgamento por equidade quando prevê que as partes poderão "escolher, livremente, as regras de direito que serão aplicadas na arbitragem, desde que não haja violação aos bons costumes e à ordem pública" (artigo 2º, § 1º).

[281] NERY JUNIOR, Nelson. Julgamento arbitral por equidade e prescrição. **Revista de Direito Privado**, vol. 45, 2011, p. 323-373. Versão eletrônica, p.10; ABBOUD, Georges. **Processo constitucional brasileiro**. 2ª ed. São Paulo: Thomson Reuters Brasil, 2018,

sobre direitos fundamentais, liberdades públicas e princípios, conquanto se aceite o julgamento por equidade *contra legem*.

As normas constitucionais não podem ser relegadas a segundo plano pelos árbitros no ato decisório, pouco importando, nessa hipótese específica, se a vontade das partes for nesse sentido, sob pena de invalidade da decisão arbitral. O dever jurisdicional de interpretar e aplicar a Constituição Federal não se sujeita ao sabor das partes, que devem seguir estritamente o que preveem as normas constitucionais. Incontestável que há, portanto, uma barreira à jurisdição arbitral por equidade quando os árbitros estão diante de uma questão constitucional.

A opção das partes pela equidade como critério de decisão na arbitragem não dará carta branca para os árbitros proferirem decisão que afronte a Constituição Federal. A situação é diametralmente outra: apesar da escolha do julgamento por equidade, os árbitros não poderão se descurar do dever jurisdicional de exercer o controle difuso de constitucionalidade nas circunstâncias em que isso for necessário.

p. 1.045; Vasconcelos, Carlos Eduardo de. Problemas da arbitragem por equidade. **Revista Brasileira de Arbitragem**, vol. III, nº 9, 2006, p. 54. Em sentido contrário, Rodrigo Garcia da Fonseca parece admitir decisões arbitrais *contra constitutionem* em julgamentos por equidade: "Vale anotar, no entanto, que se a arbitragem for por eqüidade, conforme a escolha das partes, como já se observou acima, nenhuma destas questões sobre o controle de constitucionalidade das leis, sobre súmula vinculante ou outras decisões judiciais de efeitos erga omnes se colocará, simplesmente por não ser preciso que os árbitros julguem a matéria que lhes foi submetida de acordo com o direito e a lei, podendo se socorrer de considerações outras extra-jurídicas, dentro do critério de equidade livremente eleito pelas partes". (Fonseca, Rodrigo Garcia da. Reflexões sobre a sentença arbitral. **Revista de Arbitragem e Mediação**, vol. 6, 2005, p. 40-74; Versão eletrônica, p. 10).

4
ÁRBITROS E A QUESTÃO CONSTITUCIONAL DECIDIDA E SUMULADA PELO SUPREMO TRIBUNAL FEDERAL

Este capítulo ocupa-se da repercussão, no processo arbitral, das decisões e súmulas do Supremo Tribunal Federal sobre questão constitucional. Mostra-se inicialmente qual o *estado da arte* da controvérsia acadêmica em torno da vinculação dos árbitros aos provimentos judiciais vinculantes, dando-se o enfoque devido aos provimentos oriundos do Supremo Tribunal Federal com assento constitucional. Na última parte do capítulo, evidenciam-se as razões pelas quais se acredita que os árbitros estão efetivamente vinculados a certos provimentos da Suprema Corte, os quais devem ser vistos como fontes do direito pátrio.

4.1. Observação preliminar

Uma das conhecidas metas do Código de Processo Civil de 2015 foi valorizar as decisões judiciais, na tentativa de garantir maior previsibilidade jurisprudencial, tratamento igualitário às partes e segurança jurídica, evitando-se a nociva *jurisprudência lotérica*, assim entendidas as decisões judiciais contraditórias ou conflitantes para casos iguais ou deveras similares[282].

[282] Conforme consta da Exposição de Motivos do Código de Processo Civil de 2015: "Mas talvez as alterações mais expressivas do sistema processual ligadas ao objetivo de harmonizá-lo com o espírito da Constituição Federal, sejam as que dizem respeito a regras que induzem à uniformidade e à estabilidade da jurisprudência. O novo Código prestigia o princípio da segurança jurídica, obviamente de índole constitucional, pois que se hospeda nas dobras do Estado Democrático de Direito e visa a proteger e a preservar as justas expectativas das pessoas. Todas as normas jurídicas devem tender a dar efetividade às garantias constitucionais, tornando 'segura' a vida dos jurisdicionados, de modo a que estes sejam poupados de 'surpresas', podendo sempre prever, em alto grau, as consequências jurídicas de sua conduta".

É sintomático, nesse aspecto, o *caput* do artigo 926 do Código de Processo Civil, segundo o qual os "tribunais devem uniformizar sua jurisprudência e mantê-la estável, íntegra e coerente".

Entre outros dispositivos destinados a cumprir essa meta, o artigo 927 do Código de Processo Civil prescreve que "juízes e tribunais observarão": (I) as decisões do Supremo Tribunal Federal em controle concentrado de constitucionalidade; (II) os enunciados de súmula vinculante; (III) os acórdãos em Incidente de Assunção de Competência, Incidente de Resolução de Demandas Repetitivas ou em julgamentos de recursos extraordinário e especial repetitivos; (IV) os enunciados das súmulas do Supremo Tribunal Federal em matéria constitucional e do Superior Tribunal de Justiça em matéria infraconstitucional; e (V) a orientação do plenário ou do órgão especial aos quais os juízes e os tribunais estiverem vinculados.

O artigo 927 talvez tenha criado uma das maiores polêmicas nacionais do processo civil, pois dele surgiram discussões muito ricas e acaloradas sobre haver ou não no Brasil um sistema de *precedentes judiciais vinculantes*[283]. Isso invariavelmente trouxe para o centro das atenções referências ao regime de *stare decisis* típico da *common law*[284].

Adota-se neste trabalho, contudo, uma outra denominação[285]. Parece mais adequado sustentar que o rol do artigo 927 lista uma série de *provi-*

[283] Há quem diga que "[a]tingimos o ápice do dilema da existência de precedentes judiciais no direito brasileiro". (VIANA, Aurélio; NUNES, Dierle. **Precedentes**: a mutação no ônus argumentativo. Rio de Janeiro: Forense, 2018, p. 224).

[284] Para uma crítica consistente sobre a *commonlização* do direito brasileiro, ver: STRECK, Lenio Luiz. **Precedentes judiciais e hermenêutica**: o sentido da vinculação no CPC/2015. 2ª ed. Salvador: Editora JusPodivm, 2019.

[285] Não se nega a possibilidade de se julgar, no Brasil, segundo a sistemática de precedentes. Isso já ocorre na prática, de certa forma. Quando um juiz togado, por exemplo, decide uma disputa em conformidade com acórdão proferido anteriormente pelo tribunal a que pertence em caso análogo, há decisão de acordo com precedente – no sentido de decisão anterior utilizada em caso presente. (Cf. THEODORO JÚNIOR, Humberto; NUNES, Dierle; BAHIA, Alexandre Melo Franco; PEDRON, Flávio Quinaud. **Novo CPC**: fundamentos e sistematização. 3ª ed. Rio de Janeiro: Forense, 2016, p. 404-405). Do mesmo modo, "[h]á tempos, no Brasil, os profissionais do direito invocam decisões judiciais anteriores, proferidas por tribunais de menor, igual ou maior hierarquia, quer para convencer o juiz ou o tribunal acerca do acerto ou equívoco de determinada tese, quer como fundamento das decisões judiciais". (Cf. BARIONI, Rodrigo. Precedentes no direito brasileiro: desafios e perspectivas. **Revista de Processo**, vol. 310, 2020, p. 265-291. Versão eletrônica, p. 11). Não se concorda, contudo, com a tentativa de importar terminologias e conceitos jurídicos que não se aplicam no Brasil como são aplicados

mentos judiciais – e não genuínos precedentes – aos quais o legislador, por opção de política judiciária, entendeu por bem atribuir eficácia vinculante[286]. Essa expressão engloba tudo o que consta no artigo 927, e evita a confusão conceitual feita pelo legislador em tal dispositivo, que misturou precedente, jurisprudência, súmula etc. *Provimentos* são "as declarações de pensamento do juiz, expressas no exercício do poder jurisdicional [*potestà*] e pela forma determinada em lei: é justamente com a emissão dos provimentos que o juiz exerce o poder de que é investido"[287].

A opção legislativa acima mencionada teve o claro propósito de combater a *litigiosidade repetitiva*, para se buscar a diminuição do acervo de processos. Os provimentos vinculantes do direito brasileiro são fatores de redução de complexidade para enfrentamento da litigiosidade repetitiva[288]. A especificidade de tais provimentos, vocacionados aos litígios em massa, originou a alcunha *precedentes à brasileira*[289].

no exterior. A obediência ao precedente é cultural e demanda tempo, não podendo ser imposta por alteração legislativa, menos ainda pela doutrina, com a devida vênia.

286 Streck, Lenio Luiz; Abboud, Georges. **O que é isto**: o precedente judicial e as súmulas vinculantes? 3ª ed. Porto Alegre: Livraria do Advogado, 2015, p. 107.

287 Liebman, Enrico Tullio. **Manual de direito processual civil**. 3ª ed., vol. I. Trad. Cândido Rangel Dinamarco. São Paulo: Malheiros, 2005, p. 305-306; itálico no original. No mesmo sentido ver: Dinamarco, Cândido Rangel. **Fundamentos do processo civil moderno**. São Paulo: Editora Revista dos Tribunais, 1986, p. 172.

288 Georges Abboud, com quem concordamos integralmente no ponto, explica que bem entender a função dos provimentos judiciais vinculantes do direito brasileiro não é mera filigrana acadêmica, mas sim antecedente lógico para corretamente defini-los. Assevera que, "do ponto de vista acadêmico, se não soubermos o que efetivamente são os mecanismos vinculantes repetitivos brasileiros, continuaremos associando-os de forma ingênua aos precedentes do *common law*, perdendo, assim, a riqueza do que seria argumentar por precedentes no Brasil, e, ao mesmo tempo, atribuiríamos qualidades e funcionalidades aos nossos provimentos vinculantes que sequer existem. Nunca é demais lembrar que nenhum dos provimentos elencados no CPC 927 existem, de forma isomórfica, no sistema do *common law*, só isso já deveria ser suficiente para não realizarmos essa importação teórica açodada. Já no que diz respeito ao âmbito prático, não compreender que nossos provimentos vinculantes são mecanismos judiciais de contingenciamento de processos repetitivos, impossibilitará sua aplicação em conformidade com a Constituição Federal, assegurando ao jurisdicionado o respeito ao contraditório e o direito à decisão judicial não discricionária e fundada na legalidade vigente, respeitando sempre a ordem hierárquica, Constituição, leis, provimentos vinculantes". (Abboud, Georges. **Processo constitucional brasileiro**. 4ª ed. São Paulo: Thomson Reuters Brasil, 2020, p. 1.147; itálico no original).

289 "O precedente judicial à brasileira, instituído por meio de lei e com atribuição vinculante, nos termos estabelecidos pelo vigente CPC (543-B e 543-C), mantidos no Novo CPC,

Sobre essa preferência terminológica, faz-se dois comentários breves, a título de justificativa. Primeiro, não se admite que uma lei aprioristicamente diga o que é ou não um precedente, já que a formação do precedente, com seu cunho coercitivo, somente se concretizará na medida em que ele for aplicado em casos análogos e futuros[290] – o precedente não nasce precedente; ele torna-se precedente ao longo do tempo[291]. Segundo, ainda que se tenha como possível a imposição legislativa do que seja ou não um precedente judicial, é certo que nem todos os provimentos elencados no rol do artigo 927 podem ser tidos como precedentes genuínos, a exemplo do enunciado de súmula do Supremo Tribunal Federal.

O exame da influência, na arbitragem, dos provimentos vinculantes do Supremo Tribunal Federal sobre questão constitucional é autônomo em relação ao estudo do artigo 927 do Código de Processo Civil, posto que há provimentos dessa estirpe que estão listados no citado dispositivo, tais como as decisões em controle abstrato, os enunciados de súmula vinculante e de súmula persuasiva sobre questões constitucionais, estas duas primeiras que têm caráter vinculante por determinação da própria Constituição Federal[292].

notadamente pelo conteúdo disposto no art. 927, não pode ser compreendido como os genuínos precedentes do *common law*". (Rossi, Júlio César. **Precedente à brasileira**: a jurisprudência vinculante no CPC e no novo CPC. São Paulo: Atlas, 2015, p. 154). Ver também: Streck, Lenio Luiz; Raatz, Igor. A teoria dos precedentes à brasileira: entre o solipsismo judicial e o positivismo jurisprudencialista ou "de como o mundo (não) é um brechó". **Revista de Processo**, vol. 262, 2016, p. 379-411.

[290] Tucci, José Rogério Cruz e. **Precedente judicial como fonte do direito**. São Paulo: Revista dos Tribunais, 2004, p. 12-13; Taruffo, Michele. Precedente e jurisprudência. **Revista de Processo**, vol. 199, 2011, p. 139-155. Versão eletrônica, p. 4; Duxbury, Neil. **The nature and authority of precedent**. Cambridge: Cambridge University Press, 2008, p. 1.

[291] Streck, Lenio Luiz; Abboud, Georges. **O que é isto**: o precedente judicial e as súmulas vinculantes? 3ª ed. Porto Alegre: Livraria do Advogado, 2015, p. 106.

[292] Constituição Federal: "Art. 102. Compete ao Supremo Tribunal Federal, precipuamente, a guarda da Constituição, cabendo-lhe: (...) § 2º As decisões definitivas de mérito, proferidas pelo Supremo Tribunal Federal, nas ações diretas de inconstitucionalidade e nas ações declaratórias de constitucionalidade produzirão eficácia contra todos e efeito vinculante, relativamente aos demais órgãos do Poder Judiciário e à administração pública direta e indireta, nas esferas federal, estadual e municipal"; "Art. 103-A. O Supremo Tribunal Federal poderá, de ofício ou por provocação, mediante decisão de dois terços dos seus membros, após reiteradas decisões sobre matéria constitucional, aprovar súmula que, a partir de sua publicação na imprensa oficial, terá efeito vinculante em relação aos demais órgãos do Poder Judiciário e à

Se o controle de constitucionalidade é uma atividade que, colocada de maneira simples, implica verificar a compatibilidade de leis e atos normativos com a Constituição, e se a Corte Suprema é quem diz, em última instância, por vezes com eficácia *erga omnes* e vinculante a todo o país, qual a interpretação que deve se dar às normas constitucionais, é da maior importância definir se os árbitros, na justiça privada, devem ou não obedecer o entendimento do Supremo sobre questão constitucional, tal como sucede com os magistrados da jurisdição estatal[293].

4.2. Controvérsia sobre a vinculação dos árbitros aos provimentos judiciais vinculantes de índole constitucional

Há distintas posições doutrinárias, no direito brasileiro, acerca da arbitragem e dos provimentos judiciais vinculantes. Essa discussão ganhou fôlego com a entrada em vigor do Código de Processo Civil de 2015 em virtude do supracitado artigo 927, posto que já houvesse debate sobre a importância da súmula vinculante ao processo arbitral, por exemplo, desde o advento da Emenda Constitucional nº 45/2004.

De todo o material examinado a propósito dessa temática é possível perceber que aparentemente não há controvérsia acerca de um ponto nevrálgico: o necessário diálogo dos árbitros, na fundamentação de suas decisões, com as alegações das partes, o que inclui os provimentos judiciais vinculantes, em especial aqueles advindos de Tribunais Superiores.

Outra observação que se afigura pertinente desde logo diz respeito a quão problemática é a questão da vinculação ou não dos árbitros aos provimentos judiciais vinculantes. No início deste trabalho foi dito que o problema seria mais aparente do que real, tendo em conta as especificidades dos conflitos de direito material levados à resolução por arbitragem. Tal assertiva permanece válida, ressaltando-se que "esse problema, embora desafiador sob o ponto de vista teórico, é, no Brasil, ao menos nesse estágio, de ocorrência menor, haja vista que a formação de precedentes está

administração pública direta e indireta, nas esferas federal, estadual e municipal, bem como proceder à sua revisão ou cancelamento, na forma estabelecida em lei".

293 Nesse ponto, vale salientar o seguinte: "De certas normas todos reconhecem com facilidade que devem ser aplicadas do mesmo modo em todo o território nacional; entre elas, sem dúvida, em linha de princípio, as normas constitucionais". (Moreira, José Carlos Barbosa. **Temas de direito processual (nona série)**. São Paulo: Saraiva, 2007, p. 311).

ligada muito a questões seriais, ao passo que a arbitragem lida mais com casos que possuem maiores especificidades fáticas e/ou probatórias"[294].

Em síntese apertada, e para melhor organizar a metodologia do estudo, nesta dissertação as teorias em torno da vinculação dos árbitros aos provimentos judiciais foram divididas e sintetizadas em três grandes blocos: a teoria da não vinculação, pela qual não se reconhece a vinculação dos árbitros a quaisquer decisões do Poder Judiciário; a teoria da vinculação a provimentos judicias com e sem assento constitucional, com variáveis não só quanto às espécies de provimentos que vinculariam os árbitros, mas também quanto aos respectivos mecanismos de controle; e a teoria da vinculação dos árbitros apenas aos provimentos judiciais que tenham assento constitucional.

É inevitável que se analise todas essas vertentes doutrinárias, conquanto apenas a última teoria seja relevante para esta dissertação. Como dito, há provimentos judiciais vinculantes de natureza constitucional previstos no artigo 927 do Código de Processo Civil, de modo que o estudo do tema passa, no mais das vezes, pelo exame das decisões em controle de constitucionalidade e dos enunciados de súmula vinculante.

4.2.1. Teoria da não vinculação

Os adeptos da primeira teoria, na ordem acima apresentada, sustentam a não vinculação dos árbitros aos provimentos judiciais vinculantes e, por isso, obviamente rechaçam essa vinculação também no que tange aos pronunciamentos de assento constitucional.

Carlos Alberto Carmona e José Augusto Machado Filho situam-se entre os que sustentam a teoria da não vinculação. Da forma como observam a questão, entendem que ela se resume a saber se o precedente é uma fonte geral do direito ou se se trata de ferramenta organizacional do Poder Judiciário, que seria fonte restrita ao processo estatal[295]. Na perspectiva de ambos, o precedente estaria inserido nessa segunda definição, vale dizer,

[294] RODOVALHO, Thiago. Os precedentes judiciais vinculantes do NCPC e o procedimento arbitral: estão os árbitros vinculados aos precedentes? In: **Contraponto jurídico**: posicionamentos divergentes sobre grandes temas do direito. São Paulo: Thomson Reuters Brasil, 2018, p. 119.

[295] CARMONA, Carlos Alberto; MACHADO FILHO, José Augusto Bitencourt. Arbitragem: jurisdição, missão e justiça. In: ARABI, Abhner Youssif Mota; MALUF, Fernando; MACHADO NETO, Marcello Lavenère (coord.). **Constituição da República 30 anos depois**: uma análise

seria uma ferramenta organizacional do Estado-juiz, dado que a função de criar leis pertenceria ao Poder Legislativo (as vezes com participação do Poder Executivo), e não ao Poder Judiciário[296].

A partir dessa premissa, destacam que a missão do árbitro seria autônoma e diferente da dos magistrados, não havendo qualquer *dever de coerência* por parte do árbitro com relação ao ordenamento jurídico, tampouco com a orientação jurisprudencial dos Tribunais estatais[297]. No ponto, aduzem que a "missão do árbitro é resolver um litígio em específico e para tanto seus deveres e função são especiais", para então concluírem que, mesmo que "o precedente seja tomado como norma de direito, sua não observância caracterizará, no limite, a má-aplicação do direito pelo árbitro, o que não comporta correção judicial nem expõe a sentença arbitral à demanda anulatória"[298].

Ricardo Dalmaso Marques é enfático ao salientar a inexistência de vinculação dos árbitros aos provimentos judiciais vinculantes. O principal motivo para isso, segundo ele, consistiria no fato de que um árbitro constituído para julgar certa disputa visivelmente não se enquadraria em um sistema de hierarquias, ou seja, suas decisões não estariam sujeitas à revisão

prática da eficiência dos direitos fundamentais. Estudos em homenagem ao Ministro Luiz Fux. Belo Horizonte: Fórum, 2018, p. 224.

296 CARMONA, Carlos Alberto; MACHADO FILHO, José Augusto Bitencourt. Arbitragem: jurisdição, missão e justiça. In: ARABI, Abhner Youssif Mota; MALUF, Fernando; MACHADO NETO, Marcello Lavenère (coord.). **Constituição da República 30 anos depois**: uma análise prática da eficiência dos direitos fundamentais. Estudos em homenagem ao Ministro Luiz Fux. Belo Horizonte: Fórum, 2018, p. 224.

297 Sobre a coerência no processo arbitral ver: VISCONTI, Gabriel Caetano; ZAKIA, José Victor Palazzi. **Estudo sobre a coerência na prática arbitral**. São Paulo: Atelier Jurídico, 2018.

298 CARMONA, Carlos Alberto; MACHADO FILHO, José Augusto Bitencourt. Arbitragem: jurisdição, missão e justiça. In: ARABI, Abhner Youssif Mota; MALUF, Fernando; MACHADO NETO, Marcello Lavenère (coord.). **Constituição da República 30 anos depois**: uma análise prática da eficiência dos direitos fundamentais. Estudos em homenagem ao Ministro Luiz Fux. Belo Horizonte: Fórum, 2018, p. 225. Vale transcrever mais esse excerto do referido texto: "Não existe remédio no sistema arbitral para cassar decisões que apliquem o direito de forma supostamente incorreta ou contrária ao precedente. E isso tem uma razão de ser: não cabe ao Judiciário rever o mérito de sentenças arbitrais, pois o sistema arbitral protege a missão do árbitro de julgar e pacificar o caso que lhe for submetido pela vontade dos litigantes. Sua função é autônoma, independente e corre ao lado da jurisdição estatal, o que nos leva a sustentar, sem medo de errar, que, no sistema arbitral, não há vinculação aos precedentes estatais, que são um método posto para atender a jurisdição exercida pelo Estado, conforme suas finalidades e escopos" (p. 225).

de órgãos superiores. Ressalta que "as sentenças arbitrais são autônomas, razão pela qual não haveria, por não estar enquadradas em nenhum sistema homogêneo, qualquer obrigatoriedade de que fossem uniformes"[299].

A propósito das normas constitucionais, discorda do entendimento segundo o qual poderia o Poder Judiciário invalidar sentenças arbitrais proferidas em descompasso com tais normas, o que incluiria os efeitos vinculante e *erga omnes* produzidos pelas decisões e enunciados de súmula vinculante do Supremo Tribunal Federal[300]. Chega a afirmar que a anulatória não seria cabível nem "mesmo nas situações em que o Supremo Tribunal Federal houver julgado inconstitucional determinada norma e, portanto, tiver ela sido retirada do ordenamento jurídico brasileiro"[301]. O citado autor admite apenas que, em casos limítrofes, poderia levar-se a cabo a invalidação da sentença arbitral se a fundamentação adotada pelo árbitro fosse deficiente; a anulação dar-se-ia, portanto, por vício de fundamentação e não por não observância a precedente judicial[302].

299 MARQUES, Ricardo Dalmaso. Inexistência de vinculação do árbitro às decisões e súmulas judiciais vinculantes do Supremo Tribunal Federal. **Revista Brasileira de Arbitragem**, vol. 10, nº 38, 2013, p. 119.

300 "Salientamos, ainda nessa linha, que a hipótese de invalidação da sentença por ausência ou deficiência na fundamentação da sentença arbitral não pode ser invocada e admitida meramente por estar em descompasso com decisão ou súmula vinculante do Supremo Tribunal Federal. Sentença arbitral equivocada em seu mérito não é sentença arbitral inválida; e sentença arbitral em descompasso com o entendimento do Supremo Tribunal Federal não é sentença sem fundamentação e muito menos proferida fora dos termos da convenção de arbitragem, nos termos do art. 32, incisos III e IV, da Lei nº 9.307/1996". (MARQUES, Ricardo Dalmaso. Inexistência de vinculação do árbitro às decisões e súmulas judiciais vinculantes do Supremo Tribunal Federal. **Revista Brasileira de Arbitragem**, vol. 10, nº 38, 2013, p. 133-134).

301 MARQUES, Ricardo Dalmaso. Inexistência de vinculação do árbitro às decisões e súmulas judiciais vinculantes do Supremo Tribunal Federal. **Revista Brasileira de Arbitragem**, vol. 10, nº 38, 2013, p. 121.

302 Em sentido semelhante: "Em conclusão, parece-nos que os árbitros devem indicar e explicar porque resolveram não aplicar aquele precedente invocado pelas partes sem que esse precedente os vincule. Há um dever dos árbitros de explicar a discordância com as alegações das partes em relação aos precedentes, mas não há um dever de aplicá-los. Cumpre ressaltar, portanto, que a súmula vinculante não impõe a sua observância ao árbitro, a não ser que se trate de uma súmula sobre um princípio de ordem pública, pois isso levaria a anulação da sentença arbitral". (BONATO, Giovanni. Arbitragem e precedentes. In: BEDAQUE, José Roberto dos Santos; YARSHELL, Flávio Luiz; SICA, Heitor Vitor Mendonça (coord.). **Estudos de direito processual civil em homenagem ao Professor José Rogério Cruz e Tucci**. Salvador: JusPodivm, 2018, p. 325).

A despeito de considerar a decisão e a súmula vinculante fontes do direito brasileiro, o que tornaria "indisputável o dever do árbitro considerá-las e aplicá-las, pois, assim, estará tão somente fazendo uso da lei aplicável ao mérito da disputa" – em sendo esta a legislação brasileira –, para Ricardo Dalmaso Marques isso não significaria dizer que a decisão e a súmula vinculante efetivamente obrigariam os árbitros da mesma forma que obrigam o juiz togado. E assim seria porque a decisão e a súmula vinculante "não produzem efeitos de vinculação além dos sistemas judicial e administrativo, ou seja, não alcançam o sistema arbitral, pois dizem respeito a regras e ritos específicos do sistema judicial", bem como "o sistema arbitral brasileiro não comporta essa vinculação, uma vez que, hoje, inexiste remédio que importe a vinculação forçada aos precedentes criados pelo Supremo Tribunal Federal"[303].

Ao discorrer sobre as ações perante o Supremo Tribunal Federal, Rômulo Mariani assevera, de início, ser legítimo que as partes esperem do árbitro a aplicação do direito de acordo com o que decidiu a Suprema Corte em sede de ação declaratória de constitucionalidade ou de ação direta de inconstitucionalidade. Isso porque, em regra, seria possível afirmar que o árbitro agirá corretamente, sob a perspectiva da aplicação do direito, se deixar de aplicar norma declarada inconstitucional pelo Supremo, se não declarar a inconstitucionalidade, mediante controle difuso, de norma tida por constitucional pelo Supremo, e se respeitar a interpretação conforme a Constituição fixada pelo Supremo Tribunal Federal ao declarar a constitucionalidade de norma em sede de controle abstrato[304].

Porém, considera que a vinculação que acompanha as decisões em controle abstrato e os enunciados de súmula vinculante está adstrita apenas aos órgãos do Poder Judiciário e à administração pública, conforme posto no texto constitucional. Por isso, defende que tal vinculação não ultrapassaria o que chamou de "as barreiras estabelecidas entre o sistema judicial e o sistema arbitral"[305]. Para Rômulo Mariani, permanece intacto o dever

[303] MARQUES, Ricardo Dalmaso. Inexistência de vinculação do árbitro às decisões e súmulas judiciais vinculantes do Supremo Tribunal Federal. **Revista Brasileira de Arbitragem**, vol. 10, nº 38, 2013, p. 126.

[304] MARIANI, Rômulo Greff. **Precedentes na arbitragem**. Belo Horizonte: Fórum, 2018, p. 142.

[305] MARIANI, Rômulo Greff. **Precedentes na arbitragem**. Belo Horizonte: Fórum, 2018, p. 145.

de o árbitro fundamentar suas decisões, prezando pela coerência delas, mas isso não significaria que tenha o árbitro necessariamente que seguir o entendimento da Corte estatal, mesmo em se tratando de controle abstrato perante o Supremo Tribunal Federal[306].

Rômulo Mariani entende que poderá se falar em uma *eficácia normativa* da decisão de inconstitucionalidade em um processo objetivo perante o Supremo "quando o próprio órgão legislativo (Senado) retira a regra do mundo jurídico na forma do dispositivo constitucional em comento", pois aí então o árbitro será alcançado pelo comando legislativo do provimento judicial vinculante da mesma forma que qualquer outra atividade legislativa, embora não reconheça o alcance aos árbitros do texto constitucional que estabelece a vinculação das decisões em controle abstrato e de enunciados de súmula vinculante[307].

Seu posicionamento é no sentido de que "a decisão que contrariar entendimento do Supremo Tribunal Federal, mesmo aquele fixado em sede de controle de constitucionalidade concentrado, não poderá ser considerada maculada, sem que se possa verificar uma vinculação do árbitro a essa espécie de decisão, a exemplo do que ocorre com o juiz estatal"[308]. Quando muito, segue o autor, uma decisão desse calibre poderia ser vista como equivocada; porém, não seria mesmo dado reconhecer a vinculação do árbitro às decisões do Supremo Tribunal Federal em controle de constitucionalidade (qualquer modalidade que seja), "podendo o árbitro lançar sua visão a propósito do tema de natureza constitucional como parte da aplicação do Direito ao caso, e, ao fim, concordar ou não com a visão já externada pelo Supremo Tribunal Federal"[309]. Não sendo analisada a questão constitucional ou interpretada de forma incorreta pelo árbitro,

306 MARIANI, Rômulo Greff. **Precedentes na arbitragem**. Belo Horizonte: Fórum, 2018, p. 145.

307 MARIANI, Rômulo Greff. **Precedentes na arbitragem**. Belo Horizonte: Fórum, 2018, p. 146. E prossegue: "Ou seja, há de existir a comunicação e o ato do Senado para que o ato normativo efetivamente deixe de existir, o que não deixa de no âmbito estatal preservar a vinculação imediata dos juízes à decisão com base na Lei nº 9.868/1999 e Constituição Federal (artigo 102, §2º). Mas essa vinculação existe por uma regra processual própria do sistema estatal, e não pelo fato de que a declaração do Supremo Tribunal Federal fez o ato inconstitucional desparecer, até porque, admite-se, mesmo em sede de controle concentrado o entendimento pode ser revisto no futuro, ao menos quando se trata de reavaliar ato normativo cuja constitucionalidade foi decretada no passado. (...)" (p. 147-148).

308 MARIANI, Rômulo Greff. **Precedentes na arbitragem**. Belo Horizonte: Fórum, 2018, p. 149.

309 MARIANI, Rômulo Greff. **Precedentes na arbitragem**. Belo Horizonte: Fórum, 2018, p. 150.

haveria má aplicação do direito, o que não legitimaria o controle judicial posterior da sentença arbitral, nem mesmo sob a alegação de afronta à ordem pública[310].

Ainda entre os que se posicionam contra a vinculação dos árbitros aos provimentos judiciais, Joel Figueira Jr., tomando como ponto de partida o que entende por "diferenças existentes entre as jurisdições estatal e a particular"[311], afirma que os árbitros não estariam jungidos aos precedentes estatais – segundo ele, aqueles previstos no artigo 927 do Código de Processo Civil –, na medida em que (I) a Constituição Federal teria deixado de fazer referência a tal vinculação quando tratou do tema alusivo à observância das súmulas vinculantes e aos julgados do Supremo Tribunal Federal em ações diretas de inconstitucionalidade e nas declaratórias de constitucionalidade; e (II) não haveria a mesma referência à vinculação do árbitro no diploma processual civil nem na Lei nº 13.129/2015, responsável pela reforma pontual da Lei de Arbitragem[312].

Essas seriam evidências robustas para Joel Figueira Jr. de que o árbitro não estaria adstrito aos provimentos judiciais vinculantes do Código de Processo Civil, porque a arbitragem teria sido bem lembrada pelo legislador de 2015, que a teria erigido ao patamar de *norma fundamental do processo civil* brasileiro, e a reconhecido como jurisdição. Alerta que "se desejasse o legislador estender à jurisdição arbitral a observância dos precedentes

[310] MARIANI, Rômulo Greff. **Precedentes na arbitragem**. Belo Horizonte: Fórum, 2018, p. 154.

[311] Nessa passagem, Joel Figueira Jr. transcreve trecho de interessante trabalho de Owen Fiss (Professor da Universidade de Yale), que apresenta uma, por assim dizer, radical distinção entre as figuras do árbitro e do juiz togado, conforme consta do original, em inglês: *"Arbitration is like adjudication in that it too seeks the right, the just, the true judgment. There is, however, an important difference in the two processes arising from the nature of the decisional agency – one private, the other public. Arbitrators are paid for by the parties; chosen by the parties; and enjoined by a set of practices (such as a reluctance to write opinions or generate precedents) that localizes or privatizes the decision. The function of the arbitrator is to resolve a dispute. The function of the judge, on the other hand, must be understood in wholly different terms: he is a public officer; paid for by public funds; chosen not by the parties but by the public or its representatives; and empowered by the political agencies to enforce and create society-wide norms, and perhaps even to restructure institutions, as a way, I suggest, of giving meaning to our public values"*. (FISS, Owen. The forms of justice. **Harvard Law Review**, vol. 93, nº 1, 1979, p. 30-31).

[312] FIGUEIRA JR., Joel Dias. Arbitragem e precedentes judiciais. In: FERREIRA, Olavo Augusto Vianna Alves; LUCON, Paulo Henrique dos Santos (coord.). **Arbitragem**: atualidades e tendências. Ribeirão Preto: Migalhas, 2019, p. 152.

judiciais assim teria dito e assentado"[313]. Uma vez que não houve menção expressa aos árbitros no texto constitucional, tampouco no *caput* do artigo 927 (ou em qualquer outra passagem do Código), conclui que não haveria como sustentar a vinculação do árbitro aos provimentos judiciais, sem embargo de reconhecê-los como fontes de direito.

O citado autor entende, porém, que o árbitro deveria seguir os provimentos judiciais vinculantes apenas em duas situações: (I) quando as partes assim dispuserem na convenção de arbitragem; ou (II) quando algum ente público integrar um dos polos da arbitragem, hipótese em que haveria dever de observância às súmulas vinculantes e às decisões em ações direta de inconstitucionalidade e declaratória de constitucionalidade pelo Supremo Tribunal Federal[314].

4.2.2. Teorias sobre a vinculação e suas variáveis

As teorias que aderem à vinculação do árbitro tratam do tema sobre variadas perspectivas, a despeito de haver pontos de convergência além da própria concordância, é claro, com a possibilidade de vinculação. São muitas as variáveis consideradas pelos defensores dessa corrente doutrinária, que vão desde os tipos específicos de provimentos que vinculariam a atividade arbitral até os graus de vinculação e respectivos mecanismos de controle judicial referentes a cada situação prática diversa, quando for admitido esse controle *a posteriori*.

Por vislumbrar os provimentos judiciais vinculantes como fontes do direito, Sofia Temer diz ser "inexorável a conclusão pelo dever dos árbitros de ponderá-los e aplicá-los quando do exercício de sua função jurisdicional", sustentando-se tal entendimento também em outros fundamentos, "como a exigência de isonomia e segurança jurídica na atividade jurisdicional (estatal ou arbitral), a concepção dworkiana de direito como integridade, e o 'dever moral' de seguir precedentes, entre outros"[315].

[313] FIGUEIRA JR., Joel Dias. Arbitragem e precedentes judiciais. In: FERREIRA, Olavo Augusto Vianna Alves; LUCON, Paulo Henrique dos Santos (coord.). **Arbitragem**: atualidades e tendências. Ribeirão Preto: Migalhas, 2019, p. 154.

[314] FIGUEIRA JR., Joel Dias. Arbitragem e precedentes judiciais. In: FERREIRA, Olavo Augusto Vianna Alves; LUCON, Paulo Henrique dos Santos (coord.). **Arbitragem**: atualidades e tendências. Ribeirão Preto: Migalhas, 2019, p. 154.

[315] TEMER, Sofia. Precedentes judiciais e arbitragem: reflexões sobre a vinculação do árbitro e o cabimento de ação anulatória. **Revista de Processo**, vol. 278, 2018, p. 523-543. Versão eletrônica, p. 2.

Sofia Temer entende que, sendo os provimentos judiciais vinculantes fontes de direito, "a sua não aplicação pode significar julgamento fora dos limites da convenção de arbitragem, no que tange à escolha do direito para dirimir a controvérsia"[316]. Escolhendo as partes a aplicação do direito brasileiro, seria correto concluir que sua incidência compreenderia tanto o texto legal quanto a interpretação vinculante que lhe tenha sido atribuída pelo Poder Judiciário.

Apesar de enxergar a vinculação dos árbitros aos provimentos judiciais, sem disso extrair um dever de fundamentação mais rigoroso do que aquele exigido quando se está diante da aplicação da lei, a referenciada autora atesta que esse entendimento não daria ensejo a novas hipóteses de ação anulatória de sentença arbitral, tampouco serviria de substrato para alargar o rol do artigo 32 da Lei de Arbitragem para permitir o controle judicial por afronta a precedente[317]-[318].

Luis Felipe Salomão e Rodrigo Fux, fixados na ideia de que os precedentes são fontes de direito, endossam a tese de que os árbitros se vinculam aos provimentos judiciais vinculantes, sobretudo por entenderem que o Código de Processo Civil de 2015 "foi cristalino ao reconhecer eficácia normativa de determinadas decisões, fato que fez com que os preceden-

[316] TEMER, Sofia. Precedentes judiciais e arbitragem: reflexões sobre a vinculação do árbitro e o cabimento de ação anulatória. **Revista de Processo**, vol. 278, 2018, p. 523-543. Versão eletrônica, p. 6.

[317] TEMER, Sofia. Precedentes judiciais e arbitragem: reflexões sobre a vinculação do árbitro e o cabimento de ação anulatória. **Revista de Processo**, vol. 278, 2018, p. 523-543. Versão eletrônica, p. 8.

[318] Em sentido semelhante: "Isso porque, em sendo os precedentes judiciais fonte normativa de Direito é consectário lógico que os árbitros deverão observá-los, assim como devem observar a lei, sempre quando a arbitragem tiver que ser julgada segundo o Direito brasileiro. A questão afeta à existência ou não de mecanismos de controle dos laudos arbitrais fica relegada a um segundo plano, não se mostrando legítimo, a nosso ver, definir o dever ou não de observância dos precedentes judiciais com base na presença ou na ausência de consequências legais em caso de violação a esse suposto impositivo legal". (CENACHI, Luiza Gonzaga Drumond. Uma questão polêmica: o árbitro é obrigado a observar os precedentes judiciais? In: LUCON, Paulo Henrique dos Santos; FARIA, Juliana Cordeiro de; MARX NETO, Edgard Audomar; REZENDE, Ester Camila Gomes Norato (org.). **Processo civil contemporâneo**: homenagem aos 80 anos do professor Humberto Theodoro Júnior. Rio de Janeiro: Forense, 2018, p. 891). Ver ainda: REIS, Christiane Freire de Paula. Is the arbitrator obliged to follow a judicial precedent in international arbitration? **Revista de Direito Constitucional e Internacional**, vol. 110, 2018, p. 265-278. Versão eletrônica, p. 2.

tes enumerados como vinculantes evidenciassem o mesmo valor da norma legal: fonte imediata e obrigatória do direito"[319].

Compreendendo o processo de realização do direito de modo *unitário*, escrevem que negar a vinculação do árbitro aos provimentos judiciais "seria negar o caráter unitário do ordenamento jurídico, já que possibilitaria ao intérprete selecionar conforme sua conveniência as regras do ordenamento que são (ou não) aplicáveis"[320]-[321]. Afirmam que essa hipótese poderia criar "tenebroso cenário de manifestações jurisdicionais contraditórias apenas pela escolha do procedimento", ao mesmo tempo que rememoram que a escolha pela arbitragem nada mais seria do que a opção por um procedimento diverso, e não propriamente um resultado diferente daquele que se obteria no Poder Judiciário[322].

[319] SALOMÃO, Luis Felipe; FUX, Rodrigo. Arbitragem e precedentes: possível vinculação do árbitro e mecanismos de controle. **Revista de Arbitragem e Mediação**, vol. 66, 2020, p. 139-174. Versão eletrônica, p. 11.

[320] SALOMÃO, Luis Felipe; FUX, Rodrigo. Arbitragem e precedentes: possível vinculação do árbitro e mecanismos de controle. **Revista de Arbitragem e Mediação**, vol. 66, 2020, p. 139-174. Versão eletrônica, p. 12.

[321] Ana Basilio, a propósito do assunto, posiciona-se de forma semelhante: "Mas, a despeito da diferença dos institutos, consistiria em manifesta patologia sistêmica admitir-se a possibilidade, de um lado, de o juiz em uma demanda judicial estar vinculado ao precedente e, de outro, o árbitro em processo arbitral não, com fundamento nos princípios da isonomia e da segurança jurídica. Sustentar o contrário seria admitir uma verdadeira cisão no Direito brasileiro, discrepante sobre temas idênticos de mérito, a depender de quem vai julgar o caso (um árbitro ou um juiz), o que acabaria por gerar indesejável insegurança e tornar o instituto da arbitragem desacreditado. Com base, pois, na prevalência do princípio da segurança jurídica e na integridade do sistema, deve-se concluir pela vinculação dos árbitros a todas as espécies de precedentes judiciais sobre temas de direito material, aos quais o legislador atribuiu eficácia vinculativa, tal como previsto no art. 927 do novo Código de Processo Civil, inclusive nos 'acórdãos em incidente de assunção de competência ou de resolução de demandas repetitivas e em julgamento de recursos extraordinário e especial repetitivos; IV – enunciados das súmulas do Supremo Tribunal Federal em matéria constitucional e do Superior Tribunal de Justiça em matéria infraconstitucional; V – orientação do plenário ou do órgão especial aos quais estiverem vinculados'. Afinal, uma vez proferida decisão vinculante sobre tema de direito substantivo, esse comando passa a ter *status* normativo e gera para os jurisdicionados a expectativa de que o seu comando vai nortear a solução de litígios sobre o mesmo tema". (BASILIO, Ana Tereza. A arbitragem e a sua controversa vinculação aos precedentes do novo Código de Processo Civil. **Justiça & Cidadania**, edição 217, set. 2018, p. 32-34).

[322] SALOMÃO, Luis Felipe; FUX, Rodrigo. Arbitragem e precedentes: possível vinculação do árbitro e mecanismos de controle. **Revista de Arbitragem e Mediação**, vol. 66, 2020, p. 139-174. Versão eletrônica, p. 12.

Para Luis Felipe Salomão e Rodrigo Fux, portanto, a não aplicação dos provimentos judiciais vinculantes pelo árbitro seria uma "falha gravíssima no sistema", tendo em conta que o juízo arbitral e o juízo estatal dariam respostas opostas a casos iguais, apesar de ambos se valerem do mesmo ordenamento jurídico[323]. Alertam que contrariar o que chamam de "natural movimento de coesão entre arbitragem e jurisdição estatal" equivaleria a manchar todo o caminho percorrido nesse sentido até hoje. Além de não obedecer a lógica do sistema, "esse cabo de guerra só enfraquecerá o sistema jurisdicional, conduzindo inexoravelmente ao desprestígio paulatino do instituto da arbitragem perante o Poder Judiciário"[324].

Idêntica conclusão não se extrairia com relação aos provimentos judiciais persuasivos. Para tais autores, não haveria obrigatoriedade de o árbitro seguir tais espécies de provimentos judiciais, embora reconheçam o "papel relevantíssimo no esforço pela uniformização e pela harmonização da jurisprudência"[325]. O juízo arbitral não poderia, assim, simplesmente ignorá-los; haveria um dever de ao menos levar os provimentos persuasivos em consideração no momento de o árbitro formar sua convicção sobre a disputa, o que decorreria do dever constitucional de motivação das decisões.

A posição secundada por José Rogério Cruz e Tucci prestigia a tese da vinculação do árbitro aos provimentos judiciais. Escolhido pelas partes o direito brasileiro para reger a arbitragem, "tal ordenamento jurídico, em todas as suas dimensões, deverá então servir de norte para fundamentar a futura sentença que colocará termo ao respectivo processo arbitral"[326]. Dito de outro modo, o festejado jurista salienta que o árbitro, para dirimir a lide submetida ao seu crivo, "tem o dever inafastável de julgar em conso-

[323] Salomão, Luis Felipe; Fux, Rodrigo. Arbitragem e precedentes: possível vinculação do árbitro e mecanismos de controle. **Revista de Arbitragem e Mediação**, vol. 66, 2020, p. 139-174. Versão eletrônica, p. 12.

[324] Salomão, Luis Felipe; Fux, Rodrigo. Arbitragem e precedentes: possível vinculação do árbitro e mecanismos de controle. **Revista de Arbitragem e Mediação**, vol. 66, 2020, p. 139-174. Versão eletrônica, p. 13.

[325] Salomão, Luis Felipe; Fux, Rodrigo. Arbitragem e precedentes: possível vinculação do árbitro e mecanismos de controle. **Revista de Arbitragem e Mediação**, vol. 66, 2020, p. 139-174. Versão eletrônica, p. 13.

[326] Tucci, José Rogério Cruz e. **Questões polêmicas do processo arbitral**. São Paulo: Quartier Latin, 2019, p. 43.

nância com o arcabouço de normas, regras e outras formas de expressão do direito que integram o direito positivo brasileiro"[327].

Disso decorreria que o árbitro, assim como o magistrado, não poderia se afastar da aplicação de provimento judicial que consagrasse determinada interpretação acerca de dispositivo legal, pois a orientação do Judiciário constituiria "valioso subsídio para que o árbitro, no processo hermenêutico de subsunção, possa aplicar a lei ao caso concreto, cumprindo adequadamente a missão que lhe foi outorgado pelas partes"[328]. Essa vinculação do árbitro não se justificaria propriamente em razão da autoridade hierárquica da qual provém o provimento judicial, mas, sim, por conta da sua eficácia persuasiva e da exigência de segurança jurídica, mormente quando se estiver diante de uma orientação jurisprudencial consolidada ou sumulada do Poder Judiciário; se a hipótese for de súmula vinculante, com maior dose de razão deverá o árbitro observá-la.

A lógica do mencionado professor das Arcadas segue, de certa forma, o ideário do direito como unidade. Sob a ótica do princípio da isonomia, José Rogério Cruz e Tucci aduz que não faria sentido admitir, de um lado, que o juiz togado estivesse vinculado aos provimentos judiciais e, de outro lado, que os mesmos provimentos judiciais fossem passíveis de serem ignorados na arbitragem[329].

Malgrado esteja o árbitro vinculado ao provimento judicial, não seria ele, assim como também não é o juiz estatal, "escravo do precedente". José Rogério Cruz e Tucci quis com isso dizer que tanto o árbitro quanto o magistrado poderiam, "em igualdade de condições, nas respectivas sentenças, justificar a inobservância de determinada exegese pretoriana"[330]. Prossegue afirmando que o descumprimento, pelo árbitro, do provimento judicial vinculante seria hipótese de *error in iudicando*, o que inviabilizaria o ajuizamento de ação anulatória, como é cediço; em contrapartida, seria caso de *error in procedendo*, a autorizar o cabimento da anulatória, se o árbi-

[327] TUCCI, José Rogério Cruz e. **Questões polêmicas do processo arbitral**. São Paulo: Quartier Latin, 2019, p. 43.

[328] TUCCI, José Rogério Cruz e. **Questões polêmicas do processo arbitral**. São Paulo: Quartier Latin, 2019, p. 43.

[329] TUCCI, José Rogério Cruz e. **Questões polêmicas do processo arbitral**. São Paulo: Quartier Latin, 2019, p. 44.

[330] TUCCI, José Rogério Cruz e. **Questões polêmicas do processo arbitral**. São Paulo: Quartier Latin, 2019, p. 44.

tro, provocado pelas partes, não explicitasse o motivo pelo qual determinado provimento judicial, inclusive a súmula vinculante, não se aplicaria à resolução daquela disputa, seja por absoluta impertinência, seja pela superação do entendimento em virtude de sua obsolescência[331].

Guilherme Rizzo Amaral leciona que a vinculação dos árbitros aos provimentos judiciais vinculantes adviria do fato de as partes elegerem a *arbitragem de direito*, uma vez que tais provimentos integrariam o ordenamento jurídico brasileiro. Firme nessa premissa, esclarece não estar "o árbitro vinculado aos precedentes por conta da (inexistente) aplicação direta de dispositivos do CPC à arbitragem, mas pela vontade das partes que deram ao árbitro a missão de julgar *conforme o direito*"[332]. Justamente por isso é que haveria a obrigatoriedade de os árbitros seguirem os provimentos judiciais vinculantes, à míngua da existência do correspondente mecanismo de controle, sob pena de se julgar por equidade[333].

Olhando o árbitro como única e última instância do conflito para o qual recebeu a investidura para atuar como julgador privado, Guilherme Rizzo Amaral defende que ele só estaria vinculado ao provimento judicial que vincularia a última instância do Poder Judiciário fosse o processo judicial[334]. Entende que em hipótese alguma estaria o árbitro obrigado a seguir, por exemplo, um provimento judicial advindo de tribunal local, à exceção de a matéria em debate versar sobre direito municipal que não possa ser revista pelo Superior Tribunal de Justiça ou pelo Supremo Tribunal Federal[335]. Embora não obrigado, o árbitro, nessa situação, não deveria simplesmente ignorar o provimento judicial estadual, que teria eficácia persuasiva no caso concreto.

[331] TUCCI, José Rogério Cruz e. **Questões polêmicas do processo arbitral**. São Paulo: Quartier Latin, 2019, p. 44.

[332] AMARAL, Guilherme Rizzo. Arbitragem e precedentes. In: LEVY, Daniel; PEREIRA, Guilherme Setoguti J. (coord.). **Curso de arbitragem**. São Paulo: Thomson Reuters Brasil, 2018, p. 288; itálico no original.

[333] AMARAL, Guilherme Rizzo. Arbitragem e precedentes. In: LEVY, Daniel; PEREIRA, Guilherme Setoguti J. (coord.). **Curso de arbitragem**. São Paulo: Thomson Reuters Brasil, 2018, p. 289.

[334] AMARAL, Guilherme Rizzo. Arbitragem e precedentes. In: LEVY, Daniel; PEREIRA, Guilherme Setoguti J. **Curso de arbitragem**. São Paulo: Thomson Reuters Brasil, 2018, p. 290.

[335] AMARAL, Guilherme Rizzo. Arbitragem e precedentes. In: LEVY, Daniel; PEREIRA, Guilherme Setoguti J. **Curso de arbitragem**. São Paulo: Thomson Reuters Brasil, 2018, p. 290.

Por outro lado, o árbitro estaria efetivamente vinculado aos provimentos judiciais das por ele assim chamadas Cortes de precedentes, "cuja função nomofilácica – preponderância da uniformização do direito e não da resolução do conflito individual – impõe o reconhecimento do precedente como *fonte de direito* no ordenamento jurídico brasileiro"[336]. A vinculação, nessa senda, seria igual à vinculação dos árbitros à lei promulgada pelo Poder Legislativo, a despeito de não se confundir com os efeitos do controle concentrado de constitucionalidade, o qual extirparia a norma inconstitucional do ordenamento jurídico, vedando sua futura aplicação pelo juiz e pelo árbitro.

Concernente ao controle judicial das decisões arbitrais que versam sobre a aplicação de provimentos judiciais vinculantes, Guilherme Rizzo Amaral defende ser tal controle "restrito às hipóteses de *desconsideração consciente* do precedente vinculante, sendo vedada a anulação da sentença arbitral por mera *aplicação errônea* do precedente"[337]-[338].

[336] AMARAL, Guilherme Rizzo. Arbitragem e precedentes. In: LEVY, Daniel; PEREIRA, Guilherme Setoguti J. **Curso de arbitragem**. São Paulo: Thomson Reuters Brasil, 2018, p. 290; itálico no original.

[337] AMARAL, Guilherme Rizzo. Arbitragem e precedentes. In: LEVY, Daniel; PEREIRA, Guilherme Setoguti J. **Curso de arbitragem**. São Paulo: Thomson Reuters Brasil, 2018, p. 301; itálico no original.

[338] Vale a pena conferir o *standard* de revisão de sentenças arbitrais que teriam descumprido provimentos judiciais vinculantes: "1 – O juiz deve verificar se a questão de direito objeto do precedente foi devidamente arguida perante o árbitro de acordo com as regras aplicáveis ao procedimento arbitral. Não tendo sido, descaberá a revisão da sentença arbitral com base no fundamento de desconsideração do precedente; 2 – Tendo havido arguição da questão, o juiz deve verificar se o precedente é, de fato, vinculante para o árbitro, na medida em que pode haver precedentes ou pronunciamentos judiciais de natureza distinta (precedentes persuasivos, *obiter dicta* etc.). Se o precedente não for vinculante, descaberá a revisão da sentença arbitral com base no fundamento de desconsideração do precedente; 3 – Se o precedente for vinculante, o juiz deve então prosseguir com a análise sobre o modo com que o árbitro lidou com o precedente na sentença arbitral; 3.1. Se o árbitro reconheceu o precedente como vinculante, contudo deixou de aplicá-lo ao caso concreto por ter realizado o *distinguishing* por meio de argumentação minimamente razoável, descaberá a revisão da sentença arbitral. Mesmo que o árbitro cometa erro ao distinguir o precedente ou, ainda, que o juiz discorde do resultado da sentença arbitral, não está autorizada a revisão da sentença arbitral, por se tratar de mero erro na aplicação do direito; 3.2. Se o árbitro reconhecer a existência do precedente, contudo negar seu efeito vinculante (expressa ou implicitamente), a impugnação à sentença arbitral deverá ser acolhida (veremos, a seguir, os mecanismos para se veicular tal impugnação) tendo em vista a desconsideração consciente do precedente vinculante; 3.3. Se o árbitro, apesar de provocado, deixar de se manifestar sobre o precedente vinculante, a impugnação

Lucas Buril de Macêdo e Maria Eduarda Almeida, no afã de rechaçar a posição daqueles que discordam da vinculação do árbitro aos provimentos judiciais, por eles vistos como *precedentes obrigatórios*, apresentam três argumentos. Primeiro, os provimentos judiciais vinculantes teriam natureza normativa e seriam fontes de direito, daí por que o dever de o árbitro seguir tais provimentos não seria uma questão de direito processual, porém de sobredireito. Segundo, os provimentos judiciais vinculantes seriam instrumentos voltados à proteção da segurança jurídica, princípio aplicável ao processo arbitral, não sendo forjados unicamente no arcabouço judicial. Terceiro, no que diz respeito aos provimentos judiciais vinculantes previstos nos artigos 103-A da Constituição Federal e 927 do Código de Processo Civil, embora tais dispositivos indiquem a observância apenas de juízes e tribunais, não haveria dúvidas de sua aplicação também aos particulares, sendo insuficiente a interpretação meramente literal dos textos, já que "não se pode ignorar a forma como o Estado-juiz define a solução de questões jurídicas, diante do fato de que o próprio direito estatal estabelece a solução definitiva pelo próprio judiciário"[339].

Nesse sentido, uma vez escolhida a aplicação do direito brasileiro para resolver o conflito submetido ao juízo arbitral, "automaticamente os precedentes obrigatórios são chamados à solução da questão, pois não são nada mais do que parte da experiência jurídica que constitui e define a aplicação das normas brasileiras"[340]. Lucas Buril de Macêdo e Maria Eduarda Almeida dizem, então, que a vinculação do árbitro aos provimentos judiciais decorreria do fato de terem as partes eleito o direito brasileiro como regramento aplicável, e da circunstância de serem tais provimentos

à sentença arbitral deverá ser acolhida tendo em vista a ausência de fundamentação, além da própria desconsideração consciente do precedente vinculante". (AMARAL, Guilherme Rizzo. Arbitragem e precedentes. In: LEVY, Daniel; PEREIRA, Guilherme Setoguti J. (coord.). **Curso de arbitragem**. São Paulo: Thomson Reuters Brasil, 2018, p. 293; itálico no original).

339 MACÊDO, Lucas Buril de; ALMEIDA, Maria Eduarda. Os precedentes obrigatórios vinculam o tribunal arbitral? In: FERREIRA, Olavo Augusto Vianna Alves; LUCON, Paulo Henrique dos Santos (coord.). **Arbitragem**: atualidades e tendências. Ribeirão Preto: Migalhas, 2019, p. 827.

340 MACÊDO, Lucas Buril de; ALMEIDA, Maria Eduarda. Os precedentes obrigatórios vinculam o tribunal arbitral? In: FERREIRA, Olavo Augusto Vianna Alves; LUCON, Paulo Henrique dos Santos (coord.). **Arbitragem**: atualidades e tendências. Ribeirão Preto: Migalhas, 2019, p. 829.

integrantes do ordenamento jurídico nacional, os quais seriam imprescindíveis para se interpretar corretamente um texto normativo[341].

Posto que defendam a teoria da vinculação, entendem que não são todos os provimentos judiciais elencados no artigo 927 do Código de Processo Civil que obrigariam a atividade jurisdicional do árbitro. Apenas aqueles provimentos vinculantes formados no âmbito das Cortes Superiores de Justiça é que seriam impositivos ao árbitro, dado que são estas Cortes que têm a função precípua de uniformizar e desenvolver o direito no território nacional. Ademais, admitem excepcionalmente a vinculação do árbitro a provimentos dos Tribunais Estaduais nos temas em que atuarem como última instância[342].

Quem defende a vinculação do árbitro a certos provimentos judiciais vinculantes, os tais precedentes fortes, é Márcio Bellocchi. Na perspectiva do autor, o precedente teria poder normativo e força de lei entre as partes do processo arbitral, assim como para casos futuros idênticos (ou semelhantes), desde que contenham a mesma *ratio*[343]. Mas isso se daria somente em circunstâncias específicas, quais sejam, nos casos dos provimentos judiciais oriundos "(i) do art. 927, inciso III[344], (ii) do art. 988, incisos II e IV e §5º[345], (iii) do art. 1.030, inciso I, alíneas *a* e *b*[346], e (iv) do art.

[341] Macêdo, Lucas Buril de; Almeida, Maria Eduarda. Os precedentes obrigatórios vinculam o tribunal arbitral? In: Ferreira, Olavo Augusto Vianna Alves; Lucon, Paulo Henrique dos Santos (coord.). **Arbitragem**: atualidades e tendências. Ribeirão Preto: Migalhas, 2019, p. 829.

[342] Macêdo, Lucas Buril de; Almeida, Maria Eduarda. Os precedentes obrigatórios vinculam o tribunal arbitral? In: Ferreira, Olavo Augusto Vianna Alves; Lucon, Paulo Henrique dos Santos (coord.). **Arbitragem**: atualidades e tendências. Ribeirão Preto: Migalhas, 2019, p. 833.

[343] Bellocchi, Márcio. **Precedentes vinculantes e a aplicação do direito brasileiro na convenção de arbitragem**. São Paulo: Editora Revista dos Tribunais, 2017, p. 135.

[344] Código de Processo Civil: "Art. 927. Os juízes e os tribunais observarão: (...) III – os acórdãos em incidente de assunção de competência ou de resolução de demandas repetitivas e em julgamento de recursos extraordinário e especial repetitivos".

[345] Código de Processo Civil: "Art. 988. Caberá reclamação da parte interessada ou do Ministério Público para: (...) II – garantir a autoridade das decisões do tribunal; (...) IV – garantir a observância de acórdão proferido em julgamento de incidente de resolução de demandas repetitivas ou de incidente de assunção de competência; (...) § 5º É inadmissível a reclamação: I – proposta após o trânsito em julgado da decisão reclamada; II – proposta para garantir a observância de acórdão de recurso extraordinário com repercussão geral reconhecida ou de acórdão proferido em julgamento de recursos extraordinário ou especial repetitivos, quando não esgotadas as instâncias ordinárias".

[346] Código de Processo Civil: "Art. 1.030. Recebida a petição do recurso pela secretaria do tribunal, o recorrido será intimado para apresentar contrarrazões no prazo de 15 (quinze)

1.039[347], todos do NCPC"[348]. Nesses casos, as orientações do Poder Judiciário seriam de *aplicabilidade obrigatória* à arbitragem cujo objeto fosse igual, ou substancialmente igual, ao do provimento judicial vinculante que se estaria a utilizar como fundamento pelo árbitro.

A tese capitaneada por Márcio Bellocchi toma por base a *previsibilidade* da resolução do conflito. Se as partes estabelecem o direito brasileiro como lei aplicável, sem qualquer ressalva no que diz respeito aos provimentos judiciais vinculantes, então "terá sido a sua intenção que os árbitros analisem e julguem o seu caso sob a ótica, inclusive, dos precedentes aplicáveis", motivo pelo qual todos os elementos do ordenamento jurídico brasileiro "devem servir de base para o julgamento a ser proferido no processo arbitral"[349].

Márcio Bellocchi ainda comenta que o "respeito ao precedente não significa submissão ou falta de autonomia ou de independência" do árbitro, mas "a realização do *direito* e, no caso da arbitragem, o cumprimento do quanto contratado entre as partes, no espectro da jurisdição privada adotada como forma de resolução de controvérsia"[350].

dias, findo o qual os autos serão conclusos ao presidente ou ao vice-presidente do tribunal recorrido, que deverá: I – negar seguimento: a) a recurso extraordinário que discuta questão constitucional à qual o Supremo Tribunal Federal não tenha reconhecido a existência de repercussão geral ou a recurso extraordinário interposto contra acórdão que esteja em conformidade com entendimento do Supremo Tribunal Federal exarado no regime de repercussão geral; b) a recurso extraordinário ou a recurso especial interposto contra acórdão que esteja em conformidade com entendimento do Supremo Tribunal Federal ou do Superior Tribunal de Justiça, respectivamente, exarado no regime de julgamento de recursos repetitivos".

[347] Código de Processo Civil: "Art. 1.039. Decididos os recursos afetados, os órgãos colegiados declararão prejudicados os demais recursos versando sobre idêntica controvérsia ou os decidirão aplicando a tese firmada".

[348] Bellocchi, Márcio. **Precedentes vinculantes e a aplicação do direito brasileiro na convenção de arbitragem**. São Paulo: Editora Revista dos Tribunais, 2017, p. 164; itálico no original.

[349] Bellocchi, Márcio. **Precedentes vinculantes e a aplicação do direito brasileiro na convenção de arbitragem**. São Paulo: Editora Revista dos Tribunais, 2017, p. 164. Afinal, ainda segundo o referido autor, "[n]ão há como se franquear às partes a possibilidade de optar por uma jurisdição (estatal ou contratada) baseada na probabilidade, maior ou menor, de sucesso, pois em uma o direito seria um e em outra o direito seria diferente", haja vista que esse "quadro afrontaria, de modo inadmissível, a ideia de *unidade* ou de *universalidade do direito*, transformando a jurisdição em um verdadeiro jogo de loteria, o que, definitivamente, não é o intuito da jurisdição, qualquer que seja a sua natureza". (p. 165; itálico no original).

[350] Bellocchi, Márcio. **Precedentes vinculantes e a aplicação do direito brasileiro na convenção de arbitragem**. São Paulo: Editora Revista dos Tribunais, 2017, p. 166; itálico no original.

Igualmente qualificando os provimentos judiciais que seriam vinculantes ao juízo arbitral, Paulo Nasser defende que os seguintes pronunciamentos judiciais previstos no artigo 927 do Código de Processo Civil obrigariam a interpretação normativa do árbitro: (I) as decisões do Supremo Tribunal Federal em controle concentrado de constitucionalidade; (II) os enunciados de súmula vinculante; (III) os enunciados das súmulas do Supremo em matéria constitucional e do Superior Tribunal de Justiça em matéria infraconstitucional; (IV) os acórdãos proferidos em julgamento de recursos repetitivos; e (V) os acórdãos de incidente de assunção de competência pelo Superior Tribunal de Justiça[351].

Esses seriam os pronunciamentos classificados pelo autor como *jurisprudência qualificada*, cujo critério de seleção foi o da unidade do direito, de modo que apenas "as hipóteses que uniformizam a interpretação normativa em âmbito nacional é que devem ser seguidas pelos árbitros, porque apenas nestas hipóteses há integração da significação do texto da lei ao direito brasileiro"[352]. Ainda segundo o autor, "a vinculação dos árbitros à jurisprudência qualificada deve partir da premissa da abrangência nacional e do caráter pacífico do entendimento", devendo "a jurisprudência qualificada ter sido concretizada por tribunais cuja função constitucional seja (i) a tutela da Constituição Federal, no caso do STF, e (ii) a interpretação e significação do conteúdo da lei federal, no caso do STJ"[353].

4.2.3. Teoria da vinculação constitucional

Filiado à teoria que tutela o necessário respeito do árbitro aos provimentos judiciais vinculantes advindos do Supremo Tribunal Federal, Cândido Rangel Dinamarco salienta que a autonomia da arbitragem seria delimitada, por *imposição constitucional*, "pela adstrição dos árbitros a decidir com observância das *súmulas vinculantes* do Supremo Tribunal Federal (Const., art. 103-A) e dos julgamentos definitivos de mérito tomados em ação declaratória de inconstitucionalidade ou de constitucionalidade (art. 102, § 2º)"[354].

[351] NASSER, Paulo Magalhães. **Vinculações arbitrais**. Rio de Janeiro: Lumen Juris, 2019, p. 141.
[352] NASSER, Paulo Magalhães. **Vinculações arbitrais**. Rio de Janeiro: Lumen Juris, 2019, p. 141.
[353] NASSER, Paulo Magalhães. **Vinculações arbitrais**. Rio de Janeiro: Lumen Juris, 2019, p. 142.
[354] DINAMARCO, Cândido Rangel. **A arbitragem na teoria geral do processo**. São Paulo: Malheiros, 2013, p. 212; itálico no original.

Para esse célebre jurista, a não submissão do árbitro à jurisprudência constitucional assentada pela Suprema Corte "implicaria uma substancial diversidade de tratamento *aos litigantes*, conforme seus interesses venham a ser objeto de decisão por aquele ou pelo juiz togado"[355]. Daí ser possível dizer que a questão central não giraria em torno da liberdade decisória do árbitro e da autonomia da arbitragem, ou até mesmo de um alegado embate entre as jurisdições estatal e arbitral, "mas a do resguardo dos direitos e interesses dos sujeitos que se põem sob a jurisdição deste"[356].

Com efeito, Cândido Rangel Dinamarco afirma que a eventual aplicação, pelo árbitro, de norma declarada inconstitucional pelo Supremo em controle abstrato – portanto, afastada do ordenamento jurídico nacional – deveria comportar uma censura do Poder Judiciário pela via adequada, qual seja, a via da ação anulatória[357].

Thiago Rodovalho elucida que o árbitro "não está *vinculado* (*rectius*: obrigado) aos precedentes do art. 927 NCPC, estando vinculado apenas e tão somente aos precedentes com 'assento constitucional'", ainda que reconheça a importância, do ponto de vista pragmático, de o árbitro sempre dialogar com as alegações das partes, inclusive com os provimentos judiciais vinculantes, se os houver. Essa tarefa seria desempenhada na fundamentação da sentença arbitral[358].

O supracitado autor refuta a vinculação do árbitro aos provimentos judiciais do artigo 927 do Código de Processo Civil – à exceção daqueles com assento constitucional, pelo que se disse acima – por não considerar tais provimentos como *fonte primária* do direito brasileiro, pois tal previsão não poderia nascer da legislação infraconstitucional. Além disso, destaca que a arbitragem e o Poder Judiciário, embora se relacionem, configurariam sistemas apartados, bastando observar estas dificuldades práticas: "os árbitros não formam precedentes, não podem fazer o *overrulling*, não cabe

[355] DINAMARCO, Cândido Rangel. **A arbitragem na teoria geral do processo**. São Paulo: Malheiros, 2013, p. 214; itálico no original.

[356] DINAMARCO, Cândido Rangel. **A arbitragem na teoria geral do processo**. São Paulo: Malheiros, 2013, p. 214.

[357] DINAMARCO, Cândido Rangel. **A arbitragem na teoria geral do processo**. São Paulo: Malheiros, 2013, p. 215.

[358] RODOVALHO, Thiago. Os precedentes judiciais vinculantes do NCPC e o procedimento arbitral: estão os árbitros vinculados aos precedentes? In: **Contraponto jurídico**: posicionamentos divergentes sobre grandes temas do direito. São Paulo: Thomson Reuters Brasil, 2018, p. 121; itálico no original.

reclamação se descumprirem um precedente judicial e não cabe recurso para rever o precedente"[359].

Tal tese também é encampada por Marcos Fioravanti em obra monográfica. No seu entender, haveria vinculação do árbitro aos enunciados de súmula vinculante, porém o acolhimento do entendimento esposado em tais enunciados deveria ser analisado casuisticamente na arbitragem[360]. Estar o árbitro obrigado a observar a súmula não seria o mesmo que dizer que deveria ele acolher seu conteúdo de forma indiscriminada, à míngua do necessário exame da pertinência com relação ao litígio em debate. Referido autor aceita a possibilidade de o árbitro "lançar mão de técnicas de diferenciação ou superação desse enunciado normativo, podendo mesmo concluir pela sua inaplicação ao caso concreto"[361].

Levando em conta o papel de destaque que teria no direito brasileiro – dar unicidade ao sistema jurídico –, Marcos Fioravanti assevera que a súmula vinculante, enquanto fonte do direito com envergadura constitucional, não poderia ser ignorada ou contrariada pelo árbitro sem qualquer distinção, menos ainda se as partes tiverem escolhido o direito brasileiro como regramento específico da resolução da disputa[362].

Tendo o árbitro e o juiz togado funções jurisdicionais equiparáveis, não se poderia deixar de lado "o primado da isonomia, mas também o da segurança jurídica, da unicidade do sistema e da credibilidade da própria arbitragem", pois os "cidadãos têm a legítima expectativa de receber, seja do Poder Judiciário ou da arbitragem, decisão que analise o arcabouço normativo vigente como um todo, de maneira que não sejam surpreendi-

[359] RODOVALHO, Thiago. Os precedentes judiciais vinculantes do NCPC e o procedimento arbitral: estão os árbitros vinculados aos precedentes? In: **Contraponto jurídico**: posicionamentos divergentes sobre grandes temas do direito. São Paulo: Thomson Reuters Brasil, 2018, p. 121; itálico no original.

[360] FIORAVANTI, Marcos Serra Netto. **A arbitragem e os precedentes judiciais**: observância, respeito ou vinculação? Dissertação (Mestrado em Direito Civil) – Faculdade de Direito, Pontifícia Universidade Católica de São Paulo, São Paulo, 2017, p. 82.

[361] FIORAVANTI, Marcos Serra Netto. **A arbitragem e os precedentes judiciais**: observância, respeito ou vinculação? Dissertação (Mestrado em Direito Civil) – Faculdade de Direito, Pontifícia Universidade Católica de São Paulo, São Paulo, 2017, p. 82.

[362] FIORAVANTI, Marcos Serra Netto. **A arbitragem e os precedentes judiciais**: observância, respeito ou vinculação? Dissertação (Mestrado em Direito Civil) – Faculdade de Direito, Pontifícia Universidade Católica de São Paulo, São Paulo, 2017, p. 82.

dos por decisões que contrariem injustificadamente as fontes do direito em que estão inseridos"[363].

Para Marcos Fioravanti, "o árbitro deve observar os enunciados das súmulas vinculantes, verificando sua adequação ao caso que julga", com a ressalva de que o observar, aqui, teria o "sentido de analisar/considerar o comando sumulado no momento em que decide a controvérsia a ele submetida, assim como todas as demais fontes do direito eleito pelas partes"[364]. Trocando em miúdos, o árbitro não estaria subordinado ao comando da súmula vinculante, mas estaria obrigado a observá-la, a analisá-la, a confrontá-la e a fundamentar sua incidência ou não à hipótese concreta, independentemente da conclusão que se chegue a esse respeito[365].

Quando se trata, contudo, de decisão do Supremo Tribunal Federal que declara a inconstitucionalidade de dispositivo legal, haveria uma ponderação especial a ser feita, segundo comenta o aludido autor. É que a lei declarada inconstitucional em controle abstrato, como visto, teria como efeito a sua retirada do ordenamento jurídico, de que decorreria a impossibilidade de o árbitro com base nela decidir[366].

Nesse contexto, escreve Marcos Fioravanti que "a decisão do Supremo Tribunal Federal que extirpa do ordenamento jurídico ato normativo inconstitucional vincula o árbitro quando da fundamentação da sentença, vinculação essa que não decorre propriamente da decisão em si, mas da retirada daquele ato normativo do arcabouço jurídico eleito pelas partes para a decisão da arbitragem"[367]. Por tal razão, a sentença arbitral que

[363] FIORAVANTI, Marcos Serra Netto. **A arbitragem e os precedentes judiciais**: observância, respeito ou vinculação? Dissertação (Mestrado em Direito Civil) – Faculdade de Direito, Pontifícia Universidade Católica de São Paulo, São Paulo, 2017, p. 84.

[364] FIORAVANTI, Marcos Serra Netto. **A arbitragem e os precedentes judiciais**: observância, respeito ou vinculação? Dissertação (Mestrado em Direito Civil) – Faculdade de Direito, Pontifícia Universidade Católica de São Paulo, São Paulo, 2017, p. 86.

[365] FIORAVANTI, Marcos Serra Netto. **A arbitragem e os precedentes judiciais**: observância, respeito ou vinculação? Dissertação (Mestrado em Direito Civil) – Faculdade de Direito, Pontifícia Universidade Católica de São Paulo, São Paulo, 2017, p. 86.

[366] FIORAVANTI, Marcos Serra Netto. **A arbitragem e os precedentes judiciais**: observância, respeito ou vinculação? Dissertação (Mestrado em Direito Civil) – Faculdade de Direito, Pontifícia Universidade Católica de São Paulo, São Paulo, 2017, p. 92.

[367] FIORAVANTI, Marcos Serra Netto. **A arbitragem e os precedentes judiciais**: observância, respeito ou vinculação? Dissertação (Mestrado em Direito Civil) – Faculdade de Direito, Pontifícia Universidade Católica de São Paulo, São Paulo, 2017, p. 92.

eventualmente ignore a declaração de inconstitucionalidade do Supremo, lastreando-se em dispositivo inexistente, não representaria decisão que aplica equivocadamente o direito brasileiro, mas seria equiparável ao julgamento por equidade, decerto que teria sido aplicado pelo árbitro direito outro que não o brasileiro[368].

O mesmo racional é perfilhado por Leonardo Greco, para quem a lei declarada inconstitucional pelo Supremo Tribunal Federal em controle abstrato seria retirada do ordenamento jurídico e, por conseguinte, não poderia ser aplicada por tribunais judiciais ou arbitrais, salvo se houver modulação da eficácia temporal da inconstitucionalidade[369]. Caso a lei inquinada de vício de inconstitucionalidade fosse mesmo assim invocada pelo árbitro para fundamentar sua decisão, o autor entende que caberia ao Poder Judiciário corrigir esse "erro de direito", "se se caracterizar algum dos fundamentos do art. 32 ou implicar violação de garantias fundamentais do processo (art. 21, § 2°)"[370].

Leonardo Greco então anota que o controle judicial da arbitragem seria amplo para a verificação da ocorrência de erros de direito quanto às questões processuais, sendo aí acentuada a influência da jurisprudência. De outra sorte, registra que os erros acerca do direito material somente poderiam ser objeto de ação anulatória com fundamento na ordem pública, "embora a invocação da jurisprudência e dos precedentes possa ter relevância para a caracterização desse fundamento"[371].

Provavelmente ciente da vagueza do conceito de ordem pública, registra que nem toda a declaração de inconstitucionalidade pela Suprema Corte tampouco os enunciados de súmula vinculante seriam erigidos, por si sós, ao grau de matéria de ordem pública[372]. Nada obstante, anota que o árbitro, como o magistrado, "tem o dever de seguir o precedente no caso de precedente obri-

[368] Fioravanti, Marcos Serra Netto. **A arbitragem e os precedentes judiciais**: observância, respeito ou vinculação? Dissertação (Mestrado em Direito Civil) – Faculdade de Direito, Pontifícia Universidade Católica de São Paulo, São Paulo, 2017, p. 92.

[369] Greco, Leonardo. Controle jurisdicional da arbitragem. **Revista Brasileira de Arbitragem**, vol. XV, nº 57, 2018, p. 20.

[370] Greco, Leonardo. Controle jurisdicional da arbitragem. **Revista Brasileira de Arbitragem**, vol. XV, nº 57, 2018, p. 20.

[371] Greco, Leonardo. Controle jurisdicional da arbitragem. **Revista Brasileira de Arbitragem**, vol. XV, nº 57, 2018, p. 20.

[372] O autor ainda registra, nesse tocante: "Não há automaticamente violação da ordem pública pela violação de precedentes, porque, mesmo entre os considerados vinculantes, pode

gatório (ADIn, ADC e súmula vinculante), embora nem sempre suscetível de controle judicial", além de ter o dever de fundamentar suas decisões "em todos os casos de inobservância de jurisprudência constante e de precedentes de maior valor (NCPC, art. 489, § 1º, incisos V e VI)", sendo possível ao árbitro *tout court* ignorar os demais provimentos judiciais vinculantes[373].

Outro defensor da tese da vinculação do árbitro aos provimentos judiciais vinculantes de assento constitucional é o ex-ministro Ruy Rosado, o qual também tocou na questão da ordem pública ao abordar essa temática. Deixou claro que não seria razoável conceber no Brasil duas ordens jurídicas, uma advinda da decisão do Supremo, que a todos obrigaria, juízes e administração pública, e outra que seria estabelecida livremente pelo juízo arbitral, o qual estaria apto, nessa situação hipotética, a resolver a causa sem examinar o enunciado vinculante[374].

À luz dessas noções preliminares, Ruy Rosado asseverou que a lei declarada inconstitucional em controle abstrato pelo Supremo Tribunal Federal não poderia ser aplicada pelo árbitro sem que isso afrontasse o que chamou de *ordem pública constitucional*[375], sendo certo que também estaria o árbitro vedado de afastar a aplicação de súmula vinculante[376]. Isto posto, realçou que "o descumprimento de outros precedentes, que não aqueles dois do STF, não é causa de ação de anulação, salvo se expressar princípio de ordem pública"[377].

haver muitos que tratem de matéria plenamente disponível". (GRECO, Leonardo. Controle jurisdicional da arbitragem. **Revista Brasileira de Arbitragem**, vol. XV, nº 57, 2018, p. 22).

[373] GRECO, Leonardo. Controle jurisdicional da arbitragem. **Revista Brasileira de Arbitragem**, vol. XV, nº 57, 2018, p. 21.

[374] AGUIAR JÚNIOR, Ruy Rosado de. Arbitragem, os precedentes e a ordem pública. **Doutrina**: edição comemorativa, 30 anos, Superior Tribunal de Justiça, Brasília, 2019, p. 199.

[375] Ruy Rosado define ordem pública e apresenta a maneira que entende adequada para aferi-la: "Em resumo, posso dizer que é de ordem pública a questão que versa sobre matéria inderrogável e inafastável pelas partes, em razão do interesse público prevalente que nela se expressa, reconhecível do ofício pelo juiz. (...) E, para reconhecer a ofensa à ordem pública, deve o juiz verificar se a situação significa não só atentado sério e concreto contra a disposição imperativa, mas, sobretudo, contra os fins que ela persegue". (AGUIAR JÚNIOR, Ruy Rosado. Arbitragem, os precedentes e a ordem pública. **Doutrina:** edição comemorativa, 30 anos, Superior Tribunal de Justiça, Brasília, 2019, p. 204, 205 e 208).

[376] AGUIAR JÚNIOR, Ruy Rosado de. Arbitragem, os precedentes e a ordem pública. **Doutrina**: edição comemorativa, 30 anos, Superior Tribunal de Justiça, Brasília, 2019, p. 199.

[377] AGUIAR JÚNIOR, Ruy Rosado de. Arbitragem, os precedentes e a ordem pública. **Doutrina**: edição comemorativa, 30 anos, Superior Tribunal de Justiça, Brasília, 2019, p. 201.

Destoando parcialmente das teses até aqui esmiuçadas, Ruy Rosado entende que seria caso de anulação da sentença arbitral quando esta vilipendiar lei cujo conteúdo seja de ordem pública, ou quando o provimento judicial vinculante consistir em um enunciado dessa magnitude; porém, e aqui reside a novidade, a anulação não teria como fundamento o artigo 32 da Lei de Arbitragem, que elenca o rol de hipóteses que dão substrato à invalidação da decisão do árbitro, mas o artigo 2º, § 1º, de tal lei[378], haja vista que a anulação se daria por violação à ordem pública, e não propriamente porque inobservados os provimentos vinculantes[379].

Diante disso, registrou seu posicionamento sobre o tema, consignando que "excluídos os precedentes vinculantes do STF, que são imperativos a todos por disposição constitucional, os demais precedentes em princípio não vinculam o árbitro", tirante quando "a sentença desconhecer ou contrariar o preceito de ordem pública que o precedente eventualmente expressar"[380]. A anulação por ofensa à ordem pública, entretanto, dar-se-ia tão só em situações excepcionais, se cogitada uma violação manifesta e grave dos "princípios da ordem pública e dos valores que ela que preservar", cuja aferição ficaria a cargo do juiz togado[381]-[382].

[378] Lei de Arbitragem: "Art. 2º A arbitragem poderá ser de direito ou de eqüidade, a critério das partes. § 1º Poderão as partes escolher, livremente, as regras de direito que serão aplicadas na arbitragem, desde que não haja violação aos bons costumes e à ordem pública".

[379] AGUIAR JÚNIOR, Ruy Rosado de. Arbitragem, os precedentes e a ordem pública. **Doutrina**: edição comemorativa, 30 anos, Superior Tribunal de Justiça, Brasília, 2019, p. 210.

[380] AGUIAR JÚNIOR, Ruy Rosado de. Arbitragem, os precedentes e a ordem pública. **Doutrina**: edição comemorativa, 30 anos, Superior Tribunal de Justiça, Brasília, 2019, p. 210.

[381] AGUIAR JÚNIOR, Ruy Rosado de. Arbitragem, os precedentes e a ordem pública. **Doutrina**: edição comemorativa, 30 anos, Superior Tribunal de Justiça, Brasília, 2019, p. 211.

[382] À guisa de conclusão, Ruy Rosado resumiu a tese da vinculação do árbitro aos provimentos vinculantes de assento constitucional, sob a sua ótica: "o árbitro deve aplicar a Súmula vinculante do Supremo Tribunal Federal e o julgamento concentrado de controle de constitucionalidade da lei pelo Supremo Tribunal Federal, o que não fará, se demonstrar sua não incidência; a sentença não pode decidir contra a ordem pública nacional; nos casos acima referidos, caberá ação de anulação da sentença, com base no art. 2º, §1º, da Lei de Arbitragem; o sistema de arbitragem é peculiar e autônomo, mas não está no espaço, e sim inserido no ordenamento jurídico nacional, que deve respeitar naquilo que este tem de indispensável ao interesse público e inderrogável pelas partes; esse regime é o adotado pelas legislações estrangeiras e normas de direito internacional". (AGUIAR JÚNIOR, Ruy Rosado de. Arbitragem, os precedentes e a ordem pública. **Doutrina**: edição comemorativa, 30 anos, Superior Tribunal de Justiça, Brasília, 2019, p. 216).

Na medida em que a declaração de inconstitucionalidade, em sede abstrata, promove a retirada da lei do mundo jurídico, sendo esta uma decisão judicial que tem nitidamente o condão de *atingir o plano legislativo*, Georges Abboud afirma que os particulares estão a ela vinculados. A sujeição dos particulares à declaração de inconstitucionalidade do Supremo Tribunal Federal teria por base o fato de estes, os particulares, ficarem "impossibilitados de celebrarem contratos, ou ainda, de utilizarem a lei declarada inconstitucional como fundamento normativo de suas pretensões jurídicas"[383]. Do mesmo modo, estaria o árbitro, já que vinculado à declaração de inconstitucionalidade do Supremo em controle abstrato, impedido de fundamentar sua sentença arbitral à luz da lei inconstitucional, pois esta não mais integraria o ordenamento jurídico brasileiro[384].

Segundo Georges Abboud, não estaria o árbitro adstrito a toda e qualquer decisão do Supremo em sede abstrata. A aptidão de vincular o juízo arbitral seria típica das decisões de total rechaço, vale dizer, daqueles provimentos da Suprema Corte que declaram a inconstitucionalidade de normas (ou de uma forma de interpretar o texto, como no caso da inconstitucionalidade sem redução de texto), ao passo que essa vinculação não poderia ser reproduzida às decisões declaratórias de constitucionalidade ou às interpretativas, "uma vez que é temporal e hermeneuticamente impossível fixar a interpretação correta, em abstrato, para todos os casos futuros"[385].

Além das decisões de total rechaço proferidas pelo Supremo em ações diretas de inconstitucionalidade, Georges Abboud considera que, aplicado o direito brasileiro, em regra, "os provimentos judiciais que possuem previsão constitucional são vinculantes, a exemplo do caso da súmula vinculante, decisões com repercussão geral e julgados que tenham sido integralizados pelo inc. X da CF 52"[386]. Ressalta que não se teria uma vinculação inexorável, pois ao árbitro seria dado apresentar argumentos de distinção e de superação para não acolher a orientação embutida no provimento vincu-

[383] Abboud, Georges. **Processo constitucional brasileiro**. 4ª ed. São Paulo: Thomson Reuters Brasil, 2020, p. 1.235.

[384] Abboud, Georges. **Processo constitucional brasileiro**. 4ª ed. São Paulo: Thomson Reuters Brasil, 2020, p. 1.236.

[385] Abboud, Georges. **Processo constitucional brasileiro**. 4ª ed. São Paulo: Thomson Reuters Brasil, 2020, p. 1.236.

[386] Abboud, Georges. **Processo constitucional brasileiro**. 4ª ed. São Paulo: Thomson Reuters Brasil, 2020, p. 1.245.

lante de assento constitucional. Por decorrência, o eventual desrespeito do árbitro a um provimento dessa natureza não ensejaria automaticamente a ação anulatória arbitral, haja vista que a anulação da sentença exarada pelo juízo arbitral seria "medida excepcional e não possibilita o Judiciário agir como mecanismo geral de revisão do mérito das decisões arbitrais"[387].

Georges Abboud ainda examinou a questão da vinculação do árbitro aos provimentos de assento constitucional a partir da concepção *dworkiana* do direito como *integridade*, especificamente para tratar daqueles provimentos diversos da decisão de total rechaço. Não seria correto afirmar, para o referido autor, que o árbitro tem plena liberdade para ignorar decisões interpretativas do Supremo Tribunal Federal e seus enunciados de súmula vinculante, mormente porque tais provimentos judiciais veiculariam questões de direito constitucional, daí havendo, no mínimo, uma *vinculação indireta* do árbitro[388].

Foi tendo em conta a concepção *dworkiana* acima mencionada que Georges Abboud disse haver uma "obrigação moral de o árbitro orientar-se por precedentes e pelos princípios constitucionais", e isso se deveria ao fato de que "a fundamentação suficiente e adequada da solução da lide apenas estará assegurada se o juiz e o árbitro formularem uma resposta que esteja em coerência com o conjunto de princípios constitucionais e com a cadeia de decisões proferidas pelos tribunais superiores, em especial àquelas oriundas da jurisdição constitucional"[389].

4.3. Vinculação dos árbitros aos provimentos judiciais com assento constitucional

Defende-se neste trabalho que os árbitros estão *vinculados* aos provimentos judiciais com assento constitucional, que emanam do Supremo Tribunal Federal e constituem fontes do direito. É sobre isso que se passa a aprofundar nos próximos subitens, enfrentando a vinculação advinda: do julgamento de ações direta de inconstitucionalidade e declaratória de constitucionalidade (controle abstrato); das edições de súmulas vinculante

[387] ABBOUD, Georges. **Processo constitucional brasileiro.** 4ª ed. São Paulo: Thomson Reuters Brasil, 2020, p. 1.245.

[388] ABBOUD, Georges. **Processo constitucional brasileiro.** 4ª ed. São Paulo: Thomson Reuters Brasil, 2020, p. 1.248.

[389] ABBOUD, Georges. **Processo constitucional brasileiro.** 4ª ed. São Paulo: Thomson Reuters Brasil, 2020, p. 1.251-1.252.

e persuasiva; do julgamento de recursos extraordinários (controle difuso); e do julgamento de medida cautelar em ações direta e declaratória.

4.3.1. Provimentos vinculantes com assento constitucional são fontes do direito

O ordenamento jurídico brasileiro é de origem romano-germânica, atrelado ao regime da *civil law*, em que reina o direito estatutário, a lei positivada como fonte primordial do direito. As disposições de direito escrito, nos países que são dessa mesma família, apresentam-se como uma hierarquia, estando a Constituição ou as leis constitucionais no topo da relação hierárquica. De outra banda, é da *common law* a tradição de seguir o que a jurisprudência, os tribunais judiciais dizem sobre o direito (precedentes), sendo a legislação relegada para segundo plano, conquanto tenha sua importância preservada. Há, portanto, uma distinção no tocante à análise da *regra de direito* entre a *civil law* e a *common law*.

A propósito, é oportuna a consideração de René David, para quem, relativamente à *unidade do direito ocidental*, idêntica atitude se observa "quer nos países da família romano-germânica, quer nos países de *common law*, porquanto, aqui como lá, se perfilha a mesma concepção do direito ligada à descoberta e realização da justiça"[390]. A diferença entre as duas tradições residiria "unicamente no fato de, no âmbito da família romano-germânica, se procurarem descobrir as soluções de justiça do direito pelo recurso a uma técnica que tem como ponto de partida a lei, enquanto na família da *common law* se pretende o mesmo resultado, utilizando uma técnica que toma prioritariamente em consideração as decisões judiciárias"[391]. Não se poderia inferir, como consequência necessária disso, uma diferença quanto à própria natureza do direito.

Bem vistas as coisas, apesar de não se ter ido a fundo nos pormenores de ambas as famílias do direito ocidental, pois não é este o cerne do trabalho, é lícito admitir que as decisões dos tribunais exercem papel significativo no direito brasileiro[392]. Não se pode dizer que determinado sujeito

[390] DAVID, René. **Os grandes sistemas do direito contemporâneo**. Trad. Herminio A. Carvalho. 3ª ed. São Paulo: Martins Fontes, 1996, p. 91.

[391] DAVID, René. **Os grandes sistemas do direito contemporâneo**. Trad. Herminio A. Carvalho. 3ª ed. São Paulo: Martins Fontes, 1996, p. 91.

[392] Registre-se que a interpretação das leis pelos aplicadores do direito já era importante no direito romano. Thomas Marky, com felicidade, demonstra a importância da *interpretativo*

conhece o direito brasileiro (ou qualquer outro, arrisca-se a dizer) sem que ele saiba como a justiça estatal se pronuncia sobre as leis vigentes no país[393]. E isso dá-se por uma gama de fatores, e não porque o Poder Judiciário seria o responsável por determinar o que é e o que não é direito – esse papel compete, como é cediço, ao Poder Legislativo.

Fiquemos em apenas dois fatores. Em primeiro lugar, não mais prevalece a visão do juiz como sendo a "boca da lei", isto é, o magistrado não

prudentium nessa época, evidenciando como a interpretação das normas por quem as aplica é de conhecimento necessário: "Os pareceres dos jurisconsultos exerceram papel importante na evolução do direito romano, desde os tempos antigos. As regras consuetudinárias do direito primitivo, bem como as das XII Tábuas e outras, todas bastante simples e rígidas, tinham que ser interpretadas para que pudessem servir às exigências de uma vida social e econômica cada vez mais evoluída. Essa interpretação, nas origens remotas do direito romano, estava afeta aos pontífices, que eram chefes religiosos. Mais tarde, porém, passou a ser obra de juristas leigos (*prudentes*), conhecedores do direito. Eles inovavam, criavam novas normas, partindo das existentes: as XII Tábuas conheceram uma regra que punia, com a perda do pátrio poder, o pai de família que vendesse três vezes o filho. Desta regra, a interpretação jurisprudencial criou o instituto da emancipação. Para isso, o pai deveria vender, formal e ficticiamente, três vezes seu filho a um amigo de confiança. Este o libertava imediatamente após cada venda, com o que o filho voltava automaticamente para o poder do pai. Após a terceira venda, porém, o filho libertado já não retornava à sujeição do pai, cujo poder sobre ele assim se extinguia". (Marky, Thomas. **Curso elementar de direito romano**. 8ª ed. São Paulo: Saraiva, 1995, p. 20; itálico no original).

393 Interessante salientar, nesse ponto, as palavras de José Rogério Cruz e Tucci acerca da função e da relevância dos pronunciamentos decisórios dos tribunais: "Nos horizontes do direito brasileiro, não há dúvida de que, ao longo da história, a atividade judicial sempre desempenhou importantíssimo papel, tanto no exercício da prática forense, quanto no próprio aperfeiçoamento dogmático de inúmeros institutos jurídicos. Nenhum operador do direito, de época contemporânea, pode negar a utilidade e eficiência dos pronunciamentos judiciais acerca das várias teses que deve sustentar na defesa de um caso ou para fundamentar uma decisão; qualquer acadêmica sabe a importância do conhecimento da jurisprudência como um dos mais poderosos instrumentos de persuasão. É simplesmente indispensável, para o exercício profissional, a consulta em repertórios de julgados e em coletâneas de jurisprudência, selecionados por matérias tópicas e/ou anotadas; estas, aliás, com sucessivas edições atualizadas". (Tucci, José Rogério Cruz e. **Processo civil e ideologia**: subsídios estratégicos ao advogado do contencioso. São Paulo: Marcial Pons, 2019, p. 174). Igualmente interessante trazer à baila a lição de Mário Guimarães: "A jurisprudência é, nos tribunais, a sabedoria dos experientes. É o conselho precavido dos mais velhos. Quem conhece a lei e ignora a jurisprudência, diz, com exagero embora, Dupliant, não conhece quase nada. Manter quanto possível a jurisprudência, será obra de boa política judiciária, porque inspira confiança na Justiça. Não concebem os leigos que o certo na decisão de hoje se repute errado na sentença de amanhã". (Guimarães, Mário. **O juiz e a função jurisdicional**. Rio de Janeiro: Forense, 1958, p. 327).

mais se limita a simplesmente aplicar o que está escrito na literalidade do texto legal; nos tempos atuais, o julgador possui certa abertura para a criação do direito[394], podendo extrair de cada enunciado normativo uma interpretação distinta, sempre respeitando a Constituição Federal. Em segundo lugar, na medida em que a jurisprudência produz entendimentos sobre o direito vigente[395], é natural que o significado de um termo jurídico disposto em lei hoje possa não ser o mesmo amanhã; portanto, o que vem a ser o "direito vigente" pode variar no tempo, tornando necessária a atualização do entendimento dos Tribunais estatais[396].

O que se quer dizer, de modo mais objetivo, é que as decisões judiciais devem ser consideradas fontes do direito brasileiro[397]. A orientação do Poder Judiciário é fonte de consulta obrigatória para se aplicar e interpretar corretamente o arcabouço normativo vigente. Os pronunciamentos judiciais apresentam-se como fonte não somente quando há uma orientação reiterada de algum órgão do Poder Judiciário (jurisprudência), mas também quando se constatam decisões isoladas e até mesmo entendimentos sumulados[398].

A lei e a orientação dos tribunais judiciais precisam ser vistas como *fontes complementares* do direito, sendo descabida uma análise estanque de uma em relação à outra. Nessa linha de raciocínio, no que interessa a este trabalho, é possível asseverar que as decisões do Supremo Tribunal Federal

[394] CAPPELLETTI, Mauro. **Juízes legisladores**? Trad. Carlos Alberto Álvaro de Oliveira. Porto Alegre: Sergio Antonio Fabris Editor, 1993, p. 20.

[395] LARENZ, Karl. **Metodologia da ciência do direito**. 3ª ed. Trad. José Lamego. Lisboa: Fundação Calouste Gulbenkian, 1997, p. 326.

[396] "Os juízes são chamados a aplicar o Direito aos casos concretos, a dirimir conflitos que surgem entre indivíduos e grupos; para aplicar o Direito, o juiz deve, evidentemente, realizar um trabalho prévio de interpretação das normas jurídicas, que nem sempre são suscetíveis de uma única apreensão intelectual. Enquanto que as leis físico-matemáticas têm um rigor e uma estrutura que não dão lugar a interpretações conflitantes, as leis jurídicas, ao contrário, são momentos de vida que se integra, na experiência humana e que, a todo instante, exigem um esforço de superamento de entendimentos contrastantes, para que possam ser aplicadas em consonância com as exigências da sociedade em determinado momento e lugar". (REALE, Miguel. **Lições preliminares de direito**. 10ª ed. São Paulo: Saraiva, 1983, p. 167).

[397] Admitindo também a jurisprudência – julgamentos dos tribunais judiciais em geral – como fonte do direito brasileiro ver: LIMA, Tiago Asfor Rocha. **Precedentes judiciais civis no Brasil**. São Paulo: Saraiva, 2013, p. 117-131.

[398] DIMOULIS, Dimitri. **Manual de introdução ao estudo do direito**. 7ª ed. São Paulo: Editora Revista dos Tribunais, 2016, p. 181-184.

sobre questão constitucional, o que aqui chamamos de *provimentos judiciais vinculantes com assento constitucional*, são fontes do direito brasileiro, sendo certo que "o controle de constitucionalidade e a interpretação das leis em conformidade com o texto constitucional, constituem a função essencial a ser realizada pela jurisprudência e pela atividade dos juízos singulares"[399].

Classificados como fontes do direito brasileiro, os provimentos vinculantes proferidos pelo Supremo Tribunal Federal naturalmente *devem* ser *observados* pelo árbitro ao resolver um conflito submetido à arbitragem. Se as partes do processo arbitral elegerem o direito brasileiro para a resolução da lide, o que se dará por meio de uma convenção, ao árbitro é mandatório orientar-se pela integralidade do arcabouço jurídico que impera no Brasil, o que inclui, a toda evidência, a legislação de regência e a orientação jurisprudencial (inclusive as súmulas), principalmente os pronunciamentos decisórios dos Tribunais Superiores – Superior Tribunal de Justiça e Supremo Tribunal Federal –, pois são estes que, em última instância, uniformizam o direito federal com repercussão em todo o território brasileiro, ora em nível infraconstitucional, ora em nível constitucional, a depender da respectiva competência[400].

Mas não é suficiente, para defender que o árbitro está efetivamente *vinculado* aos provimentos com assento constitucional, afirmar que tais provimentos são fontes do direito. Essa constatação, que sozinha seria um tanto quanto simplista, apenas reforça o fato de que o árbitro, como dito

[399] Abboud, Georges; Carnio, Henrique Garbellini; Oliveira, Rafael Tomaz de. **Introdução à teoria e à filosofia do direito**. 3ª ed. São Paulo: Editora Revista dos Tribunais, 2015, p. 326.

[400] "Embora assista razão àqueles que dizem que a arbitragem consiste em outro sistema, diferente do processo civil, aplicam-se à arbitragem princípios processuais constitucionais, assim como ao processo administrativo. No entanto, quando, na convenção arbitral, as partes elegem o direito de tal país como sendo o aplicável para dirimir a controvérsia, inserem este elemento no mundo da arbitragem. E o direito de um país não necessariamente é a literalidade do direito positivo lá em vigor. Não se trata, como pode parecer à primeira vista, de considerar o árbitro vinculado (ou não) a precedentes, às súmulas vinculantes ou à jurisprudência pacificada sobre certa regra legislativa. Não é este o ponto. O ponto é saber *o que é o direito de cada país*: o direito de cada país é a lei, interpretada pelos tribunais, à luz da doutrina. Assim, se certa regra é entendida e aplicada pelos Tribunais de um país, de forma unânime, em um sentido X, o árbitro, que deve decidir de acordo com o direito daquele país, não pode interpretar a lei no sentido Y, pois não estará aplicando o direito daquele país". (Arruda Alvim, Teresa. A discussão sobre a disponibilidade do controle judicial da sentença arbitral e seus limites. **Revista Brasileira de Arbitragem**, vol. XIII, nº 50, 2016, p. 15-16; itálico no original).

acima, deve *observar* os provimentos judiciais constitucionais, disso decorrendo que, em toda e qualquer decisão – e assim também na condução do procedimento arbitral – a orientação da Suprema Corte brasileira sobre questão constitucional deverá ser *levada em consideração* pelo árbitro como razões de decidir[401]-[402].

O só fato de serem os provimentos judiciais vinculantes com assento constitucional fontes do direito não autoriza desde logo concluir que o árbitro está *vinculado* ao que foi decidido ou sumulado pelo Supremo Tribunal Federal. Para chegar a esse ponto, relativo à efetiva vinculação do árbitro, faz-se necessário ir além, adentrando na análise dos motivos que, *de acordo com o sistema constitucional*, legitimam a conclusão da segunda grande parte deste trabalho, isto é, os provimentos judiciais com assento constitucional realmente *vinculam* a atividade jurisdicional do árbitro.

4.3.2. Decisões de (in)constitucionalidade em controle abstrato

O artigo 102, inciso III, § 2º, da Constituição Federal, com a redação dada pela Emenda Constitucional nº 45/2004, prevê que as "decisões definitivas de mérito, proferidas pelo Supremo Tribunal Federal, nas ações diretas de inconstitucionalidade e nas ações declaratórias de constitucionalidade produzirão eficácia contra todos e efeito vinculante"[403]. Essa regra constitucional faz referência "aos demais órgãos do Poder Judiciário e à adminis-

[401] José Rogério Cruz e Tucci destaca não haver dúvida de que a força obrigatória "acentua o caráter de fonte de direito dos *precedentes judiciais* do Supremo Tribunal Federal". (**Precedente judicial como fonte do direito**. São Paulo: Revista dos Tribunais, 2004, p. 275; itálico no original).

[402] Para que não haja dúvidas: os verbos "observar" e "vincular" não devem ser compreendidos como sinônimos. "Observar", para efeito de provimentos judiciais, significa levar em consideração, não ignorar; sob outro prisma, "vincular" significa obrigar, ou seja, é mais do que "observar". "Vincular" engloba "observar", mas a lógica inversa não é verdadeira.

[403] A Lei nº 9.868/1999, que regulamenta os procedimentos do controle de constitucionalidade por via de ação direta, dispõe o seguinte no seu artigo 28, parágrafo único: "A declaração de constitucionalidade ou de inconstitucionalidade, inclusive a interpretação conforme a Constituição e a declaração parcial de inconstitucionalidade sem redução de texto, têm eficácia contra todos e efeito vinculante em relação aos órgãos do Poder Judiciário e à Administração Pública federal, estadual e municipal". Sem embargo, é correto anotar que, "ainda que não houvesse previsão legal, outorgando efeitos vinculantes às decisões do STF no exercício do controle direto de constitucionalidade, tal medida não deixaria de ser decorrência lógica e natural do sistema, visto se tratar de pronunciamento do Órgão do Judiciário brasileiro responsável por dar a última palavra em matéria de constitucionalidade de atos normativos".

tração pública direta e indireta, nas esferas federal, estadual e municipal" como destinatários da eficácia vinculante e *erga omnes*, silenciando-se sobre os árbitros.

Caberia, diante disso, dizer que os árbitros estão vinculados às decisões do Supremo que declaram a inconstitucionalidade ou a constitucionalidade de uma lei em controle abstrato, quando é incontroverso que a Constituição Federal não se referiu textualmente à arbitragem no citado dispositivo?

Já foi dito que, em regra, a declaração de inconstitucionalidade tem como consequência a retirada da lei inconstitucional do ordenamento jurídico. Tecnicamente, a "declaração de inconstitucionalidade corresponde a uma declaração de nulidade da lei", sendo atribuível a tal decisão a eficácia retroativa (*ex tunc*)[404]. Adota-se, pois, a teoria da nulidade do ato inconstitucional (natureza declaratória)[405], e não a teoria da anulabilidade, pela qual a decisão inconstitucional não macularia a lei desde o seu ingresso no mundo jurídico (natureza constitutiva)[406]. A exceção à regra seria a modulação de efeitos, que poderá ser aplicada tendo em vista razões de segurança jurídica ou de excepcional interesse social, na forma do artigo 27 da Lei nº 9.868/1999.

Julgado procedente o pedido formulado em ação direta de inconstitucionalidade ou improcedente o pedido da ação declaratória de constitucionalidade[407], "ter-se-á uma declaração de nulidade da lei inconstitucional"[408], que deixará de fazer parte do direito nacional, pois contrária à Constituição Federal. Por decorrência desse efeito da inconstitucionalidade, ninguém poderá aplicar a lei inconstitucional, que será considerada inexistente a partir da declaração de sua desconformidade com as normas constitucionais

(LIMA, Tiago Asfor Rocha. **Precedentes judiciais civis no Brasil**. São Paulo: Saraiva, 2013, p. 230-231).

404 MENDES, Gilmar Ferreira; BRANCO, Paulo Gustavo Gonet. **Curso de direito constitucional**. 15ª ed. São Paulo: Saraiva, 2020, p. 1.366.

405 "Toda medida, legislativa, ou executiva, que desrespeitar preceitos constitucionaes, é, dê sua essencia, nulla". (BARBOSA, Rui. **Os actos inconstitucionaes do Congresso e do Executivo ante a justiça federal**. Rio de Janeiro: Companhia Impressora, 1893, p. 47).

406 BARROSO, Luís Roberto. **O controle de constitucionalidade no direito brasileiro**. 8ª ed. São Paulo: Saraiva, 2019, p. 281.

407 É aceita a ideia de que a ação declaratória funciona como uma ação direta com sinal trocado, sendo que ambas têm caráter dúplice.

408 MENDES, Gilmar Ferreira; BRANCO, Paulo Gustavo Gonet. **Curso de direito constitucional**. 15ª ed. São Paulo: Saraiva, 2020, p. 1.492.

pelo órgão constitucionalmente responsável por pronunciamentos desse gênero, que é o Supremo Tribunal Federal[409].

Os efeitos da declaração de inconstitucionalidade alcançam a jurisdição arbitral, apesar de a Constituição não fazer alusão aos árbitros[410]-[411]. Eleito o direito brasileiro pelas partes, não podem os árbitros aplicarem uma lei inconstitucional, justamente porque essa lei terá sido afastada do conjunto de normas do ordenamento jurídico brasileiro em razão de sua inconstitucionalidade. Invocar uma lei inconstitucional, ignorando a decisão do Supremo em controle abstrato, é como aplicar uma lei inexistente. Algo que não existe, porque violador da Constituição, lei hierarquicamente superior a todas, obviamente não pode ser invocado para fundamentar uma decisão jurisdicional, nem mesmo no âmbito da jurisdição privada.

Nesse contexto, se os árbitros aplicarem uma lei inconstitucional para fundamentar sua sentença por entenderem que não estão vinculados ao que o Supremo decidiu no controle por via principal, por exemplo, esse julgamento será equivalente ao julgamento por equidade e, não tendo as par-

[409] A repercussão da decisão de inconstitucionalidade em controle abstrato sobre situações já constituídas deve ser vista com ressalvas: "Pode haver casos, no entanto, em que o desfazimento de situações constituídas com base no ato considerado inválido exija um devido processo legal, administrativo ou judicial. Um contrato que vigore de longa data entre particulares ou uma relação entre administrado e Administração na qual o primeiro já tenha cumprido sua parte na obrigação podem conter elementos que imponham temperamento a sua desconstituição sumária. À parte afetada tocará o direito subjetivo de procurar demonstrar que, na hipótese, deverá ser resguardada sua boa-fé, ou prevalecer o princípio da segurança jurídica, ou ser impedido o enriquecimento ilícito, dentre outros argumentos". (BARROSO, Luís Roberto. **O controle de constitucionalidade no direito brasileiro**. 8ª ed. São Paulo: Saraiva, 2019, p. 294).

[410] No sentido da vinculação dos árbitros à decisão de inconstitucionalidade em controle abstrato, entre outros já citados no item 4.2.3: ABBOUD, Georges. **Processo constitucional brasileiro**. 4ª ed. São Paulo: Thomson Reuters Brasil, 2020, p. 1.235-1.236; BERALDO, Leonardo de Faria. **Curso de arbitragem**: nos termos da Lei nº 9.307/96. São Paulo: Atlas, 2014, p. 644; BELLOCCHI, Márcio. **Precedentes vinculantes e a aplicação do direito brasileiro na convenção de arbitragem**. São Paulo: Editora Revista dos Tribunais, 2017, p. 164.

[411] Tratando do conflito hierárquico de normas na arbitragem internacional, Pierre Mayer afirma que os árbitros deveriam seguir o que decidiu a Corte Constitucional no caso de declaração de inconstitucionalidade de norma: *"Le cas le plus simple est celui où la norme a été annulée: une loi par la cour constitutionnelle, un règlement par la juridiction administrative, par exemple. La norme est censée ne jamais avoir appartenu à l'ordre juridique, et l'arbitre ne devrait donc pas l'appliquer"*. (MAYER, Pierre. L'arbitre international et la hiérarchie des normes, **Revue de l'Arbitrage**, nº 2, 2011, p. 377).

tes autorizado a decisão com base na equidade, a sentença arbitral que se fundamentar em lei inconstitucional destoará dos contornos da convenção de arbitragem, podendo ser invalidada pelo Poder Judiciário, nos termos do artigo 32, inciso IV, da Lei de Arbitragem. Mesmo que fosse admitido pelas partes o julgamento por equidade, não poderiam os árbitros ignorar a inconstitucionalidade de uma lei, pois a decisão *contra constitutionem* é intolerável em qualquer hipótese em um ambiente democrático e submetido aos ditames de uma Constituição Federal.

A falta de alusão à arbitragem no texto constitucional em nada altera essa conclusão. A inconstitucionalidade, por retirar a lei do ordenamento jurídico, sem nem mesmo necessitar da intervenção do Senado Federal, limitada que é ao controle difuso, impede que toda e qualquer pessoa, inclusive os particulares, pratiquem atos ou adotem comportamentos lastreados na lei inconstitucional. Um indivíduo não pode, por exemplo, celebrar um contrato com fulcro em norma inconstitucional, assim como o Poder Judiciário, a administração pública e os árbitros não podem – muito menos devem – pautarem suas decisões em norma inconstitucional. A eficácia vinculante e *erga omnes* é, aqui, de ampla abrangência.

A vinculação dos árbitros à decisão de inconstitucionalidade no controle abstrato, portanto, advém da lógica do sistema constitucional, que não traz grandes complicações nesse quesito: lei inconstitucional é lei nula desde o seu nascedouro, pelo que não pode fundamentar, no sentido de dar legitimidade, atos decisórios ou justificar comportamentos sociais, independentemente de se estar diante de ambiente público ou privado. Pode até se argumentar que os árbitros não estariam vinculados aos *fundamentos determinantes* do acórdão da Suprema Corte que declarou a inconstitucionalidade, por uma questão de liberdade e independência decisória, mas não há como escapar da vinculação destes ao dispositivo, que, ao cabo, concretiza o resultado da ação direta julgada procedente, vale dizer, a inconstitucionalidade da lei afrontosa à Constituição[412].

[412] A vinculação também aos fundamentos determinantes, entre outros casos, foi permitida, por maioria, no julgamento da Rcl nº 1.987-DF, no Supremo Tribunal Federal, de relatoria do ministro Maurício Corrêa. A ideia seria vincular os julgadores não apenas à conclusão do acórdão, mas também às razões de decidir. Esse posicionamento, no entanto, ainda não é pacífico, conforme: Abboud, Georges. **Processo constitucional brasileiro**. 4ª ed. São Paulo: Thomson Reuters Brasil, 2020, p. 606-613. Anota-se que o referido autor se opõe à teoria da vinculação aos fundamentos determinantes.

A declaração de inconstitucionalidade pelo Supremo é a espécie de provimento judicial com assento constitucional que vincula a jurisdição arbitral de maneira mais incisiva[413]. Não há como um árbitro aplicar a lei inconstitucional ao fundamento de que, naquele caso, a lei seria constitucional. Uma postura desse tipo flertaria com a arbitrariedade, para dizer-se o mínimo.

O máximo que poderia o árbitro fazer, diante de uma lei fulminada de inconstitucionalidade em controle abstrato, seria justificar que aquele dispositivo não se aplicaria ao caso concreto mesmo que a decisão da Suprema Corte fosse outra, no sentido da improcedência da ação direta. Mas jamais poderia o árbitro fundamentar sua decisão com base em lei inconstitucional, nem mesmo se assim quisessem as partes, pois, repita-se, a autonomia da vontade encontra limites diante da jurisdição constitucional, de modo a preservar a integridade da força normativa e da supremacia da Constituição[414].

Ademais, vincula a jurisdição arbitral o acórdão do Supremo Tribunal Federal que reconhecer a constitucionalidade de uma lei, seja acolhendo a pretensão deduzida na ação declaratória, seja julgando improcedente a ação direta. O reconhecimento da constitucionalidade de uma lei nada mais é do que reafirmar a sua plena validade, cabendo aqui lembrar que as leis têm presunção de constitucionalidade. A declaração de constitucionalidade, em controle abstrato, torna verdadeiro e real aquilo que antes era mera presunção.

Entende-se, por isso, que os árbitros não devem realizar o controle difuso quando houver decisão do Supremo, em controle abstrato, chancelando a constitucionalidade de determinada lei[415]. Cabe apenas à Suprema

[413] Poderia ser mitigada essa vinculação em razão da modulação de efeitos da declaração de inconstitucionalidade.

[414] Lembre-se, no ponto, da seguinte lição extraída da doutrina internacional: *"Arbitration may depend upon the agreement of the parties, but it is also a system built on law, which relies upon that law to make it effective both nationally and internationally"*. (NIGEL, Blackaby; PARTASIDES, Constantine et. al. **Redfern and Hunter on international arbitration**. 6ª ed. Oxford: Oxford University Press, 2015, p. 416).

[415] Veja-se que há uma diferença significativa entre a vinculação do árbitro à decisão de inconstitucionalidade e à decisão de constitucionalidade: de um lado, quando se trata de decisão de inconstitucionalidade, o árbitro fica proibido de aplicar na arbitragem uma lei que foi declarada nula, extirpada do direito brasileiro; de outro lado, diante de uma decisão de constitucionalidade, o árbitro apenas segue aplicando a lei que já aplicaria, em razão da

Corte, em outra circunstância e havendo fundamento para tanto, declarar a inconstitucionalidade da lei anteriormente tida por constitucional. Não há vinculação do Supremo Tribunal com relação às suas decisões de constitucionalidade, na medida em que "a inconstitucionalidade não se convalida, ela pode, a qualquer momento, ser arguida", sendo que "admitir a vinculação do STF à sua decisão de constitucionalidade obrigaria à aplicação de leis que, em razão de alterações fáticas e históricas, tornaram-se inconstitucionais"[416].

O efeito vinculante das decisões do Supremo Tribunal Federal em controle abstrato de constitucionalidade não pode ser menosprezado pelo juízo arbitral, que está jungido aos provimentos da Suprema Corte em sede de controle pela via de ação, conforme a interpretação que aqui se considera mais adequada da Constituição. Vale enfatizar que o efeito vinculante está "intimamente vinculado à própria natureza da jurisdição constitucional" e decorre "do particular papel político-institucional desempenhado pela Corte ou pelo Tribunal Constitucional, que deve zelar pela observância estrita da Constituição nos processos especiais concebidos para solver determinadas e específicas controvérsias constitucionais"[417].

A vinculação dos árbitros aos acórdãos proferidos pelo Supremo Tribunal Federal em sede de julgamento de ações constitucionais do controle abstrato (direta de inconstitucionalidade e declaratória de constitucionalidade) não se sustenta tão somente porque haveria um dever de obediência ao que o Poder Judiciário diz sobre determinada questão constitucional; antes e mais importante do que isso, a vinculação a tais provimentos advém da vontade constitucional, do que prevê a Constituição Federal a partir de uma leitura conforme e não limitada ao seu texto.

4.3.3. Súmula vinculante

Estariam os árbitros *vinculados* aos enunciados de súmula vinculante do Supremo Tribunal Federal? O assunto é muito debatido e extremado de opiniões.

presunção de constitucionalidade, havendo proibição apenas de realizar controle incidental sobre a mesma lei.

416 Abboud, Georges. **Processo constitucional brasileiro**. 4ª ed. São Paulo: Thomson Reuters Brasil, 2020, p. 643.

417 Trechos do voto do ministro Gilmar Mendes no julgamento da Rcl nº 1.987, rel. min. Maurício Corrêa, Tribunal Pleno, julgado em 1/10/2003, DJ 21/5/2004.

Foi a Emenda Constitucional nº 45/2004 que instituiu a súmula vinculante no ordenamento jurídico pátrio, introduzindo o artigo 103-A à Constituição Federal[418]. Uma das finalidades da instituição da súmula vinculante foi tentar "amenizar os problemas interpretativos de ordem constitucional por meio de um rígido esquema vertical, que compele órgãos jurisdicionais e Administração Pública à estrita observância da interpretação fixada pelo Supremo Tribunal Federal"[419].

Nos termos do artigo 103-A, o Supremo Tribunal Federal tem a *faculdade*, de ofício ou quando provocado, de aprovar súmula que tenha por objetivo a validade, a interpretação e a eficácia de determinadas normas, "acerca das quais haja controvérsia atual entre órgãos judiciários ou entre esses e a administração pública que acarrete grave insegurança jurídica e relevante multiplicação de processos sobre questão idêntica", conforme o § 1º de tal artigo[420]. Essa faculdade somente poderá ser colocada em prática mediante a decisão de dois terços dos membros do Supremo e desde que, antes disso, tenha havido reiteradas decisões sobre a matéria constitucional em desatino[421].

[418] Sob uma perspectiva histórica, é interessante trazer a lume a lição de José Rogério Cruz e Tucci que, citando Michele Taruffo (*Las funciones de las Cortes Supremas*), assim escreveu: "A construção de súmulas remonta a prática tradicional e consolidada do sistema judiciário luso-brasileiro. Não deriva da decisão de um caso concreto, mas de um enunciado interpretativo, extraído de reiterados julgamentos, formulado em termos gerais e abstratos. Por consequência, o *dictum* sumulado não faz referência aos fatos que estão na base da questão jurídica julgada e assim não pode ser considerado um precedente em sentido próprio, 'mas apenas um pronunciamento judicial que traduz a eleição entre opções interpretativas referentes a normas gerais e abstratas. Sua evidente finalidade consiste na eliminação de incertezas e divergências no âmbito da jurisprudência, procurando assegurar uniformidade na interpretação e aplicação do direito'". (TUCCI, José Rogério Cruz e. **Processo civil e ideologia**: subsídios estratégicos ao advogado do contencioso. São Paulo: Marcial Pons, 2019, p. 180; itálico no original).

[419] DANTAS, Bruno. Súmula vinculante: o STF entre a função uniformizadora e o reclamo por legitimação democrática. **Revista de Informação Legislativa**, ano 45, nº 179, jul./set. 2008, p. 180.

[420] A súmula vinculante, contudo, só passa a ter eficácia a partir de sua publicação em órgão da imprensa oficial: "Considerado o que dispõe o art. 103-A, 'caput', da Constituição, somente a partir da data em que o enunciado sumular é publicado em órgão da imprensa oficial é que passa a ter eficácia vinculante, impondo-se, em consequência, à observância dos demais juízes e Tribunais, excluídos do seu alcance todos os atos decisórios, como o de que ora se cuida, anteriores à sua publicação. (...)". (Rcl nº 7.001 AgR, rel. min. Celso de Mello, Tribunal Pleno, julgado em 10/4/2014, DJe 29/10/2014).

[421] Sobre a edição de súmula vinculante, citem-se as palavras de Roberto Rosas, quem já se debruçou com profundidade sobre o assim chamado por ele de "direito sumular": "O processo

Dada a relevância do instituto, que foi regulamentado pela Lei nº 11.417/2006, a Constituição dispõe que a súmula vinculante terá, a partir de sua publicação na imprensa oficial, *efeito vinculante* em relação aos demais órgãos do Poder Judiciário e à administração pública direta e indireta, em todas as suas esferas. A edição de uma súmula vinculante pode, entretanto, ser revisada ou mesmo cancelada pelo Supremo Tribunal, na forma estabelecida pela dita lei.

A parcela da doutrina que rechaça a vinculação dos árbitros às súmulas vinculantes costuma se situar entre os defensores da não vinculação em absoluto dos árbitros aos provimentos judiciais. Por seu turno, quem sustenta a tese de que os árbitros estão vinculados a determinados provimentos judiciais, sobretudo aos de assento constitucional, como ora se faz, invariavelmente entende que a súmula vinculante obriga a atividade jurisdicional do juízo arbitral.

Para ilustrar o entendimento contrário especificamente à vinculação à súmula, Eduardo Parente consigna ser "de todo conveniente e esperado que o árbitro aplique, como o faz com a lei, a súmula vinculante", muito embora reconheça que os árbitros não estão vinculados a tal entendimento sumular; apenas o juiz togado estaria assim vinculado[422]. Afirma não haver escapatória na hipótese de os árbitros deixarem de aplicar a súmula vinculante, haja vista que tal situação equivaleria à aplicação errônea do direito (*error in iudicando*), não passível de ataque por ação anulatória de sentença arbitral[423].

Ao invocar a soberania dos árbitros quanto à decisão sobre o mérito da lide, Eduardo Parente adverte que as partes que optam pelo processo arbitral devem estar cientes de que estão sujeitas "a eventualmente não ter

de elaboração de uma súmula é exaustivo, depende da existência de pronunciamento único (mas expressivo) ou, então, da reiteração. O debate sempre foi longo, até a edição. Para a vinculação dessa súmula a julgados futuros há necessidade de processo especial, de maior debate, porque aquele verbete será aplicado automaticamente. Então, a chamada *súmula vinculante* não pode ser fruto de decisão aligeirada, rápida; e muito menos é a vinculação de qualquer decisão do Tribunal. Não basta o STF reunir-se, decidir, para que automaticamente todas essas decisões sejam vinculantes. Se as súmulas atuais decorrem de lento e burocrático procedimento, mais ainda o é para a súmula vinculante". (Rosas, Roberto. **Direito sumular**: comentários às súmulas do Supremo Tribunal Federal (incluindo as súmulas vinculantes) e do Superior Tribunal de Justiça. 14. ed. São Paulo: Malheiros, 2012, p. 11-12; itálico no original).

422 Parente, Eduardo de Albuquerque. **Processo arbitral e sistema**. São Paulo: Atlas, 2012, p. 286.

423 Parente, Eduardo de Albuquerque. **Processo arbitral e sistema**. São Paulo: Atlas, 2012, p. 287.

um julgamento conforme uma súmula vinculante que poderia lhe[s] favorecer", o que também ocorreria com a própria lei. Escreve o referenciado advogado que a "parte escolhe com liberdade, com suas vantagens, mas também com riscos quanto à liberdade de julgar o mérito pelos árbitros"[424].

Em sentido análogo, Júlia Dinamarco é peremptória ao dizer que o "respeito à Súmula Vinculante somente é obrigação, na acepção jurídica do termo, para os destinatários indicados no art. 103-A da Constituição, entre os quais não se incluem particulares e tampouco árbitros"[425]. Reconhece, porém, que a súmula vinculante, aplicado o direito brasileiro à arbitragem, "será certamente valorizada pelos árbitros, e, não surpreendentemente, esses reconheceriam nela uma forte autoridade, para efeito de formação de convicção sobre a causa", o que não se confundiria com a "hipotética sujeição dos árbitros ao teor da Súmula e com o dever de respeitá-la, acatando-a ao proferirem a sentença arbitral"[426]. Haveria uma *limitação subjetiva* no tocante à obrigatoriedade da súmula vinculante, que só vincularia os obrigados expressamente mencionados no texto do artigo 103-A da Constituição Federal.

Além disso, Júlia Dinamarco assevera que, sob uma perspectiva histórica, tampouco se poderia dizer que a súmula vinculante obrigaria a todos os cidadãos e as entidades indistintamente, pois isso implicaria uma interferência indesejada do Poder Judiciário na esfera de atuação do Poder Legislativo, o que claramente não teria sido a "intenção do constituinte"[427].

[424] PARENTE, Eduardo de Albuquerque. **Processo arbitral e sistema**. São Paulo: Atlas, 2012, p. 287.

[425] DINAMARCO, Júlia. Os árbitros e as normas criadas judicialmente: notas sobre a sujeição do árbitro à súmula vinculante e ao precedente. In: LEMES, Selma Ferreira; MARTINS, Pedro Batista; CARMONA, Carlos Alberto (coord.). **Arbitragem**: estudos em homenagem ao Prof. Guido Fernando da Silva Soares, *in memoriam*. São Paulo: Atlas, 2007, p. 69-70.

[426] DINAMARCO, Júlia. Os árbitros e as normas criadas judicialmente: notas sobre a sujeição do árbitro à súmula vinculante e ao precedente. In: LEMES, Selma Ferreira; MARTINS, Pedro Batista; CARMONA, Carlos Alberto (coord.). **Arbitragem**: estudos em homenagem ao Prof. Guido Fernando da Silva Soares, *in memoriam*. São Paulo: Atlas, 2007, p. 69-70.

[427] Mais adiante, afirma a citada autora: "Tenho que o advento da Súmula Vinculante em nosso direito não transformou a atividade jurisdicional do STF em atividade de criação jurídica. A atividade desse continua sendo a de revelação da norma jurídica, e como tal, a despeito da obrigatoriedade de sua observância por entes da Administração Pública e pelos órgãos jurisdicionais estatais, continua se qualificando como jurisprudência, sendo facultativa sua observância pelos árbitros, do ponto de vista legal. O caráter jurisdicional da atividade dos árbitros e a equiparação dos efeitos da sentença arbitral àqueles atribuídos

Eduardo Talamini faz uma abordagem distinta da relação entre a arbitragem e a súmula vinculante. O *busílis* residiria, para ele, em saber se o Poder Judiciário, no exercício do controle da sentença arbitral, tem ou não de aplicar a súmula vinculante. Assim, o exame da questão já adotaria, como ponto de partida, a premissa de que o árbitro não estaria obrigado pela força vinculante da súmula, por não fazer parte do Poder Judiciário nem da administração pública.

Analisando a questão sob o ângulo do controle judicial, Eduardo Talamini não deixa dúvidas de que, em seu entendimento, o árbitro não estaria vinculado à súmula no tocante às matérias de mérito do processo arbitral, já que é soberano no julgamento do *meritum causae* da controvérsia submetida à arbitragem. Não caberia controle judicial da atuação do árbitro nesse aspecto[428].

Solução outra haveria relativamente às "questões processuais relacionadas com os limites do cabimento da arbitragem e a incidência das garantias do devido processo legal", para as quais vigoraria um sistema de controle judicial da atuação do árbitro, sistema esse previsto nos artigos 32 e 33 da Lei de Arbitragem, que tratam do cabimento da ação anulatória contra a sentença arbitral[429]. Eduardo Talamini acredita que, "de modo indireto, súmulas que versem especificamente sobre matérias que estejam no rol dos fundamentos para impugnação judiciária do processo e da sentença arbitrais são relevantes para o árbitro", pelo que seu descumprimento poderia levar à invalidade da decisão perante a justiça estatal[430].

à sentença judicial não são elementos aptos a equiparar órgãos judiciais estatais e órgãos constituídos privadamente ao amparo da lei". (DINAMARCO, Júlia. Os árbitros e as normas criadas judicialmente: notas sobre a sujeição do árbitro à súmula vinculante e ao precedente. In: LEMES, Selma Ferreira; MARTINS, Pedro Batista; CARMONA, Carlos Alberto (coord.). **Arbitragem**: estudos em homenagem ao Prof. Guido Fernando da Silva Soares, *in memoriam*. São Paulo: Atlas, 2007, p. 70).

428 TALAMINI, Eduardo. **Novos aspectos da jurisdição constitucional brasileira**: repercussão geral, força vinculante, modulação dos efeitos do controle de constitucionalidade e alargamento do objeto do controle direito. Tese (Livre Docência), Universidade de São Paulo, São Paulo, 2008, p. 169.

429 TALAMINI, Eduardo. **Novos aspectos da jurisdição constitucional brasileira**: repercussão geral, força vinculante, modulação dos efeitos do controle de constitucionalidade e alargamento do objeto do controle direito. Tese (Livre Docência), Universidade de São Paulo, São Paulo, 2008, p. 169.

430 Eis, no ponto, os exemplos ilustrativos de Eduardo Talamini: "Imagine-se, então, que há uma súmula vinculante acerca da legitimidade ou ilegitimidade de um dado meio de prova

Respeitadas as posições contrárias, que se baseiam em bons argumentos, neste trabalho a resposta a primeira pergunta formulada na epígrafe deste tópico é no sentido positivo, vale dizer, o árbitro está vinculado à súmula vinculante.

O principal argumento a ser enfrentado é o da *interpretação literal* do artigo 103-A da Constituição Federal, que já se analisou no tópico 4.3.2, sobre a vinculação arbitral às decisões de (in)constitucionalidade. Dizer que o árbitro não está vinculado à súmula vinculante porque não consta ele *explicitamente* como destinatário da referida norma constitucional parece um tanto quanto simplista; trata-se de uma saída fácil para justificar algo complexo, que é a não sujeição do juízo arbitral à súmula vinculante. A interpretação gramatical tem sua importância na hermenêutica jurídica, mas deve ser vista com ressalvas, sendo essa – vinculação do árbitro à súmula – uma boa oportunidade de vê-la de tal maneira[431].

É verdade que o artigo 103-A da Constituição faz referência textual apenas a "órgãos do Poder Judiciário" e "à administração pública direta e indireta, nas esferas federal, estadual e municipal", não havendo qualquer alusão aos árbitros, à justiça privada, à arbitragem ou expressão equivalente. Também é verdade que, em 2004, quando da promulgação da Emenda Constitucional nº 45, que trouxe a súmula vinculante para dentro do ordenamento jurídico brasileiro, a arbitragem já era uma realidade no Brasil, embora ainda estivesse em fase embrionária, pouco tempo depois da decisão do Supremo que decretou a constitucionalidade de dispositivos da Lei nº 9.307/1996, nos idos de 2001.

Nenhum desses fatores, todavia, contribui decisivamente para afastar da arbitragem o necessário respeito à súmula vinculante editada pelo Supremo Tribunal Federal.

De largada, tem-se que a referência constitucional a órgãos judiciais pode ser lida como "órgãos jurisdicionais", definição na qual se encaixam

ou de determinado procedimento probatório. Ainda outro exemplo: suponha-se uma súmula vinculante definindo o não-cabimento de arbitragem para a solução de determinada espécie de litígio. Se o árbitro desrespeitar uma dessas súmulas e, depois, a questão for levada ao Judiciário, esse terá de aplicar a súmula vinculante". (Talamini, Eduardo. **Novos aspectos da jurisdição constitucional brasileira**: repercussão geral, força vinculante, modulação dos efeitos do controle de constitucionalidade e alargamento do objeto do controle direito. Tese (Livre Docência), Universidade de São Paulo, São Paulo, 2008, p. 169).

[431] Bulos, Uadi Lammêgo. **Manual de interpretação constitucional**. São Paulo: Saraiva, 1997, p. 22.

os árbitros, dotados que são de jurisdição, como já explicado. Se o árbitro é juiz de fato e de direito, exercendo poder jurisdicional, e se a sentença arbitral é equivalente à sentença do magistrado togado, sendo ambas título executivo judicial, não há explicação plausível para que apenas o juiz estatal se vincule à súmula vinculante, e não o árbitro[432].

O direito brasileiro é um só tanto no Poder Judiciário quanto na arbitragem. Não há um ordenamento jurídico brasileiro vigente para a resolução de disputa com uso do aparato estatal e outro reservado à justiça privada, ambiente em que quase tudo seria admitido com supedâneo na autonomia da vontade e na flexibilidade. Destarte, a *interpretação conforme a Constituição* do artigo 103-A é aquela segundo a qual os árbitros estão inseridos no contexto de vinculação à súmula vinculante do Supremo Tribunal Federal.

A vinculação dos árbitros, ao revés da vinculação do Judiciário e da administração pública, que é direta, dá-se de forma *indireta*, tendo em vista que, conforme se defende neste trabalho, o descumprimento da súmula vinculante pelo juízo arbitral não abre caminho para a propositura de

[432] Aluísio Berezowski concorda com tal afirmação: "Poder-se-á objetar que o árbitro não integra o Poder Judiciário, tampouco a Administração Pública, tanto direta quanto indireta. A objeção, contudo, não prospera, pois, ao exercer jurisdição, o árbitro é equiparado ao juiz togado e, portanto, tem de se curvar aos ditames do Supremo Tribunal Federal em matéria de controle concentrado de constitucionalidade. Seria no mínimo contraditório que o árbitro, cuja sentença deve respeitar a ordem pública, pudesse considerar-se como descompromissado de se pautar consoante o enunciado de súmula vinculante. A mesma contradição exsurgiria diante do entendimento – correto – de que, por um lado, a sentença arbitral deva respeitar as normas constitucionais, mas por outro, possa abstrair dos comandos inseridos em súmulas vinculantes". (Berezowski, Aluísio. **Ação anulatória de sentença arbitral**: pressupostos e limites. Dissertação (Mestrado em Direito Processual) – Faculdade de Direito, Universidade de São Paulo, São Paulo, 2020, p. 193). Essa afirmação é corroborada também por Júlia Schledorn de Camargo: "O fundamento para a posição adotada no sentido de reconhecer a sujeição do árbitro à súmula vinculante, em primeiro, tem como base a análise sistemática. A súmula vinculante, devido à sua natureza de norma geral e abstrata, integra o sistema jurídico brasileiro e, por conseguinte, equipara-se à lei, havendo inclusive expressa previsão constitucional de que sua correta aplicação é mandatória. Desta feita, apesar de não constar no texto constitucional expressamente que o árbitro está sujeito à súmula vinculante, a sua função é jurisdicional, daí decorrendo a capacidade de impor suas decisões, que são definitivas, exatamente a mesma função jurisdicional exercida pelo juiz, que também possui o poder de império". (Camargo, Júlia Schledorn de. **A influência da súmula persuasiva e vinculante dos tribunais superiores brasileiros na arbitragem**. Dissertação (Mestrado em Direito Processual Civil) – Faculdade de Direito, Pontifícia Universidade Católica de São Paulo, São Paulo, 2013, p. 166).

reclamação. A *vinculação indireta* configura mais um elemento que fragiliza a interpretação puramente gramatical do artigo 103-A, uma vez que apenas se obrigam diretamente a tal comando constitucional os órgãos judiciários e a administração pública, estes sim sujeitos à via reclamatória.

Tal orientação vai ao encontro da profícua lição de Cândido Rangel Dinamarco. Em seu raciocínio, como o artigo 103-A da Constituição Federal impõe uma "vinculação muito ampla, indo além do Poder Judiciário para atingir os órgãos de outro Poder (Administração Pública)", seria legítimo inferir, como de fato é, "que *a fortiori* também os árbitros se reputam sujeitos a esse efeito vinculante, sendo obrigados a acatar tais decisões superiores em seus laudos"[433]. Enfatiza o citado jurista, com precisão, que os árbitros não são mesmo órgãos judiciários, não integram os quadros do Judiciário ou do Estado, "mas lidam com interesses alheios e exercem *poder-jurisdicional* sobre as partes, donde resulta que devem submeter-se às normas superiores do País, a bem da segurança jurídica e da uniformidade da interpretação da ordem constitucional"[434].

No mais, Cândido Rangel Dinamarco afirma, novamente com inegável acerto, que seria "assistemático e arbitrário fazer uma distinção para vincular alguns órgãos encarregados do exercício da jurisdição, os juízes, e não vincular outros, que são os árbitros", distinção esta que, além de indevida, por ser assistemática e arbitrária, "seria fator de abalo à própria tese do *caráter jurisdicional da arbitragem*, ficando-se a meio caminho entre seu reconhecimento e sua recusa"[435]. Haveria, no limite, ofensa ao princípio constitucional da isonomia, discriminando a completude do ordenamento jurídico com base na escolha do mecanismo de solução de lides.

A sujeição dos *particulares* à súmula vinculante, também de forma *indireta*[436], é outro fator que corrobora a vinculação dos árbitros à súmula,

[433] Dinamarco, Cândido Rangel. **A arbitragem na teoria geral do processo**. São Paulo: Malheiros, 2013, p. 213; itálico no original.

[434] Dinamarco, Cândido Rangel. **A arbitragem na teoria geral do processo**. São Paulo: Malheiros, 2013, p. 213; itálico no original.

[435] Dinamarco, Cândido Rangel. **A arbitragem na teoria geral do processo**. São Paulo: Malheiros, 2013, p. 213; itálico no original.

[436] "Em relação à súmula, o efeito vinculante desdobra-se em vinculações diretas e *indiretas*. A vinculação direta é aquela que submete o Poder Judiciário e a Administração Pública, tendo a nota característica do cabimento de reclamação perante o Supremo Tribunal Federal (art. 103-A, §3º, Constituição). A vinculação indireta é genérica, abrangendo tanto o Poder Legislativo, como os próprios particulares. Esta vinculação indireta não dá lugar à reclamação (que, na

a despeito de, mais uma vez, nenhuma alusão a "particulares" haver no artigo 103-A. Vinculam-se indiretamente os particulares porque, "[u]ma vez que todos os órgãos estatais aplicadores do direito estão submetidos à força vinculante, toda disputa, conflito, dúvida, que envolva a questão sumulada e que os particulares submetam àqueles órgãos terá de ser decidida em conformidade com a súmula"[437].

Viu-se que a súmula vinculante pode ter por objeto a validade, a interpretação ou a eficácia de normas determinadas, da Constituição ou da legislação ordinária. Nesse sentido, poderá "conferir eficácia geral ao entendimento do STF sobre a constitucionalidade ou inconstitucionalidade de dispositivos infraconstitucionais (ou mesmo de emenda à Constituição)"[438] ou "fixar a interpretação e o alcance que devem ser conferidos a determinado enunciado normativo, incluindo os artigos da própria Carta"[439]-[440].

Sintetizando essa ideia: as súmulas têm por finalidade veicular a orientação do Supremo acerca de *qualquer questão constitucional*. E assim é porque, "estabelecida uma interpretação vinculante para determinado enunciado normativo, a consequência será a invalidade de qualquer ato ou comportamento que lhe seja contrário, oriundo do Poder Público ou mesmo de particulares"[441].

redação do art. 103-A, §3º, só é interponível contra atos administrativos e jurisdicionais). No entanto, por ser uma expressão da interpretação máxima da Constituição e por dever ser aplicada (sob pena de reclamação) pelos tribunais, gera uma vinculação típica de norma jurídica geral e abstrata (...)". (JANSEN, Rodrigo. A súmula vinculante como norma jurídica. **Revista de Direito Administrativo**, vol. 240, 2005, p. 232).

[437] TALAMINI, Eduardo. **Novos aspectos da jurisdição constitucional brasileira**: repercussão geral, força vinculante, modulação dos efeitos do controle de constitucionalidade e alargamento do objeto do controle direito. Tese (Livre Docência), Universidade de São Paulo, São Paulo, 2008, p. 168. Nessa citação, é importante esclarecer que o autor não se refere ao processo arbitral.

[438] Por exemplo, o enunciado nº 2 da súmula vinculante do Supremo: "É inconstitucional a lei ou ato normativo estadual ou distrital que disponha sobre sistemas de consórcios e sorteios, inclusive bingos e loterias".

[439] Por exemplo, o enunciado nº 17 da súmula vinculante do Supremo: "Durante o período previsto no parágrafo 1º do artigo 100 da Constituição, não incidem juros de mora sobre os precatórios que nele sejam pagos".

[440] BARROSO, Luís Roberto. **O controle de constitucionalidade no direito brasileiro**. 8ª ed. São Paulo: Saraiva, 2019, p. 116.

[441] BARROSO, Luís Roberto. **O controle de constitucionalidade no direito brasileiro**. 8ª ed. São Paulo: Saraiva, 2019, p. 116.

Estando até mesmo os particulares vinculados ao teor da súmula vinculante, como aqui se sustenta, não se vislumbra, do ponto de vista jurídico-constitucional, como o juízo arbitral poderia estar livre de seguir a súmula vinculante. Não faz sentido admitir, de um lado, que os atos dos particulares contrários à súmula vinculante devam ser reprimidos pelo Poder Judiciário, mas, de outro lado, permitir que os mesmos atos dos particulares afrontosos à súmula vinculante, que nada mais é do que a interpretação do Supremo sobre um tema de matiz constitucional, sejam acatados pelos árbitros como não afrontosos ao direito brasileiro, tão somente porque se estaria diante de um ambiente privado de resolução de conflitos. Apesar de entendermos que não cabe reclamação contra a sentença arbitral, é certo que a eventual falta de mecanismo de controle da aplicação da súmula vinculante à arbitragem não torna despiciendo o seu cumprimento rigoroso pelo juízo arbitral.

As arbitragens entre particulares e entes da administração pública são bons exemplos para demonstrar a coerência do argumento. Suponha-se que a súmula vinculante não alcançasse os árbitros nem os particulares, porque não constam eles do texto do artigo 103-A da Constituição, porém alcançasse os entes da administração pública, pois estes, ao contrário, estão referenciados no aludido dispositivo constitucional. Na hipótese de a União Federal, como requerida da arbitragem instaurada contra ela por um particular, arguir a inconstitucionalidade de determinada norma aplicável ao processo arbitral por força de um enunciado de súmula vinculante, não poderiam os árbitros aplicar a súmula vinculante ao fundamento de que o juízo arbitral e os particulares a ela não se submetem? A resposta só pode ser negativa. Não cabe cindir o alcance da súmula vinculante em virtude do método escolhido para resolver uma lide.

É preciso lembrar que a súmula vinculante, "ao contrário do que ocorre no processo objetivo", "decorre de decisões tomadas, em princípio, em casos concretos, no modelo incidental", sendo vedada a edição de uma súmula vinculante com fundamento em decisão judicial isolada[442]. Ou seja: a súmula vinculante condensa em um *enunciado geral e abstrato*, com *eficácia de norma constitucional*, a interpretação que o Supremo Tribunal Federal atribui a uma norma determinada, à luz da Constituição Federal.

[442] MENDES, Gilmar Ferreira; BRANCO, Paulo Gustavo Gonet. **Curso de direito constitucional**. 15ª ed. São Paulo: Saraiva, 2020, p. 1.116.

Por isso, o necessário respeito dos árbitros à súmula vinculante decorre também, e principalmente, do fato de ser a súmula vinculante a expressão do que o Supremo decidiu reiteradas vezes em controle incidental de constitucionalidade[443]-[444]. A obrigação de os árbitros obedecerem a súmula vinculante, sob esse prisma, é uma consequência lógica do sistema constitucional brasileiro, em que a Constituição Federal, lei suprema, é dotada de eficácia normativa. A vinculação do juízo arbitral à súmula "constitui uma imposição da supremacia da Constituição Federal sobre toda a ordem jurídica nacional"[445].

A reflexão sobre o tema não para por aí. Além do que já se disse sobre os seus contornos, acrescente-se que a súmula vinculante, como enunciado geral e abstrato, no que se assemelha à lei, consiste no resumo dos julgados da Suprema Corte que deram ensejo à sua edição. A aplicação da súmula vinculante não escapa, assim, à análise detida das decisões anteriores que levaram o Supremo Tribunal Federal a sumular o entendimento sobre determinada norma constitucional[446]. Obviamente, um enunciado de uma ou duas linhas não concentra toda a fundamentação jurídica que ensejou a promulgação da súmula vinculante.

Provimentos judiciais vinculantes são, antes de tudo, *textos normativos*[447]. A súmula vinculante consiste no teor literal do enunciado normativo e,

[443] A súmula vinculante seria uma forma de o Supremo conferir eficácia *erga omnes* e vinculante a decisões em controle incidental sem que seja necessária a suspensão do Senado Federal. Aqui, no entanto, não se trata de mutação constitucional, mas, sim, de norma constitucional expressa, que prevê uma alternativa, por assim dizer, à suspensão do Senado, em situação específica.

[444] Há quem discorde dessa conclusão, por entender que "a súmula vinculante é, apenas, a interpretação do STF, com quórum qualificado, sobre um dispositivo constitucional, logo, não nos afigura razoável e correto que o árbitro tenha que se submeter ao entendimento adotado por essa corte". (BERALDO, Leonardo de Faria. **Curso de arbitragem**: nos termos da Lei nº 9.307/96. São Paulo: Atlas, 2014, p. 646).

[445] DINAMARCO, Cândido Rangel. **A arbitragem na teoria geral do processo**. São Paulo: Malheiros, 2013, p. 213.

[446] "A súmula – como enunciado abstrato – nunca é vinculante. O que vincula é o precedente subjacente: tanto é assim que sem os seus fatos a súmula não é passível de aplicação. Mesmo na súmula vinculante o que efetivamente obriga é o precedente". (MITIDIERO, Daniel. **Reclamação nas cortes supremas**: entre a autoridade da decisão e a eficácia do precedente. São Paulo: Thomson Reuters Brasil, 2020, p. 48).

[447] ABBOUD, Georges. **Processo constitucional brasileiro**. 4ª ed. São Paulo: Thomson Reuters Brasil, 2020, p. 1.151; ÁVILA, Henrique de Almeida. **A repercussão das decisões**

enquanto tal, deve ser *objeto de interpretação* por aquele que irá aplicá-la ao caso. É tão somente mediante o exercício interpretativo que poderá se extrair do texto da súmula vinculante (provimento judicial vinculante) a efetiva *norma* que incidirá à hipótese concreta[448]. Os árbitros, embora efetivamente *vinculados*, deverão *interpretar* o verbete sumular para verificar se, no caso concreto, naquela específica arbitragem, a norma que se extrairá da súmula vinculante tem ou não aplicação prática.

Poderá o árbitro, então, afastar a utilidade da súmula vinculante para uma causa, desde que apresente as razões fáticas e jurídicas que o levaram a chegar a tal conclusão. Isso tem chances de ocorrer, por exemplo, quando a súmula vinculante invocada por uma das partes tiver traços distintivos

repetitivas em relação aos serviços públicos delegados: a contextualização do efeito vinculante à luz da Separação de Poderes. Tese (Doutorado em Direito) – Faculdade de Direito, Pontifícia Universidade Católica de São Paulo, São Paulo, 2019, p. 25.

[448] "As decisões com provimento vinculante são documentos escritos – fixados pela escrita – ou seja, são textos escritos cuja condição de acessibilidade está estabelecida. Por constituírem-se em textos, nenhum provimento vinculante, seja decisão ou súmula, para ser aplicado pode dispensar a interpretação. Conforme ensina Figal, a expectativa textual é constitutiva da postura do interpretar: a interpretação só pode ser realizada à medida que a expectativa textual se realiza. Isto é, o texto e a interpretação são feitos um para o outro. Assim sendo, a atribuição de efeito vinculante a determinados pronunciamentos (decisões/súmulas) não retira a obrigatoriedade de se interpretar esses textos na ocasião da incidência do efeito vinculante que eles possuem. A interpretação nunca é um fenômeno secundário, como se fosse algo que se juntasse provisoriamente aos escritos e às obras difíceis de serem compreendidas. Vale dizer, a interpretação sempre coexiste em relação ao texto, a dificuldade inerente ao texto não altera a existência da interpretação, mas tão somente sua complexidade. Destarte, os pronunciamentos judiciais, independentemente de sua complexidade, sempre necessitam de interpretação para poderem dizer algo. Há algo no texto que copertence ao pensamento, apesar de lhe ser exterior. Os textos jurídicos, sejam decisões dotadas ou não de efeito vinculante, apenas podem dizer algo ao caso concreto quando são interpretados". (ABBOUD, Georges. **Processo constitucional brasileiro**. 4ª ed. São Paulo: Thomson Reuters Brasil, 2020, p. 1.171-1.172). Já tive a oportunidade de escrever, em coautoria com o citado autor, nesse exato sentido: "A norma extraível do provimento vinculante, que é texto, não pode ser aplicada em abstrato, por subsunção. Deve vir sempre acompanhada do ato interpretativo, pelo que a atribuição de efeitos vinculantes a determinados pronunciamentos 'não retira a obrigatoriedade de se interpretar esses textos na ocasião da incidência do efeito vinculante que eles possuem', pois os 'pronunciamentos (textos) jurídicos com ou sem o efeito vinculante invariavelmente fornecem algo a ser compreendido, ou seja, sempre carecem de interpretação para que possam solucionar a lide (dar a entender algo)'". (ABBOUD, Georges; VAUGHN, Gustavo Favero. Notas críticas sobre a reclamação e os provimentos judiciais vinculantes do CPC. **Revista de Processo,** vol. 287, 2019, p. 423).

com relação ao caso em julgamento que justificariam a sua não aplicação. Por tratar-se de súmula vinculante, provimento judicial com assento constitucional, de que decorre a eficácia *erga omnes* e o efeito vinculante, o ônus argumentativo do árbitro é tão importante quanto se estivesse ele justificando o porquê de uma lei não se aplicar à resolução do litígio arbitral.

Tal observação é de suma relevância para o processo arbitral, porque a vinculação dos árbitros à súmula não significa dizer que devam eles simplesmente aplicar o enunciado sumular (texto normativo) à espécie sob julgamento, como se lhes fosse tolhido o direito ao livre convencimento. A vinculação dos árbitros não implica uma atividade cognitiva mecânica, de mera subsunção do verbete sumular aos fatos do caso concreto.

Estar abrangido pela eficácia *erga omnes* e vinculante da súmula de maneira alguma compromete a atividade intelectual e decisória dos árbitros, que são livres e independentes para decidir as disputas para as quais foram nomeados como julgadores privados. Acontece que a liberdade cognitiva do árbitro, como a do juiz togado, *está limitada pelo ordenamento constitucional brasileiro*.

Em resumo: os árbitros estão vinculados à súmula vinculante, mormente porque a arbitragem se submete ao modelo constitucional do processo, que tem como viga mestra a Constituição Federal, cujo artigo 103-A fala na eficácia para *todos* e vinculante da súmula aprovada em circunstâncias deveras específicas pelo Supremo. Sem embargo, a vinculação à súmula não recrudesce a liberdade interpretativa dos árbitros, que devem compreender o enunciado sumular antes de aplicá-lo ou de rejeitá-lo, sempre fundamentando as razões de adotar uma ou outra saída.

Não se pode perder de vista que, em termos pragmáticos, a súmula vinculante terá pouca utilidade nas arbitragens comerciais. Os cinquenta e oito enunciados de súmula vinculante vigentes evidenciam que as matérias sumuladas, com eficácia *erga omnes* e força vinculante, se referem, em grande parte, a questões tributárias, penais, previdenciárias e administrativas. Dessas matérias, atualmente apenas as questões administrativas são, com alguma frequência, objeto de discussão em processos arbitrais. São essas matérias que usualmente geram maiores controvérsias no campo do direito constitucional.

Questões societárias, civis, comerciais e de infraestrutura, para citar algumas que costumam ser demandadas pela via arbitral, dificilmente serão objeto de uma súmula vinculante (podem ser objeto de outro provimento judicial disposto no artigo 927 do Código de Processo), pois não suscitarão dúvidas sob a perspectiva constitucional, mas apenas infraconstitucional. Assim, não há motivo para que a súmula vinculante preocupe tanto os árbitros; além da necessidade de interpretar o enunciado que se propõe vinculante, é bem pouco provável que, no atual contexto do direito brasileiro, seja editada uma súmula vinculante apta a engessar a atividade jurisdicional do árbitro.

4.3.4. Súmula persuasiva

As súmulas são "enunciados sintéticos da jurisprudência de um tribunal, nos quais se refletem linhas de decisões reiteradamente tomadas sobre determinados pontos de direito", daí por que podem ser bem vistas enquanto verdadeiras "*máximas da jurisprudência*, úteis para orientar as partes, advogados e tribunais subordinados, dada a disposição, que o tribunal anuncia ao emiti-las, de prosseguir decidindo conforme o enunciado nelas contido"[449].

Ao lado da súmula vinculante, é lícito falar "em súmulas persuasivas ou não vinculantes, porque se destinam a influir na convicção do julgador, convidando-o ou induzindo-o a perfilhar o entendimento assentado"[450]. A locução "persuasiva" pode ser traduzida como "uma regra de relevância jurídica, mas caracterizada por uma potencial mobilidade"[451].

Sucede que a súmula persuasiva do Supremo Tribunal Federal, que, em números, ultrapassa a casa das setecentas, *não vincula* os árbitros; apenas e tão somente a súmula vinculante os obriga.

Inexiste disposição constitucional apta a autorizar a vinculação dos árbitros também às súmulas persuasivas. Deve-se, aqui, separar o joio do trigo, distinguindo a função e a relevância de uma e de outra espécie de súmula. À época da criação da súmula vinculante pela Emenda Constitucional nº 45/2004, a súmula persuasiva já era aplicada no direito brasileiro,

[449] DINAMARCO, Cândido Rangel. **Vocabulário do processo civil**. 2ª ed. São Paulo: Malheiros, 2014, p. 276; itálico no original. No mesmo sentido ver: CIMARDI, Cláudia Aparecia. **A jurisprudência uniforme e os precedentes no novo Código de Processo Civil brasileiro**. São Paulo: Editora Revista dos Tribunais, 2015, p. 300.

[450] MANCUSO, Rodolfo de Camargo. **Divergência jurisprudencial e súmula vinculante**. 4ª ed. São Paulo: Editora Revista dos Tribunais, 2010, p. 430.

[451] PICARDI, Nicola. **Jurisdição e processo**. Trad. Carlos Alberto Alvaro de Oliveira. Rio de Janeiro: Forense, 2008, p. 153.

de modo que é evidente que a Constituição, ao prever um regramento específico para atribuir à súmula eficácia geral e vinculante, não quis equiparar a súmula vinculante à súmula persuasiva. A lógica é inversa: quis-se nitidamente separar uma da outra.

O verbete sumular sobre questão constitucional editado pelo Supremo Tribunal Federal, no que for aplicável ao processo arbitral, constitui "valioso subsídio que auxilia a hermenêutica de casos concretos", a despeito de não haver efetiva *vinculação* dos árbitros à súmula persuasiva[452]. O árbitro tem "livre escolha para aplicar a súmula persuasiva nos casos a ele submetidos, por meio da arbitragem, desde que forme o seu convencimento de forma livre e fundamentada", mas é fato que "a súmula persuasiva é argumento importante para a persuasão racional" dos árbitros, pois, no limite, integra a fonte do direito brasileiro, ainda que de forma secundária[453].

4.3.5. Decisões de inconstitucionalidade em controle incidental e o papel do Senado Federal

É praxe no direito brasileiro, desde a Constituição de 1934, atribuir ao Senado Federal a competência privativa para suspender a execução, no todo ou em parte, de lei declarada inconstitucional por decisão definitiva do Supremo Tribunal Federal, após o trânsito em julgado[454]. Essa deter-

[452] TUCCI, José Rogério Cruz e. **Precedente judicial como fonte do direito**. São Paulo: Revista dos Tribunais, 2004, p. 277. No mesmo sentido: BERALDO, Leonardo de Faria. **Curso de arbitragem**: nos termos da Lei nº 9.307/96. São Paulo: Atlas, 2014, p. 646.

[453] CAMARGO, Júlia Schledorn de. **A influência da súmula persuasiva e vinculante dos tribunais superiores brasileiros na arbitragem**. Dissertação (Mestrado em Direito Processual Civil) – Faculdade de Direito, Pontifícia Universidade Católica de São Paulo, São Paulo, 2013, p. 162.

[454] É preciso fazer a devida distinção entre a suspensão e a revogação da norma, sobretudo porque a Constituição se refere à suspensão da execução da lei declarada inconstitucional, e não à sua revogação: "A norma revogada deixa de incidir a partir de sua revogação, mas incidiu validamente sobre os suportes fáticos ocorridos durante sua vigência. (...) A norma inconstitucional é nula desde a origem e, como tal, nunca teve aptidão para operar o fenômeno da incidência. É norma que nunca incidiu de modo juridicamente eficaz. Assim, a declaração de sua inconstitucionalidade pelo Supremo, na via do controle difuso, importa o reconhecimento judicial, vinculante para as partes, de que, no caso examinado, não ocorreu a incidência. A Resolução do Senado que 'suspende a execução' opera a universalização dessa consequência: importa reconhecimento estatal de que a norma em questão jamais teve aptidão para incidir, e, portanto, jamais incidiu eficazmente em qualquer situação. É como se houvesse uma 'revogação' *ex tunc*. Em decorrência disso, aos aplicadores do direito não será dado invocar

minação está contida no artigo 52, inciso X, da Constituição de 1988 e aplica-se ao controle de constitucionalidade a ser exercido *incidenter tantum* pelo Supremo no julgamento de ação originária, recurso ordinário ou recurso extraordinário[455].

Como nessas hipóteses os efeitos da decisão sobre questão constitucional alcançam apenas as partes do processo, a Suprema Corte, uma vez findo o processo subjetivo, envia ao Senado Federal o teor do acórdão que declarou incidentalmente a inconstitucionalidade, para que a Câmara Alta do Congresso Nacional realize o controle político da decisão e lhe confira, após isso, eficácia *erga omnes*. É justamente essa a finalidade do instituto da suspensão: conferir eficácia geral, isto é, fazer com que todos os submetidos ao sistema constitucional brasileiro sejam alcançados pelos efeitos da decisão do Supremo em controle incidental, como se a inconstitucionalidade tivesse sido proclamada em sede de ação direta, no bojo de um processo objetivo[456].

Havendo a suspensão da execução da lei inconstitucional, com a edição da resolução respectiva "estendendo *erga omnes* os efeitos da decisão e imprimindo-lhes estabilidade", é coerente defender, como consequência

a norma suspensa, nem em relação a suportes fáticos que venham a ocorrer a partir da suspensão, nem em relação a fatos ocorridos no passado. Em suma: havendo revogação, a norma deixa de incidir *ex nunc*; havendo inconstitucionalidade, a não incidência é *ex tunc*. Pode-se afirmar, portanto, que, relativamente ao futuro, tanto a norma revogada quanto a suspensa não incidem; porém, relativamente ao passado, a norma revogada incidiu, enquanto a norma suspensa, porque inconstitucional, não incidiu legitimamente". (ZAVASCKI, Teoria Albino. **Eficácia das sentenças na jurisdição constitucional**. 4ª ed. São Paulo: Editora Revista dos Tribunais, 2017, p. 37-38; itálico no original).

455 A doutrina adverte que a "suspensão somente ocorre no controle difuso, não no abstrato, já que as decisões nestas ações têm efeitos *erga omnes*". (FERREIRA, Olavo Augusto Vianna Alves. **Controle de constitucionalidade e seus efeitos**. 4ª ed. Salvador: JusPodivm, 2018, p. 116; itálico no original). Reforçando a aplicação do instituto da suspensão pelo Senado apenas no controle incidental, veja-se o artigo 178 do Regimento Interno do Supremo: "Declarada, incidentalmente, a inconstitucionalidade, na forma prevista nos arts. 176 e 177, far-se-á comunicação, logo após a decisão, à autoridade ou órgão interessado, bem como, depois do trânsito em julgado, ao Senado Federal, para os efeitos do art. 42, VII, da Constituição". Para fins de esclarecimento, o artigo 42, inciso VII, referido no trecho transcrito é o atual artigo 52, inciso X, da Constituição Federal.

456 O Senado Federal, "ao suspender a execução da norma questionada, faz valer para todos o que era circunscrito às partes litigantes, confere efeito geral ao que era particular, em uma palavra, generaliza os efeitos de uma decisão singular". (BROSSARD, Paulo. O Senado e as leis inconstitucionais. **Revista de Informação Legislativa**, abr./jun., 1976, p. 61).

disso, que não poderia mais o Supremo Tribunal Federal nem qualquer outro órgão voltar a aplicar a norma "suspensa", já que retirada do ordenamento jurídico por invalidade[457].

Ao receber o acórdão do Supremo, deve o Senado Federal, averiguando apenas as *formalidades* da decisão, emitir uma resolução suspendendo a execução, em todo o território nacional, da íntegra ou de parte da lei declarada inconstitucional. A suspensão do ato normativo inconstitucional "não é posta ao critério do Senado, mas lhe é imposta como obrigatória", o que significa dizer que "o Senado, à vista da decisão do Supremo Tribunal Federal, tem de efetuar a suspensão da execução do ato inconstitucional", sob pena de o ordenamento constitucional tolerar que o Poder Legislativo possa convalidar ato reputado inconstitucional pelo Poder Judiciário[458], afrontando acintosamente a separação dos poderes[459]-[460].

[457] ALMEIDA, Fernando Dias Menezes de. Considerações sobre a função do Senado Federal de suspender execução de lei declarada inconstitucional pelo Supremo Tribunal. **Revista de Informação Legislativa**, ano 44, nº 174, 2007, p. 18.

[458] FERREIRA FILHO, Manoel Gonçalves. **Curso de direito constitucional**. 41ª ed. Rio de Janeiro: Forense, 2020, p. 35.

[459] Zeno Veloso refuta, com acerto, a posição que considera discricionária a competência do Senado para suspender lei declarada inconstitucional pelo Supremo: "Se o ato do Senado estiver inserido no universo da competência discricionária, portanto, com a liberdade de suspender, ou não, a execução de lei declarada inconstitucional, por decisão definitiva do Supremo Tribunal, fazendo um novo juízo sobre a inconstitucionalidade, estaremos admitindo que uma consideração exclusivamente política sobrepõe-se a uma verificação jurídica (e também política), comprometendo e diminuindo o papel do Pretório Excelso, perdendo sentido o art. 102, *caput*, da Constituição, que o designa como guarda da Lei Fundamental". Em outra relevante passagem, ressalta o seguinte: "O Senado não tem uma opção de suspender a execução de parte da lei, se toda ela foi julgada inconstitucional; nem pode suspender a execução de toda a lei, cuja inconstitucionalidade somente em parte foi declarada. Ele suspenderá a execução em parte ou na totalidade, conforme tenha sido a decisão do Supremo Tribunal Federal. A atuação do Senado, portanto, é balizada pela extensão da sentença proferida pelo Pretório Excelso. Não pode ampliar, nem restringir". (VELOSO, Zeno. **Controle jurisdicional de constitucionalidade**. Belém: Cejup, 1999, p. 62 e 65).

[460] O ministro Victor Nunes, em voto proferido em julgamento paradigmático, reiteradamente citado em doutrina e jurisprudência para abordar o assunto da suspensão pelo Senado, chegou a sustentar o caráter discricionário da decisão da Câmara Alta, que poderia ou não suspender a lei julgada inconstitucional por conveniência política, embora não tenha o Senado o poder de vetar as decisões do Supremo a seu bel prazer. Discordamos dessa posição, conforme explicado no subtópico, mas vale transcrever a lição do referido ministro: "A Constituição não deu ao Senado, no art. 64, o poder de vetar parcialmente as decisões do Supremo Tribunal. Por isso, ele suspenderá no todo ou em parte a lei, consoante o Tribunal houver declarado a lei

Não poderia o Senado simplesmente ignorar o seu dever de emitir resolução tão logo receba a decisão de inconstitucionalidade prolatada pelo Supremo. A omissão, proposital ou acidental, causa danos à sistemática constitucional, em especial porque faz com que os efeitos da decisão em controle por via incidental continuem limitados às partes litigantes, contrariando a lógica do instituto da suspensão[461].

Ressalvada essa posição, que parece a mais condizente com a Constituição, ultimamente se tem questionado a efetiva aplicabilidade do artigo 52, inciso X, da Constituição Federal no atual estágio do constitucionalismo brasileiro. Há quem defenda que não faria sentido o Senado emitir a resolução suspensiva acerca da lei declarada inconstitucional pelo Supremo em julgamento de recurso extraordinário, dado que o preenchimento dos requisitos para a caracterização da repercussão geral já seria o bastante para revelar a importância da decisão que se forma em decisões respaldadas por esse instituto[462].

Por essa vertente, seria crível admitir que a competência do Senado para suspender a execução de lei declarada inconstitucional não tem mais a relevância que outrora teve, "sendo, hoje, inexpressivas, ressalvado seu efeito

inconstitucional no todo ou em parte. Mas o Senado terá o seu próprio critério de conveniência e oportunidade para praticar o ato de suspensão. Se uma questão foi decidida por maioria escassa e novos Ministros são nomeados, como há pouco aconteceu, é de todo razoável que o Senado aguarde novo pronunciamento antes de suspender a lei. Mesmo porque não há sanção específica nem prazo certo para o Senado se manifestar". (MS nº 16.512, rel. min. Oswaldo Trigueiro, Tribunal Pleno, julgado em 25/5/1966, DJ 31/8/1966). Na doutrina, defendendo a não obrigatoriedade da suspensão pelo Senado, ver: MARINHO, Josaphat. O art. 64 da Constituição e o papel do Senado. **Revista de Informação Legislativa**, vol. 1, nº 2, 1964, p. 12.

[461] "O ato omissivo do Senado Federal pode retratar repulsa a norma constitucional e desconsideração para com o Poder Judiciário, ao qual a Constituição outorgou a competência para, em momento pós-justificação de texto legal, declarar constitucionalidade ou não da lei ou ato normativo. Desse modo, enquanto não editada a resolução senatorial para suspender a aplicabilidade e a invocabilidade da norma declarada inconstitucional, o Poder Judiciário ver-se-á compelido a repetir a decisão nos casos em que a identidade do tema esteja presente. A omissão do Senado Federal contribuiria para a sobrecarga das atividades do Poder Judiciário, tornando morosa a prestação jurisdicional, dificultoso e ineficiente o exercício da competência constitucional atribuída a esse Poder. A condutiva omissiva do Senado Federal significaria, de modo oblíquo, prática impeditiva ao eficaz e legítimo exercício da competência outorgada ao Poder Judiciário". (CASTRO, João Bosco Marcial de. **O controle de constitucionalidade das leis e a intervenção do Senado Federal**. Porto Alegre: Nubria Fabris, 2008, p. 76).

[462] ZAVASCKI, Teori Albino. **Eficácia das sentenças na jurisdição constitucional.** 4ª ed. São Paulo: Editora Revista dos Tribunais, 2017, p. 48-49.

de publicidade, as consequências práticas que dele podem decorrer"[463]. Isso adviria, em alguma medida, do entendimento de parcela dos juristas que defende a objetivação das decisões da Corte no controle difuso[464].

[463] ZAVASCKI, Teori Albino. **Eficácia das sentenças na jurisdição constitucional**. 4ª ed. São Paulo: Editora Revista dos Tribunais, 2017, p. 53. No mesmo sentido, afirmando o caráter obsoleto do instituto da suspensão pelo Senado, ver: MENDES, Gilmar Ferreira. O controle incidental de normas no direito brasileiro. **Revista de Direito Constitucional e Internacional**, vol. 23, 1998, p. 30-58. Versão eletrônica, p. 16; BARROSO, Luís Roberto. **O controle de constitucionalidade no direito brasileiro**. 8ª ed. São Paulo: Saraiva, 2019, p. 184.

[464] A ideia de objetivação do controle de constitucionalidade difuso foi apresentada em voto do ministro Gilmar Mendes na Rcl nº 4.335-AC, que propôs uma releitura do artigo 52, inciso X, da Constituição Federal. Vale transcrever alguns trechos do voto em questão, com o perdão pela extensão: "Como se vê, as decisões proferidas pelo Supremo Tribunal Federal, em sede de controle incidental, acabam por ter eficácia que transcende o âmbito da decisão, o que indica que a própria Corte vem fazendo uma releitura do texto constante do art. 52, X, da Constituição de 1988, que, como já observado, reproduz disposição estabelecida, inicialmente, na Constituição de 1934 (art. 91, IV) e repetida nos textos de 1946 (art. 64) e de 1967/69 (art. 42, VIII). Portanto, é outro o contexto normativo que se coloca para a suspensão da execução pelo Senado Federal no âmbito da Constituição de 1988. Ao se entender que a eficácia ampliada da decisão está ligada ao papel especial da jurisdição constitucional, e, especialmente, se considerarmos que o texto constitucional de 1988 alterou substancialmente o papel desta Corte, que passou a ter uma função preeminente na guarda da Constituição a partir do controle direto exercido na ADI, na ADC e na ADPF, não há como deixar de reconhecer a necessidade de uma nova compreensão do tema. (...) De qualquer sorte, a natureza idêntica do controle de constitucionalidade, quanto às suas finalidades e aos procedimentos comuns dominantes para os modelos difuso e concentrado, não mais parece legitimar a distinção quanto aos efeitos das decisões proferidas no controle direto e no controle incidental. Somente essa nova compreensão parece apta a explicar o fato de o Tribunal ter passado a reconhecer efeitos gerais à decisão proferida em sede de controle incidental, independentemente da intervenção do Senado. O mesmo há de se dizer das várias decisões legislativas que reconhecem efeito transcendente às decisões do STF tomadas em sede de controle difuso. (...). É possível, sem qualquer exagero, falar-se aqui de uma autêntica mutação constitucional em razão da completa reformulação do sistema jurídico e, por conseguinte, da nova compreensão que se conferiu à regra do art. 52, X, da Constituição de 1988. Valendo-nos dos subsídios da doutrina constitucional a propósito da mutação constitucional, poder-se-ia cogitar aqui de uma autêntica reforma da Constituição sem expressa modificação do texto. Em verdade, a aplicação que o Supremo Tribunal Federal vem conferindo ao disposto no art. 52, X, da CF indica que o referido instituto mereceu uma significativa reinterpretação a partir da Constituição de 1988. (...) Assim, parece legítimo entender que, hodiernamente, a fórmula relativa à suspensão de execução da lei pelo Senado Federal há de ter simples efeito de publicidade. Desta forma, se o Supremo Tribunal Federal, em sede de controle incidental, chegar à conclusão, de modo definitivo, de que a lei é inconstitucional, essa decisão terá efeitos

Como já adiantado, discorda-se dessa opinião. A Constituição Federal brasileira "não equipara controle abstrato ao controle concreto e, por consequência, é defeso ao intérprete fazê-lo, mesmo – e principalmente – que esse intérprete seja o STF", sendo certo que o texto constitucional "não deu poderes para o STF, em sede de controle concreto, de aniquilar a lei que entende inconstitucional, mas apenas o poder de, em assim reconhecendo, deixar de aplicá-la na solução da lide"[465].

Está expresso no artigo 52, inciso X, da Constituição, que competirá privativamente ao Senado Federal suspender, no todo ou em parte, a lei declarada inconstitucional pelo Supremo Tribunal. A interpretação gramatical deve ser prestigiada aqui, em reforço da supremacia da Constituição, embora tal interpretação possa não ser, por vezes, a melhor saída, mormente porque o direito está em constante evolução. Esse dispositivo não sofreu mutação constitucional (ao menos ainda não), pelo que não pode seu texto ser ignorado[466].

gerais, fazendo-se a comunicação ao Senado Federal para que este publique a decisão no Diário do Congresso. Tal como assente, não é (mais) a decisão do Senado que confere eficácia geral ao julgamento do Supremo. A própria decisão da Corte contém essa força normativa. Parece evidente ser essa a orientação implícita nas diversas decisões judiciais e legislativas acima referidas. Assim, o Senado não terá a faculdade de publicar ou não a decisão, uma vez que não se cuida de uma decisão substantiva, mas de simples dever de publicação (...). Portanto, a não-publicação, pelo Senado Federal, de Resolução que, nos termos do art. 52, X da Constituição, suspenderia a execução da lei declarada inconstitucional pelo STF, não terá o condão de impedir que a decisão do Supremo assuma a sua real eficácia jurídica". (Rcl nº 4.335, rel. min. Gilmar Mendes, Tribunal Pleno, julgado em 20/3/2014, DJe 22/10/2014).

465 NERY JUNIOR, Nelson; ABBOUD, Georges. **Direito constitucional brasileiro**. São Paulo: Editora Revista dos Tribunais, 2017, p. 642.

466 Eduardo Talamini defende que a intervenção do Senado, tal qual prevista pelo artigo 52, inciso X, da Constituição Federal, permanece sendo reconhecida como necessária para a eficácia *erga omnes*. O argumento definitivo nesse sentido seria dado pela instituição da súmula vinculante. A reflexão é de toda pertinente: "Que sentido faria a criação de um instituto, sujeito a rigorosos pressupostos (inclusive quórum qualificado), destinado a dar força vinculante ao entendimento externado sobre questão constitucional em *'reiteradas decisões'* do Supremo Tribunal, se toda e qualquer decisão do Plenário da Corte já tivesse essa eficácia? Nos debates do julgamento da Rcl. 4.335, opondo-se à tese do Min. Gilmar Mendes, os Ministros Sepúlveda Pertence e Joaquim Barbosa destacaram que a súmula vinculante presta-se precisamente a viabilizar a atribuição de eficácia vinculante a entendimento sobre matéria constitucional assente na Corte em sede de controle incidental. Até por isso, não é possível cogitar de uma mutação constitucional". (TALAMINI, Eduardo. **Novos aspectos da jurisdição constitucional brasileira**: repercussão geral, força vinculante, modulação dos efeitos do controle de constitucionalidade e alargamento do objeto do controle direito.

A atuação do Senado Federal diante da declaração de inconstitucionalidade pelo Supremo não está, segundo a concepção que ora se adota, atualmente restrita à publicidade da decisão[467]-[468]. Pelo contrário, esse mister do Senado continua tendo o condão de atribuir eficácia *erga omnes* e vinculante às decisões de inconstitucionalidade do Supremo em controle incidental. Tida por inconstitucional uma determinada lei pelo Supremo

Tese (Livre Docência), Universidade de São Paulo, São Paulo, 2008, p. 243). Em interessante artigo, Cândido Rangel Dinamarco destaca justamente a suspensão da lei inconstitucional pelo Senado como uma diferença entre os controles abstrato e incidental exercidos pelo Supremo: "Seja por essa via, seja mediante o controle difuso que realiza no julgamento de casos concretos, o Supremo Tribunal Federal interfere na ordem jurídica positiva ao retirar ou provocar a ineficácia dos dispositivos contrários à Constituição – no segundo caso, mediante ofício ao Senado e atribuição a ele de uma medida supressora que se considera vinculada. O que difere os efeitos do controle concentrado e do difuso é a participação do Senado – sendo constante, no entanto, a influência dos pronunciamentos do Supremo sobre a eficácia das normas produzidas pelo Poder Legislativo". (DINAMARCO, Cândido Rangel. Decisões vinculantes. **Revista de Processo**, vol. 100, 2000, p. 166-185. Versão eletrônica, p. 10).

467 A mera publicidade da decisão de inconstitucionalidade ou constitucionalidade está prevista no artigo 28, *caput*, da Lei nº 9.868/1999, que dispõe sobre o processo e julgamento da ação direta de inconstitucionalidade e da ação declaratória de constitucionalidade perante o Supremo Tribunal Federal; controle abstrato, portanto ("Art. 28. Dentro do prazo de dez dias após o trânsito em julgado da decisão, o Supremo Tribunal Federal fará publicar em seção especial do Diário da Justiça e do Diário Oficial da União a parte dispositiva do acórdão").

468 Para ver como o instituto da suspensão não estaria tão em desuso, confira-se o texto de José Levi Mello do Amaral Júnior, publicado na revista eletrônica Consultor Jurídico, do qual se extrai a seguinte informação: entre os anos de 2007 e 2014, "foram promulgadas 29 Resoluções com fundamento de validade no artigo 52, inciso X, da Constituição: uma em 2013, cinco em 2012, três em 2010, uma em 2009, quatro em 2008 e 15 em 2007". As conclusões de José Levi são muito claras: "Primeira, foi bastante comum o exercício, pelo Senado Federal, nos anos mais recentes, da sua competência privativa prevista pelo artigo 52, inciso X, da Constituição. Segunda, revela-se bastante abrangente a prática do controle difuso, fulminando leis e atos normativos de quaisquer dos Poderes federais, estaduais e municipais, inclusive aqueles anteriores à Constituição vigente. Terceira, nota-se sintonia entre o Supremo Tribunal Federal e o Senado Federal, porque, em regra, a declaração incidental de inconstitucionalidade pela Corte efetivamente enseja resolução senatorial na forma do artigo 52, inciso X, da Constituição. Aliás, vale destacar que a maioria das resoluções examinadas foi promulgada após breve lapso de tempo entre o recebimento do Ofício do Supremo informando uma declaração de inconstitucionalidade e a promulgação da Resolução de suspensão: duas foram promulgadas no mesmo ano de recebimento do Ofício, sete no ano seguinte e outras sete no segundo ano seguinte. As demais Resoluções examinadas cumpriram tramitação mais lenta". (AMARAL JÚNIOR, José Levi Mello do. **Suspensão de norma inconstitucional está em pleno uso pelo Senado Federal**. Disponível em: https://www.conjur.com.br/2014-mai-31/suspensao-norma-inconstitucional-pleno-uso-senado-federal. Acesso em 26/11/2020).

Tribunal Federal, é dever – e não poder discricionário – do Senado suspender, na medida do que foi decidido, a execução da lei inconstitucional, retirando-a do ordenamento jurídico.

A análise do instituto da suspensão pelo Senado Federal que ora se faz é importante para verificar se o árbitro estaria ou não vinculado à decisão de inconstitucionalidade proferida pelo Supremo em controle difuso, incidentalmente em um processo subjetivo. Não se pode deixar de lado, para que seja alcançada uma abordagem completa da temática, os efeitos da decisão do Supremo em controle difuso, malgrado os estudos sobre a arbitragem e os provimentos judiciais vinculantes, sob uma ótica constitucional, concentrem seus esforços no exame do controle abstrato e da súmula vinculante. E a solução, aqui, depende do peso que se dá à resolução do Senado, isto é, está intrinsecamente ligada à interpretação que se confere ao artigo 52, inciso X, da Constituição Federal.

Essa questão poderia não ter sentido para aqueles que interpretam o citado dispositivo constitucional como revelador de mero dever de publicidade por parte do Senado quando diante da remessa, pelo Supremo, de uma decisão de inconstitucionalidade. Nessa hipótese, parece indiscutível que a decisão de inconstitucionalidade em controle difuso – no julgamento de um recurso extraordinário com repercussão geral, por exemplo – bastaria, por si só, para vincular a jurisdição arbitral, tendo em conta a relevância da questão constitucional reconhecida pela Corte Suprema.

A interpretação contrária a essa, a qual se endossa neste trabalho, encaminha o raciocínio para outro rumo. Não há que se falar pura e simplesmente em vinculação do árbitro à decisão de inconstitucionalidade do Supremo proferida em sede de controle difuso, mesmo que tal decisão tenha se dado no bojo do julgamento de um recurso extraordinário, que tem como pressuposto principal de admissibilidade a demonstração da repercussão geral. Apesar de decisões dessa natureza serem de enorme valia para a ordem constitucional, cabendo ao árbitro *observá-la* (eficácia persuasiva), já que a jurisprudência é fonte do direito, não se estaria, nessa situação hipotética, diante de uma efetiva *vinculação* do juízo arbitral.

Vinculação haveria se, e somente se, o Senado Federal, devidamente notificado pelo Supremo, suspendesse a execução da lei declarada inconstitucional por acórdão proferido pela Suprema Corte em sede de controle difuso.

A obrigatoriedade do árbitro frente a uma decisão de inconstitucionalidade em controle difuso advém de uma razão simples: suspensa a lei inconstitucional por resolução do Supremo, conforme impõe o artigo 52, inciso X, da Constituição, a referida lei não mais integraria o conjunto de normas jurídicas do direito brasileiro e, sendo este o direito aplicável à arbitragem, estaria o árbitro proibido de decidir com fundamento em lei que não mais subsiste, que não esteja em vigor na data de prolação da sentença arbitral, por exemplo.

Tal como se disse com relação à decisão de inconstitucionalidade em controle abstrato, ainda que não a partir da mesma *ratio*, a justificativa para vincular o árbitro reside na impossibilidade de, à luz do direito brasileiro, decidir-se com base em lei não operante, que foi afastada, no caso, por decisão de inconstitucionalidade do Supremo e por resolução do Senado Federal dela decorrente, como manda a Constituição Federal. Nesse ponto, a legitimidade da vinculação do árbitro é fortalecida pela participação direta do Poder Legislativo na subtração da lei inconstitucional do ordenamento jurídico, o que não se vislumbra nas demais hipóteses já aventadas, nas quais entra em cena apenas o Poder Judiciário, representado pelo guardião da Constituição, o Supremo Tribunal Federal.

Portanto, o árbitro vincula-se à decisão do Supremo que declara a inconstitucionalidade de lei em sede de controle difuso, independentemente se no bojo de ação originária ou em grau recursal, mas tal vinculação ocorrerá apenas se o Senado Federal, devidamente instado, suspender a execução da lei inconstitucional por meio de resolução, na forma do artigo 52, inciso X, da Constituição, com isso obrigando a todos que se sujeitam à ordem constitucional brasileira, inclusive a jurisdição privada, que não escapa da incidência das normas constitucionais, até mesmo porque a arbitragem, repise-se, compõe o modelo constitucional de processo.

O árbitro está vinculado à decisão de inconstitucionalidade em controle difuso a partir do momento da edição da resolução do Senado Federal afastando a execução da lei viciada. Se, por exemplo, o árbitro tomar ciência, por provocação das partes, do acórdão que reconheceu a inconstitucionalidade de uma lei aplicável à arbitragem, porém o Senado jamais suspender a execução dessa lei, incorrendo em flagrante omissão, então o árbitro não estará *vinculado*, pois, da forma como se vê o problema, essa lei ainda estaria em vigor no Brasil, a autorizar os árbitros a decidirem com base nela. Ainda que não efetivamente vinculado, é imprescindível que o juízo arbitral pondere um provimento judicial dessa importância ao proferir sua sentença.

No caso da vinculação à inconstitucionalidade, não há como o árbitro ignorar que a lei inconstitucional está fora do ordenamento jurídico. Se de fato ignorar essa circunstância, inevitavelmente proferirá uma decisão por equidade que, se não for prevista pelas partes, poderá dar causa ao ajuizamento de ação anulatória de sentença arbitral, por desrespeito ao direito aplicável à arbitragem, no mínimo. De todo modo, vale mais uma vez salientar, o julgamento por equidade não admite decisões *contra constitutionem*, pelo que mesmo cogitando de equidade seria necessário que o árbitro não fundamentasse sua decisão em lei inconstitucional afastada do ordenamento jurídico por resolução do Senado Federal.

As mesmas conclusões desse tópico repetem-se no caso de *recurso extraordinário repetitivo*. Figura criada pelo Código de Processo Civil de 2015, a sistemática repetitiva do recurso extraordinário permite que o Supremo Tribunal Federal, diante da multiplicidade de recursos com fundamento em idêntica questão de direito, afete para julgamento um determinado recurso extraordinário, que será o representativo da controvérsia constitucional. O embasamento do apelo extremo continua previsto na Constituição, sendo certo que a lei processual civil apenas traz o regramento específico para a hipótese de conflitos repetitivos (artigos 1.036 a 1.041). Também em sede de repetitivo pode o Supremo declarar a inconstitucionalidade de uma lei e essa lei ter sua execução suspensa pelo Senado, residindo nesse ponto a vinculação dos árbitros.

4.3.6. Suspensão cautelar de constitucionalidade e arbitragem

A Lei nº 9.868/1999, já mencionada, dispõe sobre o processo e o julgamento da ação direta de inconstitucionalidade e da ação declaratória de constitucionalidade perante o Supremo Tribunal Federal. Nela estão previstos os aspectos procedimentais das medidas cautelares em ação direta de inconstitucionalidade e em ação declaratória de constitucionalidade[469]. Seguindo

[469] Há também tratamento da cautelar em ação direta de inconstitucionalidade por omissão; porém, essa ação não interessa para o estudo em tela. Registre-se, ademais, que a própria Constituição Federal prevê a cautelar em ações de inconstitucionalidade (artigo 102, I, "p"), o que não sucede com o pedido de cautelar em ações declaratórias. Este último foi, contudo, admitido pelo Supremo Tribunal Federal na MC na ADC nº 4: "4. As decisões definitivas de mérito, proferidas pelo Supremo Tribunal Federal, nas Ações Declaratórias de

a linha de raciocínio desenvolvida até agora, impende averiguar se a suspensão cautelar, seja em ação direta, seja em ação declaratória, repercute, em termos práticos, no processo decisório dos árbitros.

No que se refere à ação direta de inconstitucionalidade, o pedido de cautelar será concedido por decisão da maioria absoluta dos membros do Supremo Tribunal Federal[470], após a audiência dos órgãos ou das autoridades dos quais emanou a lei impugnada, a não ser que seja hipótese de excepcional urgência, quando se admite a dispensa da oitiva desses órgãos ou autoridades[471].

A cautelar na ação direta de inconstitucionalidade terá, em regra, eficácia contra todos, e será concedida com efeito *ex nunc*, de modo a não retroagir no tempo, salvo se o Supremo entender pela atribuição de eficácia retroativa[472]. Não só, a concessão de medida cautelar torna aplicável a lei anterior acaso existente, situação que não se concretizaria se houvesse, por parte do Supremo, manifestação expressa em sentido contrário[473].

Ainda sobre a ação direta, a consequência da concessão da medida cautelar é a suspensão da aplicação da lei impugnada no processo objetivo promovido junto ao Supremo Tribunal. A suspensão cautelar da lei, por-

Constitucionalidade de lei ou ato normativo federal, produzem eficácia contra todos e até efeito vinculante, relativamente aos demais órgãos do Poder Judiciário e ao Poder Executivo, nos termos do art. 102, § 2º, da C.F. 5. Em Ação dessa natureza, pode a Corte conceder medida cautelar que assegure, temporariamente, tal força e eficácia à futura decisão de mérito. E assim é, mesmo sem expressa previsão constitucional de medida cautelar na A.D.C., pois o poder de acautelar é imanente ao de julgar". (MC na ADC nº 4, rel. min. Sydney Sanches, Tribunal Pleno, julgado em 11/2/1998, DJ 21/5/1999).

470 Admite-se a concessão de medida cautelar por decisão monocrática do relator, mas tal hipótese é e deve ser vista como medida excepcional. Sobre o tema, veja-se como se posiciona a respeitável doutrina: "Podem naturalmente ocorrer casos em que a espera pelo julgamento da Sessão Plenária seguinte ao pedido de medida cautelar leve à completa perda de sua utilidade. Assim, parece legítima admitir a concessão da liminar por decisão monocrática do Relator, no exercício do poder geral de cautelar. Aqui, poder-se-ia considerar, igualmente, a possibilidade de aplicação analógica do § 1º do art. 5º da Lei n. 9.882/99, referente à arguição de descumprimento de preceito fundamental, que permite a decisão cautelar monocrática 'em caso de extrema urgência ou perigo de lesão grave'. Nessa hipótese, é imprescindível a submissão imediata, na Sessão Plenária seguinte, da decisão cautelar ao referendo do Tribunal (art. 21, V, do RISTF)". (MENDES, Gilmar Ferreira; BRANCO, Paulo Gustavo Gonet. **Curso de direito constitucional**. 15ª ed. São Paulo: Saraiva, 2020, p. 1.363).

471 Cf. artigo 10, *caput* e § 3º, da Lei nº 9.868/1999.

472 Cf. artigo 11, § 1º, da Lei nº 9.868/1999.

473 Cf. artigo 11, § 2º, da Lei nº 9.868/1999.

tanto, afeta sua vigência provisória, impedindo que os órgãos jurisdicionais, inclusive os árbitros, e os entes da administração pública como um todo apliquem a disposição que restou suspensa.

Embora a decisão concessiva da cautelar na ação direta, por ser proferida em cognição sumária, obste a formação de coisa julgada material, tem ela "todos os elementos para que se pense em eficácia vinculante"[474]. Por esse motivo, enquanto pender de julgamento a ação de inconstitucionalidade, a decisão concessiva da cautelar terá eficácia vinculante, vedando a prolação de decisões (jurisdicionais ou administrativas) que se pautem na lei cautelarmente suspensa por decisão do Supremo. Assim é que, "[e]stando assente que a liminar deferida opera no plano da vigência da lei, podendo ter o condão até mesmo de restaurar provisoriamente a vigência de norma eventualmente revogada, não há como deixar de reconhecer que a aplicação da norma suspensa pelos órgãos ordinários da jurisdição implica afronta à decisão do STF"[475].

À vista disso, entende-se que os árbitros devem respeitar a decisão do Supremo que suspende a eficácia de uma lei até o julgamento da ação em controle objetivo que definirá, ao fim e ao cabo, se a lei é realmente inconstitucional. A suspensão cautelar em ação direta retira a lei do ordenamento jurídico, ainda que momentaneamente, de modo que ninguém, nem mesmo os árbitros na justiça privada, poderá decidir com base em regramento cuja eficácia está suspensa, sob pena de julgar em sentido contrário à ordem constitucional, o que eventualmente levará, como se verá em tópico próprio, à invalidação da sentença arbitral.

A suspensão cautelar da eficácia de uma lei, repise-se, a retira do plano da vigência do direito brasileiro, de que decorre a impossibilidade de se decidir com fundamento nela. Enquanto suspensa, pode-se dizer que a presunção de constitucionalidade da lei fica invertida, relegada a segundo plano, até mesmo porque a concessão de cautelar em ação direta pressupõe a verossimilhança das alegações autorais, vale dizer, requer fortes indícios de que a lei questionada é de fato inconstitucional.

Aplicando-se o direito brasileiro à arbitragem e estando suspensa a eficácia de uma lei brasileira por conta de medida cautelar acolhida pelo

[474] SARLET, Ingo Wolfgang; MARINONI, Luiz Guilherme; MITIDIERO, Daniel. **Curso de direito constitucional**. 8ª ed. São Paulo: Saraiva, 2019, p. 1.182.

[475] MENDES, Gilmar Ferreira; BRANCO, Paulo Gustavo Gonet. **Curso de direito constitucional**. 15ª ed. São Paulo: Saraiva, 2020, p. 1.533.

Supremo Tribunal Federal, não podem os árbitros aplicá-la para decidir o processo arbitral, sob pena de se ter um julgamento por equidade e, além disso, contrário à Constituição. Se a lei foi suprimida do ordenamento jurídico, não há como utilizá-la para nada, muito menos para embasar um provimento jurisdicional. De mais a mais, como se disse, a suspensão cautelar na ação direta opera com efeitos *erga omnes* e vinculante, não ficando os árbitros isentos disso.

Uma observação é fundamental de ser repetida, para bem salientar o alcance desse assunto à arbitragem: embora tenha eficácia contra todos e vinculante, a medida cautelar na ação direta será geralmente concedida com eficácia *ex nunc*, não podendo retroagir no tempo e suspender a eficácia da lei desde o princípio; a suspensão da eficácia normativa costuma ser para o futuro, portanto.

A vinculação dos árbitros à suspensão cautelar na ação direta dependerá de ser ou não retroativa a eficácia da lei suspensa: se for, como costuma ser, eficácia *ex nunc*, eventuais atos jurídicos consolidados no passado não poderão ser alcançados pela suspensão cautelar da lei, abrindo espaço para os árbitros decidirem com base nela, mas ficando vedada a fundamentação de decisões futuras; noutro giro, se o Supremo entender devida a atribuição de eficácia retroativa, então não haverá que se falar em ato jurídico perfeito, estando os árbitros impedidos de julgar com base nessa lei, a qual foi subtraída do arcabouço normativo brasileiro.

Já quanto à medida cautelar em ação declaratória de constitucionalidade, tem-se que o deferimento do pleito poderá acarretar a suspensão do julgamento dos processos que envolvam a aplicação da lei que está *sub judice* na ação declaratória, até que esta seja apreciada em definitivo[476]. Não menciona a Lei nº 9.868/1999, para fins de ação declaratória, a possibilidade de suspensão da legislação propriamente dita, mas apenas dos processos que versam sobre ela.

A propósito, seria possível que a suspensão cautelar em sede de ação declaratória acarretasse a suspensão de julgamento de processos arbitrais que debatam a lei cuja constitucionalidade se busca confirmar? Não parece crível defender que uma decisão do Supremo – ainda mais em cognição sumária – pudesse suspender o andamento de uma arbitragem, pois, como já se disse, não há relação hierárquica entre a Corte responsável pela

[476] Cf artigo 21, *caput*, da Lei nº 9.868/1999.

guarda da Constituição e o juízo arbitral. Há, e isso é salutar, uma relação de complementariedade, de apoio entre as jurisdições estatal e arbitral, mas não uma relação de submissão dos árbitros ao Judiciário, nem mesmo à Suprema Corte.

5
CONTROLE JUDICIAL DA SENTENÇA ARBITRAL QUE DECIDE QUESTÃO CONSTITUCIONAL

Neste tópico, discorre-se sobre os eventuais meios processuais aptos a permitir que o Poder Judiciário exerça o controle da sentença arbitral que se debruça sobre questão constitucional (*v. g.* a sentença arbitral que declara a inconstitucionalidade de uma lei, que nega a aplicação de uma súmula vinculante). Serão objeto de análise: a ação anulatória do artigo 33 da Lei de Arbitragem; a ação rescisória; a ação declaratória de inexistência jurídica; a impugnação ao cumprimento de sentença; o recurso extraordinário; e a reclamação.

5.1. Ação do artigo 33 da Lei de Arbitragem

> *A arbitragem eficiente implica uma tensão entre os objetivos rivais da finalidade e da lealdade. Libertar as sentenças arbitrais da possibilidade de contestação em juízo promove a finalidade, ao passo que o aprimoramento da lealdade requer algumas medidas de supervisão judicial. A parte vencedora em uma arbitragem almeja alcançar finalidade, enquanto a perdedora deseja o cuidadoso exame judicial de decisões duvidosas.* (Park, William W. Por que os tribunais revisam decisões arbitrais. **Revista de Arbitragem e Mediação**, vol. 3, 2014, p. 161-176. Versão eletrônica, p. 2).

A ação prevista no artigo 33 da Lei de Arbitragem é o meio mais comum para se atacar uma sentença arbitral[477]. As hipóteses de cabimento dessa

[477] Lei de Arbitragem: "Art. 33. A parte interessada poderá pleitear ao órgão do Poder Judiciário competente a declaração de nulidade da sentença arbitral, nos casos previstos nesta Lei".

ação estão listadas no artigo 32 da aludida legislação, que dispõe ser "nula" a sentença arbitral se[478]: (I) for nula a convenção de arbitragem; (II) emanou de quem não podia ser árbitro; (III) não contiver os requisitos do artigo 26 da referida lei, que elencam os requisitos obrigatórios da sentença arbitral (relatório, fundamentos, dispositivo, data e lugar em que proferida); (IV) for proferida fora dos limites da convenção de arbitragem; (V) restar comprovado que foi proferida por prevaricação, concussão ou corrupção passiva; (VI) for proferida fora do prazo, respeitado o disposto no artigo 12, inciso III, da lei[479]; e (VII) forem desrespeitados os princípios de que trata o artigo 21, § 2º, da lei.

Em atenção ao seu supracitado rol de cabimento, a ação anulatória, cujo prazo decadencial é de 90 (noventa) dias a contar do recebimento da notificação da respectiva sentença ou da decisão do pedido de esclareci-

[478] A doutrina diverge sobre a exatidão da terminologia mencionada no *caput* do artigo 32 – "nula". De um lado, entende-se que nem todas as hipóteses são de efetiva nulidade, englobando também circunstância de anulabilidade (Cf. Moreira, José Carlos Barbosa. **Temas de direito processual (sexta série)**. São Paulo: Saraiva, 1997, p. 285). Carlos Alberto Carmona, a partir da lição desse ilustre jurista carioca, afirma que a dicção legal é inexata, pois a maior parte dos casos indicados na lei de regência diriam respeito a anulabilidades da sentença arbitral, e não propriamente a nulidades: "De fato, enquanto não manejada, com sucesso, a demanda de que trata o art. 33, permanece íntegra a decisão arbitral, sendo certo que, decorrido o estreito prazo decadencial de 90 dias para o ataque ao laudo defeituoso, não há mais como impugná-lo (exceção feita aos laudos condenatórios, eis que reservada ao executado a possibilidade de oposição de embargos, limitados, porém, às matérias do art. 741 do Código de Processo Civil)". (Carmona, Carlos Alberto. **Arbitragem e processo**: um comentário à Lei nº 9.307/96. 2ª ed. São Paulo: Atlas, 2007, p. 317). Em posição oposta, Cândido Rangel Dinamarco, diferenciando a teoria dos vícios dos atos jurídicos entre os direitos público e privado, afirma: "Daí por que a sentença arbitral portadora de um daqueles vícios arrolados no art. 32 da Lei de Arbitragem é realmente *nula*, apesar de eficaz, enquanto não vier a ser desconstituída por decisão do Poder Judiciário. Um ato assim, em direito privado, seria qualificado como meramente *anulável*, sendo nulos somente aqueles incapazes de produzir efeitos desde o início (*vícios radicais*, nulidades de pleno direito). Como em direito público não há espaço para nulidades assim, ou nulidades *pleno jure*, aquilo que os civilistas capitulam como meramente anulável reputa-se *nulo* em direito público. *Não existem atos anuláveis em direito processual*". (Dinamarco, Cândido Rangel. **A arbitragem na teoria geral do processo**. São Paulo: Malheiros, 2013, p. 246; itálico no original).

[479] Lei de Arbitragem: "Art. 11. Poderá, ainda, o compromisso arbitral conter: (...) III – o prazo para apresentação da sentença arbitral"; Art. 12. Extingue-se o compromisso arbitral: (...) III – tendo expirado o prazo a que se refere o art. 11, inciso III, desde que a parte interessada tenha notificado o árbitro, ou o presidente do tribunal arbitral, concedendo-lhe o prazo de dez dias para a prolação e apresentação da sentença arbitral".

mentos[480], não tem por escopo impugnar o mérito das sentenças arbitrais, isto é, o eventual erro cometido pelos árbitros na aplicação do direito escolhido pelas partes (*error in iudicando*)[481]; volta-se a anulatória, isso sim, contra os vícios formais presentes na decisão exarada pela jurisdição arbitral (*error in procedendo*). O controle judicial da sentença arbitral, pela ação anulatória, limita-se à análise de tais vícios formais, dado que o Poder Judiciário não é instância revisional do juízo arbitral[482].

Há debate sobre ser o rol do artigo 32 exaustivo ou não. Ainda que se defenda a taxatividade das hipóteses de nulidade da sentença arbitral – para manter-se fiel à terminologia da lei de regência –, é certo que a doutrina especializada reconhece, com acerto, a existência de situações excepcionais não explicitamente previstas em lei que possibilitam a decla-

[480] Cf. artigo 33, § 1º, da Lei de Arbitragem. Além disso, registre-se que a ação anulatória seguirá as regras do procedimento comum, previstas no Código de Processo Civil.

[481] Yarshell, Flávio Luiz. Caráter subsidiário da ação anulatória de sentença arbitral. **Revista de Processo**, vol. 207, 2012, p. 13-23. Versão eletrônica, p. 2.

[482] Esse é o entendimento pacífico do Superior Tribunal de Justiça, conforme, por todos: “2. O controle judicial sobre a validade das sentenças arbitrais está relacionado a aspectos estritamente formais, não sendo lícito ao magistrado togado examinar o mérito do que foi decidido pelo árbitro. Incidência da Súmula 83/STJ. (...)”. (AgInt no AREsp nº 1.566.306-SP, rel. min. Marco Buzzi, Quarta Turma, julgado em 30/3/2020, DJe 1/4/2020); “1. O excepcional controle judicial promovido por meio de ação anulatória, prevista no art. 33 da Lei n. 9.307/1996, não pode ser utilizado como subterfúgio para se engendrar o natural inconformismo da parte sucumbente com o desfecho conferido à causa pelo Juízo arbitral, como se de recurso tratasse, com o simples propósito de revisar o mérito arbitral. 1.1 A ação anulatória de sentença arbitral há de estar fundada, necessariamente, em uma das específicas hipóteses contidas no art. 32 da Lei 9.307/1996, ainda que a elas seja possível conferir uma interpretação razoavelmente aberta, com o propósito de preservar, em todos os casos, a ordem pública e o devido processo legal e substancial, inafastáveis do controle judicial (...)”. (REsp nº 1.660.963-SP, rel. min. Marco Aurélio Bellizze, Terceira Turma, julgado em 26/3/2019, DJe 29/3/2019); “2. Na linha dos precedentes desta Corte, o controle judicial sobre a validade das sentenças arbitrais está relacionado a aspectos estritamente formais, não sendo lícito ao magistrado togado examinar o mérito do que foi decidido pelo árbitro (...)”. (AgInt no AgInt no AREsp nº 1.143.608-GO, rel. min. Moura Ribeiro, Terceira Turma, julgado em 18/3/2019, DJe 20/3/2019); “2. Na ação de invalidação de sentença arbitral, o controle judicial, exercido somente após a sua prolação, está circunscrito a aspectos de ordem formal, a exemplo dos vícios previamente elencados pelo legislador (art. 32 da Lei nº 9.307/1996), em especial aqueles que dizem respeito às garantias constitucionais aplicáveis a todos os processos, que não podem ser afastados pela vontade das partes (...)”. (REsp nº 1.636.102-SP, rel. min. Ricardo Villas Bôas Cueva, Terceira Turma, julgado em 13/6/2017, DJe 1/8/2017).

ração de invalidade da sentença arbitral[483]. De fato, o elenco de hipóteses de cabimento da ação anulatória é taxativo, conforme consta da Lei nº 9.307/1996, mas se admite que determinados incisos do artigo 32 sejam interpretados de maneira ampliativa, sem apego à literalidade do texto legal, principalmente quando essa interpretação for feita à luz da Constituição Federal[484].

O respaldo a essa tese tem especial aplicabilidade no que diz respeito ao objeto de estudo. É incontroverso que os provimentos judiciais vinculantes com assento constitucional não se encontram enumerados no artigo 32 da Lei de Arbitragem. Nada obstante, há situações de desrespeito dos árbitros a tais provimentos que têm aptidão de autorizar a propositura da ação anulatória[485], apesar de ser essa uma via excepcional de controle judicial[486].

483 Carlos Alberto Carmona, aqui citado por todos, entende que "não podem as partes ampliar os motivos de impugnação nem estabelecer na convenção de arbitragem novas formas de revisão judicial do laudo". Sem embargo, reconhece que há "casos verdadeiramente excepcionais, em que será necessário reconhecer a sobrevivência da ação declaratória ou desconstitutiva para atacar tal laudo". Menciona, como exemplo mais evidente de tal situação, a hipótese de não ser arbitrável um determinado litígio. O tratamento excepcional, segundo ele, "é justificado, sem dúvida, para manter a validade do sistema imaginado pela Lei de Arbitragem, não para quebrá-lo". (CARMONA, Carlos Alberto. **Arbitragem e processo**: um comentário à Lei nº 9.307/96. 2ª ed. São Paulo: Atlas, 2007, p. 318).

484 Exemplo disso é o cabimento de ação anulatória contra a sentença arbitral que houver desrespeitado o princípio constitucional da vedação à prova ilícita. Apesar de tal princípio não constar expressamente no artigo 21, § 2º, da Lei de Arbitragem, a leitura mais adequada desse dispositivo à luz da Constituição Federal conduz a tal conclusão no direito brasileiro, conforme já se escreveu: *"L'enumerazione non va considerata tassativa: obbligatoria è pure l'osservanza di altri principi, tra cui alcuni di rango costituzionale, quale il divieto dell'utilizzazione di prove illecitamente ottenute (Costituzione della Repubblica, art. 5º, LVI)"*. (MOREIRA, José Carlos Barbosa. **Temas de direito processual (sexta série)**. São Paulo: Saraiva, 1997, p. 282).

485 Tendo em conta as normas constitucionais, Edoardo Ricci assevera o seguinte: "Prescindindo-se dos casos de inexistência jurídica, o motivo para argüir o vício pode ser acrescentado, no âmbito do art. 32 da Lei de Arbitragem, mediante interpretação integrativa com aplicação da Constituição". (RICCI, Edoardo Flavio. **Lei de Arbitragem brasileira**: oito anos de reflexão, questões polêmicas. São Paulo: Editora Revista dos Tribunais, 2004, p. 82). Partindo desse método – *interpretação integrativa à luz da Constituição* –, Cândido Rangel Dinamarco admite a ação anulatória por violação de súmula vinculante, por exemplo: "Nessa linha, por via interpretativa chega-se ao ponto de reputarem-se incluídas entre as *nulidades* arroladas no art. 32 da Lei de Arbitragem todas as infrações cometidas pela sentença arbitral a qualquer das garantias constitucionais do processo, ainda quando indiretas ou *reflexas* e mesmo que não estejam indicadas em tal dispositivo. Pela aplicação do método da interpretação integrativa chega-se também à nulidade da sentença arbitral fundada em lei

Analisa-se, em primeiro lugar, a possibilidade de se invalidar, no Poder Judiciário, a sentença arbitral que declara a inconstitucionalidade de uma lei incidentalmente na arbitragem, ou a sentença que deixa de assim proceder, rechaçando a arguição de inconstitucionalidade.

Se os árbitros, valendo-se do poder-dever de fiscalização da constitucionalidade, declararem a inconstitucionalidade de uma lei no caso concreto, justificando as razões de se decidir nesse sentido, não há de prevalecer eventual tentativa de impugnar tal decisão perante o Estado-juiz. Nessa circunstância, a ação anulatória atacará as razões de os árbitros terem aplicado o direito brasileiro de uma certa forma, isto é, declarando a inconstitucionalidade de uma lei, seja de ofício, ocasião em que deverão respeitar o contraditório para evitar decisão surpresa, seja por provocação de uma das partes. Porém, não se admite ao juiz togado rever os motivos de terem os árbitros declarado a inconstitucionalidade de uma lei, sendo essa uma hipótese vedada de exame de alegado *error in iudicando* na arbitragem.

Tampouco se admite que se leve ao Poder Judiciário a discussão sobre a não declaração incidental de inconstitucionalidade no processo arbitral. Nada poderá fazer, na via judicial, a parte que postular o reconhecimento da inconstitucionalidade e os árbitros decidirem em sentido negativo, rejeitando tal alegação. A pretensão de anular a sentença arbitral por não ter sido declarada a inconstitucionalidade no processo arbitral igualmente esbarrará na vedação à revisão da eventual má aplicação do direito pelos árbitros.

declarada inconstitucional pelo Supremo Tribunal Federal em controle concentrado (Const., art. 102, § 2º) ou proferida em contraste com súmula vinculante (art. 103-B – *supra*, n. 85)". (DINAMARCO, Cândido Rangel. **A arbitragem na teoria geral do processo**. São Paulo: Malheiros, 2013, p. 243; itálico no original).

486 Apenas por curiosidade, toma-se nota da observação de Menezes Cordeiro sobre o abuso na impugnação das sentenças arbitrais, que realça a excepcionalidade da medida também no direito português: "O direito de impugnar uma decisão arbitral é, como qualquer outro, suscetível de abuso. De resto, a jurisprudência permite constatar que a grande maioria das ações de impugnação não tem êxito. Perante ações abusivas, os tribunais devem perder a inibição de usar os poderes que a lei lhes confere, com relevo para a condenação como litigância de má-fé. Também as partes prejudicadas com o sobressalto que qualquer ação de anulação sempre suscita devem ter a coragem de pedir indemnizações". (CORDEIRO, António Menezes. **Tratado da arbitragem**: em comentário à Lei 63/2011, de 14 de dezembro. Coimbra: Almedina, 2016, p. 437-438).

Será cabível a ação anulatória, contudo, se os árbitros não fundamentarem a sentença arbitral que declarar ou deixar de declarar a inconstitucionalidade, com supedâneo nos artigos 32, inciso III, e 26, inciso II, da Lei de Arbitragem, e no artigo 93, inciso IX, da Constituição. O dever de fundamentação, como visto, é capital também para a arbitragem. Devem os árbitros explicarem, de forma clara e adequada, as razões pelas quais uma lei seria ou não inconstitucional à luz das peculiaridades do litígio.

Esse indispensável ônus argumentativo dos árbitros quanto ao controle difuso é ainda mais importante quando se estiver diante de decisão que reconhece ser uma lei inconstitucional. Por tratar-se de vício deveras grave, que atesta a nulidade da lei para o caso concreto, a fundamentação da decisão de inconstitucionalidade deve ser mais reforçada do que aquela que a nega, especialmente porque as leis, no Brasil, têm presunção de constitucionalidade.

Em segundo lugar, convém examinar o cabimento da ação anulatória de sentença arbitral sob a perspectiva do desrespeito aos provimentos judiciais vinculantes com assento constitucional.

Imagine-se que o Supremo Tribunal Federal, em controle abstrato, julgue procedente um pedido deduzido em ação direta para declarar a inconstitucionalidade do artigo 476 do Código Civil, que, ao cuidar da exceção de contrato não cumprido, dispõe: "Nos contratos bilaterais, nenhum dos contratantes, antes de cumprida a sua obrigação, pode exigir o implemento da do outro".

Como decorrência da declaração de inconstitucionalidade, o Supremo reconhece, por decisão irrecorrível, com eficácia *erga omnes* e vinculante, que o artigo 476 era nulo desde a sua origem legislativa. Na prática, a decisão hipotética acima referenciada retirará do ordenamento jurídico brasileiro o dispositivo legal declarado nulo, na medida em que a inconstitucionalidade ataca o plano normativo. Nesse contexto, não podem os árbitros aplicarem o artigo 476 do Código Civil ao decidirem uma disputa com base no direito brasileiro, exatamente porque uma decisão que se pauta nesse dispositivo não estará fundamentada no direito brasileiro[487].

[487] Lembre-se que o artigo 525, § 12, do Código de Processo Civil, prevê ser inexigível a "obrigação reconhecida em título executivo judicial fundado em lei ou ato normativo considerado inconstitucional pelo Supremo Tribunal Federal, ou fundado em aplicação ou interpretação da lei ou do ato normativo tido pelo Supremo Tribunal Federal como incompatível com a Constituição Federal, em controle de constitucionalidade concentrado

Todavia, se for proferida uma sentença arbitral com fundamento no artigo 476 do Código Civil, em absoluto desrespeito ao que decidiu o Supremo, poderá a parte vencida na arbitragem acionar o Poder Judiciário para postular a anulação dessa sentença, justificando o cabimento da demanda no artigo 32, inciso IV, da Lei de Arbitragem.

A lógica é a seguinte: empregar uma norma inconstitucional, entendida como tal aquela cuja inconstitucionalidade foi reconhecida pelo Supremo em controle abstrato, com eficácia vinculante em todo o território nacional, é o mesmo que decidir com fundamento em uma norma inexistente, uma *não-norma*. Se as partes elegeram o direito brasileiro como o direito a ser usado para julgar a arbitragem, então a sentença arbitral motivada em norma não presente no direito brasileiro desrespeita o que as partes combinaram[488]. Essa seria uma clara hipótese de decisão "proferida fora dos limites da convenção de arbitragem"[489].

A sentença que se pauta em dispositivo legal cuja existência foi fulminada por uma decisão de inconstitucionalidade em controle abstrato poderia ser equivalente ao julgamento por equidade. Sucede que, como

ou difuso". Ou seja: a própria lei federal que regulamenta o cumprimento de sentença arbitral aprioristicamente define que a sentença arbitral fundada em lei declarada inconstitucional não representará obrigação exigível.

488 Nesse sentido, pela possibilidade de anulatória quando os árbitros não aplicarem o direito brasileiro, julgando como se fosse por equidade, ver: TUCCI, José Rogério Cruz e. **Questões polêmicas do processo arbitral**. São Paulo: Quartier Latin, 2019, p. 49; SALOMÃO, Luis Felipe; FUX, Rodrigo. Arbitragem e precedentes: possível vinculação do árbitro e mecanismos de controle. **Revista de Arbitragem e Mediação**, vol. 66, 2020, p. 139-174; MACÊDO, Lucas Buril de; ALMEIDA, Maria Eduarda. Os precedentes obrigatórios vinculam o tribunal arbitral? In: FERREIRA, Olavo Augusto Vianna Alves; LUCON, Paulo Henrique dos Santos (coord.). **Arbitragem**: atualidades e tendências. Ribeirão Preto: Migalhas, 2019, p. 834; AMARAL, Guilherme Rizzo. Arbitragem e precedentes. In: LEVY, Daniel; PEREIRA, Guilherme Setoguti J. (coord.). **Curso de arbitragem**. São Paulo: Thomson Reuters Brasil, 2018, p. 297.

489 "Dentre outras situações, a violação da convenção de arbitragem pode ser verificada quando, escolhida a lei de um país, a sentença arbitral descumpre essa determinação e profere julgamento sem aplicar a lei, desconsiderando-a. Nessa linha de raciocínio, desconsiderar a lei vigente no país que foi eleita *sponte propria* pelas partes para dirimir o conflito significa violar a própria convenção de arbitragem. Isso significa que, se os árbitros cometerem *erro na aplicação da lei* ao decidir o litígio acabam por extrapolar os limites impostos pela própria convenção espontaneamente fixada pelas partes e que é vinculante para os árbitros". (LUCON, Paulo Henrique dos Santos; BARIONI, Rodrigo; MEDEIROS NETO, Elias Marques de. A causa de pedir das ações anulatórias de sentença arbitral. **Revista de Arbitragem e Mediação**, vol. 46, 2015, p. 265-276; Versão eletrônica, p. 3, itálico no original).

já se disse, nem mesmo em um julgamento por equidade se admite que a Constituição Federal seja vilipendiada. O julgamento por equidade não pode ser *contra constitutionem*, razão pela qual é indiferente o fato de as partes terem ou não autorizado tal julgamento na convenção de arbitragem quando se trata da aplicação, pelos árbitros, de norma declarada inconstitucional em controle abstrato.

A sentença arbitral que aplica dispositivo inconstitucional também poderia ser objeto de ataque pela ação do artigo 33 da Lei de Arbitragem, com arrimo no inciso VIII do artigo 32 da referida lei, que se refere aos princípios elencados no artigo 21, § 2º.

Aplicar uma norma inconstitucional é uma inequívoca afronta à Constituição Federal, configurando ofensa aos princípios da força normativa e da supremacia constitucionais. Uma leitura constitucionalmente adequada do rol principiológico da Lei de Arbitragem, que aqui se defende não ser exaustivo, permite concluir que a sentença arbitral que se fundamenta em norma inconstitucional pode ser anulada pelo Poder Judiciário por violação dos princípios constitucionais da força normativa e da supremacia da Constituição.

Como a arbitragem insere-se no contexto do modelo constitucional de processo, não é crível cogitar que os únicos princípios aplicáveis ao processo arbitral são aqueles explicitamente listados no § 2º do artigo 21 da Lei de Arbitragem, quais sejam, os princípios do contraditório, da igualdade das partes, da imparcialidade do árbitro e de seu livre convencimento. A esses princípios somam-se os princípios da força normativa e da supremacia constitucionais, que obstam os árbitros de decidirem com base em norma nula por inconstitucionalidade, portanto manifestamente contrária à Constituição. A tese da *interpretação integrativa à luz da Constituição* capitaneada por Edoardo Ricci e seguida por Cândido Rangel Dinamarco encaixa-se bem nesse ponto.

Além disso, a sentença arbitral que aplica um dispositivo legal declarado inconstitucional pelo Supremo, em controle abstrato, poderia ser anulada pelo Poder Judiciário por violação à *ordem pública constitucional interna*. Apesar de o conceito de ordem pública ser complexo e, por vezes, impreciso, entende-se que a aplicação de norma inconstitucional, por ter sido assim reconhecida ante a violação da Constituição Federal, lei maior e soberana do país, viola a ordem pública constitucional brasileira, "que expressa os valores consagrados no ordenamento jurídico nacional, ordinariamente manifestada nos princípios constitucionais, a qual deve ser atendida pelo árbitro nas arbitragens regidas pelo direito nacional"[490].

A inconstitucionalidade deve ser vista como a maneira mais evidente de violação da ordem pública interna de um país, pois, do ponto de vista jurídico, não há gravidade maior do que esta. Seria legítimo invocar a ofensa à ordem pública nesse contexto porque estar-se-ia diante de violação "flagrante, efetiva e concreta" não só de princípios fundamentais, como os da força normativa e da supremacia constitucionais, como também de regra mandatória da Constituição, que veda a aplicação de lei inconstitucional[491].

Desse modo, a desconsideração dos árbitros quanto à inconstitucionalidade reconhecida em controle abstrato autoriza a anulação da sentença arbitral por afronta à ordem pública constitucional brasileira, com alicerce no artigo 2º, § 1º, da Lei de Arbitragem[492]-[493].

[490] AGUIAR JÚNIOR, Ruy Rosado de. Arbitragem, os precedentes e a ordem pública. **Doutrina**: edição comemorativa, 30 anos, Superior Tribunal de Justiça, Brasília, 2019, p. 205.

[491] ALMEIDA, Ricardo Ramalho. **Arbitragem comercial internacional e ordem pública**. Rio de Janeiro: Renovar, 2015, p. 263.

[492] Lei de Arbitragem: "Art. 2º A arbitragem poderá ser de direito ou de eqüidade, a critério das partes. § 1º Poderão as partes escolher, livremente, as regras de direito que serão aplicadas na arbitragem, desde que não haja violação aos bons costumes e à ordem pública". Vale registrar, ademais, que o legislador pátrio previu a violação à ordem pública interna como hipótese de recusa da homologação ou da não execução de sentença arbitral estrangeira no território brasileiro, conforme o artigo 39, inciso II, da Lei nº 9.307/1996. Quanto à diferença que se tem feito sobre o fundamento da ordem pública para fins de homologação de sentença estrangeira e para fins de análise de ação anulatória de sentença arbitral, importa chamar a atenção para o que disse Ruy Rosado: "A extensão da hipótese de anulação de sentença arbitral por grave ofensa à ordem pública não pode ser desconhecida, sob pena de gerar julgamentos contraditórios: não pode o juiz do STJ, em um dia, deixar de homologar sentença estrangeira porque ofensiva à ordem pública nacional; em outro, ao julgar recurso de ação de anulação de sentença local impugnada pelo mesmo motivo, afirmar que a ordem pública interna nesse caso pode ser descumprida, como se para as relações exteriores houvesse um ordenamento jurídico, a afastar a sentença estrangeira, enquanto proferida no Brasil, com o mesmo defeito, é inatingível (...)". (AGUIAR JÚNIOR, Ruy Rosado de. Arbitragem, os precedentes e a ordem pública. **Doutrina**: edição comemorativa, 30 anos, Superior Tribunal de Justiça, Brasília, 2019, p. 212).

[493] Fabiane Verçosa, em trabalho monográfico, trata da possibilidade, que reputa ser excepcionalíssima, de anulação da sentença arbitral por má aplicação do direito pelos árbitros quando houver afronta à ordem pública brasileira: "Destarte, sustentamos que a aplicação errônea, pelo árbitro, do Direito Brasileiro ao fundo do litígio poderia conduzir, no Brasil, à anulação ou ao não reconhecimento da sentença arbitral (se doméstica no primeiro caso ou se estrangeira, no segundo), desde que o *efetivo resultado* de tal aplicação errônea contrarie a

As hipóteses de cabimento da ação anulatória acima esposadas acerca da sentença arbitral que se pauta em uma norma declarada inconstitucional em controle abstrato são aplicáveis em outras duas situações similares, já estudadas ao longo desta dissertação: (I) quando o Senado Federal suspender a execução de uma norma declarada inconstitucional pelo Supremo em controle difuso; e (II) quando houver decisão da Suprema Corte concedendo medida cautelar em ação direta de inconstitucionalidade para suspender a eficácia de determinada lei no território brasileiro. Diz-se que são similares as situações porque em todas elas a norma fulminada pela inconstitucionalidade deixará de integrar o direito brasileiro – ainda que temporariamente, no caso da medida cautelar em ação direta.

Com efeito, se os árbitros proferirem uma sentença arbitral com fundamento em uma norma cuja execução foi suspensa por ordem do Senado Federal, à luz do que dispõe o artigo 52, inciso X, da Constituição, ou se proferirem uma sentença com base em lei que teve sua eficácia cassada em medida cautelar no bojo de ação direta de inconstitucionalidade, a sentença arbitral poderá ser questionada no Poder Judiciário, porque o juízo arbitral terá decidido: (I) contra a convenção das partes, amparando-se em norma que não faz parte do direito brasileiro, (II) contra os princípios constitucionais da força normativa e da supremacia e, no limite, (III) contra a ordem pública constitucional brasileira.

O Poder Judiciário, em tais hipóteses, julgará procedente o pedido deduzido na ação anulatória, para o fim de *desconstituir* a sentença arbitral que tiver sido embasada, por exemplo, no dispositivo legal cuja inconstitucionalidade foi confirmada pelo Supremo[494]. Ao decidir dessa forma, o juízo

ordem pública brasileira. Desta forma, somente caso se verifique que o *resultado concreto* de tal aplicação errônea venha a ofender, de forma flagrante, a ordem pública brasileira, teremos como resultado a anulação da sentença arbitral doméstica ou a denegação ao reconhecimento do laudo arbitral estrangeiro, conforme o caso". (Verçosa, Fabiane. **A aplicação errônea do direito pelo árbitro**: uma análise à luz do direito brasileiro e estrangeiro. Curitiba: CRV, 2015, p. 193).

[494] Na ação anulatória, busca-se efetivamente a desconstituição da sentença arbitral: "É certo que a lei fala em causa de *nulidade* da decisão (LArb, art. 32), como também é certo que a natureza do vício pode ser relevante em termos processuais, por ditar a natureza do provimento – se meramente declaratório ou se constitutivo negativo. Mas, apesar da dicção legal, do que se trata é excluir do mundo a eficácia decorrente da decisão arbitral. Portanto, afigura-se mais correto falar em típica *desconstituição* – o que, aliás, parece ser coerente com a teoria das invalidades processuais e que pode, ainda que com alguma ressalva, ser

estatal não poderá rejulgar a arbitragem, reexaminando a sentença que se valeu de norma não integrante do direito brasileiro. O rejulgamento deverá ser feito pelo juízo arbitral em uma nova arbitragem a ser iniciada entre as mesmas partes, por força da existência de convenção de arbitragem[495].

Não autorizará a desconstituição da sentença arbitral, no entanto, a decisão dos árbitros que realizar o controle incidental de constitucionalidade sobre uma lei declarada constitucional pelo Supremo Tribunal Federal em controle abstrato. Os árbitros estão vinculados ao acórdão do Supremo que atesta a constitucionalidade de uma lei, seja acolhendo o pedido formulado em ação declaratória, seja rejeitando o pedido de uma ação direta, mas essa vinculação não é suficiente para dizer que o Poder Judiciário possa desconstituir uma sentença em que os árbitros tenham decidido pela inconstitucionalidade de uma lei anteriormente julgada constitucional.

Os árbitros têm o poder-dever de declarar a inconstitucionalidade no caso concreto se vislumbrarem elementos que possam justificar uma decisão de tamanha importância para o direito brasileiro, a qual deverá ser minuciosamente fundamentada. A decisão de constitucionalidade do Supremo, conquanto deva ser respeitada e seguida pelos árbitros, não afasta destes a prerrogativa de reconhecer uma inconstitucionalidade incidentalmente no processo arbitral.

Caso ocorra de os árbitros declararem a inconstitucionalidade de uma lei que o Supremo já julgou, em controle abstrato, ser constitucional, a tentativa de invalidar a sentença perante o Judiciário esbarrará na vedação de se rever a aplicação do direito pelo juízo arbitral. Isso porque, nessa hipótese, haverá a necessidade de interpretar as razões dos árbitros, o que não é dado aos juízes togados por ocasião do julgamento da anulatória.

adequado mesmo nos casos em que eventualmente se reconheça a inexistência de dada decisão (judicial ou arbitral)". (Yarshell, Flávio Luiz. Ação anulatória. In: Levy, Daniel; Pereira, Guilherme Setoguti J. (coord.). **Curso de arbitragem**. São Paulo: Thomson Reuters Brasil, 2018, p. 438; itálico no original).

[495] Entendendo pela necessidade de nova arbitragem com tribunal arbitral distinto, ver: Nasser, Paulo Magalhães. **Vinculações arbitrais**. Rio de Janeiro: Lumen Juris, 2019, p. 162. A Lei de Arbitragem, contudo, admite hipótese de anulação com determinação, pelo Judiciário, de novo julgamento da arbitragem, pelos árbitros. É o caso do § 2º do artigo 33 da referida lei, que dispõe o seguinte: "A sentença que julgar procedente o pedido declarará a nulidade da sentença arbitral, nos casos do art. 32, e determinará, se for o caso, que o árbitro ou o tribunal profira nova sentença arbitral".

Tal questão, frise-se, é diversa daquela que se vê quando estão os árbitros diante de uma decisão de inconstitucionalidade com efeito vinculante e *erga omnes*: a inconstitucionalidade afasta a lei inconstitucional do ordenamento jurídico, impossibilitando a fundamentação de atos decisórios com base nela (e até mesmo a celebração de contratos entre particulares), ao passo que a decisão de constitucionalidade apenas reforça a presunção de constitucionalidade que todas as leis vigentes carregam. A lei inconstitucional não pode ser posteriormente declarada constitucional – a não ser que o legislador promulgue nova lei com o mesmo teor –, mas a lei constitucional pode ser posteriormente declarada inconstitucional.

A propósito das súmulas que versam sobre questão constitucional, não será admissível o ajuizamento de ação anulatória quando o juízo arbitral não aplicar um enunciado de súmula persuasiva do Supremo Tribunal Federal, pois esta não obriga a atividade jurisdicional dos árbitros. Já quanto à súmula vinculante, tampouco há que se falar no cabimento da anulatória ante a sua não aplicação pelos árbitros, desde que a decisão que conclua nesse sentido esteja devidamente fundamentada.

A relação dos árbitros com a súmula vinculante não é de mera subsunção do enunciado normativo aos fatos do caso; os árbitros devem interpretar os julgados que levaram à criação do verbete sumular para verificarem, à exaustão, se o que foi sumulado com caráter vinculante tem aplicação na arbitragem. Não sendo aplicável o verbete sumular vinculante por ausência de similitude (distinção ou *distinguishing*, na expressão inglesa), por exemplo, bastará que os árbitros justifiquem tal inaplicabilidade na sentença, com isso tornando inviável a revisão de sua conclusão pelo Poder Judiciário.

Abrirá caminho para a ação anulatória com base na não aplicação de súmula vinculante a sentença arbitral que carecer de motivação. A motivação da decisão arbitral sobre questão constitucional não pode ser deixada de lado, sendo imprescindível para que a atividade jurisdicional dos árbitros seja completa e hígida. Não fundamentar a inaplicabilidade de uma súmula vinculante, ou mesmo a sua aplicabilidade, autorizará a desconstituição da sentença com esteio no artigo 32, inciso III, da Lei de Arbitragem, já que faltará o requisito da fundamentação exigido pelo artigo 26, inciso II, da citada legislação, bem como pelo artigo 93, inciso IX, da Constituição Federal.

A ausência de motivação tornará possível a anulação da sentença arbitral sempre que os árbitros não apresentarem os motivos pelos quais um determinado provimento judicial vinculante com assento constitucional for ou não for aplicável à hipótese. Essa será uma situação de *error in procedendo*, de nulidade do pronunciamento decisório do juízo arbitral por vício de fundamentação[496].

Visão distinta tem-se diante das decisões de inconstitucionalidade (controle abstrato, controle difuso com suspensão da norma pelo Senado e suspensão cautelar em ação direta): como tais decisões afastam do ordenamento jurídico a execução da lei, não há escusas para os árbitros aplicarem a lei inconstitucional, violadora que é da Constituição.

5.2. Ação rescisória

Além da ação anulatória prevista pelo artigo 33 da Lei de Arbitragem, de que se tratou no subtópico anterior, poder-se-ia dizer que a decisão dos árbitros sobre questão constitucional seria também passível de ataque por ação rescisória, argumentando que o artigo 966 do Código de Processo Civil, ao referir-se à "decisão de mérito, transitada em julgado", englobaria a sentença arbitral, que já se disse ser alcançada pela autoridade da *res iudicata*.

Adiante-se que é inaceitável essa tese: a sentença arbitral não comporta censura por ação rescisória, que é mecanismo de impugnação aplicável apenas e tão somente ao âmbito judicial[497]-[498]. Sem embargo, por puro

[496] Parcela da doutrina também reconhece a plausibilidade do ajuizamento de ação anulatória por vício de fundamentação, conforme, por todos: TUCCI, José Rogério Cruz e. **Questões polêmicas do processo arbitral**. São Paulo: Quartier Latin, 2019, p. 44-45; PINHO, Humberto Dalla Bernardina de; MAZZOLA, Marcelo. **Manual de mediação e arbitragem**. São Paulo: Saraiva, 2019, p. 387; MACÊDO, Lucas Buril de; ALMEIDA, Maria Eduarda. Os precedentes obrigatórios vinculam o tribunal arbitral? In: FERREIRA, Olavo Augusto Vianna Alves; LUCON, Paulo Henrique dos Santos (coord.). **Arbitragem**: atualidades e tendências. Ribeirão Preto: Migalhas, 2019, p. 835-846; GALLO, Ronaldo Guimarães. Precedentes judiciais na arbitragem e o precedente arbitral. In: FERREIRA, Olavo Augusto Vianna Alves; LUCON, Paulo Henrique dos Santos (coord.). Arbitragem: atualidades e tendências. Ribeirão Preto: Migalhas, 2019, p. 741; NASSER, Paulo Magalhães. **Vinculações arbitrais**. Rio de Janeiro: Lumen Juris, 2019, p. 177.

[497] Defendendo a impossibilidade de se ajuizar ação rescisória contra a sentença arbitral, tal como aqui se faz, deve-se destacar o posicionamento de Flávio Luiz Yarshell, que sustentou essa tese em ao menos três oportunidades distintas, conforme as seguintes obras: **Ação rescisória** – juízos rescindente e rescisório. São Paulo: Malheiros, 2005, p. 204-207; Ação anulatória de julgamento de arbitragem. **Revista de Arbitragem e Mediação**, vol. 5, abr./jun. 2005, p. 95-99; Ação anulatória. In: LEVY, Daniel; PEREIRA, Guilherme Setoguti J. (coord.).

exercício de argumentação, e até para fins de dialogar com quem entende o contrário[499], passa-se a apresentar as razões pelas quais não se tolera o

Curso de arbitragem. São Paulo: Thomson Reuters Brasil, 2018, p. 435. No mesmo sentido ver: ALVES, Rafael Francisco. **Árbitro e direito**: o julgamento do mérito na arbitragem. São Paulo: Almedina, 2018, p. 233; ROCHA, Caio Cesar Vieira. **Limites do controle judicial sobre a jurisdição arbitral no Brasil**. Tese (Doutorado em Processo Civil) – Faculdade de Direito, Universidade de São Paulo, São Paulo, 2012, p. 262-263; ARRUDA ALVIM, Teresa. **Nulidades do processo e da sentença**. 9ª ed. São Paulo: Thomson Reuters Brasil, 2018, p. 108; BERALDO, Leonardo de Faria. **Curso de arbitragem**: nos termos da Lei nº 9.307/96. São Paulo: Atlas, 2014, p. 546; MEJIAS, Lucas Britto. **Controle da atividade do árbitro**. São Paulo: Editora Revista dos Tribunais, 2015, p. 205-208; WLADECK, Felipe Scripes. **Meios de controle judicial da sentença arbitral nacional**. Dissertação (Mestrado em Direito Processual) – Faculdade de Direito, Universidade de São Paulo, São Paulo, 2013, p. 352-356; RANZOLIN, Ricardo. **Controle judicial da arbitragem**. Rio de Janeiro: GZ Editora, 2011, p. 189-191. Mencionem-se, também, o Enunciado nº 203, do Fórum Permanente de Processualistas Civis: "(art. 966) Não se admite ação rescisória de sentença arbitral. (Grupo: Arbitragem)"; e o Enunciado nº 1, da I Jornada de Prevenção e Solução Extrajudicial de Litígios, do Centro de Estudos Judiciários do Conselho da Justiça Federal: "A sentença arbitral não está sujeita à ação rescisória".

[498] A título de curiosidade, vale registrar que Pontes de Miranda, à sua época, chegou a sugerir, de *lege ferenda*, no que para ele seria a "melhor solução", "submeter-se a sentença arbitral, segundo os princípios, à ação de rescisão". (MIRANDA, Francisco Cavalcanti Pontes de. **Tratado da ação rescisória**: das sentenças e de outras decisões. Atualizado por Nelson Nery Jr. e Georges Abboud. São Paulo: Editora Revista dos Tribunais, 2016, p. 425).

[499] "Desse modo, apenas não se admite o cabimento da Ação Rescisória da sentença arbitral àqueles casos enumerados no art. 485 do CPC que já foram contemplados pelo art. 32 da Lei 9.307/1996. Portanto, para aquelas hipóteses não previstas no art. 32 da Lei 9.307/1996, tratando-se de casos omissos, deve se buscar a solução no art. 485 do CPC, restando possível aí a aplicabilidade do instituto processual da Ação Rescisória. Como já dito, tratando-se o Juízo Arbitral de uma verdadeira jurisdição, contendo sentença equiparada à decisão judicial, com a natureza de título executivo judicial, com trânsito em julgado, já que não há disposição sobre o aviamento de qualquer recurso, dúvida não resta sobre a admissibilidade da propositura da Ação Rescisória contra julgamento arbitral". (VERSIANI, Nelmo. Ação rescisória de sentença arbitral. **Revista de Processo**, vol. 135, 2016, p. 90-96. Versão eletrônica, p. 6). Em uma espécie de posição intermediária, embora registrando a inadmissibilidade da rescisória contra a sentença arbitral, há quem defenda que seria permitido, "na melhor das hipóteses, o transporte daquelas situações contempladas para a ação rescisória (artigo 485 do CPC), quando cabíveis, e não explicitadas no ajuizamento das demandas previstas no artigo 33 e parágrafos do mesmo diploma legal, tirantes os casos excepcionais que comportem a declaração de inexistência e de eventual ineficácia, que não se vinculam ao limite temporal (...)". (NAGAO, Paulo Issamu. **Do controle judicial da sentença arbitral**. Brasília: Gazeta Jurídica, 2013, p. 295). Fazendo coro à tese de que algumas hipóteses de cabimento da ação rescisória poderiam ser transportadas, por assim dizer, à ação anulatória de sentença arbitral,

ajuizamento de ação rescisória contra a sentença arbitral (ou contra qualquer outra decisão no curso de uma arbitragem).

Diga-se, sem rodeios, que é evidente a inaplicabilidade da ação rescisória como meio de desconstituir a decisão arbitral que declara a inconstitucionalidade de lei. Já se afirmou que a inconstitucionalidade, por ser questão prejudicial, cuja resolução se dá ao longo da motivação do ato decisório, não é contemplada pela coisa julgada material.

O rechaço à norma inconstitucional não integra o dispositivo da decisão, o qual, resolvendo o mérito, o objeto arbitral litigioso, faz coisa julgada material e, portanto, poderia hipoteticamente ser desafiado por ação rescisória, na forma do *caput* do artigo 966 do Código de Processo Civil. No limite, isto é, considerando-se cabível a ação rescisória contra a sentença arbitral, a parte interessada poderia se voltar exclusivamente contra os capítulos da decisão que foram acobertados pelo manto da coisa julgada, aqueles de cunho meritório, mas não contra a inconstitucionalidade que se reconheceu no bojo da arbitragem.

Imagine-se, no entanto, a seguinte situação: os árbitros proferem uma sentença arbitral e, a despeito de pedido expresso do requerido, deixam de observar, sem a necessária distinção ou superação de entendimento, um acórdão do Supremo Tribunal Federal que, em controle abstrato, declarou a inconstitucionalidade do dispositivo legal que serviu de base para a condenação do requerido ao pagamento de juros de mora, por exemplo.

Nessa situação fictícia, o requerido poderia ajuizar uma ação rescisória, com fulcro no artigo 966, inciso V, alegando que a sentença arbitral violou manifestamente a norma jurídica insculpida no artigo 489, § 1º, inciso VI, do Código de Processo Civil, que tem por não fundamentada a decisão

como seria o caso do inciso V do artigo 966 do Código de Processo Civil, que fala em violação manifesta de norma jurídica para ajuizamento de rescisória: "A redação do inc. V do art. 966 do CPC/2015, ao prever o cabimento da ação rescisória quando a decisão 'violar manifestamente norma jurídica', serve de parâmetro para o cabimento da ação anulatória da sentença arbitral: a não aplicação da lei no caso em que aplicável, a aplicação em caso inaplicável ou a aplicação com interpretação evidentemente equivocada pode representar julgamento fora dos limites da convenção arbitral, desde que seja *manifesto*. Por isso que não se pode deixar de considerar a própria violação à disposição de lei como autorizadora da anulação da sentença arbitral, quando as partes convencionaram a aplicação da lei brasileira para solucionar seus conflitos". (LUCON, Paulo Henrique dos Santos; BARIONI, Rodrigo; MEDEIROS NETO, Elias Marques de. A causa de pedir das ações anulatórias de sentença arbitral. **Revista de Arbitragem e Mediação**, vol. 46, 2015, p. 265-276; Versão eletrônica, p. 5, itálico no original).

(judicial, é verdade) que "deixar de seguir enunciado de súmula, jurisprudência ou precedente invocado pela parte, sem demonstrar a existência de distinção no caso em julgamento ou a superação do entendimento".

Situação diversa, mas com igual resultado prático, pode ser assim desenhada: os árbitros proferem uma sentença arbitral contra os interesses do requerente, cujo embasamento é, entre outros, um enunciado de súmula vinculante, porém não explicam como o verbete sumular se ajustaria às especificidades do caso concreto.

Nessa segunda hipótese, o requerente da arbitragem poderia se imaginar intitulado a postular a rescisão da sentença arbitral, igualmente com supedâneo no artigo 966, inciso V, sustentando que a sentença arbitral afrontou manifestamente a norma jurídica disposta no artigo 489, § 1º, inciso V, do Código de Processo Civil, que considera não motivada a decisão (judicial, frise-se novamente) que "se limitar a invocar precedente ou enunciado de súmula, sem identificar seus fundamentos determinantes nem demonstrar que o caso sob julgamento se ajusta àqueles fundamentos".

Seria então possível admitir a ação rescisória como meio de desconstituir uma sentença arbitral que tenha deixado, por exemplo, de seguir a orientação do Supremo extraída do julgamento de ação direta de inconstitucionalidade ou de enunciado de súmula vinculante, ambos de observância compulsória, nos termos dos artigos 102, § 2º, e 103-A, *caput*, da Constituição Federal? Mais uma vez, evidentemente que isso seria inconcebível.

Não há disposição legal no ordenamento jurídico brasileiro que preveja a ação rescisória como meio de impugnar uma decisão arbitral nem argumentos plausíveis, a nosso ver, que sustentem essa tese. A Lei nº 9.307/1996, a qual regulamenta a arbitragem no Brasil, nenhuma alusão faz à ação rescisória. O *caput* de seu artigo 33 confere às partes a possibilidade de requerer ao Poder Judiciário apenas a "declaração de nulidade da sentença arbitral", respeitado o rol do artigo 32, e, mais adiante, no § 3º, apresenta a outra via para refutar a sentença arbitral, que é a impugnação ao cumprimento de sentença.

É fora de cogitação que o legislador brasileiro teria feito referência expressa, na lei de regência, ao cabimento de rescisória como meio de impugnação de decisão arbitral, se quisesse que fosse ela utilizada como meio legítimo para tanto, "até mesmo porque a desconstituição de um ato jurisdicional não é algo simples de ser feito, sendo aceito em situações deveras excepcionais"[500].

Elemento de diferenciação da maior importância, a ação anulatória de sentença arbitral não contempla o *juízo rescisório* típico da ação rescisória, mas apenas o *juízo rescindente*[501]. Essa constatação, que por si só colocaria pá de cal sobre a discussão, é "corolário lógico, resultante do fato de a ação anulatória arbitral somente permitir que o magistrado conheça dos *errores in procedendo* a contaminar a sentença, mas jamais de eventuais *errores in iudicando*"[502].

O prazo decadencial é outro elemento que afasta por completo a rescisória do sistema arbitral. Já tivemos a oportunidade de dizer, sobre esse assunto, que "[c]omo o prazo de decadência para propositura da ação rescisória – dois anos – é significativamente maior do que o prazo decadencial para ajuizamento da ação anulatória de sentença arbitral – noventa dias –, afigura-se contrário à própria essência do sistema arbitral encampar a tese do cabimento de ação rescisória contra sentenças exaradas por árbitros"[503]. Assentir com ideia contrária a essa é fechar os olhos para a segurança jurí-

[500] VAUGHN, Gustavo Favero; ÁVILA, Henrique. Aspectos polêmicos da ação rescisória. In: AURELLI, Arlete Inês et. al. (coord.). **Estudos em homenagem à professora Thereza Alvim**: controvérsias do direito processual civil 5 anos do CPC/2015. São Paulo: Thomson Reuters Brasil, 2020, p. 527.

[501] "Não há juízo rescisório – entendido como novo julgamento da controvérsia de direito material – que possa, nesse caso, ser submetido ao Judiciário que, quando muito, poderá reconhecer a suposta omissão e, nessa medida, determinar o retorno do tema aos árbitros, para que supram sua omissão, proferindo nova decisão". (YARSHELL, Flávio Luiz. Ainda sobre o caráter subsidiário do controle jurisdicional estatal da sentença arbitral. **Revista de Arbitragem e Mediação**, vol. 50, 2016, p. 155-163).

[502] "Aspecto bastante relevante e que distingue a ação anulatória arbitral da ação rescisória, e mesmo da grande maioria das ações processuais, prende-se ao fato de, nessa ação, o *meritum causae* ser unicamente processual, ao passo que, tradicionalmente, ao julgar o mérito da lide, o juiz aplicará normas de direito material, valendo-se das normas de direito processual apenas no que tange exclusivamente ao processo". (BEREZOWSKI, Aluisio Cabianca. **Ação anulatória de sentença arbitral**: pressupostos e limites. Dissertação (Mestrado em Direito Processual) – Faculdade de Direito, Universidade de São Paulo, São Paulo, 2020, p. 149; itálico no original).

[503] VAUGHN, Gustavo Favero; ÁVILA, Henrique. Aspectos polêmicos da ação rescisória. In: AURELLI, Arlete Inês et. al. (coord.). **Estudos em homenagem à professora Thereza Alvim**: controvérsias do direito processual civil 5 anos do CPC/2015. São Paulo: Thomson Reuters Brasil, 2020, p. 527-528.

dica, pois o prazo bienal de decadência é "longo demais para manter sob risco de modificação a sentença arbitral"[504].

A simples ideia de uma ação rescisória contra sentença arbitral revela-se incongruente, na medida em que não se vislumbra como um ordenamento jurídico possa conviver com dois regramentos distintos para desconstituir decisões emanadas de jurisdições diversas (estatal e arbitral), que guardam peculiaridades próprias[505]. A rescisória na esfera arbitral permitiria ao Poder Judiciário reexaminar o mérito da arbitragem, já que uma das hipóteses de seu cabimento, mencionada nos exemplos anteriores, é a violação manifesta de norma jurídica, o que não é minimamente sensato e decerto inviabilizaria a arbitragem como mecanismo adequado de solução de controvérsias, chancelando o controle judicial de *error in iudicando* dos árbitros, inviável em sede de ação anulatória.

No mais, a ação rescisória é instituto cujo específico e minucioso regramento está disposto no Código de Processo Civil, que não se aplica automaticamente à arbitragem, ainda que as partes optem pela resolução da lide nos termos do direito brasileiro. A rescisória volta-se, portanto, apenas contra *atos judiciais*, nas circunstâncias que a lei processual permitir.

Exatamente por ser cabível no âmbito do Poder Judiciário, admite-se a ação rescisória "contra a sentença ou acórdão com trânsito em julgado que haja decidido o *mérito da ação anulatória* (CPC, art. 485, *caput*), desde que presente algum dos fundamentos postos na lei processual (art. 485, incs. I-IX)", sendo importantíssima a ressalva no sentido de que tais "fundamentos devem referir-se diretamente à sentença ou acórdão proferido pelo Poder Judiciário, e não à sentença arbitral"[506].

5.3. Ação declaratória de inexistência

Além das ações anulatória e rescisória, convém tratar sobre a eventual relação entre a ação declaratória de inexistência jurídica, também conhe-

[504] Armelin, Donaldo. Notas sobre a ação rescisória em matéria arbitral. **Revista de Arbitragem e Mediação**, vol. 1, jan./2004, p. 15.

[505] Vaughn, Gustavo Favero; Ávila, Henrique. Aspectos polêmicos da ação rescisória. In: Aurelli, Arlete Inês et. al. (coord.). **Estudos em homenagem à professora Thereza Alvim**: controvérsias do direito processual civil 5 anos do CPC/2015. São Paulo: Thomson Reuters Brasil, 2020, p. 528.

[506] Dinamarco, Cândido Rangel. **A arbitragem na teoria geral do processo**. São Paulo: Malheiros, 2013, p. 258; itálico no original.

cida, no Brasil, como *querela nullitatis*[507], e o processo arbitral que traz em seu bojo questão constitucional[508]. O interesse em estudar o tema advém, em um primeiro momento, da promulgação da Lei nº 13.867/2019, que modificou o Decreto-Lei nº 3.365/1941, para prever o uso da mediação e da arbitragem como forma de definir os valores de indenização em ações de desapropriação por utilidade pública, no que seguiu a tendência legislativa brasileira de ampliar a arbitrabilidade objetiva.

Pela redação do artigo 10-A, o poder público deverá notificar o proprietário para apresentar-lhe uma oferta de indenização pela desapropriação de seu bem por utilidade pública. Se a oferta for aceita, o poder público fará o pagamento da quantia combinada, lavrando-se acordo que colocará um ponto final ao caso. O artigo 10-B, por sua vez, permite que a quan-

[507] Rodrigo Ramina de Lucca critica o uso atual da expressão *querela nullitatis*: "Desde sua origem, a natureza da *querela nullitatis* é incerta. Sequer se sabe, com precisão, quando e em que local ela nasceu. Mesmo na Itália, onde se desenvolveu, a *querela nullitatis* recebeu tratamentos díspares em cada um dos estatutos medievais. Foi confundida com ação declaratória de inexistência, depois tratada como ação desconstitutiva no prazo prescricional de 30 anos, dividida segundo a natureza do vício que acometia a sentença (*sanabilis e insanabilis*) etc. Exatamente o mesmo ocorreu com a *actio nullitatis, actio* romana voltada à declaração de inexistência de negócios jurídicos, mas confundida na Idade Média com ação desconstitutiva de sentenças judiciais. Essa notória confusão quanto aos significados da *querela* e da *actio nullitatis* reflete, como não poderia deixar de ser, nos escritos contemporâneos. Embora Pontes de Miranda utilizasse a expressão *actio nullitatis* para se referir a uma *desconstitutiva* ação de nulidade, quem o seguiu não foi fiel à terminologia utilizada. Tratou-se a *querela nullitatis* como ação *declaratória* de nulidade. Atualmente, o STJ utiliza largamente a expressão *querela nullitatis insanabilis* para se referir a vícios reputados transrescisórios, quando o significado original da expressão fazia alusão a defeitos de direito natural, considerados causas de inexistência da sentença (*nullitates iuris naturalis*). (...) Se a falta de citação leva à inexistência do processo e, consequentemente, da sentença, então poderá a parte valer-se de uma ação declaratória de inexistência. Não é *actio nullitatis* nem *querela nullitatis insanabilis,* mas *ação declaratória de inexistência*". (LUCCA, Rodrigo Ramina de. *Querela nullitatis* e réu revel não citado no processo civil brasileiro. **Revista de Processo**, vol. 202, 2011, p. 93-138. Versão eletrônica, p. 17-18; itálico no original). A despeito da importância dessas considerações, feitas em artigo denso sobre o tema, adota-se neste trabalho a expressão *querela nullitatis* como sinônimo de ação declaratória de inexistência, apenas para facilitar a exposição e porque a jurisprudência igualmente se vale dessa terminologia.

[508] Já decidiu o Superior Tribunal de Justiça que a *querela nullitatis* é "instrumento utilizado para impugnar sentença contaminada pelos vícios mais graves de erros de atividade (*errores in procedendo*), nominados de vícios transrescisórios, que tornam o ato judicial inexistente, não se sanando com o transcurso do tempo". (AgInt no AREsp nº 882.992-RJ, rel. min. Ricardo Villas Bôas Cueva, Terceira Turma, julgado em 25/10/2016, DJe 14/11/2016; itálico no original).

tificação do valor indenizatório referente à desapropriação seja feita por mediação ou por arbitragem, apesar de não estar claro se essa opção ficará a critério do poder público, do particular ou de ambos.

A ligação dessa recente previsão legal com a questão constitucional resolvida na arbitragem pode ser assim exemplificada: o Estado de São Paulo tem interesse em desapropriar a área de um particular situada em São Paulo, capital, alegando motivos de utilidade pública; fracassada a tentativa de negociação, a Procuradoria estadual requer a instauração de arbitragem contra o proprietário do bem, com a precípua finalidade de encontrar o valor do *quantum debeatur*; os árbitros, acatando pedido conjunto das partes, determinam a realização de prova pericial, nomeando perito de confiança do juízo para avaliar o imóvel; entregue o laudo pericial e exercido o contraditório pelas partes em relação ao resultado da perícia, os árbitros proferem sentença arbitral em favor do particular e, valendo-se de elementos da prova técnica, fixam o valor da indenização em R$ 50.000.000,00 (cinquenta milhões de reais), por entenderem que esse seria o montante consentâneo com o *princípio da justa indenização*, previsto nos artigos 182, § 3º, e 184, *caput*, da Constituição Federal[509].

Conquanto não tenha havido, no exemplo dado, declaração de inconstitucionalidade propriamente dita, é fato que os árbitros se pronunciaram, de maneira explícita, sobre uma efetiva questão constitucional que, na hipótese vislumbrada, foi a compatibilidade do valor da indenização pretendida pelo particular com o preceito constitucional da justa indenização. A sentença arbitral julgou em favor do particular a partir de uma interpretação da Constituição Federal feita pelos árbitros.

Ciente de sua imprescritibilidade[510] e sabendo que o Poder Judiciário, em especial o Superior Tribunal de Justiça, tem aceitado a *querela nullita-*

[509] Constituição Federal: "Art. 182. A política de desenvolvimento urbano, executada pelo Poder Público municipal, conforme diretrizes gerais fixadas em lei, tem por objetivo ordenar o pleno desenvolvimento das funções sociais da cidade e garantir o bem-estar de seus habitantes. (...) § 3º As desapropriações de imóveis urbanos serão feitas com prévia e justa indenização em dinheiro"; "Art. 184. Compete à União desapropriar por interesse social, para fins de reforma agrária, o imóvel rural que não esteja cumprindo sua função social, mediante prévia e justa indenização em títulos da dívida agrária, com cláusula de preservação do valor real, resgatáveis no prazo de até vinte anos, a partir do segundo ano de sua emissão, e cuja utilização será definida em lei".

[510] STJ, REsp nº 1.199.884-BA, rel. min. Eliana Calmon, Segunda Turma, julgado em 24/8/2010, DJe 8/9/2010.

tis como meio processual adequado para rediscutir valores indenizatórios fixados em ações de desapropriação[511], o Estado de São Paulo ajuíza no Poder Judiciário – imagine-se que cinco anos após a prolação da sentença arbitral que lhe foi desfavorável – uma ação civil pública travestida de *querela nullitatis*, buscando a declaração de nulidade da perícia levada a cabo na arbitragem, para que seja realizado um novo laudo, ao argumento de que os árbitros, chancelando equívoco do perito, teriam adotado critério ilegal de atualização, avesso à base fática do processo, ou mesmo desarrazoado, para alcançar o valor da *justa indenização constitucional*, em prejuízo do patrimônio público.

Tal qual a conclusão que se chegou no tocante à ação rescisória, não se admite que uma parte se valha da ação declaratória de inexistência para atacar a sentença arbitral quando se está diante de pronunciamento dos árbitros a propósito do princípio constitucional da justa indenização. Não se poderia aceitar, por exemplo, que o poder público, insatisfeito com o valor da indenização estabelecido em benefício do particular, que teve a propriedade desapropriada contra sua vontade, pudesse propor a qualquer momento, à míngua de prazo prescricional (ou decadencial), uma ação no Poder Judiciário que pudesse, eventualmente décadas depois do fim da jurisdição dos árbitros, impugnar a sentença arbitral com base em

[511] Há precedentes do Superior Tribunal que reconhecem que não faz coisa julgada material a decisão que contraria o princípio constitucional da prévia e justa indenização. Seria hipótese, à luz desses julgados, de *coisa julgada inconstitucional*, conforme, por todos: "7. Da ausência de coisa julgada quando a sentença ofende abertamente o princípio constitucional da 'justa indenização' – A Teoria da Coisa Julgada Inconstitucional. 7.1. O princípio da 'justa indenização' serve de garantia não apenas ao particular – que somente será desapossado de seus bens mediante prévia e justa indenização, capaz de recompor adequadamente o acervo patrimonial expropriado -, mas também ao próprio Estado, que poderá invocá-lo sempre que necessário para evitar indenizações excessivas e descompassadas com a realidade. 7.2. Esta Corte, em diversas oportunidades, assentou que não há coisa julgada quando a sentença contraria abertamente o princípio constitucional da 'justa indenização' ou decide em evidente descompasso com dados fáticos da causa ('Teoria da Coisa Julgada Inconstitucional'). 7.3. Se a orientação sedimentada nesta Corte é de afastar a coisa julgada quando a sentença fixa indenização em desconformidade com a base fática dos autos ou quando há desrespeito explícito ao princípio constitucional da 'justa indenização', com muito mais razão deve ser 'flexibilizada' a regra, quando condenação milionária é imposta à União pela expropriação de terras já pertencentes ao seu domínio indisponível, como parece ser o caso dos autos." (REsp nº 1.015.133-MT, rel. min. Eliana Calmon, rel. p/ acórdão min. Castro Meira, Segunda Turma, julgado em 2/3/2010, DJe 23/4/2010).

alegações como a nulidade do laudo pericial em razão do suposto valor desarrazoado da indenização.

Isso traria uma insustentável insegurança jurídica, que certamente tornaria desinteressante a opção pela arbitragem como meio de solução de conflitos, sobretudo naqueles casos – raros por enquanto, crê-se – em que se discute o valor da indenização devida pela desapropriação por utilidade pública.

Ainda no exemplo dado, se uma das partes discordar do *quantum debeatur* fixado pelos árbitros, outra alternativa não lhe restará que não discutir essa matéria na arbitragem. Ao determinar um valor com base no princípio constitucional da justa indenização, os árbitros interpretaram o cálculo pericial em conformidade com a Constituição Federal, decidindo da maneira que lhes pareceu mais judiciosa para o caso concreto. Qualquer tentativa de revisar essa interpretação na esfera judicial estará fadada ao malogro, pois não pode o Poder Judiciário revisar decisões arbitrais com fundamento em *error in iudicando*, menos ainda em sede de *querela nullitatis*, que não se afigura como mecanismo adequado de ataque às sentenças arbitrais.

Há uma exceção a essa regra que merece especial atenção. Parece ser possível cogitar do cabimento da ação declaratória de inexistência jurídica quando se está diante de vício de citação de parte na arbitragem (ou de litisconsorte necessário)[512], seja por ausência do ato citatório, seja por defeito em sua materialização[513], muito embora não se

[512] Veja-se que se disse que haveria *uma* exceção que valeria a pena tratar no trabalho, de modo que não se pode extrair dessa assertiva que o vício de citação seria a *única* exceção ao não cabimento de *querela nullitatis* contra a sentença arbitral, conforme se defende aqui ser a regra geral. Outras hipóteses, embora crê-se que tampouco exaustivas, são identificadas por parcela da doutrina: "Outrossim, a inexistência da sentença não se circunscreve apenas ao fenômeno da ausência ou defeito de citação, uma vez que aquela se pode caracterizar em outras situações que afetem irremediavelmente o pronunciamento judicial ou arbitral, seja no aspecto meramente formal (a sentença que não foi publicada, ou reduzida a escrito), ou, ainda, no âmbito substancial, que vulneram a própria essência do ato decisório, como a falta de dispositivo e assinatura e a ausência de algum pressuposto processual de existência, a exemplo de pseudo-sentença proferida por alguém que não se encontrava investido do poder jurisdicional". (NAGAO, Paulo Issamu. **Do controle judicial da sentença arbitral**. Brasília: Gazeta Jurídica, 2013, p. 316; itálico no original).

[513] Nesse sentido ver: BEREZOWSKI, Aluisio Cabianca. **Ação anulatória de sentença arbitral:** pressupostos e limites. Dissertação (Mestrado em Direito Processual) – Faculdade de Direito, Universidade de São Paulo, São Paulo, 2020, p. 245. José Roberto Bedaque, discorrendo sobre

conceba, "*a priori, nenhuma hipótese de relativização da coisa julgada material* na arbitragem"[514].

Entra em cena, aqui, a função originária da *querela*, cuja criação jurisprudencial se deu a partir da necessidade de se questionar decisões judiciais proferidas em processos que chegaram ao fim à míngua da necessária citação da parte requerida[515], situação que difere, em absoluto, do infeliz uso da *querela* para rediscutir, de forma velada – ou mesmo escancarada –, o valor de indenizações fixadas contra o poder público em demandas expropriatórias.

Abre-se um parêntese para registar que a abordagem de tal assunto guarda pertinência temática com esta dissertação, uma vez que a ausência (ou irregularidade) de citação poderia bem se enquadrar em afronta ao artigo 5º, inciso LIV, da Constituição Federal, que prevê a *cláusula do devido processo constitucional*, dispondo que "ninguém será privado da liberdade ou de seus bens sem o devido processo legal".

Se uma determinada empresa, por exemplo, nunca tomou conhecimento de processo arbitral contra ela instaurado, por jamais ter sido notificada pela instituição arbitral, nele restando vencida à revelia, e condenada a pagar quantia certa ao requerente, soa de todo razoável supor, nesse contexto, que o princípio constitucional do devido processo teria sido infringido, sobretudo porque a parte revel não teria tido a oportunidade de apresentar seus argumentos na arbitragem (ou, ao menos, não teria tido a

a fungibilidade entre a ação rescisória e a *querela nullitatis*, mas com foco no ataque da decisão proferida contra o réu não citado, afirma que, "[e]m princípio, adequada é a declaratória, visto que inexiste coisa julgada contra quem não participou do processo". (BEDAQUE, José Roberto dos Santos. **Efetividade do processo e técnica processual**. 2ª ed. São Paulo: Malheiros, 2007, p. 479, nota de rodapé nº 131).

514 ALVES, Rafael Francisco. **Árbitro e direito**: o julgamento do mérito na arbitragem. São Paulo: Almedina, 2018, p. 303; itálico no original. Admitindo a relativização da coisa julgada arbitral "em casos concretos nos quais ocorreram infrações de extrema excepcionalidade que autorizem essa medida" ver: DINAMARCO, Cândido Rangel. **A arbitragem na teoria geral do processo**. São Paulo: Malheiros, 2013, p. 207.

515 Citem-se, na jurisprudência do Superior Tribunal: REsp nº 1.625.033-SP, rel. min. Paulo de Tarso Sanseverino, Terceira Turma, julgado em 23/5/2017, DJe 31/5/2017; REsp nº 1.333.887-MG, rel. min. Maria Isabel Gallotti, Quarta Turma, julgado em 25/11/2014, DJe 12/12/2014; AgRg no REsp nº 1.233.641-MG, rel. min. João Otávio de Noronha, Terceira Turma, julgado em 23/9/2014, DJe 30/9/2014. Na jurisprudência do Supremo, não se pode deixar de mencionar o paradigmático voto do ministro Moreira Alves (relator) no RE nº 97.589, Tribunal Pleno, julgado em 17/11/1982.

chance de escolher não se manifestar, pois isso seria crível), em prejuízo do contraditório, "a mais óbvia condição do processo justo"[516].

Em um cenário de normalidade, a sentença arbitral faz coisa julgada tão logo seja ela proferida pelos árbitros, salvo quando houver pedido de esclarecimentos, ocasião em que naturalmente a coisa julgada se formará após a decisão que dirimir tal pleito. Findo o prazo decadencial para ajuizamento da ação anulatória da sentença arbitral (e da eventual impugnação ao cumprimento de sentença arbitral), não há mais, em regra, o que ser feito pela parte vencida para se insurgir contra a decisão que lhe foi desfavorável, parcial ou integralmente.

A exceção residiria nos vícios do processo arbitral que levariam à inexistência, vícios tão graves que impediriam que o ato decisório dos árbitros adquirisse, no *plano jurídico*, a qualidade de sentença arbitral[517]. A falta de citação seria um desses vícios gravíssimos aptos a ensejar a *inexistência jurídica* da sentença arbitral, ante a ausência de pressuposto processual de existência da arbitragem[518]-[519].

[516] MARINONI, Luiz Guilherme; MITIDIERO, Daniel. **Ação rescisória**: do juízo rescindente ao juízo rescisório. São Paulo: Editora Revista dos Tribunais, 2017, p. 38.

[517] Negando a possibilidade de sentença arbitral inexistente, mas reconhecendo a possibilidade de sentença arbitral nula (nulidade absoluta ou relativa), ver: ROCHA, Caio Cesar Vieira. **Limites do controle judicial sobre a jurisdição arbitral no Brasil**. Tese (Doutorado em Processo Civil) – Faculdade de Direito, Universidade de São Paulo, São Paulo, 2012, p. 261.

[518] "A categoria dos *atos inexistentes* é de extrema utilidade prática. Trata-se de fenômeno que diz respeito à ausência de *tipicidade*. Um ato é inexistente, para o direito, quando carrega em si um defeito de tal monta, que é capaz de desfigurá-lo e de impedir que se encaixe no *tipo*. É um defeito de *essência*. Há elementos tidos como essenciais para a existência de um processo e, por conseguinte, de uma sentença, sobre cujo conteúdo recaia a coisa julgada. Trata-se, como se disse, de um problema de tipicidade. Embora exista no plano dos fatos, o ato não pode ser considerado *como tal no mundo jurídico*, por ser desprovido de elementos imprescindíveis a sua constituição. (...) Para que a relação jurídica processual se *aperfeiçoe*, é imprescindível a participação do autor, juiz e réu. O réu passa a ter ciência, em regra, da existência da relação processual pela *citação*. Ressalte-se que antes da citação já existe processo (*rectius*: relação processual), tanto que pode ser extinto por improcedência liminar do pedido (art. 231 do CPC/15). Portanto, o pressuposto processual de existência é a citação; a citação válida é pressuposto processual de validade". (ARRUDA ALVIM, Teresa; CONCEIÇÃO, Maria Lúcia Lins. **Ação rescisória e *querela nullitatis***: semelhanças e diferenças. São Paulo: Thomson Reuters Brasil, 2018, p. 299 e 301; itálico no original). De modo semelhante, mas com foco na sentença arbitral: "Enquanto a nulidade da sentença arbitral resulta de rejeição do sistema jurídico referencial – o que pode decorrer da incompatibilidade entre a sentença e os interesses protegidos por normas de aplicabilidade imediata, quando da sua não-conformidade com a

Nesses casos, em que a falha é tão grande a ponto de obstar o nascimento da sentença[520], "o transcurso do prazo decadencial para desconstituição da sentença arbitral não trará quaisquer consequências sobre o controle externo primário da atividade do árbitro, podendo o vício ser reconhecido a qualquer momento, inclusive de ofício pelo juiz estatal"[521]. Para obter tal reconhecimento caberia à parte interessada ajuizar uma ação judicial pugnando pela declaração de inexistência jurídica da sentença arbitral proferida sem a citação do réu[522], embora seja pertinente realçar que não há

ordem pública protegida –, configura-se a inexistência jurídica de tal sentença, quando esta não apresenta os elementos essenciais para que se possa designá-la como tal". (VALENÇA FILHO, Clávio de Melo. Da sentença arbitral inexistente. In: VALENÇA FILHO, Clávio de Melo; LEE, João Bosco (coord.). **Estudos de arbitragem**. Curitiba: Juruá, 2008, p. 181).

519 Não há convergência na doutrina sobre as hipóteses de inexistência: "(...) A doutrina é consideravelmente incerta a propósito do tema e, de forma não pouco frequente, a referência à categoria peca pela falta de critérios objetivos e envereda para o casuísmo. De fato, não há consenso na doutrina – com reflexos certos sobre a jurisprudência – acerca do que seja 'ato inexistente'. De forma semelhante, não há consenso sobre quais seriam as invalidades cuja gravidade tão intensa autorizaria equiparação à inexistência, dispensando ação rescisória". (YARSHELL, Flávio Luiz. **Ação rescisória** – juízos rescindente e rescisório. São Paulo: Malheiros, 2005, p. 241-242).

520 GUIMARÃES, Mário. **O juiz e a função jurisdicional**. Rio de Janeiro: Forense, 1958, p. 394.

521 MEJIAS, Lucas Britto. **Controle da atividade do árbitro**. São Paulo: Editora Revista dos Tribunais, 2015, p. 232. Ainda, importante enfatizar que, "tratando-se de efetiva inexistência, não vigora o princípio da demanda e o tema poderá ser conhecido de ofício pelos julgadores (estatais ou arbitrais)". (YARSHELL, Flávio Luiz. Ação anulatória. In: LEVY, Daniel; PEREIRA, Guilherme Setoguti J. (coord.). **Curso de arbitragem**. São Paulo: Thomson Reuters Brasil, 2018, p. 438).

522 "Existe um grupo ou uma classe de sentenças que, por defeitos de que padeçam, em si mesmas, ou por outros, que tenham sido *herdados* do processo em que foram proferidas, podem ser atingidas *depois de findo o processo* e depois de passado o prazo para ação rescisória, por ação meramente *declaratória* (e não de nulidade, mas de *inexistência jurídica*). Assim pensamos porque há certos vícios que comprometem de tal modo o processo, como figura jurídica, que, pode-se dizer, o *desfiguram*. É o caso da *falta de citação do réu revel*. Em casos assim, a sentença é proferida num *simulacro* de processo, já que a relação processual não terá chegado a se triangularizar, sendo sentença e processo, rigorosamente, *inexistentes*, do ponto de vista jurídico, enquanto sentença e processo. Tratando-se de sentença ou interlocutória de mérito juridicamente inexistentes (por exemplo, proferida *sem* a citação do réu, ou que julga procedente pedido contra a parte ilegítima), o meio adequado para retirá-las definitivamente do mundo jurídico é o da ação declaratória, que, no caso, é imprescritível". (ARRUDA ALVIM, Teresa; CONCEIÇÃO, Maria Lúcia Lins. **Ação rescisória e *querela nullitatis***: semelhanças e diferenças. São Paulo: Thomson Reuters Brasil, 2018, p. 297-298; itálico no original).

"propriamente uma *citação* na arbitragem, com todos os requisitos e formalidades previstos no Código de Processo Civil"[523].

Para Ricardo Aprigliano, a inexistência (ou mesmo a nulidade) da citação seria a "hipótese mais grave, entre todas as tuteladas pela ordem pública processual", tratando-se de "circunstância do processo de conhecimento à qual o sistema atribui gravidade absoluta, verdadeira hipótese de inexistência jurídica da sentença"[524]. Assim, admite que essa seria "a única questão de ordem pública que efetivamente sobrevive ao trânsito em julgado do processo de conhecimento", já que as demais seriam passíveis de convalidação[525]. Aqui ter-se-ia, com efeito, o cabimento da *querela* para atacar uma *sentença inexistente*, pois que proferida no bojo de processo em que nem sequer se chegou a perfectibilizar a relação processual triangular entre requerente, requerido e árbitros, no caso da arbitragem.

Por seu turno, Rafael Alves reconhece a possibilidade do manejo da *querela nullitatis* na hipótese de "ausência de qualquer conhecimento sobre a arbitragem (por vício grave na notificação inicial da parte quando há cláusula arbitral cheia)", ocasião – muito excepcional, como ele mesmo enfatiza – em que se estaria diante de uma *nulidade insanável*, a qual configuraria *questão de ordem pública processual*[526]. Todavia, vê a questão da ausência de notificação da parte na arbitragem como uma efetiva nulidade, portanto situada no campo da validade, e não no da existência.

Essa seria, para Rafael Alves, uma das duas hipóteses de violação da ordem pública processual na arbitragem que jamais se convalidaria pelo efeito do tempo no processo[527], qual seja, "a nulidade decorrente da ausên-

[523] Na arbitragem, aliás, melhor seria chamar de *notificação da instauração da arbitragem* e *contumácia* (ausência absoluta de participação da parte) o que, no processo estatal, chamamos de *citação* e *revelia*, respectivamente. (ALVES, Rafael Francisco. **Árbitro e direito**: o julgamento do mérito na arbitragem. São Paulo: Almedina, 2018, p. 236 e 238; itálico no original).

[524] APRIGLIANO, Ricardo de Carvalho. **Ordem pública e processo**: o tratamento das questões de ordem pública no direito processual civil. São Paulo: Atlas, 2011, p. 243.

[525] APRIGLIANO, Ricardo de Carvalho. **Ordem pública e processo**: o tratamento das questões de ordem pública no direito processual civil. São Paulo: Atlas, 2011, p. 243.

[526] ALVES, Rafael Francisco. **Árbitro e direito**: o julgamento do mérito na arbitragem. São Paulo: Almedina, 2018, p. 239 e nota de rodapé nº 717.

[527] A segunda hipótese seria efetivamente sobre a *inexistência* da sentença arbitral, a qual estaria mais atrelada aos próprios elementos básicos da sentença arbitral (*v.g.*, sujeito, objeto e forma). (ALVES, Rafael Francisco. **Árbitro e direito**: o julgamento do mérito na arbitragem. São Paulo: Almedina, 2018, p. 240 e seguintes).

cia ou irregularidade da notificação de qualquer das partes a respeito da instauração da arbitragem na hipótese de cláusula compromissória 'cheia'", sendo certo que, nesse particular, a sentença arbitral não irradiaria sua eficácia nem mesmo estaria coberta pelo manto da coisa julgada material, "em relação à parte que não foi notificada da arbitragem, não participou espontaneamente, nem tomou conhecimento dela de alguma outra forma"[528].

Observe-se que, tanto pela vertente que defende a *inexistência* da sentença arbitral proferida em arbitragem da qual não foi notificada a parte vencida quanto pela vertente que defende a *ineficácia* desse mesmo vício, sem aptidão de saná-lo com o decurso do tempo, haveria a possibilidade de atacar a decisão dos árbitros por meio de ação declaratória a ser ajuizada no Poder Judiciário. A ineficácia por ausência ou defeito de citação seria, por assim dizer, equivalente à inexistência, dada a gravidade do vício.

Destarte, admite-se a intervenção excepcionalíssima do Poder Judiciário no caso de haver uma sentença que tenha sido proferida em processo arbitral no qual a parte prejudicada pela decisão não tenha tomado conhecimento do feito, embora o comando da sentença seja contra ela direcionado. Pela ótica constitucional, o Estado-juiz atuaria para garantir o princípio do devido processo, evitando que a parte vencida seja alcançada por um ato decisório advindo de arbitragem da qual nunca teve a chance de participar.

Ainda nessa situação, é necessário que o Estado-juiz verifique, caso a caso e de maneira criteriosa, se efetivamente houve vício tão grave a ponto de justificar a declaração de inexistência da sentença arbitral ou mesmo de sua absoluta ineficácia perante aquele que não foi cientificado da arbitragem. Noutro giro, em nenhuma hipótese seria cabível o ajuizamento da mesma ação declaratória para tentar invalidar uma sentença arbitral sob o argumento de exorbitância do *quantum debeatur* fixado em razão de desapropriação realizada por ente público, mesmo que fosse invocado o princípio constitucional da justa indenização.

5.4. Impugnação ao cumprimento de sentença arbitral

Nos termos do artigo 33, *caput*, da Lei de Arbitragem, a parte interessada poderá pleitear, no Poder Judiciário, "a declaração de nulidade da sen-

[528] ALVES, Rafael Francisco. **Árbitro e direito**: o julgamento do mérito na arbitragem. São Paulo: Almedina, 2018, p. 240.

tença arbitral", desde que presente alguma das hipóteses do artigo 32 da referida legislação. Essa declaração de nulidade de que fala a lei pode se dar mediante o ajuizamento de uma ação anulatória de sentença arbitral, tal como explanado anteriormente, ou por meio de impugnação ao cumprimento de sentença arbitral, ocasião em que o § 3º do artigo 33, com a redação que lhe foi dada pela Lei nº 13.105/2015, faz referência à "decretação de nulidade da sentença arbitral"[529].

A despeito de algum preciosismo semântico com relação às palavras "declaração" e "decretação", aqui entendidas como sinônimas, é fato incontroverso que o sistema arbitral admite, como *meios legítimos* de ataque à sentença arbitral, parcial ou final, o ajuizamento da ação anulatória e a defesa do executado via impugnação ao cumprimento de sentença arbitral, esta que seguirá o rito dos artigos 525 e seguintes do Código de Processo Civil[530].

É possível ao executado cumular, em sua impugnação ao cumprimento de sentença arbitral, as causas de anulação dispostas no rol do artigo 32, embora a Lei de Arbitragem seja silente sobre esse assunto. Haveria, aqui, *cúmulo de demandas*, pois o executado poderia, por exemplo, atacar a sentença arbitral por ter sido ela emanada de quem não podia ser árbitro[531], bem como dizer que haveria excesso de execução e que teria se operado a novação da dívida executada pelo vencedor da arbitragem[532].

[529] "2. O cumprimento de sentença arbitral é sempre processado em caráter definitivo, circunstância que não se modifica em virtude do ajuizamento de ação anulatória. 3. São duas as formas de impugnação judicial da sentença proferida em procedimento arbitral quando dela resulta a condenação ao pagamento de quantia certa: a) o ajuizamento de ação visando a declaração de nulidade da sentença, nos moldes do art. 33 da Lei nº 9.307/1996, e b) o oferecimento de impugnação ao pedido de cumprimento de sentença, nos moldes do art. 475-J, § 1º, do CPC/1973, observada a regra do parágrafo 3º do art. 33 da Lei da Arbitragem". (STJ, REsp nº 1.636.113-SP, rel. min. Ricardo Villas Bôas Cueva, Terceira Turma, julgado em 13/6/2017, DJe 5/9/2017).

[530] Por "meios legítimos" quer se dizer aqueles meios admitidos, à unanimidade, pela doutrina e jurisprudência, tais como são a ação anulatória e a impugnação ao cumprimento de sentença. Por exemplo, ação rescisória, reclamação e ação declaratória de inexistência (tudo contra sentença arbitral) não são "meios legítimos", na acepção que ora se usa, pois são de aceitação controversa na doutrina e na jurisprudência. É claro que diante de uma execução de título extrajudicial com cláusula compromissória, poderá o executado, se houver matéria de mérito, levar a discussão em embargos à execução ao juízo arbitral. Esse seria outro "meio legítimo" de defesa, mas não à sentença arbitral, pois aqui seria caso de título extrajudicial, e não judicial.

[531] Cf. artigo 32, inciso II, da Lei de Arbitragem.

[532] Cf. artigo 525, incisos V e VII, respectivamente, do Código de Processo Civil.

Se o executado valer-se dessa faculdade, qual seja, cumular a ação anulatória da Lei de Arbitragem com a impugnação ao cumprimento de sentença da lei processual civil, o que poderia fazer inclusive em atenção à *economia processual*, deverá peremptoriamente observar, quanto aos motivos da ação anulatória, o prazo decadencial de 90 (noventa) dias, sob pena de, nesse ponto, ser reconhecida a decadência do direito vindicado em sede de impugnação[533]. Não faria sentido algum admitir que as hipóteses de ação anulatória de sentença arbitral fossem arguidas em sede de impugnação ao cumprimento de sentença após o decurso de tal prazo decadencial, pois isso traria, no mínimo, insegurança jurídica, a beneficiar a parte vencida em detrimento da parte vencedora.

Voltando às matérias do artigo 525 do Código de Processo Civil, é de maior interesse, consoante o objeto deste estudo, examinar a segunda parte do inciso III, que elenca a *inexigibilidade da obrigação* exequenda como matéria passível de alegação pelo executado em cumprimento de sentença arbitral.

O § 12 do mesmo artigo 525 prescreve que será considerada inexigível a obrigação "reconhecida em título executivo judicial fundado em lei ou ato normativo considerado inconstitucional pelo Supremo Tribunal Fede-

[533] "Conclui-se pois que na impugnação ao cumprimento de sentença arbitral a alegação das nulidades indicadas no art. 32 da Lei de Arbitragem só será admissível quando deduzida *no prazo de noventa dias* contado do 'recebimento da notificação da sentença arbitral ou de seu aditamento' – e isso constitui uma natural consequência da a impugnação portadora dessas defesas ser um *sucedâneo da ação anulatória*, o que também concorre para que o prazo para opô-la seja regido de modo coincidente com o prazo para a propositura desta". (DINAMARCO, Cândido Rangel. **A arbitragem na teoria geral do processo**. São Paulo: Malheiros, 2013, p. 271; itálico no original). No mesmo sentido: CARMONA, Carlos Alberto. **Arbitragem e processo**: um comentário à Lei nº 9.307/96. 2ª ed. São Paulo: Atlas, 2007, p. 345; FONSECA, Rodrigo Garcia da. Impugnação da sentença arbitral. In: CARMONA, Carlos Alberto; LEMES, Selma Ferreira; MARTINS, Pedro Batista (coord.). **20 anos da lei de arbitragem**: homenagem a Petrônio R. Muniz. São Paulo: Atlas, 2017, p. 656; APRIGLIANO, Ricardo de Carvalho. **Ordem pública e processo**: o tratamento das questões de ordem pública no direito processual civil. São Paulo: Atlas, 2011, p. 48; PARENTE, Eduardo de Albuquerque. **Processo arbitral e sistema**. São Paulo: Atlas, 2012, p. 284; SICA, Heitor Vitor Mendonça. Coment. art. 525. In: CABRAL, Antonio do Passo; CRAMER, Ronaldo (coord.). **Comentários ao novo Código de Processo Civil**. Rio de Janeiro: Forense, 2015, p. 831; MACÊDO, Lucas Buril de; ALMEIDA, Maria Eduarda. Os precedentes obrigatórios vinculam o tribunal arbitral? In: FERREIRA, Olavo Augusto Vianna Alves; LUCON, Paulo Henrique dos Santos (coord.). **Arbitragem**: atualidades e tendências. Ribeirão Preto: Migalhas, 2019, p. 837.

ral" ou a obrigação reconhecida em título "fundado em aplicação ou interpretação da lei ou do ato normativo tido pelo Supremo Tribunal Federal como incompatível com a Constituição Federal, em controle de constitucionalidade concentrado ou difuso"[534].

Eis a importância desse dispositivo legal: a lei processual civil considera *a priori* inexigível a obrigação que tenha por lastro um título executivo judicial pautado em lei declarada inconstitucional pelo Supremo Tribunal Federal ou em lei tida por essa Corte Suprema como incompatível com a Constituição Federal, seja em controle abstrato, seja em controle incidental de constitucionalidade. Essa é uma "via efetiva de controle judicial sobre a sentença arbitral", cujo propósito é expurgar o cumprimento e invalidar a sentença arbitral "disposta de forma contrária ao ordenamento constitucional brasileiro"[535].

Ressalte-se que a impugnação ao título que encarta obrigação embasada em inconstitucionalidade terá lugar quando a sentença for condenatória (pagamento de quantia certa) ou impositiva (obrigação de fazer, não fazer ou entregar coisa), haja vista que os capítulos decisórios de naturezas declaratória e constitutiva produzem efeitos automáticos, portanto carecem de ação executiva[536].

O regramento do artigo 525, § 12, do Código de Processo Civil, aplica-se à *sentença arbitral* submetida à execução forçada perante a jurisdição estatal, com as ressalvas pertinentes ao sistema da arbitragem. A Lei nº 9.307/1996 assim determina no § 3º do artigo 33, ao prever textualmente que a "decretação da nulidade da sentença arbitral também poderá ser

[534] O antigo Código de Processo Civil tinha disposição similar: "Art. 475-L. A impugnação somente poderá versar sobre: (...) II – inexigibilidade do título; § 1 Para efeito do disposto no inciso II do caput deste artigo, considera-se também inexigível o título judicial fundado em lei ou ato normativo declarados inconstitucionais pelo Supremo Tribunal Federal, ou fundado em aplicação ou interpretação da lei ou ato normativo tidas pelo Supremo Tribunal Federal como incompatíveis com a Constituição Federal".

[535] ROCHA, Caio Cesar Vieira. **Limites do controle judicial sobre a jurisdição arbitral no Brasil**. Tese (Doutorado em Processo Civil) – Faculdade de Direito, Universidade de São Paulo. São Paulo, 2012, p. 273.

[536] TALAMINI, Eduardo. Impugnação ao cumprimento do título executivo inconstitucional. In: DANTAS, Bruno; BUENO, Cassio Scarpinella; CAHALI, Cláudia Elisabete Schwerz; NOLASCO, Rita Dias (coord.). **Questões relevantes sobre recursos, ações de impugnação e mecanismos de uniformização da jurisprudência**. São Paulo: Editora Revista dos Tribunais, 2017, p. 300.

requerida na impugnação ao cumprimento da sentença, nos termos dos arts. 525 e seguintes do Código de Processo Civil, se houver execução judicial". Ademais, o artigo 515, inciso VII, do diploma processual civil dispõe que a sentença arbitral constitui título executivo judicial, "cujo cumprimento dar-se-á de acordo com os artigos previstos neste Título"[537]. Por tratar-se de título executivo judicial, o cumprimento da sentença arbitral segue o mesmo rito procedimental do cumprimento da sentença estatal.

Todavia, o cumprimento de sentenças arbitrais *não* será atingido pela inexigibilidade da obrigação inconstitucional em duas situações específicas, que são decorrentes da leitura conjunta dos §§ 13, 14 e 15 do artigo 525 do Código de Processo Civil.

A primeira diz respeito à modulação de efeitos da norma inconstitucional em controle abstrato. Havendo declaração de inconstitucionalidade pelo Supremo, mas com ressalva dos efeitos já produzidos pela norma[538], "a impugnação ao cumprimento não poderá ser utilizada em casos que estejam inseridos no período objeto da ressalva"[539].

A modulação de efeitos serve justamente para que a Suprema Corte possa, avaliando princípios caros à ordem constitucional, como o da segurança jurídica, garantir que a declaração de inconstitucionalidade seja o menos prejudicial possível ao ordenamento jurídico nacional, dada sua eficácia *erga omnes* e vinculante. Se houver modulação de efeitos e a sentença arbitral exequenda tiver sido proferida no lapso temporal alcançado pela modulação, então não haverá que se falar em inexigibilidade da obrigação por vício de inconstitucionalidade.

A segunda hipótese versa sobre a decisão de inconstitucionalidade do Supremo proferida *após* o trânsito em julgado da sentença arbitral exequenda. Imagine-se o seguinte cenário: depois do trânsito em julgado de uma sentença arbitral que condenou a parte vencida a pagar indenização

537 Título II – Do Cumprimento de Sentença.

538 Parece tranquilo dizer que a modulação de efeitos, nesta hipótese, somente ficará a critério do Supremo, que declarou a inconstitucionalidade da lei em controle abstrato. Por decorrência, não é permitido ao juiz de primeiro grau, ou ao magistrado de segunda instância, modular os efeitos da decisão de inconstitucionalidade da Suprema Corte.

539 Talamini, Eduardo. Impugnação ao cumprimento do título executivo inconstitucional. In: Dantas, Bruno; Bueno, Cassio Scarpinella; Cahali, Cláudia Elisabete Schwerz; Nolasco, Rita Dias (coord.). **Questões relevantes sobre recursos, ações de impugnação e mecanismos de uniformização da jurisprudência**. São Paulo: Editora Revista dos Tribunais, 2017, p. 298.

à parte vencedora à luz do instituto do *dolo de terceiro*, o Supremo Tribunal Federal, em controle abstrato, declara a inconstitucionalidade do artigo 148 do Código Civil, que positiva o dolo de terceiro no Brasil.

Em tal circunstância, não haverá de ser acolhida a impugnação ao cumprimento de sentença arbitral da parte que, buscando ver-se livre do pagamento de quantia certa, alegar a inexigibilidade da obrigação porque fundamentada em dispositivo da lei material julgado inconstitucional pelo Supremo em controle abstrato. O § 14 do artigo 525 do Código de Processo Civil é inequívoco ao prever que a "decisão do Supremo Tribunal Federal referida no § 12 deve ser anterior ao trânsito em julgado da decisão exequenda" – destaque-se para o adjetivo *anterior*.

Relativamente à decisão de inconstitucionalidade *posterior* ao trânsito em julgado da sentença objeto de cumprimento, o § 15 do artigo 525 prevê o cabimento de ação rescisória, cujo termo *a quo* será contado do trânsito em julgado da decisão proferida pelo Supremo. Esse dispositivo é *inaplicável* no caso de sentenças arbitrais, pois, como já se viu, estas não são impugnáveis por ação rescisória. Se a declaração de inconstitucionalidade for *superveniente* ao trânsito em julgado da sentença arbitral, ainda que em controle abstrato, nada poderá ser feito pelo juízo da execução contra a parte vencedora da arbitragem, devendo prevalecer a coisa julgada arbitral, que tem a mesma força da coisa julgada formada no bojo de processos judiciais[540].

O § 15 do artigo 525, no mais, é de constitucionalidade duvidosa, dado que reabre o prazo decadencial para a propositura de rescisória toda vez que houver decisão de inconstitucionalidade em controle abstrato, o que afronta a segurança jurídica e a própria *res iudicata*[541].

[540] Falando sobre o processo estatal, mas com aplicação, a nosso ver, também ao processo arbitral, veja-se: "Título judicial é sentença transitada em julgado, acobertada pela autoridade da coisa julgada. Esse título judicial goza de proteção constitucional, que emana diretamente do Estado Democrático de Direito (CF 1º *caput*), além de possuir dimensão de garantia constitucional fundamental (CF 5º XXXVI). Decisão *posterior*, ainda que do STF, não poderá atingir a coisa julgada que já havia sido formada e dado origem àquele título executivo judicial que aparelha o cumprimento de sentença. A decisão do STF que declara inconstitucional lei ou ato normativo tem eficácia retroativa *ex tunc*, para atingir situações que estejam se desenvolvendo com fundamento nessa lei. Essa retroatividade tem como limite a *coisa julgada*". (Nery Junior, Nelson; Nery, Rosa Maria de Andrade. **Comentários ao Código de Processo Civil**. São Paulo: Editora Revista dos Tribunais, 2015, p. 1.307; itálico no original).

[541] "Uma parcela importante da doutrina entende, contudo, que o dispositivo é inconstitucional. De fato, em um contexto em que o entendimento dominante é de que as ações diretas são

A leitura fria do texto legal poderia levar à equivocada interpretação de que o prazo decadencial da ação rescisória seria *sine die*. Isso porque, a *qualquer momento*, independentemente de quantos anos após a certificação do trânsito em julgado, uma obrigação contida em título judicial poderia ser fulminada pela declaração abstrata de inconstitucionalidade do normativo que dá lastro a essa obrigação.

Para alinhar-se aos ditames constitucionais, resguardando a segurança jurídica e a coisa julgada, o citado dispositivo deve ser interpretado no "sentido de apenas poder ser 'iniciado o prazo da rescisória a partir do trânsito em julgado da decisão do STF, se ainda não tiver sido extinta a pretensão rescisória cujo prazo tenha se iniciado do trânsito em julgado da decisão exequenda'"[542]. A partir dessa interpretação conforme à Constituição é que se poderá evitar o *duplo prazo de ação rescisória* estabelecido pelo artigo 525, § 15, do Código de Processo Civil: o primeiro a contar do trânsito em julgado da sentença objeto de cumprimento e o segundo a contar do trânsito em julgado do acórdão do Supremo que reconhecer a inconstitucionalidade da lei em que se funda a obrigação exequenda.

Com efeito, a obrigação contida na sentença arbitral fundamentada em lei declarada inconstitucional pelo Supremo Tribunal Federal, em controle abstrato, será tida por inexigível pelo Poder Judiciário, como argumento de defesa ao cumprimento de sentença, quando a decisão de inconstitucionalidade for contemporânea (e tornada pública) à prolação da sentença arbitral. Ou seja: será considerada inexigível a obrigação que decorre da sentença arbitral que for proferida já ao tempo da decisão de inconstitucionalidade com eficácia *erga omnes* e efeito vinculante.

A rigor, o trânsito em julgado da decisão de inconstitucionalidade em controle abstrato opera-se quando findo o prazo para oposição de embargos de declaração, pois, sendo irrecorrível tal ato decisório, esse é o único meio

imprescritíveis (v. *supra*), a possibilidade de reabertura do prazo decadencial para a propositura de ação rescisória sempre que houver declaração de inconstitucionalidade faz com que um grande conjunto de decisões transitadas em julgado esteja sujeito a uma possível rediscussão. Trata-se de situação que não parece compatível com a proteção constitucional à segurança jurídica e à própria coisa julgada (art. 5º, *caput* e XXXVI)". (Barroso, Luís Roberto. **O controle de constitucionalidade no direito brasileiro**. 8ª ed. São Paulo: Saraiva, 2019, p. 301; itálico no original).

[542] Abboud, Georges. **Processo constitucional brasileiro**. 4ª ed. São Paulo: Thomson Reuters Brasil, 2020, p. 805-806.

de impugnação previsto pelo artigo 26 da Lei nº 9.868/1999. Outrossim, sabe-se que os embargos declaratórios não têm, em regra, efeito suspensivo. A suspensão da eficácia da decisão embargada é medida excepcional, admitida tão somente quando "demonstrada a probabilidade de provimento do recurso ou, sendo relevante a fundamentação, se houver risco de dano grave ou de difícil reparação", nos termos do artigo 1.026, § 1º, do Código de Processo Civil.

A possibilidade de modular efeitos em sede de tal medida integrativa é risco suficiente para que se tome partido por uma de duas opções, embora possa ser improvável que o Supremo acolha embargos declaratórios, com efeitos infringentes, para reformar o mérito do acórdão por ele mesmo proferido em controle abstrato: (I) considerar o trânsito em julgado da decisão de inconstitucionalidade o momento em que se transcorrer *in albis* o prazo para oposição de aclaratórios[543]; ou (II) considerar o trânsito em julgado da decisão de inconstitucionalidade o momento em que transitar em julgado o acórdão que julgar os eventuais embargos de declaração[544]. É que, se houver modulação de efeitos, restringindo-se a eficácia da decisão de inconstitucionalidade para o futuro, ao momento subsequente à

[543] Em sentido contrário, já decidiu o Supremo: "AÇÃO DIRETA DE INCONSTITUCIONALIDADE. EMBARGOS DE DECLARAÇÃO. CUMPRIMENTO DA DECISÃO. 1. Desnecessário o trânsito em julgado para que a decisão proferida no julgamento do mérito em ADI seja cumprida. Ao ser julgada improcedente a ação direta de inconstitucionalidade – ADI nº 2.335 – a Corte, tacitamente, revogou a decisão contrária, proferida em sede de medida cautelar. Por outro lado, a lei goza da presunção de constitucionalidade. Além disso, é de ser aplicado o critério adotado por esta Corte, quando do julgamento da Questão de Ordem, na ADI 711 em que a decisão, em julgamento de liminar, é válida a partir da data da publicação no Diário da Justiça da ata da sessão de julgamento. 2. A interposição de embargos de declaração, cuja conseqüência fundamental é a interrupção do prazo para interposição de outros recursos (art. 538 do CPC), não impede a implementação da decisão. Nosso sistema processual permite o cumprimento de decisões judiciais, em razão do poder geral de cautela, antes do julgamento final da lide. 3. Reclamação procedente". (Rcl nº 2576, rel. min. Ellen Gracie, Tribunal Pleno, julgado em 23/6/2004, DJ 20/8/2004).

[544] Uma posição intermediária, em alguma medida crível, seria defender que o "trânsito em julgado" da decisão de inconstitucionalidade do Supremo, em controle abstrato, para todos os efeitos, se daria a partir do conhecimento do pedido que se faz em eventuais embargos declaratórios. Ou seja: se forem opostos embargos contra a decisão de inconstitucionalidade, mas não houver pedido de modulação de efeitos, considerar-se-ia findo o processo objetivo no Supremo, pois não haveria hipótese de modificação substancial do *decisum*.

declaração, então não se poderá ter por inexigível a obrigação contida na sentença arbitral[545].

[545] Há decisões do Supremo que, em sede de embargos de declaração, efetivamente deliberam sobre a eficácia temporal das decisões de inconstitucionalidade. Vejam-se dois recentes exemplos em que houve decisão nesse sentido, por maioria de votos: "EMBARGOS DE DECLARAÇÃO EM AÇÃO DIRETA DE INCONSTITUCIONALIDADE. OMISSÃO. MODULAÇÃO DOS EFEITOS DE DECLARAÇÃO DE INCONSTITUCIONALIDADE. ART. 27 DA LEI Nº 9.868/1999. ATUAÇÃO DE PROCURADOR DE ESTADO CHEFE E SUBPROCURADOR-GERAL DO ESTADO POR SIGNIFICATIVO LAPSO TEMPORAL. CARGOS DE LIVRE NOMEAÇÃO E EXONERAÇÃO POR PARTE DO GOVERNADOR DO ESTADO. INCONSTITUCIONALIDADE. TUTELA DA SEGURANÇA JURÍDICA DOS ATOS E DA CONFIANÇA LEGÍTIMA DOS JURISDICIONADOS. PRECEDENTES JUDICIAIS. 1. Verificadas razões de segurança jurídica ou de excepcional interesse social, nos termos do que prescreve o art. 27 da Lei nº 9.868/1999, cumpre ao Supremo Tribunal Federal harmonizar o princípio da nulidade da norma inconstitucional com a exigência de preservação, considerado o aspecto temporal, histórico e irreversível da realidade, de outros preceitos constitucionais, como a segurança jurídica, a confiança legítima e a boa-fé objetiva. A não tomada desse pronunciamento jurisdicional ao atribuir eficácia retroativa ou plena à decisão implicaria danos irreversíveis a tais valores constitucionais. 2. A confiança justificada e a segurança jurídica dos atos praticados pelos representantes do Estado, em sua defesa jurídica judicial e extrajudicial, impõe a incidência do art. 27 da Lei nº 9.868/1999 para restringir os efeitos da declaração de inconstitucionalidade, de modo a assegurar a perfectibilidade dos atos praticados pelo Procuradores de Estado, exercentes dos cargos de Procurador Chefe de Estado e Subprocurador-Geral do Estado, até a data da publicação do acórdão embargado, dia 19.6.2009. Precedentes judiciais formados pelo Plenário desse Supremo Tribunal Federal. 3. Embargos de declaração acolhidos para fins de modulação dos efeitos da declaração de inconstitucionalidade". (ADI nº 2.682 ED, rel. min. Rosa Weber, Tribunal Pleno, julgado em 20/9/2019, DJe 3/10/2019); "EMBARGOS DE DECLARAÇÃO. AÇÃO DIRETA DE INCONSTITUCIONALIDADE. LEI DO ESTADO DO PARÁ N. 7.621/2012. PEDIDO DE MODULAÇÃO DOS EFEITOS. EMBARGOS PROVIDOS. 1. Satisfeitos os requisitos para a modulação dos efeitos da decisão que declara a inconstitucionalidade de ato normativo, tem o Supremo Tribunal Federal o dever constitucional de, independentemente de pedido das partes, aplicar o art. 27 da Lei nº 9.868/99. Precedentes. 2. In casu, a norma julgada inconstitucional dispunha, sem que se observassem os requisitos formais estabelecidos pela Constituição Federal, que reserva à lei complementar de iniciativa do Supremo Tribunal Federal a disciplina acerca da promoção e remoção de magistrados. 3. Hipótese em que a declaração de inconstitucionalidade com eficácia retroativa apresenta inegável risco à segurança jurídica, em vista do tempo em que vigeu a norma e das inúmeras decisões proferidas pelos magistrados que foram promovidos ou removidos sob seu auspício. 4. Embargos declaratórios conhecidos e providos para esclarecer que a decisão de declaração de inconstitucionalidade da Lei do Estado do Pará n. 7.621/2012 tem eficácia a partir da data da publicação do acórdão embargado". (ADI nº 4788 AgR-ED, rel. min. Edson Fachin, Tribunal Pleno, julgado em 7/2/2018, DJe 2/4/2018).

Atinente à declaração de inconstitucionalidade levada a efeito pelo Supremo em controle incidental, será tida por inexigível a obrigação estampada na sentença arbitral se, à época de sua prolação pelos árbitros, a norma inconstitucional tiver tido sua execução suspensa pelo Senado Federal, em cumprimento ao artigo 52, inciso X, da Constituição Federal, que aqui se defende estar em plena vigência[546]. Essa é a interpretação *conforme* a Constituição do artigo 525, § 12. Não sendo suspensa a execução da norma inconstitucional pelo Senado, esta terá eficácia limitada apenas às partes litigantes, o que não englobará os sujeitos ativo e passivo do processo arbitral, do qual emanou a sentença arbitral objeto de cumprimento de sentença.

A inexigibilidade é, portanto, a consequência jurídica da obrigação inconstitucional trazida pela sentença arbitral. Vale enfatizar, a esse propósito, que "o efeito da aplicação do dispositivo será apenas e tão somente o de tornar inexigível o título executivo, vedada qualquer ingerência quanto ao mérito da demanda arbitral"[547].

[546] "O reconhecimento da inconstitucionalidade de lei ou ato normativo pelo STF em *controle concreto* (difuso), o que ocorre *v.g.* por meio do julgamento do recurso extraordinário (CF 102 III), só tem eficácia *inter partes*, não prejudicando nem beneficiando terceiros. O texto normativo, quando se refere à declaração de inconstitucionalidade pelo STF em controle concreto da constitucionalidade de lei ou de ato normativo (CPC 525 § 12 *in fine*), só faz sentido se interpretado conforme a Constituição, vale dizer, se considerar-se a incidência da CF 52 X: julgado o RE afirmando a inconstitucionalidade – controle *difuso* –, e, remetido o acórdão ao Senado Federal, a Câmara Alta expediu resolução suspendendo a execução da lei ou do ato normativo em todo o território nacional. Somente nesse caso é que o texto normativo poderá ser aplicado. Vale lembrar que o STF, quando julga RE não é tribunal de teses, mas tribunal que julga o caso concreto, subjetivo, corrigindo a decisão que aplicou incorretamente a CF ou lei que o STF considera inconstitucional. Sem autorização constitucional expressa não pode haver 'objetivação' do recurso extraordinário, entendimento que só pode ser considerado *de lege ferenda*. Não se pode opor esse julgamento concreto do STF ao credor-exequente. Sem a resolução do Senado, na forma da CF 52 X, a decisão do STF em controle difuso vale apenas como precedente jurisprudencial, isto é, como entendimento do tribunal. A ela não pode ser dada eficácia de *lei geral*, que atinge a todos, como é o caso da declaração da inconstitucionalidade em sede de controle abstrato". (NERY JUNIOR, Nelson; NERY, Rosa Maria de Andrade. **Comentários ao Código de Processo Civil**. São Paulo: Editora Revista dos Tribunais, 2015, p. 1.306; itálico no original).

[547] PARENTE, Eduardo de Albuquerque. **Processo arbitral e sistema**. São Paulo: Atlas, 2012, p. 285. Em sentido semelhante, em análise feita à luz do antigo Código de Processo: "Portanto, considerando-se a disciplina da Lei nº 9.307, conclui-se que, como regra geral, a formulação de embargos ou impugnação do executado com fundamento no parágrafo único

A inexigibilidade da obrigação inconstitucional não afetará propriamente o mérito da sentença arbitral, cujo reexame não fica a critério do Poder Judiciário por tal motivo. A inexigibilidade apenas impede que o credor se valha do aparato estatal, que detém poder coercitivo, para satisfazer seu crédito perante o Poder Judiciário brasileiro que, por regra legal explícita fortalecedora da ordem constitucional, desautoriza a execução forçada de título judicial que carrega uma obrigação lastreada em lei inconstitucional[548].

5.5. Recurso extraordinário

Com origem na Constituição Federal de 1891, "a primeira da República, como imperativo da federação adotada pelo novo regime", conforme lembra Alcides de Mendonça Lima[549], o recurso extraordinário é o mecanismo recursal adequado para tutelar o direito constitucional, pressupondo, como

do art. 741 ou no § 1º do art. 475-L do Código de Processo Civil não pode ser admitida se para a verificação da pretensa 'inconstitucionalidade da sentença arbitral' for necessário examinar o seu conteúdo/mérito". (WLADECK, Felipe Scripes. **Meios de controle judicial da sentença arbitral nacional**. Dissertação (Mestrado em Direito Processual) – Faculdade de Direito, Universidade de São Paulo, São Paulo, 2013, p. 330). Essa passagem merece uma ponderação adicional: ainda que a lei declarada inconstitucional pelo Supremo diga respeito ao mérito da arbitragem, o que justificaria a inexigibilidade da obrigação contida na sentença arbitral baseada em tal lei inconstitucional, mesmo assim o eventual acolhimento da impugnação ao cumprimento de sentença arbitral não ensejará a modificação propriamente dita da decisão dos árbitros. O Poder Judiciário apenas dirá que a obrigação de pagar quantia certa fundada em lei inconstitucional, por exemplo, não poderá ser exigível do devedor; não haverá, em tal hipótese, ingerência do Judiciário, no sentido de se dizer que a sentença arbitral está certa ou errada, em conformidade com a lei ou com os provimentos judiciais vinculantes. (Cf. RANZOLIN, Ricardo. **Controle judicial da arbitragem**. Rio de Janeiro: GZ Editora, 2011, p. 187).

548 "E esse efeito nada obstante barre a ação do juiz estatal no seu poder de constranger ao pagamento, pode, por outro lado, facilitar atos outros, como a sua homologação para execução em outros países, na medida em que não se reconhece o poder de anulação da sentença arbitral por meio desse dispositivo. Ela continua válida e nem poderia ser diferente, pois mácula não se reconhece à sentença arbitral nessa hipótese, como já sustentado. Trata-se apenas de submeter a decisão arbitral a uma particularidade do processo executório existente no Brasil, que por decisão política de nosso legislador entendeu por bem retirar a eficácia do título na hipótese em comento, mas sabiamente, para todos os efeitos, não cogitou de determinar a anulação da sentença arbitral". (MARIANI, Rômulo Greff. **Precedentes na arbitragem**. Belo Horizonte: Fórum, 2018, p. 166-167).

549 LIMA, Alcides de Mendonça. O recurso extraordinário na Constituição Federal de 1988. **Revista de Processo**, vol. 56, 1989, p. 21-34. Versão eletrônica, p. 2.

requisito de admissibilidade, a necessária ofensa direta e frontal à Constituição, sendo inviável o prosseguimento do recurso quando a ofensa for indireta ou reflexa, o que pode acontecer em casos que determinado ato normativo afronte antes a lei[550].

A tutela da Constituição, via recurso extraordinário, carece da demonstração da *repercussão geral* da questão constitucional devolvida nas razões recursais[551]. Esse requisito intrínseco de admissibilidade foi introduzido pela Emenda Constitucional nº 45/2004, considerando-se "a necessidade de acelerar a marcha dos recursos nos tribunais superiores"[552].

No recurso extraordinário deve o recorrente demonstrar a repercussão geral das questões constitucionais discutidas no caso, para que o Supremo

[550] Nesse sentido, extrai-se da jurisprudência do Supremo, entre outros julgados, os seguintes: "I – Esta Corte firmou orientação no sentido de ser inadmissível, em regra, a interposição de recurso extraordinário para discutir matéria relacionada à ofensa aos princípios constitucionais da legalidade, do devido processo legal, da ampla defesa, do contraditório e da prestação jurisdicional, quando a verificação dessa alegação depender de exame prévio de legislação infraconstitucional, por configurar situação de ofensa reflexa ao texto constitucional. Precedentes. II – Agravo regimental a que se nega provimento". (ARE nº 797.122 AgR, rel. min. Ricardo Lewandowski, Segunda Turma, julgado em 8/4/2014, DJe 29/4/2014); "1. A afronta aos princípios do devido processo legal, da ampla defesa e do contraditório, dos limites da coisa julgada e da prestação jurisdicional, quando depende, para ser reconhecida como tal, da análise de normas infraconstitucionais, configura apenas ofensa indireta ou reflexa à Constituição da República. 2. Inadmissível, em recurso extraordinário, o exame de ofensa reflexa à Constituição Federal e a análise de legislação infraconstitucional. Incidência da Súmula nº 636/STF. 3. Agravo regimental não provido". (AI nº 857.030 AgR, rel. min. Dias Toffoli, Primeira Turma, julgado em 7/5/2013, DJe 28/6/2013).

[551] Frederico Montedonio Rego assim define o filtro recursal da repercussão geral, citando trecho do relatório final da Comissão Mista Especial do Judiciário, criada pelo artigo 7º da Emenda Constitucional nº 45/2004, para elaborar os projetos de lei imprescindíveis à regulamentação da referida emenda: "Trata-se de instrumento pelo qual o STF pode 'recusar' recursos extraordinários, desde que o faça pelo *quorum* qualificado de dois terços de seus membros (oito de onze ministros). (...) Declaradamente inspirada nas experiências dos EUA e da Argentina, a repercussão geral foi celebrada como uma 'novidade [que] servirá para restaurar o caráter paradigmático das decisões do STF, à medida que possibilitará que essa Corte examine apenas as grandes questões do país discutidas no Poder Judiciário. Com isso, em tese, o STF deixará de se pronunciar sobre questões sem qualquer relevância para a sociedade'". (REGO, Frederico Montedonio. **Repercussão geral**: uma releitura do direito vigente. Belo Horizonte: Fórum, 2019, p. 35).

[552] TUCCI, José Rogério Cruz e. A "repercussão geral" como pressuposto de admissibilidade do recurso extraordinário. **Doutrinas Essenciais de Direito Constitucional**, vol. 10, 2015, p. 1.223-1.230.

examine a admissão do recurso, somente podendo recusá-lo pela manifestação de dois terços de seus membros, consoante o § 3º do artigo 102 da Constituição Federal. O artigo 1.035, § 1º, do Código de Processo Civil, em adendo, explicita o que se espera para efeito de repercussão geral: "será considerada a existência ou não de questões relevantes do ponto de vista econômico, político, social ou jurídico que ultrapassem os interesses subjetivos do processo"[553].

Avulta destacar que é em sede de recurso extraordinário que o Supremo "desempenha, normalmente e em grande volume, a fiscalização concreta de constitucionalidade de leis e atos normativos"[554]. Tendo isso em conta, aliado ao fato de ser a Suprema Corte o órgão judicial que diz, em último grau de jurisdição, o significado das normas constitucionais, haveria espaço para rediscutir, no julgamento do extraordinário, o que decidiram os árbitros na sentença arbitral sobre questão constitucional?

A despeito de sua indisputável relevância para o direito brasileiro, não há de se cogitar a hipótese de o Supremo Tribunal Federal reexaminar, em sede de recurso extraordinário, o que decidiram os árbitros sobre a questão constitucional, nem mesmo se tiver havido declaração incidental de inconstitucionalidade.

O Supremo não pode, com efeito, ser acionado diretamente por recurso extraordinário pela parte contra a qual foi proferida uma decisão declaratória de inconstitucionalidade na arbitragem. O ordenamento constitucional não comporta essa situação de recurso *per saltum*, pois a própria Constituição prevê, em seu artigo 102, inciso III, que o Supremo resolverá "causas decididas em única ou última instância", no que não se encaixaria a sentença arbitral.

[553] O "recurso extraordinário, portanto, sobressai como ferramenta, a serviço da jurisdição constitucional, para fazer efetivas as cláusulas constitucionais nas causas que ostentam certa gravidade institucional, repercussão sociológica, uniformidade de critérios jurídicos, reforçando, de conseguinte, as garantias das liberdades fundamentais; reconduzindo, pois, ao Supremo Tribunal Federal a sua missão precípua, isto é, de Tribunal de garantias constitucionais". (VALADÃO, José Arildo. **A nova função do recurso extraordinário**. Brasília: Gazeta Jurídica, 2013, p. 252). O recurso extraordinário "se destina aos casos excepcionais e não aos casos rotineiros do dia-a-dia forense e, muito menos, às questões de nonada ou de litigantes caprichosos, que querem ver suas causas decididas pela mais alta Corte do País". (SILVA, Evandro Lins e. O recurso extraordinário e a relevância da questão federal. **Revista dos Tribunais Rio de Janeiro**, vol. 4, 2014, p. 353-359. Versão eletrônica, p. 1).

[554] BARROSO, Luís Roberto. **O controle de constitucionalidade no direito brasileiro**. 8ª ed. São Paulo: Saraiva, 2019, p. 146.

Por "causas decididas" entende-se que o "cabimento do recurso extraordinário depende do prévio exaurimento de todas as vias recursais nos órgãos inferiores", sob pena de ter-se o recurso por incabível[555]. Trata-se de orientação sumulada na Suprema Corte, conforme seu enunciado de Súmula nº 281, assim redigido: "É inadmissível o recurso extraordinário, quando couber na justiça de origem, recurso ordinário da decisão impugnada"[556]. Essa exigência advém também do necessário *prequestionamento,* o qual é ínsito aos recursos excepcionais, entre eles o recurso extraordinário ao Supremo Tribunal[557].

Além da roupagem *per saltum*, vedada pelo direito brasileiro, sobretudo porque o "salto" se daria entre duas jurisdições distintas (arbitral e estatal), embora complementares, supor que a parte irresignada com a declaração de inconstitucionalidade na arbitragem pudesse interpor recurso extraordinário diretamente ao Supremo, com o fito de reverter a inconstitucionalidade incidentalmente reconhecida pelos árbitros, seria o mesmo que negar vigência ao artigo 18 da Lei de Arbitragem, do qual se depreende que a sentença arbitral não se sujeita a recurso nem à homologação do Poder Judiciário. Logo, a decisão de inconstitucionalidade dos árbitros não depende do aval do Supremo e não pode ser por ele reexaminada em recurso extraordinário, como se fosse instância recursal revisora das decisões da justiça privada sobre questão constitucional.

Evidentemente, dizer que a decisão que declara a inconstitucionalidade de uma lei (ou decide alguma questão constitucional que não essa) no bojo de processo arbitral independe da chancela e nem pode ser revista pela Suprema Corte em nada desmerece a sua atuação destacada e capital na consolidação da jurisdição constitucional brasileira.

Acontece que o sistema constitucional pátrio, à luz do que o próprio Supremo decide, impede o acesso ao referido Tribunal por mecanismo

[555] ARRUDA ALVIM, Teresa; DANTAS, Bruno. **Recurso especial, recurso extraordinário e a nova função dos tribunais superiores no direito brasileiro**. 3ª ed. São Paulo: Editora Revista dos Tribunais, 2016, p. 440.

[556] Aplicando tal verbete sumular, veja-se, por todos: "A competência do Supremo Tribunal Federal (art. 102, III, da CF/88) restringe-se às causas decididas em única ou última instância. O recorrente não esgotou as vias recursais ordinárias cabíveis, incidindo no óbice da Súmula 281 deste Tribunal. Agravo regimental a que se nega provimento". (ARE nº 732.820 AgR, rel. min. Joaquim Barbosa (Presidente), Tribunal Pleno, julgado em 16/5/2013, DJe 31/5/2013).

[557] "Súmula 282. É inadmissível o recurso extraordinário, quando não ventilada, na decisão recorrida, a questão federal suscitada".

per saltum quando se está defronte a um processo estatal. Menos ainda seria tolerável, por essa lógica, pensar que o acesso *per saltum* ao Supremo poderia se dar via recurso extraordinário interposto contra uma sentença arbitral que declara a inconstitucionalidade em controle difuso, o qual, já vimos, é um efetivo poder-dever dos árbitros. No mais, essa saída também encontra óbice na dicção da Lei de Arbitragem vigente.

À guisa de comparação, vale citar o interessante exemplo do constitucionalismo peruano, no qual prevalece o *sistema dual* ou *paralelo*, aquele em que coexistem os modelos americano (controle difuso) e europeu (controle concentrado), "mas sem se mesclarem, nem se deformarem, nem se desnaturalizarem"[558]. Para ficar claro: no Peru, o controle difuso é atribuição de todo e qualquer magistrado, desde o primeiro grau de jurisdição da justiça comum até a Corte Suprema, órgão máximo dessa justiça e onde termina o modelo difuso, ao passo que o modelo peruano de controle concentrado é atribuição exclusiva do Tribunal Constitucional, órgão de controle da Constituição dotado de autonomia e independência, que não se confunde com a Corte Suprema.

Dentro do modelo difuso peruano, há uma determinação na Lei Orgânica do Poder Judiciário que regulamenta o procedimento especial para o exercício do controle difuso, "assinalando que as sentenças que dispõem sobre a inaplicação de uma lei serão elevadas, em consulta, à Sala Constitucional e Social da Corte Suprema"[559].

A partir dessa premissa, Ricardo Luque Gamero questiona se haveria a necessidade de levar, em consulta à Corte Suprema, as sentenças arbitrais nas quais se tenha realizado o controle de constitucionalidade. A resposta, embora sob a ótica do modelo constitucional peruano, adota a mesma conclusão negativa que se chegou acima: *"tal consulta no debiera darse en el arbitraje, ya que la misma afectaría la condición de justicia privada y vulneraría su esencia, por cuanto es la elección de las partes respecto de sus derechos disponibles que la solución de sus controversias no sea sometida a la justicia estatal sino a la justicia privada"*[560].

[558] SILVA, José Afonso da. **Um pouco de direito constitucional comparado**. São Paulo: Malheiros, 2009, p. 155.
[559] SILVA, José Afonso da. **Um pouco de direito constitucional comparado**. São Paulo: Malheiros, 2009, p. 156.
[560] GAMERO, Ricardo Luque. El arbitraje y el control de la constitucionalidad. **Revista Peruana de Arbitraje**, nº 5, 2007, p. 138.

Em complemento, o referido autor salienta que, se aceita a tese do envio, para fins de consulta, da sentença arbitral em que exercido o controle difuso, estaria perdido *"el carácter de justicia privada ya que es claro que si se admitiese la consulta se tendría que admitir que el órgano judicial pudiese modificar el laudo, con lo cual se afectaría la autonomía privada presente en todo convenio arbitral"*[561].

A única possibilidade que aqui se vislumbra a propósito do *binômio arbitragem-recurso extraordinário* é a seguinte: em sede de controle posterior da sentença arbitral (*v. g.* ação anulatória, cumprimento de sentença, ação declaratória de inexistência) pode ser que o Poder Judiciário, ao julgar uma ação judicial referente à arbitragem, decida questão constitucional, até mesmo declarando a inconstitucionalidade, já que é dado aos juízes togados decidirem de tal maneira em qualquer grau jurisdicional.

O recurso extraordinário será então cabível para atacar apenas o capítulo da decisão colegiada que, no âmbito da jurisdição estatal, tiver (I) contrariado dispositivo da Constituição Federal; (II) declarado a inconstitucionalidade de tratado ou lei federal; (III) julgado válida lei ou ato de governo local contestado em face da Constituição Federal; ou (IV) julgado válida lei local contestada em face de lei federal, esta última hipótese que, como se nota, não discute propriamente afronta ao texto constitucional, mas à lei federal. O recurso extraordinário serviria para impugnar unicamente as decisões do Poder Judiciário que estivessem dentro do escopo de cabimento previsto nas hipóteses *numerus clausus* do artigo 102, inciso III, da Constituição, acima mencionadas, mas nunca o conteúdo sobre questão constitucional da sentença arbitral.

Destarte, o recurso extraordinário, desde que comprovada a repercussão geral da matéria nele devolvida ao exame do Supremo, somente poderia se voltar contra a eventual afronta à Constituição perpetrada pelo acórdão de que se recorre em tal via recursal, e não contra o eventual erro dos árbitros na aplicação das normas constitucionais.

5.6. Reclamação

O debate em torno da vinculação dos árbitros aos provimentos judiciais, incluindo aqueles de assento constitucional, talvez com maior ênfase à

[561] GAMERO, Ricardo Luque. El arbitraje y el control de la constitucionalidad. **Revista Peruana de Arbitraje**, nº 5, 2007, p. 138.

súmula vinculante do Supremo, tem suscitado na literatura jurídica, há razoável tempo, a dúvida sobre o cabimento da reclamação como mecanismo para fazer valer tais provimentos judiciais no âmbito do processo arbitral. É dizer: seria a reclamação o instrumento processual adequado para obrigar os árbitros a seguirem os provimentos judiciais vinculantes, em especial os que se ocupam de resolver questão constitucional (*v. g.* declaração de inconstitucionalidade e súmula vinculante)?

Deixando de lado deliberadamente as polêmicas sobre a sua natureza jurídica, a reclamação é, segundo a posição dominante que aqui se adota, "fundamentalmente, uma ação de conhecimento, pois a espécie de tutela que se busca nela é cognitiva, isto é, uma sentença" (no sentido de decisão) colegiada, uma vez que se trata de ação de competência originária dos tribunais[562]. Justifica-se a natureza de ação porque, por meio da reclamação, é possível provocar-se a jurisdição e formular pedido de tutela jurisdicional[563].

Fruto de criação jurisprudencial[564], a reclamação tem uma destinação específica no que toca as questões constitucionais, que é preservar a competência da Suprema Corte, garantir a autoridade de suas decisões e salvaguardar o estrito cumprimento das súmulas vinculantes[565], consoante

[562] DANTAS, Marcelo Navarro Ribeiro. **Reclamação constitucional no direito brasileiro**. Porto Alegre: Sergio Antonio Fabris Editor, 2000, p. 463.

[563] MENDES, Gilmar Ferreira; BRANCO, Paulo Gustavo Gonet. **Curso de direito constitucional**. 15ª ed. São Paulo: Saraiva, 2020, p. 1.537.

[564] Como decorrência dos poderes implícitos (*implied powers*) deferidos ao Supremo, encontrou-se fundamento constitucional para a reclamação, valendo destacar o seguinte trecho do célebre e reiteradamente citado voto do ministro Rocha Lagoa na Rcl nº 141, de 1952, assim ementada: "A competência não expressa dos tribunais federais pode ser ampliada por construção constitucional. Vão seria o poder, outorgado ao Supremo Tribunal Federal de julgar em recurso extraordinário as causas decididas por outros tribunais, se lhe não fora possível fazer prevalecer os seus próprios pronunciamentos, acaso desatendidos pelas justiças locais. A criação dum remédio de direito para vindicar o cumprimento fiel das suas sentenças, está na vocação do Supremo Tribunal Federal e na amplitude constitucional e natural de seus poderes. Necessária e legitima é assim a admissão do processo de Reclamação, como o Supremo Tribunal tem feito. É de ser julgada procedente a Reclamação quando a justiça local deixa de atender à decisão do Supremo Tribunal Federal".

[565] No Supremo Tribunal Federal, ver: Rcl nº 38.973, rel. min. Luiz Fux, Primeira Turma, julgado em 15/4/2020, DJe 12/5/2020; Rcl nº 14.129 AgR, rel. min. Gilmar Mendes, rel. p/ acórdão: min. Dias Toffoli, Segunda Turma, julgado em 18/12/2017, DJe 18/4/2018. STJ: AgInt na Rcl nº 40.218-PE, rel. min. Gurgel de Faria, Primeira Seção, julgado em 11/11/2020, DJe

o disposto na Constituição Federal[566]. Trata-se de medida excepcional, que não faz as vezes de sucedâneo recursal e não se descortina viável o seu manejo como sucedâneo de ações judiciais em geral[567].

A reclamação passou a ser prevista também no Código de Processo Civil de 2015, que alargou suas hipóteses de cabimento, inclusive nas situações de resguardo das normas constitucionais. Atualmente, pode ser a reclamação promovida pela parte interessada e pelo Ministério Público para: (I) preservar a competência de tribunal, (II) garantir a autoridade das decisões do tribunal, (III) garantir a observância de enunciado de súmula vinculante e de decisão do Supremo Tribunal Federal em controle abstrato de constitucionalidade; (IV) garantir a observância de acórdão proferido em julgamento de incidente de resolução de demandas repetitivas ou de incidente de assunção de competência; e (V) garantir a observância de acórdão de recurso extraordinário com repercussão geral reconhecida ou de acórdão proferido em julgamento de recursos extraordinário ou especial repetitivos, desde que estejam esgotadas as instâncias ordinárias, pois nessa hipótese específica também não se admite a impugnação *per saltum*[568]-[569].

24/11/2020; AgInt na Rcl nº 40.272-AC, rel. min. Regina Helena Costa, Primeira Seção, julgado em 20/10/2020, DJe 23/10/2020.

566 Assim dispõe a Constituição Federal a esse respeito: "Art. 102. Compete ao Supremo Tribunal Federal, precipuamente, a guarda da Constituição, cabendo-lhe: I – processar e julgar, originariamente: (...) l) a reclamação para a preservação de sua competência e garantia da autoridade de suas decisões"; "Art. 103-A. O Supremo Tribunal Federal poderá, de ofício ou por provocação, mediante decisão de dois terços dos seus membros, após reiteradas decisões sobre matéria constitucional, aprovar súmula que, a partir de sua publicação na imprensa oficial, terá efeito vinculante em relação aos demais órgãos do Poder Judiciário e à administração pública direta e indireta, nas esferas federal, estadual e municipal, bem como proceder à sua revisão ou cancelamento, na forma estabelecida em lei. (...) § 3º Do ato administrativo ou decisão judicial que contrariar a súmula aplicável ou que indevidamente a aplicar, caberá reclamação ao Supremo Tribunal Federal que, julgando-a procedente, anulará o ato administrativo ou cassará a decisão judicial reclamada, e determinará que outra seja proferida com ou sem a aplicação da súmula, conforme o caso".

567 STF, Rcl nº 26.288 AgR, rel. min. Dias Toffoli, Segunda Turma, julgado em 27/6/2017, DJe 9/8/2017.

568 STF, Rcl nº 37.359 ED-AgR, rel. min. Edson Fachin, Segunda Turma, julgado em 3/10/2020, DJe 16/10/2020.

569 Hipóteses previstas, respectivamente, nos incisos I a IV, e § 5º, inciso II, do artigo 988 do Código de Processo Civil. Os incisos III e IV, assim como o § 5º, inciso II, contam com a redação que lhes foi dada pela Lei nº 13.256/2016, que emplacou uma reforma no diploma processual civil de 2015 antes mesmo de sua entrada em vigor.

É inegável, portanto, que a reclamação se encontrará à disposição daqueles que se acharem prejudicados por ato decisório contrário à orientação fixada pelo Supremo Tribunal Federal sobre questão constitucional. Por esse viés, a reclamação pode ser vista como verdadeiro mecanismo de controle dos provimentos judiciais vinculantes com assento constitucional[570]. Afinal, a lei processual civil fala especificamente em súmula vinculante, decisão em controle abstrato de constitucionalidade, decisão em recurso extraordinário com repercussão geral reconhecida e decisão em recurso extraordinário repetitivo.

Essa função de controle dos provimentos vinculantes aplica-se, no entanto, apenas no âmbito do Poder Judiciário. E a lógica disso reside na *hierarquia* dos Tribunais que compõem o *aparato judiciário* brasileiro. A reclamação orienta-se, em essência, a "fazer prevalecer, no plano da hierarquia judiciária, o efetivo respeito aos pronunciamentos jurisdicionais emanados do S.T.F., resguardando, desse modo, a integridade e a eficácia subordinante dos comandos que deles emergem"[571]. A conservação da hierarquia jurisdicional é o "papel magno" da reclamação[572].

A justificativa da reclamação é exatamente preservar o que foi decidido por juízes hierarquicamente superiores, garantindo, de certa forma, a obediência das instâncias ordinárias aos provimentos emanados pelos Tribunais Superiores, o que faz parte do sistema. Se, por exemplo, o Supremo Tribunal Federal determina, no julgamento de um recurso extraordinário, que a empresa "A" poderá levantar quantia depositada no juízo de primeiro grau, caberá ao magistrado singular apenas fazer o que estiver ao seu alcance para autorizar e efetivar o levantamento. Se assim não proceder o juiz, a parte que se diz afetada pela decisão propõe, no Supremo, uma reclamação para garantir a autoridade do comando positivo que determinou o levantamento da quantia.

Outro exemplo, aqui dado de modo simplista: a Suprema Corte edita um enunciado de súmula vinculante preconizando que um artigo específico da Lei dos Portos é constitucional. Se algum juízo ousar não aplicar o

[570] ABBOUD, Georges. **Processo constitucional brasileiro**. 4ª ed. São Paulo: Thomson Reuters Brasil, 2020, p. 928.

[571] STF, Rcl nº 430, rel. min. Celso de Mello, Tribunal Pleno, julgado em 2/6/1993, DJ 20/8/1993.

[572] STF, Rcl nº 9.545 AgR, rel. min. Dias Toffoli, Tribunal Pleno, julgado em 8/4/2010, DJe 13/5/2010.

verbete sumular vinculante por convicção íntima, a parte que se intitula prejudicada poderá reclamar ao Supremo a observância da súmula vinculante, fazendo com que a instância máxima do Poder Judiciário obrigue o magistrado a aplicar a orientação sumular por ele descumprida.

A insistência no ponto da hierarquia não é sem razão: a reclamação não é cabível contra sentença arbitral que porventura desrespeitar provimentos judiciais vinculantes de assento constitucional (previstos na Constituição ou mesmo no Código de Processo Civil) justamente porque *não há hierarquia entre as jurisdições arbitral e estatal*[573].

Os árbitros não integram a estrutura orgânica do Poder Judiciário e não se qualificam como funcionários públicos, pois se assim se qualificassem poderiam, como sói ocorrer com os juízes togados, gozar das garantias de vitaliciedade, inamovibilidade e irredutibilidade de vencimentos, na forma do artigo 25 da Lei Orgânica da Magistratura Nacional. Longe disso, nem mesmo é correto dizer, sob o olhar técnico, que um sujeito *é* árbitro, mas, sim, que ele *está* árbitro[574]; ou seja, a atividade jurisdicional do árbitro inicia-se e finda-se na esfera privada do processo arbitral específico para o qual foi nomeado. No máximo, os árbitros equiparam-se a juiz de fato e de direito para fins adjudicatórios, e aos funcionários públicos, para os efeitos da lei penal, quando no exercício de suas funções ou em razão delas[575].

De fato, não há hierarquia entre árbitros e juízes, nem mesmo entre aqueles e os ministros do Supremo Tribunal Federal[576]. O árbitro "é um

[573] No campo da arbitragem internacional, já se disse que *"international arbitration does not benefit from local court's hierarchies and control mechanisms. Arbitral awards are in most cases final and are not subject to substantive review or appeal by other tribunals"*. (Bentolila, Dolores. **Arbitrators as lawmakers**. International Arbitration Law Library, vol. 43, Kluwer Law International, 2017, p. 7). Cite-se, ainda: *"Granted, there is no hierarchy between judicial courts and arbitrators, nor do arbitrators belong to the judiciary. Therefore, any attempt to look for a direct link between arbitrators and courts is in vain"*. (Amaral, Guilherme Rizzo. Judicial precedent and arbitration – are arbitrators bound by judicial precedent? A comparative study among England, Scotland, the United States and Brazil. **Revista Brasileira de Arbitragem**, vol. XIV, nº 56, 2017, p. 56).

[574] Pucci, Adriana Noemi. **Arbitragem comercial nos países do Mercosul**. São Paulo: LTr, 1997, p. 121.

[575] Cf. artigos 17 e 18 da Lei de Arbitragem.

[576] Defendendo o não cabimento de reclamação contra a sentença arbitral pelo argumento da ausência de hierarquia, ver: Macêdo, Lucas Buril de; Almeida, Maria Eduarda. Os precedentes obrigatórios vinculam o tribunal arbitral? In: Ferreira, Olavo Augusto Vianna Alves; Lucon, Paulo Henrique dos Santos (coord.). **Arbitragem**: atualidades e tendências. Ribeirão Preto: Migalhas, 2019, p. 839; Marques, Ricardo Dalmaso. Inexistência

particular no exercício da função jurisdicional e, bem por isso, não está situado dentro do Poder Judiciário". Por tal razão, é inconcebível o ajuizamento de reclamação contra decisões arbitrais no intuito de que o Supremo as casse e as reenvie para os árbitros, ordenando a eles que nova decisão seja proferida, dessa vez em conformidade com o enunciado sumular vinculante ignorado ou com o acórdão daquela Corte que, em controle abstrato, declarou a inconstitucionalidade de lei aplicada indevidamente na arbitragem[577].

Importa reconhecer, na linha do que faz José Rogério Cruz e Tucci, que "não é propriamente a autoridade hierárquica da qual provém o precedente que determina ao árbitro a sua observância"[578]. A vinculação ao árbitro justifica-se pela ordem constitucional brasileira, pelo que aqui se defende especificamente sobre os provimentos judiciais de assento constitucional. Seguindo seu raciocínio, o festejado jurista aduz que, "inexistindo qualquer interdependência funcional entre tribunal arbitral e árbitro, não cabe reclamação se o precedente judicial não for aplicado pelo árbitro"[579].

Some-se a isso um relevante empeço de ordem prática. Na medida em que a coisa julgada arbitral se forma *sine intervallo* no momento em que as partes são notificadas acerca da sentença arbitral, tem-se por hercúlea a superação do enunciado sumular nº 734 do Supremo Tribunal Federal, que

de vinculação do árbitro às decisões e súmulas judiciais vinculantes do Supremo Tribunal Federal. **Revista Brasileira de Arbitragem**, vol. 10, nº 38, 2013, p. 131. Também negando o cabimento da reclamação, mas por outros argumentos, Rômulo Mariani defende, em primeiro lugar, que não haveria espaço para tal ação contra sentença arbitral que ignorar provimento judicial vinculante de assento constitucional porque os árbitros não estariam vinculados a tais provimentos; em segundo lugar, afirma ser a reclamação um instrumento próprio do processo estatal, moldado para a "sua lógica e seus anseios". (Mariani, Rômulo Greff. **Precedentes na arbitragem**. Belo Horizonte: Fórum, 2018, p. 162-163).

[577] Abboud, Georges. **Processo constitucional brasileiro**. 4ª ed. São Paulo: Thomson Reuters Brasil, 2020, p. 1.236-1.237. O citado jurista ainda vislumbra outro empecilho para a reclamação na arbitragem, que é o princípio da competência-competência: "Admitir o uso da reclamação seria tornar sem qualquer eficácia o postulado arbitral do princípio da competência-competência, uma vez que o Judiciário estaria tolhendo ou analisando os limites da atuação do árbitro de forma prévia e não ulterior, que é o único modelo autorizado pelo sistema legal brasileiro mediante uso da ação anulatória arbitral" (p. 1.236).

[578] Tucci, José Rogério Cruz e. **Questões polêmicas do processo arbitral**. São Paulo: Quartier Latin, 2019, p. 43.

[579] Tucci, José Rogério Cruz e. **Questões polêmicas do processo arbitral**. São Paulo: Quartier Latin, 2019, p. 43.

dispõe não ser cabível a reclamação "quando já houver transitado em julgado o ato judicial que se alega tenha desrespeitado decisão do Supremo Tribunal Federal"[580]-[581]. E mais: o artigo 988, § 5º, inciso I, do Código de Processo Civil, torna cristalina a inadmissibilidade da reclamação "proposta após o trânsito em julgado da decisão reclamada"[582]. Não há exceções para a arbitragem.

Quer dizer-se com isso que, admitindo a possibilidade de ajuizamento de reclamação contra a sentença arbitral que, por exemplo, violar frontal e propositalmente um enunciado de súmula vinculante, sem qualquer fundamentação para tanto, não poderia o Supremo Tribunal Federal conhe-

[580] Registre-se que tal enunciado sumular tem sido aplicado pela Suprema Corte, conforme, por todos: "1. Não cabe reclamação quando já houver transitado em julgado o ato judicial que se alega tenha desrespeitado decisão do Supremo Tribunal Federal (Súmula 734/STF). (...)". (Rcl nº 23.340 AgR, rel. min. Roberto Barroso, Primeira Turma, julgado em 7/6/2016, DJe 20/6/2016); "II – Incabível a reclamação proposta contra decisão judicial já acobertada pelo manto da coisa julgada. Enunciado 734 da Súmula do STF". (Rcl nº 17.788 ED, rel. min. Ricardo Lewandowski, Segunda Turma, julgado em 5/8/2014, DJe 14/8/2014).

[581] No mesmo sentido, veja-se: MACÊDO, Lucas Buril de; ALMEIDA, Maria Eduarda. Os precedentes obrigatórios vinculam o tribunal arbitral? In: FERREIRA, Olavo Augusto Vianna Alves; LUCON, Paulo Henrique dos Santos. **Arbitragem**: atualidades e tendências. Ribeirão Preto: Migalhas, 2019, p. 840-841 (coord.). Advogando tese contrária, sob a égide do Código de 1973, pelo cabimento da reclamação contra a sentença arbitral que viola súmula vinculante a despeito do enunciado nº 734: "A Súmula 734/STF deve ser afastada no caso de reclamação proposta com base em violação à súmula vinculante pela sentença arbitral. Apesar de a coisa julgada arbitral ser imediata à prolação da sentença, os precedentes que originaram a Súmula 734 do STF não se aplicam ao caso, pois a reclamação não será utilizada como sucedâneo de ação anulatória, além de a parte não possuir outro instrumento para questionar a violação da súmula vinculante pelo árbitro e a manutenção de uma sentença arbitral que viola súmula vinculante no mundo jurídico gera insegurança jurídica". (CAMARGO, Júlia Schledorn de. **A influência da súmula persuasiva e vinculante dos tribunais superiores brasileiros na arbitragem**. Dissertação (Mestrado em Direito Processual Civil) – Faculdade de Direito, Pontifícia Universidade Católica de São Paulo, São Paulo, 2013, p. 193).

[582] "1. A Reclamação que ataca decisão em processo já transitado em julgado esbarra no óbice do art. 988, § 5º, I, do CPC e da Súmula 734/STF. (...)". (STF, Rcl nº 25.476 AgR, rel. min. Edson Fachin, Segunda Turma, julgado em 7/8/2018, DJe 21/8/2018); "1. Nos termos do art. 988, § 5º, inciso I, do CPC, a Reclamação não é cabível para desconstituir decisões transitadas em julgado. Trata-se de assimilação, pelo novo código processual, de antigo entendimento do STF, enunciado na Súmula 734 (Não cabe reclamação quando já houver transitado em julgado o ato judicial que se alega tenha desrespeitado decisão do Supremo Tribunal Federal). 2. Recurso de agravo a que se nega provimento". (STF, Rcl nº 33.842 ED-AgR, rel. min. Alexandre de Moraes, Primeira Turma, julgado em 23/8/2019, DJe 2/9/2019).

cer dessa reclamação porque, como dito, a sentença arbitral transita em julgado tão logo as partes tomem ciência de seu teor (exceção seria, repita-se, o caso em que se apresenta pedido de esclarecimentos).

Não haveria tempo hábil para a parte interessada apresentar ao Supremo sua reclamação constitucional, a qual estaria invariavelmente fadada à inadmissibilidade. Esse óbice poderia ser superado na hipótese, que se acredita ser remota, de o Supremo passar a fazer vistas grossas, quando se tratar de reclamação advinda de julgamento arbitral, para o supracitado enunciado nº 734 e sobretudo para o que está previsto expressamente no Código de Processo Civil, com a redação dada pela Lei nº 12.256/2016, destinada a disciplinar aspectos relevantes do processo civil nos Tribunais Superiores.

Poder-se-ia objetar que, na pendência de pedido de esclarecimentos contra a sentença arbitral – portanto antes de produzir a coisa julgada arbitral –, poderia a parte interessada desde logo ajuizar a reclamação junto ao Supremo, driblando os óbices sumular e legal acima indicados.

O argumento não procede, ao menos por duas razões. Primeiro, porque antes da decisão do pedido de esclarecimentos não se tem por encerrada a jurisdição arbitral, logo não se saberia, ao certo, se os árbitros não mudariam o entendimento acerca da afronta ao provimento judicial vinculante de cariz constitucional. Segundo, porque a própria Suprema Corte não autoriza reclamação ajuizada em caráter preventivo, o que seria a hipótese ora cogitada[583].

Cândido Rangel Dinamarco discorda da corrente doutrinária aqui defendida, pela qual não se cogita de reclamação contra a sentença arbitral[584]. O ilustre Professor das Arcadas sustenta ser cabível a reclamação

[583] STF, Rcl nº 25.069 AgR, rel. min. Dias Toffoli, Segunda Turma, julgado em 14/3/2017, DJe 31/3/2017.

[584] Vejam-se trechos de obras de outros defensores da reclamação contra sentença arbitral: "Desse modo, ou admite-se que, como não há relação hierárquica entre Judiciário e Administração, a Reclamação não tem natureza disciplinar, ou admite-se que a Reclamação tem natureza disciplinar *a despeito* de não haver hierarquia entre Judiciário e Administração. Seja a primeira afirmação correta – e parece ser o caso –, seja a segunda, não haveria restrição para o uso da Reclamação contra sentenças arbitrais, como não há para seu uso contra atos administrativos". (Amaral, Guilherme Rizzo. Arbitragem e precedentes. In: Levy, Daniel; Pereira, Guilherme Setoguti J. (coord.). **Curso de arbitragem**. São Paulo: Thomson Reuters Brasil, 2018, p. 301; itálico no original); "Caberia reclamação ao Supremo Tribunal Federal se o árbitro desconsiderar o seu julgado? A resposta parece ser positiva. Se o STF proferiu decisão de efeitos erga omnes, e se o árbitro exerce função jurisdicional equivalente à do juiz,

contra a decisão dos árbitros que se revelar conflitante com os provimentos judiciais do Supremo Tribunal Federal, conquanto reconheça a dificuldade prática de que se falou acima sobre o enunciado nº 734 da Súmula do Supremo, vislumbrando nele um óbice concreto à admissibilidade da reclamação contra a sentença arbitral, exatamente por conta do momento da formação da coisa julgada na arbitragem[585].

O argumento é sedutor: a Constituição, ao prever a reclamação como remédio processual contra decisões afrontosas às manifestações do Supremo, não só "quis resguardar a competência deste para o controle de infidelidades como essas", mas também "instituir um poderoso remédio destinado a preservar a integridade do ordenamento jurídico nacional e a uniformidade de sua interpretação"[586].

a sua sentença não poderá ignorar o comando da Corte Suprema, sob pena de sujeitar-se à reclamação". (Fonseca, Rodrigo Garcia da. Reflexões sobre a sentença arbitral. **Revista de Arbitragem e Mediação**, vol. 6, 2005, p. 70-74. Versão eletrônica, p. 10); "Além disso, a reclamação constitucional não prevê a possibilidade de o STF analisar o mérito, indistintamente, da decisão ou ato administrativo que violou a súmula vinculante, pois a Suprema Corte apenas examina se houve a aplicação correta do enunciado, servindo, portanto, como verdadeiro instrumento para manter e assegurar o efeito vinculante atribuído à súmula pela Constituição Federal e a integridade do sistema. Dito isso, e apesar de o art. 103-A da Constituição Federal não incluir o árbitro expressamente entre os destinatários, como defendido linhas atrás, não é demais afirmar que o referido comando também se destina ao árbitro devido ao similar exercício da jurisdição, que o equipara aos juízes integrantes do Poder Judiciário, no que concerne à função de solucionar conflitos. Dessarte, se há sujeição do árbitro à súmula vinculante, também se lhe deve ser aplicada a consequência prevista no ordenamento jurídico para o descumprimento desta súmula: reclamação ao STF para extirpar a sentença que não observou a súmula vinculante. Defender o cabimento da reclamação perante o STF não significa afirmar que há uma relação de hierarquia entre a Suprema Corte e o árbitro ou árbitros, tampouco dizer que o árbitro ou árbitros deveria se inserir no Poder Judiciário. A tônica aqui é evidenciar (i) o cabimento da reclamação para fins de manutenção da integridade do ordenamento jurídico como um todo, especialmente no tocante a Constituição Federal, por todos aqueles que exercem a jurisdição, e (ii) manter o efeito vinculante da súmula, que, despida de um instrumento para assegurá-lo, poderá facilmente ser violada, tornando os seus enunciados letra morta". (Camargo, Júlia Schledorn de. **A influência da súmula persuasiva e vinculante dos tribunais superiores brasileiros na arbitragem**. Dissertação (Mestrado em Direito Processual Civil) – Faculdade de Direito, Pontifícia Universidade Católica de São Paulo, São Paulo, 2013, p. 175).

[585] Dinamarco, Cândido Rangel. **A arbitragem na teoria geral do processo**. São Paulo: Malheiros, 2013, p. 217.

[586] Dinamarco, Cândido Rangel. **A arbitragem na teoria geral do processo**. São Paulo: Malheiros, 2013, p. 216.

Seria, assim, de menor importância o argumento da ausência de hierarquia – posto que o referenciado autor não a negue –, pois "os dispositivos constitucionais instituidores de tais *reclamações* não se limitam aos juízes togados (aliás, não se limitam aos juízes em geral)"[587]. A principal justificativa da tese secundada por Cândido Rangel Dinamarco é louvável, pois se preocupa em "oferecer *segurança jurídica* a todos os jurisdicionados", ultrapassando a barreira da disciplina das atividades e decisões dos árbitros[588].

Nada obstante isso, parece que não há como contornar a ausência de hierarquia entre jurisdições estatal e arbitral, de modo a justificar o cabimento da reclamação. Os mecanismos judiciais de controle da sentença arbitral são muito limitados, não se inserindo entre eles a reclamação, que é ação específica para a tutela de certos provimentos judiciais vinculantes fora da justiça privada.

[587] DINAMARCO, Cândido Rangel. **A arbitragem na teoria geral do processo**. São Paulo: Malheiros, 2013, p. 216; itálico no original.
[588] DINAMARCO, Cândido Rangel. **A arbitragem na teoria geral do processo**. São Paulo: Malheiros, 2013, p. 216; itálico no original.

6
CONCLUSÃO

6.1. Síntese das conclusões do trabalho

Eis a síntese pontual das principais conclusões desta obra:

Premissas estruturais

1. A Constituição Federal é a lei maior do ordenamento jurídico brasileiro. É ela que dá o padrão mínimo e máximo de validade a todas as leis e a todos os atos normativos. Contrariar o conteúdo substancial da Constituição tem por consequência a inconstitucionalidade material; contrariar o que diz a Constituição sobre o processo legislativo acarreta a inconstitucionalidade formal.

2. O controle de constitucionalidade é consequência da rigidez da Constituição Federal, pois é por meio dele que se extirpa do ordenamento jurídico leis contrárias (formal e materialmente) às normas constitucionais, aquelas que agridem a supremacia e a força normativa da Constituição, princípios tão caros à ordem constitucional brasileira. Sem esse tipo de fiscalização, a hierarquia constitucional cai por terra e torna-se inócua.

3. A fiscalização de constitucionalidade é mais abrangente do que verificar se uma lei e o texto constitucional convivem em harmonia. Deve-se examinar, para fins do controle jurisdicional de constitucionalidade, a conformidade da lei com a ordem constitucional por completo. Essa é a ideia que se extrai do instituto do bloco de constitucionalidade.

4. O controle de constitucionalidade é a principal finalidade da jurisdição constitucional, posto que a ele não se resuma.

5. A propósito do critério subjetivo, o Brasil encampa o modelo difuso de constitucionalidade, o que não significa dizer que não há, pois há, elementos do controle concentrado. O sistema constitucional faculta a todos os juízes a fiscalização de constitucionalidade no caso concreto, sem prejuízo de também admitir que a inconstitucionalidade seja declarada em processo objetivo perante o Supremo Tribunal Federal. Cogita-se de um modelo misto apenas quanto à forma de realização do controle de constitucionalidade, que pode ser incidental ou por via principal.

6. Os árbitros têm poderes jurisdicionais. A arbitragem é uma atividade jurisdicional, ainda que os árbitros não possam coagir determinado sujeito ou determinada empresa a cumprir suas ordens. Os árbitros são juízes de fato e de direito e suas sentenças formam títulos executivos judiciais, assim como as sentenças estatais. A jurisdição arbitral decorre sobretudo do fato de que os árbitros, mesmo que no âmbito privado, aplicam o direito para resolver, com definitividade, os conflitos de direito patrimonial disponível que lhes são endereçados. A Lei de Arbitragem, o Código de Processo Civil e a jurisprudência dos nossos Tribunais, em especial do Superior Tribunal de Justiça, chancelam a natureza jurisdicional da arbitragem.

7. A arbitragem é processo e, sendo assim, deve respeitar o modelo constitucional. Como processo jurisdicional que é, a arbitragem está inescapavelmente sujeita aos ditames superiores do sistema constitucional, sob pena de as decisões dos árbitros serem ilegítimas, pois contrárias à Constituição Federal. O fato de a arbitragem ter regramentos distintos e uma filosofia diversa do processo judicial não altera essa conclusão, que está enraizada, frise-se, na leitura constitucional desse instituto.

8. O controle jurisdicional de constitucionalidade insere-se, em termos científicos, no âmbito do direito processual constitucional, que cuida das relações do processo com a Constituição Federal.

Árbitros e a inconstitucionalidade no caso concreto

9. Na arbitragem, a alegação de inconstitucionalidade será examinada como uma questão prejudicial, na medida em que sua resolução antecede a resolução do pedido principal formulado ao juízo arbitral. A alegação de inconstitucionalidade apresenta-se incidentalmente no processo arbitral, até mesmo em sede de medida cautelar, tutela de urgência ou perante um árbitro de emergência. No controle difuso, a questão constitucional é uma prejudicial lógica, já que não se admite que o objeto do processo arbitral seja a constitucionalidade da lei em si.

10. A inconstitucionalidade pode ser suscitada a qualquer tempo no curso do processo arbitral. A interpretação e a aplicação da Constituição Federal são elementos intrínsecos à jurisdição arbitral, por isso são cognoscíveis inclusive de ofício pelos árbitros, dada a imperatividade da norma constitucional, soberana que é a todas as demais normas do ordenamento jurídico nacional. Todavia, a questão constitucional deve, tanto quanto possível, ser arguida na primeira oportunidade que a parte tiver. Não se fala, aqui, em preclusão.

11. A inconstitucionalidade não precisa ser alegada por uma das partes da arbitragem; podem os árbitros declará-la à míngua de provocação nesse sentido. De ofício, os árbitros têm liberdade para declarar a inconstitucionalidade de maneira incidental no processo arbitral, nesse aspecto sendo a eles dada a possibilidade de invocar o aforismo *iura novit curia* para requalificar juridicamente os fatos alegados pelas partes, a fim de, ao cabo, concluir pela inconstitucionalidade. A atuação de ofício dos árbitros, que se admite, de forma alguma dispensa a oitiva das partes sobre a inconstitucionalidade. Deve-se respeitar o contraditório e a ampla defesa na arbitragem, evitando-se a todo custo as indesejadas decisões-surpresas.

12. A declaração de inconstitucionalidade no caso concreto não é apenas um poder que os árbitros têm; é, antes de tudo, um efetivo dever jurisdicional, que se propõe a dar concretude à força normativa e à supremacia constitucionais. Esse poder-dever dos árbitros é idêntico ao dos juízes nas mesmas situações e é restrito ao controle difuso. Os poderes-deveres que os árbitros têm para dirimir lides advêm do ordenamento constitucional, daí por que é imperioso que interpretem e apliquem o direito brasileiro à luz da Constituição Federal, fazendo prevalecer as normas constitucionais em detrimento das leis que as contradizem. As decisões dos árbitros declaratórias de (in)constitucionalidade devem ser devidamente motivadas.

13. O exame dos árbitros acerca da alegação de inconstitucionalidade deve adotar, como parâmetro, o bloco de constitucionalidade. Assim, a verificação de constitucionalidade na arbitragem considerará o texto constitucional, é claro, mas também um bloco de atos que balizam a interpretação constitucional, sendo relevante destacar os princípios constitucionais explícitos e implícitos.

14. Aplicável o direito brasileiro à arbitragem, os árbitros estão autorizados a controlar a constitucionalidade, de maneira incidental, de normas municipais, estaduais e federais, inclusive de atos normativos (principais e secundários). Além disso, os árbitros estão autorizados a reconhecer tanto a inconstitucionalidade formal quanto a inconstitucionalidade material por ação, mas não têm eles jurisdição para declarar a inconstitucionalidade por omissão, tarefa que compete com exclusividade ao Supremo Tribunal.

15. Os árbitros podem, via controle difuso, proferir as mesmas decisões de inconstitucionalidade que os juízes estatais, a saber: as decisões manipulativas em sentido amplo, subdivididas em sentenças interpretativas (de improcedência ou procedência), e as sentenças manipulativas em sentido estrito (sentenças aditivas e sentenças substitutivas).

16. A regra constitucional da reserva de plenário, prevista no artigo 97 da Constituição Federal, é inaplicável à declaração de inconstitucionalidade no campo da arbitragem. Trata-se de regra que tem sua razão de ser exclusivamente no bojo de processos estatais em grau recursal. O número de árbitros – considerando-se um colegiado – que votam pela inconstitucionalidade não tem, para o processo arbitral, a relevância e a pertinência que tem para os feitos julgados pelo Judiciário. Sempre prevalecerá, na arbitragem, o voto da maioria, para toda e qualquer deliberação, a não ser que os árbitros divirjam entre si, ocasião em que o voto do presidente é o que ditará o resultado final.

17. A decisão de inconstitucionalidade dos árbitros tem eficácia *inter partes*, ou seja, cinge-se aos contendentes, que são, para todos os efeitos, as pessoas abrangidas (e seus sucessores) pela convenção de arbitragem. A inconstitucionalidade declarada pelos árbitros retroage no tempo (*ex tunc*), atingindo o nascedouro da lei no âmbito da relação jurídica afetada pela decisão. Não se considera, ao menos não no atual estágio legislativo, que os árbitros possam modular os efeitos de decisões de inconstitucionalidade. Tal hipótese, deveras excepcional, aplicável sobretudo quando se está diante de potencial afronta à segurança jurídica, poderia se justificar em casos de natureza tributária, por exemplo, os quais, ao que consta, ainda não são decididos por arbitragem no Brasil.

18. A sentença arbitral faz coisa julgada (formal e material). A sua peculiaridade em comparação à coisa julgada que se forma no processo estatal reside no fato de não caber a reapreciação do mérito da decisão dos árbitros por outro órgão jurisdicional, além de estar a decisão arbitral sujeita a um prazo mais exíguo do que a sentença estatal para se tornar imutável. Sobre as eficácias subjetiva e objetiva, respectivamente: a coisa julgada arbitral é oponível às partes e aos seus sucessores, e não tem a aptidão de prejudicar terceiros; a coisa julgada arbitral limita-se ao que foi pedido pelas partes e decidido pelos árbitros. Contudo, a coisa julgada arbitral não recai sobre a inconstitucionalidade declarada *incidenter tantum* na arbitragem, haja vista que tal questão se resolve na motivação da sentença arbitral, como prejudicial, e não constará do dispositivo da decisão.

19. Ainda que se reconheça, como de fato aqui se reconhece, a importância da autonomia da vontade na arbitragem, as partes do processo arbitral não podem convencionar sobre a jurisdição constitucional. Tal autonomia esbarra na força normativa e na supremacia da Constituição, sendo descabido que as partes proíbam, por convenção, o poder-dever de os árbitros exercerem controle de constitucionalidade. A jurisdição constitucional, que dá alicerce à interpretação e à aplicação da Constituição Federal pelos árbitros, impõe limites à vontade das partes, fazendo com que a importância da harmonia entre as leis e a Constituição prevaleça também no processo arbitral.

20. Se as partes permitirem aos árbitros julgar por equidade, então será admissível que estes decidam o conflito a partir de um senso de justiça próprio do caso concreto. Isso pode dar-se mediante a aplicação do ordenamento jurídico vigente e eleito pelos contendentes, pois o julgamento por equidade não implica a necessária ignorância da legislação, ou pode ser que os árbitros se utilizem de fundamentos extralegais, que não têm guarida na lei aplicável, ou mesmo fundamentos que sejam diametralmente opostos ao que prevê a lei. Entretanto, não se pode confundir julgamento por equidade, em que se aceita uma decisão *contra legem*, com julgamento *contra constitutionem*. O julgamento por equidade não permite que os árbitros decidam em desconformidade com a Constituição Federal.

Árbitros e a questão constitucional decidida e sumulada pelo Supremo Tribunal Federal

21. Há grande controvérsia na doutrina sobre a vinculação dos árbitros aos provimentos judiciais do artigo 927 do Código de Processo Civil. Dividimos, neste trabalho, as divergências em três blocos: (I) aqueles que defendem a não vinculação dos árbitros aos provimentos vinculantes do

Poder Judiciário; (II) aqueles que entendem que há uma vinculação dos árbitros a determinados provimentos judiciais; e (III) aqueles que observam o fenômeno essencialmente sob a ótica da Constituição Federal, sustentando a vinculação dos árbitros aos provimentos vinculantes com assento constitucional, como se faz neste trabalho.

22. Os pronunciamentos decisórios do Poder Judiciário no exercício da função jurisdicional classificam-se como fontes do direito. Podem não ser a fonte primária do sistema de *civil law*, como o brasileiro, em que reina o império da lei. Nada obstante, os provimentos judiciais são de suma relevância para a interpretação e a aplicação do direito brasileiro, sobretudo das normas constitucionais. Os provimentos judiciais vinculantes proferidos pelo Supremo Tribunal Federal são, assim, fontes do direito, daí por que sua observância – não vinculação – é de rigor pelos árbitros.

23. Os árbitros estão vinculados aos acórdãos proferidos pelo Supremo Tribunal Federal nos julgamentos de ações direta de inconstitucionalidade e declaratória de constitucionalidade.

A declaração de inconstitucionalidade leva à retirada da lei nula do ordenamento jurídico brasileiro, pelo que não podem os árbitros, decidindo com embasamento no direito pátrio, fundamentar suas decisões invocando a lei inconstitucional. A decisão que aplica, na arbitragem, uma lei inconstitucional assim declarada pela Suprema Corte é uma decisão que destoa do direito brasileiro, mais se aproximando de um julgamento por equidade, o qual ainda que tenha sido estabelecido pelas partes, não comporta decisões afrontosas à Constituição.

A declaração de constitucionalidade impede que o árbitro, justamente em virtude da eficácia vinculante, declare a inconstitucionalidade da lei de maneira incidental no processo arbitral. Deve ele aplicá-la normalmente, ou demonstrar a razão pela qual a lei, que já tinha presunção de constitucionalidade antes da manifestação do Supremo, não se aplicaria especificamente àquela arbitragem.

O efeito vinculante, que atinge também os árbitros – não só juízes e entes da administração pública – é uma decorrência inevitável da jurisdição constitucional brasileira, que preza pela força normativa e pela supremacia da Constituição Federal.

24. Os árbitros estão vinculados à súmula vinculante do Supremo Tribunal Federal, cujo objetivo é sedimentar orientações sobre a validade, a interpretação ou a eficácia de normas determinadas. Ainda que o artigo

103-A da Constituição Federal não faça referência expressa aos árbitros, a lógica constitucional permite concluir que a súmula vinculante obriga os árbitros. A citada norma constitucional é inequívoca ao prever que tal súmula terá eficácia *erga omnes* e vinculante, o que inclui a jurisdição arbitral e até mesmo os particulares. A vinculação dos árbitros à súmula é indireta, assim como se dá a vinculação dos particulares; indireta porque não cabe o ajuizamento de reclamação contra a sentença arbitral que deixa de aplicar a súmula vinculante.

A vinculação dos árbitros à súmula em nada retira-lhes a independência e a liberdade de julgar conforme sua própria convicção, à luz do direito aplicável e das provas dos autos. Enquanto texto normativo, o enunciado de súmula vinculante deve ser interpretado e, no processo interpretativo, podem os árbitros concluírem que ele não se aplica à hipótese – o rechaço à súmula, como sucede com a lei, deverá ser devidamente motivado.

A súmula persuasiva, de outra sorte, não vincula os árbitros, mas constitui valioso subsídio para auxiliar a hermenêutica de casos concretos.

25. Os árbitros não se vinculam, em princípio, à decisão de inconstitucionalidade proferida pelo Supremo Tribunal Federal em controle difuso. O controle de constitucionalidade exercido no julgamento de recurso extraordinário com repercussão geral ou em recurso repetitivo (também em recurso ordinário ou ação originária) somente vincula os árbitros quando o Senado Federal, em obediência ao artigo 52, inciso X, da Constituição Federal, suspender a eficácia da lei declarada inconstitucional. Suspensa a eficácia, a lei declarada inconstitucional desaparece do ordenamento jurídico, pelo que não pode ser utilizada como razão de decidir pelos árbitros em arbitragens em que se aplica o direito brasileiro.

26. Quando é deferida, pelo Supremo, medida cautelar em ação direta de inconstitucionalidade, no sentido de se suspender a eficácia da lei colocada em xeque em sede de controle objetivo, não podem os árbitros aplicar tal lei. A lógica aqui é a mesma daquela que se extrai da suspensão pelo Senado Federal, de que se falou no item 25 acima: suspensa uma lei, por vislumbrar-se a sua inconstitucionalidade (*fumus boni iuris*) e o perigo da demora (*periculum in mora*), os árbitros ficam vinculados a essa decisão porque a lei suspensa deixa de integrar o ordenamento jurídico brasileiro, ainda que a decisão concessiva da medida cautelar tenha sido proferida em cognição sumária. Por outro lado, a decisão concessiva de medida cautelar em ação declaratória de constitucionalidade não tem por consequência a suspensão de lei, mas a suspensão de processos que versam sobre a lei que se busca declarar constitucional. Todavia, não parece possível que a cautelar concessiva em ação declaratória irradie efeitos ao processo arbitral, de modo que não haverá que se falar em suspensão da arbitragem nessa hipótese.

Controle judicial da sentença arbitral que decide questão constitucional

27. A ação do artigo 33 da Lei de Arbitragem é o meio mais comum de controle judicial da sentença arbitral. O rol taxativo de cabimento dessa ação, elencado nos incisos do artigo 32 da referida legislação admite que determinadas situações não expressas na lei de regência, porém excepcionais, deem lastro à invalidação da sentença arbitral. Essa excepcionalidade não tem o condão de enfraquecer a arbitragem, dando maior poder de ingerência ao Poder Judiciário sobre as decisões dos árbitros; na verdade, serve para garantir o funcionamento do sistema arbitral à luz do que prevê o ordenamento jurídico brasileiro em sua integralidade, sobretudo em função das normas constitucionais.

Por isso é que se admite – dentro do corte metodológico deste trabalho – a ação do artigo 33 para impugnar a decisão dos árbitros que eventualmente aplique: (I) lei declarada inconstitucional pelo Supremo Tribunal Federal em controle abstrato; (II) lei cuja execução foi suspensa pelo Senado Federal, nos termos do artigo 52, inciso X, da Constituição, em razão de declaração de inconstitucionalidade pelo Supremo em controle difuso; e (III) lei cuja execução foi suspensa pelo Supremo em medida cautelar deferida no bojo de ação direta de inconstitucionalidade.

Essas três hipóteses, claramente excepcionais, justificam o cabimento da ação anulatória porque os árbitros teriam aplicado uma lei que não faz parte do direito brasileiro, como que julgando por equidade, seja porque a lei inconstitucional desponta nula desde o nascedouro, seja porque a lei suspensa (aparentemente inconstitucional) não repercute efeitos no plano jurídico. Aqui, o amparo legal da ação anulatória da sentença arbitral seria o inciso IV do artigo 32, pois o julgamento que afronta os ditames constitucionais brasileiros, pressupondo-se ser este aplicável à disputa, desborda dos limites da convenção de arbitragem. Além disso, admite-se a ação anulatória também pela interpretação integrativa à luz da Constituição, com fundamento no inciso VIII do artigo 32, porque os princípios da força normativa e da supremacia constitucionais devem compor o rol não exaustivo do artigo 21, § 2º, da Lei de Arbitragem. No limite, a aplicação de uma lei afastada por inconstitucionalidade viola a ordem pública constitucional interna, legitimando o controle judicial da sentença arbitral com fulcro no artigo 2º, § 1º, da Lei nº 9.307/1996.

Também se entende que a sentença arbitral não fundamentada quanto aos provimentos judiciais vinculantes com assento constitucional torna cabível a impugnação pela ação do artigo 33 da Lei de Arbitragem (com exceção da súmula persuasiva do Supremo, que não tem aptidão de vincular). A mesma conclusão aplica-se à decisão dos árbitros que deixa de explicar o porquê de não se ter realizado, por via incidental, o controle de constitucionalidade na arbitragem. É da maior importância expor os motivos pelos quais um provimento judicial vinculante é ou não aplicável ao caso concreto, assim como deve se esclarecer a razão de se declarar ou não a inconstitucionalidade no processo arbitral.

Havendo fundamentação adequada acerca da declaração incidental de inconstitucionalidade ou da aplicação de provimentos vinculantes com assento constitucional, não será cabível a ação anulatória, pois, nessa situação de motivação adequada, a impugnação da sentença arbitral no Poder Judiciário terá por escopo puramente a revisão da boa ou má aplicação do direito pelos árbitros, o que não se admite. A única exceção seria a aplicação de lei não mais integrante do direito brasileiro: ainda que o juízo arbitral justifique a possibilidade de aplicar uma lei inexistente, a sentença poderá ser invalidada pelo juízo estatal, a fim de garantir a higidez da Constituição Federal diante do vício grave de inconstitucionalidade.

28. A ação rescisória não é meio de impugnação cabível contra a sentença arbitral. Não há exceção quando os árbitros decidem uma questão constitucional, pouco importando se a questão for ou não a declaração de inconstitucionalidade. A rescisória é um mecanismo específico para impugnar decisões judiciais que se enquadram nas hipóteses previstas no Código de Processo Civil. Expandir o cabimento da rescisória para as sentenças arbitrais vai de encontro à Lei de Arbitragem e é desnecessário, pois já há duas vias – uma delas que pode ser bem ampla, aliás – para impugnar as sentenças arbitrais: a ação anulatória e a impugnação ao cumprimento de sentença. São vários os motivos que afastam a rescisória da arbitragem, conforme demonstrado no item 5.2. A relação entre a ação rescisória e a arbitragem tem razão de ser apenas quando a ação rescisória é ajuizada contra sentença ou acórdão do Poder Judiciário que julgou, por exemplo, uma ação anulatória de sentença arbitral.

29. A ação declaratória de inexistência jurídica também não é, em regra, meio processual legítimo de ataque à sentença arbitral. Citou-se o exemplo, ultimamente aceito pelo Poder Judiciário, do uso desvirtuado do que se tem chamado de *querela nullitatis* para buscar a invalidade de laudos periciais que teriam violado o princípio constitucional da justa indenização. A pretexto de erro de cálculo, o poder público tem se valido dessa ação imprescritível e excepcionalíssima para reduzir significativamente as indenizações devidas em processos judiciais de desapropriação que tramitam há décadas. Descarta-se, em absoluto, o cabimento dessa mesma pretensão no que diz respeito às sentenças arbitrais que fixem o *quantum debeatur* em ações de desapropriação. O espaço para reclamar de valores referentes à indenização a ser paga é na arbitragem, sendo vedada a ingerência da justiça estatal nesse aspecto. A exceção à regra, que não é a única, está na ação declaratória de inexistência jurídica quando se está diante da clássica hipótese de ausência de citação de parte ou de irregularidade no ato citatório. Como a parte não citada fica impedida de tomar conhecimento da arbitragem, deixando, por decorrência, de se defender, admite-se o cabimento da ação declaratória de inexistência para impugnar a sentença arbitral proferida em seu desfavor – apenas com relação à parte não citada. O fundamento dessa tese, ao cabo, encontra respaldo no princípio do contraditório.

30. A impugnação ao cumprimento de sentença arbitral é a segunda forma legítima, pois prevista na Lei de Arbitragem, para a parte vencida voltar-se contra o veredicto dos árbitros. Se a impugnação for veiculada no curso do prazo decadencial da ação anulatória, os fundamentos de tal ação, elencados no artigo 32 da Lei de Arbitragem, poderão ser cumulados com os fundamentos previstos nos incisos do § 1º do artigo 525 do Código de Processo Civil, que dizem respeito às matérias de defesa do executado em sede de impugnação ao cumprimento de sentença. A declaração de inconstitucionalidade e o desrespeito à súmula vinculante pelos árbitros, por exemplo, não são matérias suscetíveis de alegação em impugnação ao cumprimento de sentença arbitral. A resposta muda se a obrigação estampada na sentença exequenda (título executivo judicial) tiver lastro em norma inconstitucional, assim entendida aquela que o Supremo Tribunal Federal disse ser inconstitucional.

31. O recurso extraordinário não funciona como instrumento *per saltum* para que a parte vencida questione diretamente no Supremo a eventual violação da Constituição Federal perpetrada no bojo de processo arbitral. O recurso extraordinário com repercussão geral reconhecida, relativamente à arbitragem, será útil para atacar somente o capítulo do acórdão do Poder Judiciário que se enquadrar em uma das hipóteses taxativas do artigo 102, inciso III, da Constituição Federal. Por isso, o recurso extraordinário não se presta a rever o que decidiram os árbitros sobre questão constitucional.

32. A reclamação tampouco consubstancia meio processual legítimo para atacar a sentença arbitral. Os árbitros não integram a estrutura orgânica do Poder Judiciário, de modo que não têm, com relação aos juízes togados, uma relação de hierarquia. A reclamação é uma ação que se origina, em síntese apertada, na necessidade de fazer valer as decisões superiores sobre as inferiores, a fim de manter a unidade do direito nacional. Essa finalidade não faz sentido quando o assunto é arbitragem. Além do mais, o artigo 988, § 5º, inciso I, do Código de Processo Civil, prescreve que a reclamação será inadmissível quando for proposta após o trânsito em julgado da decisão reclamada. As sentenças arbitrais transitam em julgado tão logo são proferidas, ocasião em que se encerra a jurisdição dos árbitros. Assim, esse óbice legal torna impraticável o ajuizamento de reclamação contra sentença arbitral, na linha do que já dispunha o enunciado nº 734 da Súmula do Supremo Tribunal Federal.

REFERÊNCIAS

ABBOUD, Georges. **Discricionariedade administrativa e judicial**: o ato administrativo e a decisão judicial. São Paulo: Editora Revista dos Tribunais, 2014.

ABBOUD, Georges. **Processo constitucional brasileiro**. 4ª ed. São Paulo: Thomson Reuters Brasil, 2020.

ABBOUD, Georges. **Processo constitucional brasileiro**. 2ª ed. São Paulo: Thomson Reuters Brasil, 2018.

ABBOUD, Georges; CARNIO, Henrique Garbellini; OLIVEIRA, Rafael Tomaz de. **Introdução à teoria e à filosofia do direito**. 3ª ed. São Paulo: Editora Revista dos Tribunais, 2015.

ABBOUD, Georges; VAUGHN, Gustavo Favero. Notas críticas sobre a reclamação e os provimentos judiciais vinculantes do CPC. **Revista de Processo**, vol. 287, 2019.

AGUIAR JÚNIOR, Ruy Rosado de. Arbitragem, os precedentes e a ordem pública. **Doutrina**: edição comemorativa, 30 anos, Superior Tribunal de Justiça, Brasília, 2019.

ALMEIDA, Fernando Dias Menezes de. Considerações sobre a função do Senado Federal de suspender execução de lei declarada inconstitucional pelo Supremo Tribunal. **Revista de Informação Legislativa**, ano 44, nº 174, 2007.

ALMEIDA, Ricardo Ramalho. **Arbitragem comercial internacional e ordem pública**. Rio de Janeiro: Renovar, 2015.

ALSINA, Hugo. **Tratado teorico practico de derecho procesal civil y comercial**. vol. 2: organizacion judicial, jurisdiccion y competencia. 2ª ed. Buenos Aires: Ediar Soc. Ancn. Editores, 1957.

ALVES, Rafael Francisco. **A inadmissibilidade das medidas antiarbitragem no direito brasileiro**. São Paulo: Atlas, 2009.

ALVES, Rafael Francisco. **Árbitro e direito**: o julgamento do mérito na arbitragem. São Paulo: Almedina, 2018.

ALVES, Rafael Francisco. Sentença arbitral. In: LEVY, Daniel; PEREIRA, Guilherme Setoguti J. (coord.). **Curso de arbitragem**. São Paulo: Thomson Reuters Brasil, 2018.

ALVES, Rafael Francisco. *Jura novit arbiter* under brazilian law. In: FERRARI, Franco; CORDERO-MOSS, Giuditta (org.). ***Iura novit curia* in international arbitration**. Huntington NY: Juris Publishing, 2018.

ALVIM, José Eduardo Carreira. **Direito arbitral**. 2ª ed. Rio de Janeiro: Forense, 2004.

AMARAL, Guilherme Rizzo. Arbitragem e precedentes. In: LEVY, Daniel; PEREIRA,

Guilherme Setoguti J. (coord.). **Curso de arbitragem**. São Paulo: Thomson Reuters Brasil, 2018.

AMARAL, Guilherme Rizzo. Judicial precedent and arbitration – are arbitrators bound by judicial precedent? A comparative study among England, Scotland, the United States and Brazil. **Revista Brasileira de Arbitragem**, vol. XIV, nº 56, 2017.

AMARAL JÚNIOR, José Levi Mello do. **Suspensão de norma inconstitucional está em pleno uso pelo Senado Federal**, Consultor Jurídico, 3/5/2014.

ANDRADE, Gustavo Fernandes de. Arbitragem e controle de constitucionalidade: algumas reflexões. In: CARMONA, Carlos Alberto; LEMES, Selma Ferreira; MARTINS, Pedro Batista (coord.). **20 anos da lei de arbitragem**: homenagem a Petrônio R. Muniz. São Paulo: Atlas, 2017.

APRIGLIANO, Ricardo de Carvalho. Jurisdição e arbitragem no novo Código de Processo Civil. In: MELO, Leonardo de Campos; BENEDUZI, Renato Resende (coord.). **A reforma da arbitragem**. Rio de Janeiro: Forense, 2016.

APRIGLIANO, Ricardo de Carvalho. **Ordem pública e processo**: o tratamento das questões de ordem pública no direito processual civil. São Paulo: Atlas, 2011.

ARMELIN, Donaldo. Notas sobre a ação rescisória em matéria arbitral. **Revista de Arbitragem e Mediação**, vol. 1,2004.

ARRUDA ALVIM, José Manoel de. **Manual de direito processual civil**. 18ª ed. São Paulo: Thomson Reuters Brasil, 2019.

ARRUDA ALVIM, Eduardo; DANTAS, André Ribeiro. Direito processual arbitral: natureza processual da relação jurídica arbitral e incidência do Direito Constitucional Processual. **Revista de Processo**, vol. 234, 2014.

ARRUDA ALVIM, Eduardo; THAMAY, Rennan Faria Kruger; GRANADO, Daniel Willian. **Processo constitucional**. São Paulo: Editora Revista dos Tribunais, 2014.

ARRUDA ALVIM, Teresa. A discussão sobre a disponibilidade do controle judicial da sentença arbitral e seus limites. **Revista Brasileira de Arbitragem**, vol. XIII, nº 50, 2016.

ARRUDA ALVIM, Teresa. **Modulação**: na alteração da jurisprudência firme ou de precedentes vinculantes. São Paulo: Thomson Reuters Brasil, 2019.

ARRUDA ALVIM, Teresa. **Nulidades do processo e da sentença**. 9ª ed. São Paulo: Thomson Reuters Brasil, 2018.

ARRUDA ALVIM, Teresa; CONCEIÇÃO, Maria Lúcia Lins. **Ação rescisória e *querela nullitatis***: semelhanças e diferenças. São Paulo: Thomson Reuters Brasil, 2018.

ARRUDA ALVIM, Teresa; DANTAS, Bruno. **Recurso especial, recurso extraordinário e a nova função dos tribunais superiores no direito brasileiro**. 3ª ed. São Paulo: Editora Revista dos Tribunais, 2016.

ASSIS, Araken de. **Processo civil brasileiro**, vol. 1: Parte geral. 2ª ed. São Paulo: Editora Revista dos Tribunais, 2016.

ÁVILA, Henrique de Almeida. **A repercussão das decisões repetitivas em relação aos serviços públicos delegados**: a contextualização do efeito vinculante à luz da Separação de Poderes. Tese (Doutorado em Direito) – Faculdade de Direito, Pontifícia Universidade Católica de São Paulo, São Paulo, 2019.

BARBI FILHO, Celso Agrícola. Cumprimento judicial de cláusula compromissória na Lei 9.307/96 e outras intervenções do Judiciário na arbitragem privada. **Revista dos Tribunais**, vol. 749, 1998.

BARROS, Vera Cecília Monteiro de. Anulação de sentença arbitral: vinculação de parte não signatária à cláusula compromissória e aplicação do princípio *iura novit curia* à arbitragem. Comentários à sentença 583.00.2010.214068-4 da 8ª vara cível do Foro Central da Comarca de São Paulo. **Revista de Arbitragem e Mediação**, vol. 32, 2012.

BARROCAS, Manuel Pereira. **Manual de arbitragem**. Coimbra: Almedina, 2010.

BARROSO, Luís Roberto. **Curso de direito constitucional contemporâneo**: os conceitos fundamentais e a construção do novo. São Paulo: Saraiva, 2009.

BARROSO, Luís Roberto. **O controle de constitucionalidade no direito brasileiro**. 8ª ed. São Paulo: Saraiva, 2019.

BASILIO, Ana Tereza. A arbitragem e a sua controversa vinculação aos precedentes do novo Código de Processo Civil. **Justiça & Cidadania**, edição 217, set. 2018.

BASILIO, Ana Tereza; FONTES, André. A teoria autonomista da arbitragem. **Revista de Arbitragem e Mediação**, vol. 17, 2008.

BARALDI, Eliana Buonocore. ***Iura novit curia* em arbitragem internacional**. Dissertação (Mestrado em Direito) – Faculdade de Direito, Universidade de São Paulo, São Paulo, 2016.

BARBOSA, Rui. **Os actos inconstitucionaes do Congresso e do Executivo ante a justiça federal**. Rio de Janeiro: Companhia Impressora, 1893.

BARIONI, Rodrigo. Precedentes no direito brasileiro: desafios e perspectivas. **Revista de Processo**, vol. 310, 2020.

BAUR, Fritz. Da importância da dicção "iura novit curia." **Revista de Processo**, vol. 3, 1976.

BEDAQUE, José Roberto do Santos. **Direito e processo**: influência do direito material sobre o processo. 6ª ed. São Paulo: Malheiros, 2011.

BEDAQUE, José Roberto do Santos. **Efetividade do processo e técnica processual**. 2ª ed. São Paulo: Malheiros, 2007.

BELAUNDE, Domingo García. Encuentros y desencuentros en torno al derecho procesal constitucional. **Boletín Mexicano de Derecho Comparado**, jan. 2008.

BELLOCCHI, Márcio. **Precedentes vinculantes e a aplicação do direito brasileiro na convenção de arbitragem**. São Paulo: Editora Revista dos Tribunais, 2017.

BENTOLILA, Dolores. **Arbitrators as lawmakers**. International Arbitration Law Library, vol. 43, Kluwer Law International, 2017.

BERALDO, Leonardo de Faria. **Curso de arbitragem**: nos termos da Lei nº 9.307/96. São Paulo: Atlas, 2014.

BEREZOWSKI, Aluisio Cabianca. **Ação anulatória de sentença arbitral**: pressupostos e limites. Dissertação (Mestrado em Direito Processual) – Faculdade de Direito, Universidade de São Paulo, São Paulo, 2020.

BERMUDES, Sergio. **A reforma do Judiciário pela Emenda Constitucional nº 45**. Rio de Janeiro: Forense, 2005.

BERMUDES, Sergio. **Introdução ao processo civil**. 6ª ed. Rio de Janeiro: Forense, 2019.

BINENBOJM, Gustavo. **A nova jurisdição constitucional brasileira**: legitimidade democrática e instrumentos de realização. 2ª ed. Rio de Janeiro: Renovar, 2004.

BONATO, Giovanni. Arbitragem e precedentes. In: BEDAQUE, José Roberto dos Santos; YARSHELL, Flávio Luiz; SICA, Heitor Vitor Mendonça (coord.). **Estudos de direito processual civil em homenagem ao Professor José Rogé-**

rio Cruz e Tucci. Salvador: JusPodivm, 2018.

BONATO, Giovanni. La reforma brasiliana dell'arbitrato. **Rivista dell'arbitrato**, ano XXVII, 2017.

BONAVIDES, Paulo. **Curso de direito constitucional**. 26ª ed. São Paulo: Malheiros, 2011.

BONIZZI, Marcelo José Magalhães; FERREIRA, Olavo Augusto Vianna Alves. Declaração de inconstitucionalidade pelo árbitro: vedação ou dever? In: MUNIZ, Joaquim de Paiva; BONIZZI, Marcelo José Magalhães; FERREIRA, Olavo Augusto Vianna Alves (coord.). **Arbitragem e administração pública**: temas polêmicos. Ribeirão Preto: Migalhas, 2018.

BORN, Gary B. **International commercial arbitration**. 2ª ed. Kluwer Law International, 2014.

BROSSARD, Paulo. O Senado e as leis inconstitucionais. **Revista de Informação Legislativa**, 1976.

BUENO, Cassio Scarpinella. **Manual de direito processual civil**. São Paulo: Saraiva, 2015.

BUENO, Cassio Scarpinella. O "modelo constitucional do direito processual civil": um paradigma necessário de estudo do direito processual civil e algumas de suas aplicações. **Revista de Processo**, vol. 161, 2008.

BULOS, Uadi Lammêgo. **Manual de interpretação constitucional**. São Paulo: Saraiva, 1997.

CAHALI, Francisco José. **Curso de arbitragem**. São Paulo: Editora Revista dos Tribunais, 2015.

CAIVANO, Roque. Planteos de inconstitucionalidad en el arbitraje. **Revista Peruana de Arbitraje**, nº 2, 2006.

CALAMANDREI, Piero. **Estudios sobre el proceso civil – derecho procesal civil III**. Trad. Santiago Sentís Melendo. Buenos Aires: Ediciones Juridicas Europa-America, 1973.

CALAMANDREI, Piero. **Instituciones de derecho procesal civil**, vol. 2. Trad. Santiago Sentís Melendo. Buenos Aires: Ediciones Juridicas Europa-America, 1962.

CALAMANDREI, Piero. **Processo e democracia**: conferências realizadas na Faculdade de Direito da Universidade Nacional Autônoma do México. 2ª ed. Trad. Mauro Fonseca Andrade. Porto Alegre: Livraria do Advogado, 2018.

CAMARGO, Júlia Schledorn de. **A influência da súmula persuasiva e vinculante dos tribunais superiores brasileiros na arbitragem**. Dissertação (Mestrado em Direito Processual Civil) – Faculdade de Direito, Pontifícia Universidade Católica de São Paulo, São Paulo, 2013.

CÂMARA, Alexandre Freitas. **Arbitragem**: Lei nº 9.307/96. 3ª ed. Rio de Janeiro: Editora Lumen Juris, 2002.

CANOTILHO, José Joaquim Gomes. **Direito constitucional e teoria da Constituição**. 7ª ed., 19ª reimp. Coimbra: Almedina, 1941.

CAPPELLETTI, Mauro. **Juízes legisladores**? Trad. Carlos Alberto Álvaro de Oliveira. Porto Alegre: Sergio Antonio Fabris Editor, 1993.

CAPPELLETTI, Mauro. **O controle judicial de constitucionalidade das leis no direito comparado**. Trad. Aroldo Plínio Gonçalves. Porto Alegre: Sergio Antonio Fabris Editor, 1984.

CARMONA, Carlos Alberto. Arbitragem e jurisdição. **Revista de Processo**, vol. 58, 1990.

CARMONA, Carlos Alberto. **Arbitragem e processo**: um comentário à Lei nº 9.307/96. 2ª ed. São Paulo: Atlas, 2007.

CARMONA, Carlos Alberto. Considerações sobre a evolução conceitual do processo. **Revista de Processo**, vol. 57, 1990.

CARMONA, Carlos Alberto. Das boas relações entre os juízes e os árbitros. **Revista de Processo**, vol. 87, 1991.

CARMONA, Carlos Alberto. Julgamento por equidade em arbitragem. **Revista de Arbitragem e Mediação**, vol. 30, 2011.

CARMONA, Carlos Alberto. O processo arbitral. **Revista de Arbitragem e Mediação**, vol. 1, 2004.

CARMONA, Carlos Alberto; MACHADO FILHO, José Augusto Bitencourt. Arbitragem: jurisdição, missão e justiça. In: ARABI, Abhner Youssif Mota; MALUF, Fernando; MACHADO NETO, Marcello Lavenère (coord.). **Constituição da República 30 anos depois**: uma análise prática da eficiência dos direitos fundamentais. Estudos em homenagem ao Ministro Luiz Fux. Belo Horizonte: Fórum, 2018.

CARNELUTTI, Francesco. **Teoria geral do direito**. Trad. Antônio Carlos Ferreira. São Paulo: LEJUS, 1999.

CASO, Gino Rivas. La motivación de laudos en España. Análisis crítico de la regulación. **Revista de Arbitraje Comercial y Inversiones**, vol. 9, 2016.

CASTRO, João Bosco Marcial de. **O controle de constitucionalidade das leis e a intervenção do Senado Federal**. Porto Alegre: Nubria Fabris, 2008.

CASTRO, Leonel Pérez Nieto. El control difuso por tribunales arbitrales. **Revista de Derecho Privado**, jan. 2014.

CATTONI, Marcelo. Jurisdição constitucional: poder constituinte permanente? In: SAMPAIO, José Adércio Leite; CRUZ, Álvaro Ricardo de Souza (coord.). **Hermenêutica e jurisdição constitucional**. Belo Horizonte: Del Rey, 2001.

CENACHI, Luiza Gonzaga Drumond. Uma questão polêmica: o árbitro é obrigado a observar os precedentes judiciais? In: LUCON, Paulo Henrique dos Santos; FARIA, Juliana Cordeiro de; MARX NETO, Edgard Audomar; REZENDE, Ester Camila Gomes Norato (org.). **Processo civil contemporâneo**: homenagem aos 80 anos do professor Humberto Theodoro Júnior. Rio de Janeiro: Forense, 2018.

CICCONETTI, Stefano Maria; TEIXEIRA, Anderson Vichinkeski. **Jurisdição constitucional comparada**. 2ª ed. Belo Horizonte: Fórum, 2018.

CIMARDI, Cláudia Aparecia. **A jurisprudência uniforme e os precedentes no novo Código de Processo Civil brasileiro**. São Paulo: Editora Revista dos Tribunais, 2015.

CINTRA, Antonio Carlos de Araújo; GRINOVER, Ada Pellegrini; DINAMARCO, Cândido Rangel. **Teoria geral do processo**. 27ª ed. São Paulo: Malheiros, 2011.

CORRÊA, Fábio Peixinho Gomes. Limites objetivos da demanda na arbitragem. **Revista Brasileira de Arbitragem**, vol. 10, nº 40, 2013.

CORREIA, Fernando Alves. **Justiça constitucional**. 2ª ed. Coimbra: Almedina, 2019.

COSTA, Alfredo de Araújo Lopes da. **Manual elementar de direito processual civil**. Rio de Janeiro: Forense, 1956.

COSTA, Guilherme Recena; CARDOSO, Marcel Carvalho Engholm. Limites subjetivos da sentença arbitral e legitimidade do terceiro para ajuizar ação anulatória. In: MELO, Leonardo de Campos; BENEDUZI, Renato Resende (coord.). **A reforma da arbitragem**. Rio de Janeiro: Forense, 2016.

COSTA, Nilton César Antunes da. **Poderes do árbitro**: de acordo com a Lei

9.307/96. São Paulo: Editora Revista dos Tribunais, 2002.

COSTA E SILVA, Paula. **A nova face da justiça**: os meios extrajudiciais de resolução de controvérsias. Coimbra: Coimbra Editora, 2009.

CORDEIRO, António Menezes. **Tratado da arbitragem**: em comentário à Lei 63/2011, de 14 de dezembro. Coimbra: Almedina, 2016.

COUTORE, Eduardo. **Fundamentos del derecho procesal civil**. 4ª ed. Montevideo: Editorial B de F, 2018.

CRAMER, Ronaldo. **Precedentes judiciais**: teoria e dinâmica. Rio de Janeiro: Forense, 2016.

CUENCA, Humberto. **Derecho procesal civil**, tomo 1. 2ª ed. Caracas: Ediciones de la Biblioteca, 1969.

DANTAS, Bruno. Súmula vinculante: o STF entre a função uniformizadora e o reclamo por legitimação democrática. **Revista de Informação Legislativa**, ano 45, nº 179, jul./set. 2008.

DANTAS, Marcelo Navarro Ribeiro. **Reclamação constitucional no direito brasileiro**. Porto Alegre: Sergio Antonio Fabris Editor, 2000.

DAVID, René. **Os grandes sistemas do direito contemporâneo**. 3ª ed. Trad. Hermínio A. Carvalho. São Paulo: Martins Fontes, 1996.

DELLORE, Luiz. **Estudos sobre a coisa julgada e controle de constitucionalidade**. Rio de Janeiro: Forense, 2013.

DÍAZ-CANDIA, Hernando. El rol jurisdiccional de los árbitros y su constructiva evolución: deberes y responsabilidad. **Spain Arbitration Review**, nº 16, 2013.

DIMOULIS, Dimitri. **Manual de introdução ao estudo do direito**. 7ª ed. São Paulo: Editora Revista dos Tribunais, 2016.

DINAMARCO, Cândido Rangel. **A arbitragem na teoria geral do processo**. São Paulo: Malheiros, 2013.

DINAMARCO, Cândido Rangel. **A instrumentalidade do processo**. 14ª ed. São Paulo: Malheiros, 2009.

DINAMARCO, Cândido Rangel. Decisões vinculantes. **Revista de Processo**, vol. 100, 2000.

DINAMARCO, Cândido Rangel. **Fundamentos do processo civil moderno**. São Paulo: Editora Revista dos Tribunais, 1986.

DINAMARCO, Cândido Rangel. **Instituições de direito processual civil**. vol. 1. 9ª ed. São Paulo: Malheiros, 2017.

DINAMARCO, Cândido Rangel. **Vocabulário do processo civil**. 2ª ed. São Paulo: Malheiros, 2014.

DINAMARCO, Cândido Rangel; LOPES, Bruno Vasconcelos Carrilho. **Teoria geral do novo processo civil**. 3ª ed. São Paulo: Malheiros, 2018.

DINAMARCO, Júlia. Os árbitros e as normas criadas judicialmente: notas sobre a sujeição do árbitro à súmula vinculante e ao precedente. In: LEMES, Selma Ferreira; MARTINS, Pedro Batista; CARMONA, Carlos Alberto (coord.). **Arbitragem**: estudos em homenagem ao Prof. Guido Fernando da Silva Soares, *in memoriam*. São Paulo: Atlas, 2007.

DOMIT, Otávio Augusto Dal Molin. ***Iura novit curia* e causa de pedir**: o juiz e a qualificação jurídica dos fatos no processo civil brasileiro. São Paulo: Editora Revista dos Tribunais, 2016.

DUXBURY, Neil. **The nature and authority of precedent**. Cambridge: Cambridge University Press, 2008.

ETCHEVERRY, Raúl Aníbal. Naturaleza del acuerdo arbitral, el nuevo acuerdo arbitral del Mercosur y los contratos internacionales. **Revista de Arbitragem e Mediação**, vol. 37, 2013.

FAVOREU, Louis. **As cortes constitucionais**. Trad. Dunia Marinho Silva. São Paulo: Landy Editora, 2004.

FARIA, Marcela Kohlbach de. **Ação anulatória da sentença arbitral**: aspectos e limites. Brasília: Gazeta Jurídica, 2014.

FERRARI, Regina Maria Macedo Nery. **Efeitos da declaração de inconstitucionalidade**. São Paulo: Editora Revista dos Tribunais, 1987.

FERREIRA, Olavo Augusto Vianna Alves. **Controle de constitucionalidade e seus efeitos**. 4ª ed. Salvador: JusPodivm, 2018.

FERREIRA, Olavo Augusto Vianna Alves; ROCHA, Matheus Lins; FERREIRA, Débora Cristina Fernandes Ananias Alves. **Lei de arbitragem comentada artigo por artigo**. Salvador: JusPodivm, 2019.

FERREIRA, Olavo Augusto Vianna Alves; MONTES NETTO, Carlos Eduardo; CASTRO, Luiz Guilherme. Aplicação do artigo 97 da Constituição Federal na arbitragem. In: FERREIRA, Olavo Augusto Vianna Alves; LUCON, Paulo Henrique dos Santos (coord.). **Arbitragem**: 5 anos da Lei nº 13.129, de 26 de maio de 2015. Ribeirão Preto: Migalhas, 2020, ePUB.

FERREIRA FILHO, Manoel Gonçalves. **Curso de direito constitucional**. 41ª ed. Rio de Janeiro: Forense, 2020.

FICHTNER, José Antonio. A atualidade do princípio *iura novit curia* no CPC e na arbitragem. **Revista de Arbitragem e Mediação**, vol. 53, 2017.

FICHTNER, José Antonio; MANNHEIMER, Sergio Nelson; MONTEIRO, André Luís. Notas sobre a coisa julgada na arbitragem doméstica. In: AURELLI, Arlete Inês et al. (coord.). **O direito de estar em juízo e a coisa julgada**: estudos em homenagem a Thereza Alvim. São Paulo: Editora Revista dos Tribunais, 2014.

FICHTNER, José Antonio; MANNHEIMER, Sergio Nelson; MONTEIRO, André Luís. **Teoria geral da arbitragem**. Rio de Janeiro: Forense, 2019.

FIGUEIRA JR., Joel Dias. Arbitragem e precedentes judiciais. In: FERREIRA, Olavo Augusto Vianna Alves; LUCON, Paulo Henrique dos Santos. **Arbitragem**: atualidades e tendências. Ribeirão Preto: Migalhas, 2019.

FIGUEIRA JR., Joel Dias. **Manual da arbitragem**. São Paulo: Editora Revista dos Tribunais, 1997.

FIGUEIREDO, Marcelo. **O controle de constitucionalidade e de convencionalidade no Brasil**. São Paulo: Malheiros, 2016.

FIORAVANTI, Marcos Serra Netto. **A arbitragem e os precedentes judiciais**: observância, respeito ou vinculação? Dissertação (Mestrado em Direito Civil) – Faculdade de Direito, Pontifícia Universidade Católica de São Paulo. São Paulo, 2017.

FISS, Owen. The forms of justice. **Harvard Law Review**, vol. 93, nº 1, nov. 1979.

FONSECA, Rodrigo Garcia da. Impugnação da sentença arbitral. In: CARMONA, Carlos Alberto; LEMES, Selma Ferreira; MARTINS, Pedro Batista (coord.). **20 anos da lei de arbitragem**: homenagem a Petrônio R. Muniz. São Paulo: Atlas, 2017.

FONSECA, Rodrigo Garcia da. Reflexões sobre a sentença arbitral. **Revista de Arbitragem e Mediação**, vol. 6, 2005.

GALLO, Ronaldo Guimarães. Precedentes judiciais na arbitragem e o precedente arbitral. In: FERREIRA, Olavo Augusto Vianna Alves; LUCON, Paulo Henrique dos Santos (coord.). **Arbitragem:** atualidades e tendências. Ribeirão Preto: Migalhas, 2019.

GAMERO, Ricardo Luque. El arbitraje y el control de la constitucionalidad. **Revista Peruana de Arbitraje**, nº 5, 2007.

GAIA JÚNIOR, Antônio Pereira. **Instituições de direito processual civil**. 3ª ed. Salvador: JusPodivm, 2017.

GAJARDONI, Fernando da Fonseca. Aspectos fundamentais de processo arbitral e pontos de contato com a jurisdição estatal. **Revista de Processo**, vol. 106, 2002.

GIUSTI, Gilberto. O árbitro e o juiz: da função jurisdicional do árbitro e do juiz. **Revista Brasileira de Arbitragem**, vol. 2, nº 5, 2005.

GOLDSCHMIDT, James. **Direito processual civil**. Trad. Ricardo Rodrigues Gama. Curitiba: Juruá, 2003.

GOUVEIA, Jorge Bacelar. **Manual de direito constitucional**: II – Direito constitucional português. 6ª ed. Coimbra: Almedina, 2016.

GOUVEIA, Mariana França. **Curso de resolução alternativa de litígios**. 3ª ed. Lisboa: Almedina, 2014.

GRECO, Leonardo. Controle jurisdicional da arbitragem. **Revista Brasileira de Arbitragem**, vol. XV, nº 57, 2018.

GRINOVER, Ada Pellegrini. **As garantias constitucionais do direito de ação**. São Paulo: Editora Revista dos Tribunais, 1973.

GRINOVER, Ada Pellegrini. **Ensaio sobre a processualidade**: fundamentos para uma nova teoria geral do processo. Brasília: Gazeta Jurídica, 2016.

GRINOVER, Ada Pellegrini. **O processo em sua unidade**. São Paulo: Saraiva, 1978.

GRINOVER, Ada Pellegrini. **Os princípios constitucionais e o Código de Processo Civil**. São Paulo: Bushatsky, 1975.

GUASTINI, Riccardo. **Das fontes às normas**. Trad. Edson Bini. São Paulo: Quartier Latin, 2005.

GUERRA FILHO, Willis Santiago. **Teoria processual da Constituição**. São Paulo: Celso Bastos Editor, 2000.

GUILLAUME, Gilbert. The use of precedent by international judges and arbitrators. **Journal of International Dispute Settlement**, vol. 2, nº 1, 2011.

GUILLÉN, Víctor Fairén. **Teoría general del derecho procesal**. México: Universidad Nacional Autónoma de México, 1992.

GUIMARÃES, Mário. **O juiz e a função jurisdicional**. Rio de Janeiro: Forense, 1958.

HÄBERLE, Peter. **Hermenêutica constitucional. A sociedade aberta dos intérpretes da Constituição**: contribuição para a interpretação pluralista e "procedimental" da Constituição. Trad. Gilmar Ferreira Mendes. Porto Alegre: Fabris Editor, 2002.

HANOTIAU, Bernard. **Complex arbitrations**: multiparty, multicontract, multi-issue and class actions. International Arbitration Law Library, vol. 14, 2006.

HENRECHSON, Francisco Hoyos. **Temas fundamentais de derecho procesal**. Santiago de Chile: Editorial Juridica de Chile, 1987.

HESSE, Konrad. **A força normativa da constituição**. Trad. Gilmar Ferreira Mendes. Porto Alegre: Sergio Antonio Fabris Editor, 1991.

HOYOS, Arturo. **La justicia constitucional en Panamá**: una apretada síntesis. Biblioteca Jurídica Virtual, UNAM.

IUDICA, Giovanni. Arbitragem e questões relativas à constitucionalidade. **Revista de Arbitragem e Mediação**, vol. 1, 2004.

JANSEN, Rodrigo. A súmula vinculante como norma jurídica. **Revista de Direito Administrativo**, vol. 240, 2005.

KAUFMANN-KOHLER, Gabrielle. Iura novit arbiter – Est-ce bien raisonnable? In: LACHAT, A. Héritier (ed.). **De lege ferenda** – Réflexions sur le droit désirable en l'honneur du Professeur Alain Hirsch, Geneva, 2004.

KELSEN, Hans. **Jurisdição constitucional**. 3ª ed. Trad. do alemão por Alexandre Krug. São Paulo: Martins Fontes, 2013.

KELSEN, Hans. **Teoria pura do direito**. 3ª ed. Trad. J. Cretella Jr. e Agnes Cretella. São Paulo: Editora Revista dos Tribunais, 2003.

LANDA, César. La jurisdicción constitucional en el Perú, parte I. **Revista do Curso de Direito**, UFMA, ano IV, nº 7, 2014.

LARENZ, Karl. **Metodologia da ciência do direito**. 3ª ed. Trad. José Lamego. Lisboa: Fundação Calouste Gulbenkian, 1997.

LASSALE, Ferdinand. **O que é uma Constituição?** Trad. Inês Espada Vieira. Lisboa: Escolar Editora, 2013.

LEAL, Saul Tourinho. **Controle de constitucionalidade moderno**. 3ª ed. Niterói: Impetus, 2014.

LEITE, Clarisse Frechiani Lara. **Prejudicialidade no processo civil**. São Paulo: Saraiva, 2008.

LEMES, Selma Ferreira. Convenção de arbitragem e termo de arbitragem. Características, efeitos e funções. **Revista do Advogado**, AASP, edição 87, 2006.

LEONEL, Ricardo de Barros. Garantismo e direito processual constitucional. In: BEDAQUE, José Roberto dos Santos; CINTRA, Lia Carolina Batista; EID, Elie Pierre (coord.). **Garantismo processual**: garantias constitucionais aplicadas ao processo. Brasília: Gazeta Jurídica, 2016.

LESSA NETO, João Luiz. **Arbitragem e Poder Judiciário**: a definição da competência do árbitro. Salvador: JusPodivm, 2016.

LEVY, Daniel; LEE, João Bosco. O árbitro, o juiz e a distribuição da tutela de urgência. In: MELO, Leonardo de Campos; BENEDUZI, Renato Resende (coord.). **A reforma da arbitragem**. Rio de Janeiro: Forense, 2016.

LEW, Julian D. M.; MISTELIS, Loukas A.; KRÖLL, Stefan M. **Comparative international commercial arbitration**. The Hague: Kluwer Law International, 2003.

LIEBMAN, Enrico Tullio. **Manual de direito processual civil**, vol. I. 3ª ed. Trad. Cândido Rangel Dinamarco. São Paulo: Malheiros, 2005.

LIMA, Alcides de Mendonça. **Direito processual civil**. São Paulo: José Bushatsky Editor, 1977.

LIMA, Alcides de Mendonça. O recurso extraordinário na Constituição Federal de 1988. **Revista de Processo**, vol. 56, 1989.

LIMA, Thadeu Augimeri de Goes. *Iura novit curia* no processo civil brasileiro: dos primórdios ao novo CPC. **Revista de Processo**, vol. 251, 2016.

LIMA, Tiago Asfor Rocha. **Precedentes judiciais civis no Brasil**. São Paulo: Saraiva, 2013.

LLORENTE, Francisco Rubio. El bloque de constitucionalidad. **Revista Española de Derecho Constitucional**, ano 9, nº 27, 1989.

LOUGHLIN, Martin. What is constitutionalisation? In: DOBNER, Petra; LOUGHLIN, Martin (org.). **The twilight of constitutionalism**. Oxford: Oxford University Press, 2010.

LUCON, Paulo Henrique dos Santos. **Relação entre demandas**. 2ª ed. Brasília: Gazeta Jurídica, 2018.

LUCON, Paulo Henrique dos Santos; BARIONI, Rodrigo; MEDEIROS NETO, Elias Marques de. A causa de pedir das ações anulatórias de sentença arbitral.

Revista de Arbitragem e Mediação, vol. 45, 2015.

LUCCA, Rodrigo Ramina de. *Iura novit curia* nas arbitragens. **Revista Brasileira de Arbitragem**, nº 50, 2016.

LUCCA, Rodrigo Ramina de. *Querela nullitatis* e réu revel não citado no processo civil brasileiro. **Revista de Processo**, vol. 202, 2011.

MACÊDO, Lucas Buril de. **Precedentes judiciais e o direito processual civil**. 2ª ed. Salvador: JusPodivm.

MACÊDO, Lucas Buril de; ALMEIDA, Maria Eduarda. Os precedentes obrigatórios vinculam o tribunal arbitral? In: FERREIRA, Olavo Augusto Vianna Alves; LUCON, Paulo Henrique dos Santos (coord.). **Arbitragem**: atualidades e tendências. Ribeirão Preto: Migalhas, 2019.

MAC-GREGOR, Eduardo Ferrer; LARREA, Arturo Zaldívar Lelo de. **Estudos de direito processual constitucional**: homenagem brasileira a Héctor Fix-Zamudio em seus 50 anos como pesquisador do direito. São Paulo: Malheiros, 2009.

MAIA NETO, Francisco. O processo arbitral. **Revista de Arbitragem e Mediação**, vol. 33, 2012.

MALUF, Fernando Del Picchia. **O controle de constitucionalidade na arbitragem**: um estudo à luz da experiência no direito estrangeiro. Dissertação (Mestrado em Direito das Relações Econômicas Internacionais) – Faculdade de Direito, Pontifícia Universidade Católica de São Paulo, São Paulo, 2020.

MANCUSO, Rodolfo de Camargo. **Divergência jurisprudencial e súmula vinculante**. 4ª ed. São Paulo: Editora Revista dos Tribunais, 2010.

MANILI, Pablo Luis (coord.). **Derecho procesal constitucional**. Buenos Aires: Universidad, 2005.

MARIANI, Rômulo Greff. **Precedentes na arbitragem**. Belo Horizonte: Fórum, 2018.

MARINHO, Josaphat. O art. 64 da Constituição e o papel do Senado. **Revista de Informação Legislativa**, vol. 1, nº 2, 1964.

MARINONI, Luiz Guilherme. **A zona de penumbra entre o STJ e o STF**: a função das Cortes Supremas e a delimitação do objeto dos recursos especial e extraordinário. São Paulo: Thomson Reuters Brasil, 2019.

MARINONI, Luiz Guilherme. Ação de nulidade de sentença arbitral. **Soluções Práticas – Marinoni**, vol. 2, 2011.

MARINONI, Luiz Guilherme; MITIDIERO, Daniel. **Ação rescisória**: do juízo rescindente ao juízo rescisório. São Paulo: Editora Revista dos Tribunais, 2017.

MARINONI, Luiz Guilherme. **Precedentes obrigatórios**. 5ª ed. São Paulo: Editora Revista dos Tribunais, 2016.

MARINONI, Luiz Guilherme; ARENHART, Sérgio Cruz; MITIDIERO, Daniel. **Novo curso de processo civil**: teoria geral do processo, vol. 1. 3ª ed. São Paulo: Editora Revista dos Tribunais, 2017.

MARKY, Thomas. **Curso elementar de direito romano**. 8ª ed. São Paulo: Saraiva, 1995.

MARQUES, José Frederico. **Ensaio sobre a jurisdição voluntária**. Campinas: Millennium, 2000.

MARQUES, José Frederico. **Instituições de direito processual civil**, vol. 1. 2ª ed. Rio de Janeiro: Forense, 1962.

MARQUES, Ricardo Dalmaso. Inexistência de vinculação do árbitro às decisões e súmulas judiciais vinculantes do Supremo Tribunal Federal. **Revista Brasileira de Arbitragem**, vol. 10, nº 38, 2013.

MAYER, Pierre. La liberté de l'arbitre. **Revue de l'Arbitrage**, nº 2, 2013.

MAYER, Pierre. L'arbitre international et la hiérarchie des normes, **Revue de l'Arbitrage**, nº 2, 2011.

MEDINA, José Miguel Garcia. **Direito processual civil moderno**. 2ª ed. São Paulo: Editora Revista dos Tribunais, 2016.

MEJIAS, Lucas Britto. **Controle da atividade do árbitro**. São Paulo: Editora Revista dos Tribunais, 2015.

MENDES, Gilmar Ferreira. O controle incidental de normas no direito brasileiro. **Revista de Direito Constitucional e Internacional**, vol. 23, 1998.

MENDES, Gilmar Ferreira; BRANCO, Paulo Gustavo Gonet. **Curso de direito constitucional**. 15ª ed. São Paulo: Saraiva, 2020.

MENESTRINA, Francesco. **La pregiudiciale nel processo civile**. Milano: Giuffrè, 1963.

MESQUITA, José Ignacio Botelho de. **A coisa julgada**. Rio de Janeiro: Forense, 2004.

MESQUITA, José Ignacio Botelho de. **Teses, estudos e pareceres de processo civil**, vol. 2: Jurisdição e competência, sentença e coisa julgada, recursos e processos de competência originária dos tribunais. São Paulo: Editora Revista dos Tribunais, 2005.

MIRANDA, Francisco Cavalcanti Pontes de. **Tratado da ação rescisória**: das sentenças e de outras decisões. Atualizado por Nelson Nery Jr. e Georges Abboud. São Paulo: Editora Revista dos Tribunais, 2016.

MIRANDA, Jorge. **Manual de direito constitucional**: inconstitucionalidade e garantia da Constituição, tomo VI. 3ª ed. Coimbra: Coimbra Editora, 2008.

MIRANDA, Jorge. **Teoria do estado e da constituição**. Rio de Janeiro: Forense, 2005.

MITIDIERO, Daniel. **Processo civil e estado constitucional**. Porto Alegre: Livraria do Advogado, 2007.

MITIDIERO, Daniel. **Reclamação nas cortes supremas**: entre a autoridade da decisão e a eficácia do precedente. São Paulo: Thomson Reuters Brasil, 2020.

MONACO, Gustavo Ferraz de Campos. **Controle de constitucionalidade da lei estrangeira**. São Paulo: Quartier Latin, 2013.

MONTORO, Marcos André Franco. **Flexibilidade do procedimento arbitral**. Tese (Doutorado em Processo Civil) – Faculdade de Direito, Universidade de São Paulo, São Paulo, 2010.

MOREIRA, José Carlos Barbosa. Estrutura da sentença arbitral. **Revista de Processo**, vol. 107, 2002.

MOREIRA, José Carlos Barbosa. **Comentários ao Código de Processo Civil**, vol. V, Rio de Janeiro: Forense, 1998.

MOREIRA, José Carlos Barbosa. Questões prejudiciais e coisa julgada. **Revista de Direito da Procuradoria Geral do Estado da Guanabara**, vol. 16, 1967.

MOREIRA, José Carlos Barbosa. **Temas de direito processual (sexta série)**. São Paulo: Saraiva, 1997.

MOREIRA, José Carlos Barbosa. **Temas de direito processual (nona série)**. São Paulo: Saraiva, 2007.

MOSES, Margaret L. **The principles and practice of international commercial arbitration**. Cambridge: Cambridge University Press, 2008.

NAGAO, Paulo Issamu. **Do controle judicial da sentença arbitral**. Brasília: Gazeta Jurídica, 2013.

NAÓN, Horacio A. Grigera. Can arbitrators deal with hierarchical conflicts of laws (*e. g.* between a law and the Constitution?). In: BORTOLOTTI, Fabio; MAYER, Pierre (org.). **The application of substantive law by international arbitrators**. Dossiers of the ICC Institute of World Business Law, vol. 11, 2014.

NASSER, Paulo Magalhães. **Vinculações arbitrais**. Rio de Janeiro: Lumen Juris, 2019.

NEVES, Celso. **Estrutura fundamental do processo civil**: tutela jurídica processual, ação, processo e procedimento. Rio de Janeiro: Forense, 1997.

NEVES, José Roberto de Castro. O árbitro conhece o direito – *jura novit curia*. **Revista Direito ao Ponto**, 2011.

NERY, Ana Luiza. **Arbitragem coletiva**. São Paulo: Editora Revista dos Tribunais, 2016.

NERY JUNIOR, Nelson. Julgamento arbitral por equidade e prescrição. **Revista de Direito Privado**, vol. 45, 2011.

NERY JUNIOR, Nelson. **Princípios do processo na Constituição Federal**. 12ª ed. São Paulo: Editora Revista dos Tribunais, 2016.

NERY JUNIOR, Nelson; ABBOUD, Georges. **Direito constitucional brasileiro**: curso completo. São Paulo: Editora Revista dos Tribunais, 2017.

NERY JUNIOR, Nelson; NERY, Rosa Maria de Andrade. **Constituição Federal comentada e legislação constitucional**. 5ª ed. São Paulo: Editora Revista dos Tribunais, 2014.

NERY JUNIOR, Nelson; NERY, Rosa Maria de Andrade. **Comentários ao Código de Processo Civil**. São Paulo: Editora Revista dos Tribunais, 2015.

NIGEL, Blackaby; PARTASIDES, Constantine et. al. **Redfern and Hunter on international arbitration**. 6ª ed. Oxford: Oxford University Press, 2015.

NUNES, Thiago Marinho. **Arbitragem e prescrição**. São Paulo: Atlas, 2014.

NOBRE JÚNIOR, Edilson Pereira. Controle de constitucionalidade: modelos brasileiro e italiano (breve análise comparativa). **Revista de Direito Administrativo**, vol. 222, 2000.

NORIEGA, Jorge Santistevan de. Tribunal Constitucional y arbitraje: improcedencia del amparo contra resoluciones y laudos arbitrales, el control difuso en sede arbitral y el tratamiento de la recusación del tribunal arbitral "*in toto*". **Revista Peruana de Arbitraje**, nº 4, 2007.

OLAS, Andrzej. May international arbitral tribunals declare laws unconstitutional? An international and Polish perspective of the issue of dealing with unlawful laws. **Journal of International Arbitration**, vol. 34, nº 2, 2017.

OPPETIT, Bruno. **Teoría del arbitraje**. Trad. Eduardo Silva Romero, Fabricio Mantilla Espinoza, José Joaquín Caicedo Demoulin. Bogotá: Legis, 2006.

PALLARES, Eduardo. **Derecho procesal civil**. 3ª ed. México: Editorial Porrua, 1968.

PARENTE, Eduardo de Albuquerque. **O processo arbitral como sistema**. São Paulo: Atlas, 2012.

PARENTE, Eduardo de Albuquerque. A estabilização da demanda arbitral. In: BAPTISTA, Luiz Olavo; VISCONTE, Debora; ALVES, Mariana Cattel Gomes (coord.). **Estudo de direito**: uma homenagem ao Prof. Dr. José Carlos de Magalhães. São Paulo: Atelier Jurídico, 2018.

PARK, William W. Por que os tribunais revisam decisões arbitrais. **Revista de Arbitragem e Mediação**, vol. 3, 2014.

PAULSSON, Jan. **The idea of arbitration**. Oxford: Oxford University Press, 2013.

PEIXOTO, Ravi. O incidente de arguição de constitucionalidade e o CPC/2015. **Revista de Processo**, vol. 287, 2019.

PENADÉS, Rafael Bellido; GALIANA, Luis André Cucarella. La solución jurisdiccional de los litígios de derecho privado. In: RAMOS, Manuel Ortellis (coord.). **Derecho procesal civil**. 8ª ed. Thomson Reuters Aranzadi.

PEREIRA, Carlos Frederico Bastos. **Fundamentação das decisões judiciais**: o controle da interpretação dos fatos e do direito no processo civil. São Paulo: Thomson Reuters Brasil, 2019.

PEREIRA, Guilherme Setoguti J. Procedimento I. In: LEVY, Daniel; PEREIRA, Guilherme Setoguti J. (coord.). **Curso de arbitragem**. São Paulo: Thomson Reuters Brasil, 2018.

PICARDI, Nicola. **Jurisdição e processo**. Trad. Carlos Alberto Alvaro de Oliveira. Rio de Janeiro: Forense, 2008.

PICO, Enrique V. Lavié. Control judicial de los laudos arbitrales. In: ROSATTI, Horacio et. at. **El control de la actividad estatal**. Buenos Aires: Asociación de Docentes de la Facultad de Derecho y Ciencias Sociales de la Universidad de Buenos Aires, 2016.

PICÓ I JUNOY, Joan. **Las garantías constitucionales del proceso**. Barcelona: Bosch, 2012.

PIMENTA, Paulo Roberto Lyrio. **O controle difuso de constitucionalidade das leis no ordenamento brasileiro**: aspectos constitucionais e processuais. São Paulo: Malheiros, 2010.

PINHO, Humberto Dalla Bernardina de; MAZZOLA, Marcelo. **Manual de mediação e arbitragem**. São Paulo: Saraiva, 2019.

PUCCI, Adriana Noemi. **Arbitragem comercial nos países do Mercosul**. São Paulo: LTr, 1997.

RAMÍREZ, Fernando Vidal. Jurisdiccionalidad del arbitraje. **Revista Peruana de Arbitraje**, nº 3, 2006.

RAMOS, Elival da Silva. **A inconstitucionalidade das leis**: vício e sanção. São Paulo: Saraiva, 1994.

RAMOS, Elival da Silva. **Ativismo judicial**: parâmetros dogmáticos. 2ª ed. São Paulo: Saraiva, 2015.

RAMOS, Juan Carlos Araúz. **Constitucionalización y justicia constitucional en el arbitraje comercial panameño**. Tese (Doutorado em Direito Internacional Privado) – Faculdade de Direito, Universidade Complutense de Madri. Madri, 2013.

RANGEL, Marco Aurélio Scampini Siqueira. *Iura novit curia* e a vedação à decisão-surpresa. **Revista de Processo**, vol. 288, 2019.

RANZOLIN, Ricardo. **Controle judicial da arbitragem**. Rio de Janeiro: GZ Editora, 2011.

REALE, Miguel. **Lições preliminares de direito**. 10ª ed. São Paulo: Saraiva, 1983.

REGO, Frederico Montedonio. **Repercussão geral**: uma releitura do direito vigente. Belo Horizonte: Fórum, 2019.

REIS, Christiane Freire de Paula. Is the arbitrator obliged to follow a judicial precedent in international arbitration? **Revista de Direito Constitucional e Internacional**, vol. 110, 2018.

RICCI, Edoardo Flavio. **Lei de Arbitragem brasileira**: oito anos de reflexão, questões polêmicas. São Paulo: Editora Revista dos Tribunais, 2004.

ROCHA, Caio Cesar Vieira. **Limites do controle judicial sobre a jurisdição arbitral no Brasil**. Tese (Doutorado em Processo Civil) – Faculdade de Direito, Universidade de São Paulo, São Paulo, 2012.

ROCHA, Cesar Asfor. **A luta pela efetividade da jurisdição**. São Paulo: Editora Revista dos Tribunais, 2007.

RODOVALHO, Thiago. Os precedentes judiciais vinculantes do NCPC e o procedimento arbitral: estão os árbitros vinculados aos precedentes? In: **Contraponto jurídico**: posicionamentos divergentes sobre grandes temas do direito. São Paulo: Thomson Reuters Brasil, 2018.

RODRIGUES, Horácio Wanderlei; LAMY, Eduardo. **Teoria geral do processo**. 5ª ed. São Paulo: Atlas, 2018.

ROJAS, Jorge. **El control de constitucionalidad y de convencionalidad en el arbitraje**. Disponível em: http://jorgearojas.com.ar/wp-content/uploads/2010/06/El_control_de_constitucionalidad_y_de_convencionalidad.pdf.

ROMBOLI, Roberto. El control de constitucionalidad de las leyes en Italia. UNED. **Teoría y Realidad Constitucional**, nº 4, 2º semestre 1999.

ROSAS, Roberto. **Direito processual constitucional**: princípios constitucionais do processo civil. 3ª ed. São Paulo: Editora Revista dos Tribunais, 1999.

ROSAS, Roberto. **Direito sumular**: comentários às súmulas do Supremo Tribunal Federal (incluindo as súmulas vinculantes) e do Superior Tribunal de Justiça. 14ª ed. São Paulo: Malheiros, 2012.

ROSENBERG, Leo. **Tratado de derecho procesal civil**. Trad. Angela Romera Vera, tomo 1. Buenos Aires: Ediciones Juridicas Europa-America, 1955.

ROSSONI, Igor Bimkowski. **Coisa julgada e controle de constitucionalidade**. Dissertação (Mestrado em Direito Processual) – Faculdade de Direito, Universidade de São Paulo, São Paulo, 2013.

RUIZ, Manuel Olivencia. El laudo: naturaleza, clases y contenido. **Revista de Arbitraje Comercial y Inversiones**, vol. 2, 2009.

SACRISTÁN, Estela. Control de constitucionalidad en el arbitraje. **Revista Brasileira de Infraestrutura**, ano 1, nº 1, 2012.

SALERNO, Marcelo Urbano; SALERNO, Javier. Sobre el régimen jurídico del arbitraje en la Argentina. **Revista de Arbitragem e Mediação**, vol. 50, 2016.

SALGADO, José María. Jurisdicción constitucional. Relatório Nacional (Argentina). **Civil Procedure Review**, vol. 4, 2013.

SALLES, Carlos Alberto de. **Arbitragem em contratos administrativos**. São Paulo: Método, 2011.

SALOMÃO, Luis Felipe; FUX, Rodrigo. Arbitragem e precedentes: possível vinculação do árbitro e mecanismos de controle. **Revista de Arbitragem e Mediação**, vol. 66, 2020.

SÁNCHEZ GIL, Rubén. El control difuso de la constitucionalidad en México. Reflexiones en torno a la tesis P./J. 38/2002. **Cuestiones Constitucionales Revista Mexicana de Derecho Constitucional**, jan. 2004.

SARLET, Ingo Wolfgang; MARINONI, Luiz Guilherme; MITIDIERO, Daniel. **Curso de direito constitucional**. 8ª ed. São Paulo: Saraiva, 2019.

SATTA, Salvatore. **Direito processual civil**, vol. 2. Trad. Luiz Autuori. Rio de Janeiro: Editor Borsoi, 1973.

SESTER, Peter Christian. **Comentários à Lei de Arbitragem e legislação extravagante**. São Paulo: Quartier Latin.

SICA, Heitor Vitor Mendonça. Velhos e novos institutos fundamentais do direito processual civil. In: ZUFELATO, Camilo; YARSHELL, Flávio Luiz (org.). **40 anos da teoria geral do processo no Brasil**: passado, presente e futuro. São Paulo: Malheiros, 2013.

SICA, Heitor Vitor Mendonça. Coment. art. 525. In: CABRAL, Antonio do Passo; CRAMER, Ronaldo (coord.). **Comentários ao novo Código de Processo Civil**. Rio de Janeiro: Forense, 2015.

SIERRA, Humberto Briseño. **Derecho procesal**. vol. 2. México: Editora Cárdenas, 1969.

SILVA, Evandro Lins e. O recurso extraordinário e a relevância da questão federal.

Revista dos Tribunais Rio de Janeiro, vol. 4, 2014.

SILVA, João Paulo Hecker da. Execução e cumprimento de sentença arbitral. In: LEVY, Daniel; PEREIRA, Guilherme Setoguti J. (coord.). **Curso de arbitragem**. São Paulo: Thomson Reuters Brasil, 2018.

SILVA, José Afonso da. **Curso de direito constitucional positivo**. 33ª ed. São Paulo: Malheiros, 2010.

SILVA, José Afonso da. **O constitucionalismo brasileiro**: evolução institucional. São Paulo: Malheiros, 2011.

SILVA, José Afonso da. **Um pouco de direito constitucional comparado**. São Paulo: Malheiros, 2009.

SILVA, Ovídio A. Baptista da; GOMES, Fábio. **Teoria geral do processo civil**. 3ª ed. São Paulo: Editora Revista dos Tribunais, 2002.

SILVA, Virgílio Afonso da. Princípios e regras: mitos e equívocos acerca de uma distinção. **Revista Latino-Americana de Estudos Constitucionais**, nº 1, 2003.

SINISTERRA, Cindy Charlotte Reyes; GÓMEZ, Christian Camilo Gómez. Control de constitucionalidad por los tribunales arbitrales en Colombia. **Revista de Derecho Privado**, nº 56, 2016.

SPERANDIO, Felipe Vollbrecht. Convenção de arbitragem. In: LEVY, Daniel; PEREIRA, Guilherme Setoguti J. (coord.). **Curso de arbitragem**. São Paulo: Thomson Reuters Brasil, 2018.

STRECK, Lenio Luiz. **Precedentes judiciais e hermenêutica**: o sentido da vinculação no CPC/2015. 2ª ed. Salvador: Editora JusPodivm, 2019.

STRECK, Lenio Luiz; ABBOUD, Georges. **O que é isto**: o precedente judicial e as súmulas vinculantes? 3ª ed. Porto Alegre: Livraria do Advogado, 2015.

STRECK, Lenio Luiz; RAATZ, Igor. A teoria dos precedentes à brasileira: entre o solipsismo judicial e o positivismo jurisprudencialista ou "de como o mundo (não) é um brechó". **Revista de Processo**, vol. 262, 2016.

STRENGER, Irineu. **Arbitragem comercial internacional**. São Paulo: LTr, 1996.

TALAMINI, Eduardo. Impugnação ao cumprimento do título executivo inconstitucional. In: DANTAS, Bruno; BUENO, Cassio Scarpinella; CAHALI, Cláudia Elisabete Schwerz; NOLASCO, Rita Dias (coord.). **Questões relevantes sobre recursos, ações de impugnação e mecanismos de uniformização da jurisprudência**. São Paulo: Editora Revista dos Tribunais, 2017.

TALAMINI, Eduardo. **Novos aspectos da jurisdição constitucional brasileira**: repercussão geral, força vinculante, modulação dos efeitos do controle de constitucionalidade e alargamento do objeto do controle direito. Tese (Livre Docência), Universidade de São Paulo, São Paulo, 2008.

TARUFFO, Michele. Precedente e jurisprudência. **Revista de Processo**, vol. 199, 2011.

TAVARES, André Ramos. **Curso de direito constitucional**. 2ª ed. São Paulo: Saraiva, 2003.

TEMER, Sofia. Precedentes judiciais e arbitragem: reflexões sobre a vinculação do árbitro e o cabimento de ação anulatória. **Revista de Processo**, vol. 278, 2018.

THEODORO JÚNIOR, Humberto. Arbitragem e terceiros – litisconsórcio fora do pacto arbitral – outras intervenções de terceiros. **Revista de Direito Bancário e do Mercado de Capitais**, vol. 14, 2001.

THEODORO JÚNIOR, Humberto; NUNES, Dierle; BAHIA, Alexandre Melo Franco; PEDRON, Flávio Quinaud. **Novo CPC:**

fundamentos e sistematização. 3. ed. Rio de Janeiro: Forense, 2016.

Tiburcio, Carmen. Controle de constitucionalidade das leis pelo árbitro: notas de direito internacional privado e arbitragem. **Revista de Direito Administrativo**, vol. 266, 2014.

Tucci, José Rogério Cruz e. **A causa petendi no processo civil**. São Paulo: Editora Revista dos Tribunais, 1993.

Tucci, José Rogério Cruz e. **A motivação da sentença no processo civil**. São Paulo: Saraiva, 1987.

Tucci, José Rogério Cruz e. A "repercussão geral" como pressuposto de admissibilidade do recurso extraordinário. **Doutrinas Essenciais de Direito Constitucional**, vol. 10, 2015.

Tucci, José Rogério Cruz e. As garantias constitucionais do processo civil no aniversário dos 30 anos da Constituição Federal. In: Lucon, Paulo Henrique dos Santos; Faria, Juliana Cordeiro de; Marx Neto, Edgard Audomar; Rezende, Ester Camila Gomes Norato (org.). **Processo civil contemporâneo**: homenagem aos 80 anos do professor Humberto Theodoro Júnior. Rio de Janeiro: Forense, 2018.

Tucci, José Rogério Cruz e. **A linguagem jurídica exige precisão técnica**: processo ou procedimento arbitral? Consultor Jurídico, 6/1/2021.

Tucci, José Rogério Cruz e. **O advogado, a jurisprudência e outros temas de processo civil**. São Paulo: Quartier Latin, 2010.

Tucci, José Rogério Cruz e. **Precedente judicial como fonte do direito**. São Paulo: Revista dos Tribunais, 2004.

Tucci, José Rogério Cruz e. **Processo civil e ideologia**: subsídios estratégicos ao advogado do contencioso. São Paulo: Marcial Pons, 2019.

Tucci, José Rogério Cruz e. **Processo civil, realidade e justiça**: 20 anos de vigência do CPC. São Paulo: Saraiva, 1994.

Tucci, José Rogério Cruz e. **Questões polêmicas do processo arbitral**. São Paulo: Quartier Latin, 2019.

Tucci, Rogério Lauria. **Do julgamento conforme o estado do processo**. 3ª ed. São Paulo: Saraiva, 1988.

Tucci, Rogério Lauria. Jurisdição, ação e processo civil (subsídios para a teoria geral do processo civil). **Revista de Processo**, vol. 52, 1998.

Tucci, Rogério Lauria; Tucci, José Rogério Cruz e. **Constituição de 1988 e processo**: regramentos e garantias constitucionais do processo. São Paulo: Saraiva, 1989.

Valadão, José Arildo. **A nova função do recurso extraordinário**. Brasília: Gazeta Jurídica, 2013.

Valença Filho, Clávio de Melo. Da sentença arbitral inexistente. In: Valença Filho, Clávio de Melo; Lee, João Bosco (coord.). **Estudos de arbitragem**. Curitiba: Juruá, 2008.

Valle, Martim Della. **Da decisão por equidade na arbitragem comercial internacional**. Tese (Doutorado em Direito Internacional) – Faculdade de Direito, Universidade de São Paulo, São Paulo, 2009.

Vasconcelos, Carlos Eduardo de. Problemas da arbitragem por equidade. **Revista Brasileira de Arbitragem**, vol. III, nº 9, 2006.

Vaughn, Gustavo Favero; Ávila, Henrique. Aspectos polêmicos da ação rescisória. In: Aurelli, Arlete Inês et. al. (coord.). **Estudos em homenagem à professora Thereza Alvim**: controvérsias do direito processual civil 5 anos do CPC/2015, São Paulo: Thomson Reuters Brasil, 2020.

VAUGHN, Gustavo Favero. Reflexões a propósito da aplicação do aforismo *iura novit curia* ao processo arbitral. **Revista de Arbitragem e Mediação**, vol. 67, 2020.

VAUGHN, Gustavo Favero; VEIGA, Natália Salvador. Reflexões sobre a técnica da ponderação no novo Código de Processo Civil. **Revista dos Tribunais**, vol. 971, 2016.

VELOSO, Zeno. **Controle jurisdicional de constitucionalidade**. Belém: Cejup, 1999.

VERÇOSA, Fabiane. **A aplicação errônea do direito pelo árbitro**: uma análise à luz do direito brasileiro e estrangeiro. Curitiba: CRV, 2015.

VERSIANI, Nelmo. Ação rescisória de sentença arbitral. **Revista de Processo**, vol. 135, 2016.

VIANA, Aurélio; NUNES, Dierle. **Precedentes**: a mutação no ônus argumentativo. Rio de Janeiro: Forense, 2018.

VISCONTE, Debora. *Iura novit curia* e o contraditório. In: CARMONA, Carlos Alberto; LEMES, Selma Ferreira; MARTINS, Pedro Batista (coord.). **20 anos da lei de arbitragem**: homenagem a Petrônio R. Muniz. São Paulo: Atlas, 2017.

VISCONTI, Gabriel Caetano; ZAKIA, José Victor Palazzi. **Estudo sobre a coerência na prática arbitral**. São Paulo: Atelier Jurídico, 2018.

WALD, Arnoldo. O espírito da arbitragem. **Revista do Instituto dos Advogados de São Paulo**, vol. 23, 2009.

WEBER, Ana Carolina. O controle de constitucionalidade no procedimento arbitral. **Revista Jurídica da Faculdade de Direito**, vol. I, nº 4, ano III.

WEBER, Ana Carolina. **O controle de constitucionalidade exercido pelo árbitro:** um exame à luz dos contratos de concessão de petróleo. Dissertação (Mestrado em Direito Internacional e Integração Econômica), Universidade Estadual do Rio de Janeiro. Rio de Janeiro, 2008.

WLADECK, Felipe Scripes. **Meios de controle judicial da sentença arbitral nacional**. Dissertação (Mestrado em Direito Processual) – Faculdade de Direito, Universidade de São Paulo, São Paulo, 2013.

YARSHELL, Flávio Luiz. **Ação rescisória** – juízos rescindente e rescisório. São Paulo: Malheiros, 2005.

YARSHELL, Flávio Luiz. Ação anulatória de julgamento de arbitragem. **Revista de Arbitragem e Mediação**, vol. 5, 2005.

YARSHELL, Flávio Luiz. Ação anulatória. In: LEVY, Daniel; PEREIRA, Guilherme Setoguti J. (coord.). **Curso de arbitragem**. São Paulo: Thomson Reuters Brasil, 2018.

YARSHELL, Flávio Luiz. Ainda sobre o caráter subsidiário do controle jurisdicional estatal da sentença arbitral. **Revista de Arbitragem e Mediação**, vol. 50, 2016.

YARSHELL, Flávio Luiz. Caráter subsidiário da ação anulatória de sentença arbitral. **Revista de Processo**, vol. 207, 2012.

YARSHELL, Flávio Luiz. **Tutela jurisdicional**. São Paulo: Atlas, 1999.

ZANETI JÚNIOR, Hermes. **A constitucionalização do processo:** o modelo constitucional da justiça brasileira e as relações entre processo e Constituição. 2ª ed. São Paulo: Atlas, 2014.

ZAVASCKI, Teori Albino. **Eficácia das sentenças na jurisdição constitucional**. 4ª ed. São Paulo: Editora Revista dos Tribunais, 2017.

POSFÁCIO

Conheci Gustavo Vaughn quando fui seu professor na graduação da PUC--SP em uma matéria optativa sobre arbitragem. Naquela ocasião, já tive a oportunidade de reconhecer as diversas qualidades do autor, como a singular inteligência, sua educação e a aptidão que tem para estudos e pesquisa.

Atualmente, Gustavo é advogado de raro talento e competência, integrando uma das mais prestigiosas bancas de advocacia do Brasil. O mesmo sucesso é reproduzido no âmbito acadêmico, tendo já obtido mestrado na USP, além de produzir e organizar diversos textos acadêmicos e relevantes obras.

Todas as qualidades acima enumeradas foram materializadas nesta obra ora posfaciada, que é a versão comercial de sua tese de mestrado, sob a forma de um livro extremamente bem escrito e pesquisado cujo tema considero o mais relevante para a arbitragem: a relação entre controle de constitucionalidade e poderes do árbitro.

A importância do tema transcende diversos aspectos práticos – todos largamente enfrentados no livro –, pois a relação da atividade do árbitro com a eficácia da Constituição é, antes de tudo, elemento de legitimação e *accountability* da arbitragem.

Mais precisamente, é difícil que se pretenda a consolidação, o desenvolvimento e o aperfeiçoamento da arbitragem no Brasil sem que se assegure que a atuação do árbitro ocorra dentro dos parâmetros constitucionalmente definidos. Ou seja, controle de constitucionalidade e dever de motivação são conquistas civilizatórias do constitucionalismo.

Dada a histórica diferença existente entre *imperium* e *iurisdictio*, o poder jurisdicional (sendo este último a função de resolver controvérsias, cujo exercício poderia ser feito até mesmo pelo particular), parece-nos incoerente negar o caráter jurisdicional à atividade do árbitro por não ser ele integrante de órgão judicial estatal. Nessa perspectiva, o árbitro exerce função jurisdicional, decidindo a controvérsia jurídica que lhe foi submetida por partes plenamente capazes, as quais também lhe confiaram tal investidura, desde que o objeto da disputa se refira a direitos patrimoniais disponíveis. Demais disso, a decisão do árbitro possui as mesmas características da decisão judicial, devendo haver exaustiva fundamentação em conformidade com a legalidade vigente, em especial o inc. IX da CF 93.

Assim, o dever de fundamentação previsto na Lei de Arbitragem 26 II – mediante hermenêutica integrativa – deve ser lido à luz do que estabelece o CPC 489 § 1º. Ou seja, se um tribunal arbitral incorrer em qualquer das hipóteses previstas nos incisos do CPC 489 § 1º, haverá déficit de motivação da sentença arbitral podendo, consequentemente, haver sua desconstituição mediante propositura de ação anulatória.

Aqui a aplicação do CPC 489 § 1º se impõe por força constitucional do direito fundamental à motivação das decisões judiciais (CF 93 IX). Por consequência, não se pode aqui objetar nenhum empecilho argumentativo para a plena incidência do CPC 489 § 1º no âmbito arbitral. Trata-se de regra legal concretizadora de direito fundamental, impondo observância por todo tipo de julgador, seja no âmbito administrativo, judicial estatal ou arbitral.

Importante destacar que nossa conclusão não se sustenta em razão de uma defesa da aplicação supletiva ou complementar do CPC na arbitragem. Na realidade, a dimensão do dever de motivação deve, necessariamente, ultrapassar esse tipo de conflito. A incidência do CPC 489 § 1º se dá por força constitucional, uma vez que se trata de regulamentação de direito fundamental e dever de *accountability* impondo a sua observância para todo aquele que irá exercer atividade jurisdicional, seja árbitro ou juiz.

Conforme já tivemos oportunidade de afirmar, numa democracia constitucional, a sujeição dos Tribunais às leis e à Constituição não induz a perda da independência judicial. Juízes são independentes, não para julgar conforme o seu senso de retidão, mas para poderem aplicar o direito sem pressões de outra ordem, tais como a política e a econômica.

Portanto, juízes são independentes para se transformarem em súditos do direito democraticamente produzido. Daí podermos afirmar, a partir dos ensinamentos de Bernd Rüthers, que a decisão judicial é sempre um diálogo, representando esse movimento da decisão política democrática aplicada aos fatos do caso concreto.

Na realidade, as garantias de independência judicial são mecanismos de manutenção da própria autonomia do direito, a qual exige que o direito subsista por si só, dotando-se de sentido e fundamentos próprios, enquanto parte integrante do universo prático global.

Por conseguinte, é um mito afirmar que a independência judicial autorizaria que juízes decidissem *contra legem* ou *contra constitutionem*; afinal, se as próprias garantias buscam preservar a autonomia do direito (e não da vontade de quem julga), seria uma verdadeira aporia utilizá-las contra o direito que deveriam resguardar. Esse pano de fundo sobre independência judicial e sua vinculação à legalidade é uma dimensão de accountability do exercício da função jurisdicional, consequentemente, os deveres impostos no CPC 489 § 1º e na LINDB 20 e 21 são extensíveis à atuação do árbitro por se tratar de atividade efetivamente jurisdicional.

Diante desse cenário, Gustavo compreende a dimensão constitucional do dever de motivação e da necessidade de haver recrudescimento do dever de *accountability* na ação dos árbitros, tendo organizado o livro em cinco capítulos. Os dois primeiros são introdutórios e buscam explicitar as premissas estruturais e metodológicas da obra. O terceiro capítulo é dedicado a examinar a específica modalidade de controle de constitucionalidade que pode ser analisada em arbitragem: a inconstitucionalidade do caso concreto.

Por sua vez, o quarto capítulo é destinado ao exame da relação dos provimentos vinculantes da jurisdição constitucional em relação à atividade do árbitro. Junto com o capítulo quinto, é o ponto teórico mais alto da tese. Gustavo foge de soluções simplórias e maniqueístas e enfrenta, de forma fundamentada, como deve se dar a relação entre a atividade do árbitro e os diversos pronunciamentos advindos de nossa jurisdição constitucional, *e.g.*, súmulas, súmulas vinculantes, repercussão geral e decisões do controle abstrato.

Enfim, o último capítulo é fundamental para assegurar o fechamento sistêmico das teses lançadas no livro mediante exame dos limites e da possibilidade de como deve ser feito o controle judicial da sentença arbitral que decide questão constitucional.

Desde a nossa primeira edição do livro Processo Constitucional Brasileiro, consideramos que o árbitro pode, de maneira incidental, praticar as mesmas decisões de inconstitucionalidade que podem ser realizadas pelo juiz estatal, por meio do controle difuso de constitucionalidade. Aliás, repita-se que não se trata apenas de um poder, mas de um efetivo dever do árbitro, à vista do papel desempenhado pela Constituição Federal no direito brasileiro.

Sendo assim, corroboramos completamente a conclusão de Gustavo ao dispor: "que os poderes-deveres que os árbitros têm para resolver determinada disputa aplicando o direito à espécie estão inexoravelmente ligados aos parâmetros constitucionais, de modo que não há brecha para os árbitros se escusarem de sobrepor as normas constitucionais a qualquer outra quando do julgamento de uma controvérsia".

Por fim, cumprimento e parabenizo profundamente a editora Almedina por disponibilizar ao público leitor obra de tamanha qualidade. Despeço-me reiterando o profundo orgulho de ter sido professor do Gustavo e de hoje poder partilhar coautoria em textos acadêmicos ao seu lado, bem como recomendando vivamente esta obra que será um marco para a dogmática acerca da arbitragem no direito brasileiro.

De São Paulo para NYC com admiração e amizade, 17 de setembro de 2021.

GEORGES ABBOUD
Professor da Faculdade de Direito da Pontifícia Universidade Católica de São Paulo (PUC-SP).
Professor do mestrado e doutorado em direito do constitucional do – IDP-DF.
Livre-Docente, Doutor e Mestre em Direito pela PUC-SP.